国家物流枢纽创新发展报告（2023）

国家发展和改革委员会经济贸易司
中国物流与采购联合会　编

中国财富出版社有限公司

图书在版编目（CIP）数据

国家物流枢纽创新发展报告.2023／国家发展和改革委员会经济贸易司，中国物流与采购联合会编．—北京：中国财富出版社有限公司，2023.9

ISBN 978-7-5047-7984-7

Ⅰ．①国… Ⅱ．①国… ②中… Ⅲ．①物流—交通运输中心—经济发展—研究报告—中国—2023 Ⅳ．①F252

中国国家版本馆 CIP 数据核字（2023）第 186835 号

策划编辑	郭逸亭	责任编辑	邢有涛 刘静雯	版权编辑	李 洋
责任印制	尚立业	责任校对	张营营	责任发行	黄旭亮

出版发行	中国财富出版社有限公司		
社 址	北京市丰台区南四环西路 188 号 5 区 20 楼	邮政编码	100070
电 话	010-52227588 转 2098（发行部）	010-52227588 转 321（总编室）	
	010-52227566（24 小时读者服务）	010-52227588 转 305（质检部）	
网 址	http：//www.cfpress.com.cn	排 版	宝蕾元
经 销	新华书店	印 刷	宝蕾元仁浩（天津）印刷有限公司
书 号	ISBN 978-7-5047-7984-7/F·3584		
开 本	787mm×1092mm 1/16	版 次	2023 年 10 月第 1 版
印 张	23.75	印 次	2023 年 10 月第 1 次印刷
字 数	492 千字	定 价	160.00 元

《国家物流枢纽创新发展报告（2023）》

编辑委员会

《国家物流枢纽创新发展报告（2023）》

编辑人员

主　编：贺登才　李久佳

副主编：张晓东（执行）　　杨浩哲　姜超峰　宫之光
　　　　黄　萍

成　员：杨宏燕　陈　凯　宫士博　王　沛　于雪姣
　　　　万　辉　房宇轩　赵启昕　吕晨菲　蒋卓玲
　　　　陆　铮　王羽凡　代辛倩　章凯祥　蔡新锐
　　　　马娇娇　刘世钰　王迦尧　王世杰

承办部门：中国物流与采购联合会物流园区专业委员会

电话：010 – 83775713/83775686

传真：010 – 83775688

邮箱：nlha20201112@ vip. 163. com

网址：http://www. nlha. com. cn/

从"大写意"到"工笔画"
扎实推动国家物流枢纽建设工作开创新局面

（代序言）

很高兴来郑州参加国家物流枢纽联盟一届五次理事（扩大）会议。首先，我谨代表国家发展改革委经济贸易司，对本次会议召开表示祝贺！这次理事（扩大）会议可以说意义重大。刚才，河南省机场集团有限公司柳建民总经理新当选为枢纽联盟轮值理事长。入选2022年建设名单的25家国家物流枢纽建设运营单位正式加入联盟这个大家庭，国家物流枢纽联盟力量进一步壮大。此次会议发布了《国家物流枢纽联盟高质量发展郑州倡议》，枢纽联盟工作取得新的重大成果。在此，我提议，让我们再次以热烈掌声，对柳建民理事长表示热烈祝贺！对新加入联盟的成员单位表示诚挚欢迎！对霍高原理事长两年多来为联盟发展作出的重要贡献表示崇高敬意！对贺登才副理事长及联盟秘书处全体同志的辛勤付出表示衷心感谢！

下面，结合新形势下更好推进国家物流枢纽建设、做好枢纽联盟工作，我讲三点意见。

一、国家物流枢纽建设取得新的显著成效

国家物流枢纽布局建设工作从2019年正式启动以来，国家、省级相关政府部门和承载城市人民政府着力加强工作指导、持续优化政策环境，枢纽建设运营主体锐意进取、狠抓工作落实，枢纽联盟积极发挥纽带作用、搭平台促交流，"有为政府、有效市场"共同发力，4批95个国家物流枢纽顺利落地，覆盖全国30个省（区、巿）和新疆生产建设兵团，基本构建起"通道＋枢纽＋网络"的现代物流运行体系框架。近期，枢纽联盟组织开展了国家物流枢纽年度评价工作。从初步评价结果来看，国家物流枢纽发展动能持续增强，枢纽效应更加凸显，有力带动相关产业和区域经济发展，在稳经济、稳增长、稳投资方面发挥了积极作用。纳入建设名单的95家枢纽中，建设成效好的和比较好的枢纽达到63家，占总数的66.3%。在当前错综复杂的发展形势下，国家物流枢纽建设工作取得可喜成效，得来十分不易，值得充分肯定。总体来看，国家物流枢纽建设成效可以归纳为"三个持续"。

一是枢纽效应持续增强，物流业务规模逆势增长。2022年，在我国全年货物运输

总量同比下降3%的情况下，95家国家物流枢纽全年平均完成货物吞吐量超过4500万吨，同比增长8.1%；每平方千米物流强度近770万吨，同比增长5.9%，体现出较强的承压能力和发展韧性，进一步提升了全国物流网络的骨干支撑能力。同时，国家物流枢纽发挥辐射广、成本低、效率高优势，不断延伸服务价值链条，拓展发展增量空间，2022年平均实现物流业务收入58亿元，同比增长12%，运营效率效益显著提升。

二是集聚效应持续扩大，枢纽经济成效逐步显现。2022年，95家国家物流枢纽投入运营的堆场和仓储面积平均超过200万平方米，同比增长7.0%；平均入驻企业近540家，同比增长9%，为生产制造、商贸流通等相关产业提供了低成本、高效率的物流条件，在推动产业融合创新发展、培育发展枢纽经济方面取得积极成效。例如，郑州空港型国家物流枢纽联动区域临空经济产业发展，打造以联合包裹（UPS）公司为主的国际快件分拨集散中心，以国际领先货代企业为主的进口货物操作口岸，以奔驰和宝马为主的高端汽车零配件分拨中心，同时集聚发展生鲜冷链、跨境电商等新兴业态，为区域经济社会发展注入强劲动力。

三是联通效应持续凸显，促进国内国际双循环。相关枢纽围绕构建内外联通、安全高效的物流网络，一方面不断强化枢纽间的互联互通和业务协作，织密对内物流服务网络；另一方面着力加强多元化的国际物流辐射能力建设，畅通对外物流通道，为构建新发展格局创造更好条件。例如，青岛生产服务型（港口型）国家物流枢纽对内持续拓展陆向通道，2022年新增5个内陆港，总数达到31个，打通安徽淮北、河南驻马店两条海铁联运通道，进一步拓展港口腹地，海铁联运下水箱同比增长62.5%；对外新增外贸航线24条，航线总数达220条，遍及全球180多个国家和地区的700多个港口，各项业务指标稳居我国北方港口首位。

此外，从联盟秘书处评价结果来看，还有个别枢纽建设成效不及预期。对此，相关省级发展改革委、承载城市和建设运营主体要高度重视，积极采取措施加以改进，切实提高枢纽建设水平。国家物流枢纽建设是"十四五"规划《纲要》102项重大工程确定的重要建设任务，按照国家发展改革委关于"十四五"规划《纲要》102项重大工程中期评估的工作安排，近期我们正会同有关方面开展国家物流枢纽建设中期评估工作。对个别建设成效不理想的枢纽，我们将重点予以关注，会同相关省级发展改革委加强工作指导，以适当方式加强督促，包括但不限于发函提醒、减少政策支持、约谈警示等。对经提醒、警示后仍无所作为、建设成效仍不达标的，我们将结合枢纽动态调整工作，考虑将相关枢纽移出国家物流枢纽行列。

二、加快国家物流枢纽建设从"大写意"走向"工笔画"

目前，我们正在组织开展2023年国家物流枢纽布局建设工作，预计2023年的年度重点建设名单发布后，落地的国家物流枢纽数量将达到《国家物流枢纽布局和建设规划》确定的 212 个枢纽的一半以上，可以说绘就了一幅"大写意"。下一步，各有关方面要在前期工作基础上，突出重点、精雕细琢，共同绘制好精谨细腻的"工笔画"，重点要在三个方面发力。

一是深入推进枢纽互联互通，不断健全"通道＋枢纽＋网络"的现代物流运行体系。在此前的联盟理事会议上，我曾经强调过，"十四五"时期要把促进枢纽互联成网放在更加突出的位置，带动物流和区域经济高质量发展，真正体现国家物流枢纽应有的功能和作用。2023 年是"十四五"承上启下的关键一年，无论是已经入选年度建设名单的 95 家枢纽，还是正处于培育建设阶段、拟争取纳入年度建设名单的枢纽，对此都要高度重视，持之以恒、持续发力，推进枢纽业务协同、政策协调、运行协作，不断提高多式联运发展水平，完善以枢纽为支撑的"轴辐式"物流服务体系，促进现代物流提质增效降本和高质量发展。

二是积极发展物流枢纽经济，培育区域经济新增长点。发展枢纽经济是国家物流枢纽布局建设的重要目标，也是枢纽支撑带动区域经济发展作用的集中体现。近年来，很多地方对发展枢纽经济高度重视，在地方政府工作报告或者相关发展规划中明确作出部署。国家物流枢纽是枢纽经济的"倡导者""先行者"，近年来，很多枢纽在发展枢纽经济方面作出有益尝试，摸索出成功模式，积累了宝贵经验。对此，各枢纽要结合本地区实际和自身特点，积极对标先进、加强学习、交流互鉴，争当发展枢纽经济的"试验田""先锋队"。《"十四五"现代物流发展规划》提出，到 2025 年，建设 20 个左右国家物流枢纽经济示范区。下一步，我们将按照《"十四五"现代物流发展规划》有关安排，有序推进枢纽经济示范区建设，打造枢纽经济发展承载空间，构建供需适配的产业体系，培育深度融合的产业生态，培育区域经济新增长极。

三是履行好"国字号"物流基础设施责任担当，统筹推进发展和安全。2022 年上半年，为应对国内部分地区新冠疫情反弹，国家发展改革委组织国家物流枢纽等"国字号"物流基础设施精准落实疫情防控措施，全力保障医疗防控物资、民生物资和重要生产物资中转、分拨和运输畅通，取得显著成效，充分体现了国家物流枢纽的责任担当和独特优势。下一步，各枢纽一方面要充分利用仓储、运力等资源集聚优势，在发生重大突发事件时主动担当，有力支持相关物资跨区域调运和应急保供，保障产业链供应链安全稳定，有效发挥"国字号"物流基础设施应有作用；另一方面要深度嵌入区域先进制造、现代流通、现代农业产业链条，充分发挥现代物流先导性作用，打造具有区域集聚辐射能力的产业集群，支撑带动区域经济发展。

三、推动国家物流枢纽联盟各项工作实现新突破

2020 年 11 月 12 日，枢纽联盟一届一次理事（扩大）会议在青岛隆重召开，宣告国家物流枢纽联盟正式成立。两年多来，霍高原理事长、贺登才常务副理事长以及各

位副理事长团结带领联盟各成员单位，推动联盟各项工作取得丰硕成果，先后在青岛、宜昌、日照、郑州等地召开 5 次联盟理事（扩大）会议，联盟成员单位和信息采集单位数量稳步增加；发布《国家物流枢纽联盟青岛宣言》《国家物流枢纽联盟宜昌共识》《国家物流枢纽联盟高质量发展郑州倡议》，统一思想认识，凝聚发展力量；组织开展 3 次国家物流枢纽年度评价，有效保障枢纽建设工作高质量推进；国家物流枢纽专刊、专报、专著"三专"刊物常态化编印，联盟官方网站常态化运行，枢纽综合信息服务平台建设稳步推进，为今后联盟工作开展奠定了良好基础。今天，联盟理事会顺利实现轮值，我们十分期待，也有理由相信，在柳建民理事长和联盟理事会带领下，在联盟各成员单位大力支持和广泛参与下，联盟各项工作必将取得新成效、再创新成就。

下一步，联盟理事会和联盟秘书处要围绕建设"促进互利合作的高层次平台、强化交流沟通的高效率机制、支持枢纽建设的高水平智库"总体要求，聚焦"打造联盟成员施展才华、发展事业的大舞台，交流互鉴、取长补短的大学校，相互支持、友爱和谐的大家庭"总体目标，进一步加强工作谋划，以时时放心不下的责任感、积极担当作为的精气神，抓实抓细抓好联盟各项工作。在此，我对新一届联盟理事会和各成员单位提三个期望。

一是持续做好枢纽运行动态监测。枢纽运行动态监测工作是联盟重要基础性工作，国家发展改革委对此高度重视。在此前召开的联盟理事会上，我也多次强调，近年来，联盟秘书处、各成员单位围绕枢纽动态运行监测开展了大量工作，付出了辛勤努力，取得了良好成效。特别是在应对新冠疫情期间，相关枢纽报送的运行情况，为我们动态了解物流业运行情况、研究制定相关政策提供了可靠依据。但总体来看，枢纽运行动态监测的质量、时效等方面还存在较大改进空间。对此，各省级发展改革委、承载城市相关部门和联盟各成员单位要充分认识这项工作的重要意义，积极担当、主动作为，不断优化完善数据报送机制，提高运行监测质量和效率，为枢纽建设相关工作奠定坚实基础。这次建设成效评价结果不及预期的枢纽基本都存在数据报送不及时问题，个别枢纽甚至从未报送过数据。大家对此务必高度重视，及时、准确、完整报送数据，高质量做好动态监测分析。

二是进一步提高联盟综合服务水平。近年来，联盟秘书处围绕服务联盟成员单位，精心谋划开展了一系列交流活动。例如，2023 年 2 月底，联盟秘书处在南京组织召开国家物流枢纽建设恳谈会，交流枢纽设施建设、运营组织、联网运行、产业集聚等方面的经验，来自相关政府部门、枢纽运营企业以及联盟专家委员会的 150 余人参加了会议。此外，联盟秘书处也积极响应成员单位要求，为枢纽互学互鉴、业务合作牵线搭桥、创造条件。下一步，联盟秘书处要紧密结合联盟成员单位实际需求，不断创新服务形式、丰富服务内容，促进枢纽间的互联互通和互利合作，提高联盟成员单位的"获得感"。各成员单位也要增强"主人翁"意识，"联盟是我家，发展靠大家"，主动参与联盟各项工作，"大家的事情大家办"，真正实现共商共建共享，真正做到互联互通互惠。本次会议上，联盟秘书处发放了工作建议征集表，各成员单位要结合实际积极向联盟秘书处建言献策，大家齐心协力，建设好、发展好联盟这块"金字招牌"和我们共同的家园。

三是深化基础性前瞻性问题研究。当前，我国发展进入战略机遇和风险挑战并存、不确定难预料因素增多的时期，错综复杂的发展环境对枢纽建设提出了新的更高要求。同时，枢纽建设从"大写意"进入"工笔画"的新阶段，也面临新形势新任务。对此，联盟秘书处要积极组织相关成员单位、行业专家和研究机构，加大对涉及国家物流枢纽长远发展的重大基础性、前瞻性问题的研究，例如，如何深化枢纽互联互通，不断提高物流规模化、网络化、组织化、集约化发展水平，助力现代物流提质增效降本；如何充分发挥枢纽资源集聚效应强、服务辐射范围广、一体化运作效率高等优势，更好支撑实体经济高质量发展；等等。这为相关政府部门、枢纽建设运营主体更好推进枢纽建设工作提供理论依据。联盟各成员单位要积极参与相关研究工作，及时总结枢纽建设运营中探索形成的先进模式和成功经验，以及枢纽运营中面临的共性问题，为联盟秘书处开展研究提供鲜活、可靠的第一手资料。一句话，既要提炼好经验好做法，也要提出好想法好办法。

同志们！

《"十四五"现代物流发展规划》将"加快物流枢纽资源整合建设"作为"十四五"时期现代物流发展的首要重点方向，将"国家物流枢纽建设工程"作为"一号工程"，从现代物流发展全局突出了国家物流枢纽建设的重要地位。国家物流枢纽建设也是国家发展改革委推进现代物流体系建设工作的重要抓手。过去几年，在国家、省级相关政府部门、承载城市、建设运营主体以及枢纽联盟等各有关方面的共同努力下，国家物流枢纽建设工作取得显著成效。面向未来，我们要以时不我待、只争朝夕的紧迫感抢抓发展机遇，以舍我其谁、敢为人先的使命感压茬推进枢纽建设工作，以久久为功、善作善成的韧劲推动枢纽建设工作再上新台阶、开创新局面，为支撑构建新发展格局、推动高质量发展、推进中国式现代化作出新的更大贡献。

谢谢大家！

（根据国家发展改革委经济贸易司副司长张江波 2023 年 4 月 26 日在国家物流枢纽联盟一届五次理事（扩大）会议上的讲话录音整理）

目　录

政策规划篇

国家物流枢纽创新发展报告（2023）

国家发展改革委发布 2022 年
国家物流枢纽建设名单

为认真贯彻落实党的二十大精神，按照"十四五"规划《纲要》关于"推进 120 个左右国家物流枢纽建设"的决策部署，近日国家发展改革委印发《关于做好 2022 年国家物流枢纽建设工作的通知》，将天津商贸服务型国家物流枢纽等 25 个国家物流枢纽纳入 2022 年度建设名单。其中，从地区分布看，东部地区 6 个、中部地区 7 个、西部地区 10 个、东北地区 2 个；从枢纽类型看，陆港型 5 个、空港型 3 个、港口型 2 个、生产服务型 7 个、商贸服务型 5 个、陆上边境口岸型 2 个、陆港型及陆上边境口岸型合并建设 1 个。

此次发布的 25 个国家物流枢纽具有三个显著特征：一是枢纽协同能力增强。有关地方按照枢纽互联成网要求，积极推进城市群物流一体化协同发展，推动枢纽设施共建共享共用，完善物流通道网络和供应链分工体系，培育有机协同的物流产业集群。例如，广州空港型国家物流枢纽依托广州白云国际机场、综合保税区，建设亚太航空物流中心，加强与广州港口型、佛山生产服务型以及深圳空港型、港口型、商贸服务型国家物流枢纽的协同联动，积极打造服务粤港澳大湾区、辐射全球的航空物流门户网络。成都空港型国家物流枢纽立足打造全球供应链服务节点、区域有影响力的国际物流集散枢纽，强化与成都陆港型以及重庆港口型、陆港型、空港型国家物流枢纽协作，加大要素保障资源整合力度，着力构建双核引领、多点支撑、优势互补、产业联动的协同发展体系，助力成渝地区双城经济圈发展。二是多式联运功能突出。所有枢纽均具备较强的多式联运综合服务能力，除空港型枢纽外其他枢纽均具有铁路专用线或具备铁路运输能力。例如，怀化商贸服务型国家物流枢纽拥有铁路口岸及 10 余条铁路专用线，2021 年货运量 350 万吨，并开通至北部湾的铁海联运班列以及至老挝、越南等的国际班列，提高物流通道网络运行效率。昆明—磨憨陆港型（陆上边境口岸型）国家物流枢纽发挥铁路联运班列作用，开通运行至北部湾的集装箱班列和中老国际班列，助力西部陆海新通道建设。三是产业联动更加紧密。生产服务型、商贸服务型枢纽共 12 个，占比接近一半。相关枢纽与周边生产制造、商贸等产业高效协调、联动发展，协同推进物流基础设施网络与产业组织体系建设。例如，西安生产服务型国家物流枢纽位于西安高新技术产业开发区和西安经济技术开发区内，毗邻电子信息、汽车、装备制造等生产制造基地，服务对象包括华为、比亚迪、陕汽、隆基绿能、杨森等知名制造业企业，有效发挥支撑引领实体经济发展效能。蚌埠生产服务型国家物流枢纽服务周边一批中小企业产业园、工业园区和电子商务产业园，涵盖装备制造、硅基生物基新材料等重点发展产业，助力优势产业集群加速形成。

为贯彻落实党中央、国务院关于加强物流基础设施网络建设的决策部署，2018 年12 月，经国务院同意，国家发展改革委牵头印发《国家物流枢纽布局和建设规划》，在 127 个城市布局建设 212 个国家物流枢纽。2019 年以来，国家发展改革委已牵头发布四批年度建设名单，共包括 95 个国家物流枢纽，覆盖 30 个省（区、市）及新疆生产建设兵团。国家物流枢纽建设目的主要体现在四个方面：在"点"上，系统整合存量物流基础设施，减少低水平重复建设和同质竞争，引导物流资源集聚形成规模经济效应；在"线"上，依托枢纽打造跨区域的物流通道，完善区域内集疏运体系，提高干支物流和末端配送一体化运作水平；在"网"上，推动建设国家物流枢纽网络，构建"通道＋枢纽＋网络"的现代物流运行体系；在"面"上，发挥枢纽资源集聚和区域辐射作用，带动制造、商贸等产业集聚，与物流融合创新发展，培育经济发展新动能。

2022 年国家物流枢纽建设名单
（共 25 个，排名不分先后）

所在地	国家物流枢纽名称
天津市	天津商贸服务型国家物流枢纽
山西省	大同陆港型国家物流枢纽
内蒙古自治区	鄂尔多斯生产服务型国家物流枢纽
吉林省	长春陆港型国家物流枢纽
黑龙江省	绥芬河—东宁陆上边境口岸型国家物流枢纽
江苏省	南京空港型国家物流枢纽
浙江省	嘉兴生产服务型国家物流枢纽
安徽省	蚌埠生产服务型国家物流枢纽
福建省	泉州商贸服务型国家物流枢纽
江西省	九江港口型国家物流枢纽
山东省	烟台港口型国家物流枢纽
河南省	郑州陆港型国家物流枢纽
	南阳商贸服务型国家物流枢纽
湖北省	十堰生产服务型国家物流枢纽
湖南省	怀化商贸服务型国家物流枢纽

续 表

所在地	国家物流枢纽名称
广东省	广州空港型国家物流枢纽
广西壮族自治区	凭祥陆上边境口岸型国家物流枢纽
重庆市	重庆生产服务型国家物流枢纽
四川省	成都空港型国家物流枢纽
云南省	昆明—磨憨陆港型（陆上边境口岸型）国家物流枢纽
陕西省	西安生产服务型国家物流枢纽
	宝鸡生产服务型国家物流枢纽
甘肃省	酒泉陆港型国家物流枢纽
宁夏回族自治区	银川商贸服务型国家物流枢纽
新疆维吾尔自治区	库尔勒陆港型国家物流枢纽

（来源：国家发展改革委网站）

综述篇

国家物流枢纽创新发展报告（2023）

25 个国家物流枢纽建设经验集萃

自《国家物流枢纽布局和建设规划》（发改经贸〔2018〕1886 号）（以下简称《规划》）发布以来，国家发展改革委经济贸易司与中国物流与采购联合会联合出版了两本《国家物流枢纽创新发展报告》（以下简称《报告》），收录了国家发展改革委等部门分三批确定的 70 个国家物流枢纽创新发展案例。

2022 年 11 月，国家发展改革委印发《关于做好 2022 年国家物流枢纽建设工作的通知》，将 25 个枢纽纳入 2022 年国家物流枢纽建设名单，第三本《报告》随之进入征稿编辑阶段。这 25 个枢纽分布在 23 个省、自治区和直辖市，主导产业特色鲜明、辐射带动作用明显，在建设发展过程中形成了一批具有地方特色的经验做法，值得业界同仁学习交流和参考借鉴。

按照惯例，在本书开篇之际，我们尝试对这些枢纽的共性做法和普遍经验做一些归纳梳理，供大家共同讨论、相互借鉴。

第一，准确把握产业需求，发展壮大物流产业规模。产业需求是枢纽发展的活水源头，发现、观察、理解和捕捉产业需求是枢纽不断增强竞争力的根基。

一方面，枢纽高度重视周边支柱产业和重点产业发展，通过优先满足既有产业物流外包需求，夯实物流产业规模化发展基础。例如，宝鸡生产服务型国家物流枢纽围绕本市支柱产业汽车制造业，引入汽车供应链物流企业，提供零部件集采、流通加工、工位配送、商品车运输等物流服务，形成汽车物流产业集群。2022 年，宝鸡生产服务型国家物流枢纽完成物流作业量达到 1035 万吨，同比增长 28.1%。其中，整车货运量为 685 万吨，占比接近 70%。大同陆港型国家物流枢纽围绕晋北地区悠久的畜牧养殖业，依托山西省唯一的进境肉类指定监管场地，引入山西北肉冷链加工产业园，建成 3 万吨全自动智能立体冷库的仓储设施，打造山西北肉进出口冷链产业集散基地。

另一方面，枢纽对市场保持敏锐的嗅觉和观察力，先人一步发现并满足潜在新增物流需求，不断扩大物流产业规模。例如，怀化商贸服务型国家物流枢纽积极把握RCEP（《区域全面经济伙伴关系协定》）生效实施的发展机遇，利用连接我国中东部地区和大西南的区位节点优势，深入分析调查湘鄂赣货源与物流组织情况，开行怀化—云南磨憨—老挝万象、怀化—广西凭祥—越南河内等多条国际物流通道，打造面向东盟和 RCEP 国家的货运集结中心。2022 年，怀化商贸服务型国家物流枢纽共计开行班列 151 列，开行数量较 2021 年增加了 6 倍多。酒泉陆港型国家物流枢纽抢抓承接疆煤外运发展机遇，摸清酒泉煤炭运转底数，完善物流基础设施，建设煤炭保供储备基地，提升煤炭多式联运组织能力，为酒泉周边 1000 千米范围的钢铁、化工、能源等生产企业提供低成本、高质量、稳供应的煤炭，2022 年煤炭吞吐量增长至近 1 亿吨。

此外，部分枢纽还根据产业提质增效降本需求，提供更好更优物流业务解决方案，实现自身物流业务增长。例如，天津商贸服务型国家物流枢纽发现"三北"地区（东北、华北北部和西北地区）批发市场 80% 的进口水果从广州港和上海港报关，然后再经公路长途运输到批发市场。针对"三北"地区进口水果的迂回运输，天津商贸服务型国家物流枢纽在天津港后方打造集中转市场、产地市场和销地市场于一体的农产品交易市场，直接辐射天津所有农贸市场，使京津冀地区陆运成本降低 90% 左右；运往东北、西北地区的进口果品通过铁路整车直达，不再经过二次中转。九江港口型国家物流枢纽深入分析江西饲料加工业粮食物流运输模式，发现江西粮食运输存在成本高、粮食损耗高、污染严重等问题，通过整合产业链条资源、江边大船装卸、"散改集"、铁水联运、加大政策支持、更新工艺等措施，将"北粮南运"打造成枢纽拳头产品。2022 年九江港口型国家物流枢纽"散改集"项目完成粮食类农产品 25 万吨转运，2023 年预计完成 60 万吨。

第二，大力发展多式联运，推动各种运输方式深度融合。枢纽以多式联运作为发展主攻方向和战略重点，多措并举提升多式联运发展水平，打通物流运输全链条，促进物流提质增效降本。

一是加快补齐联运设施短板。例如，鄂尔多斯生产服务型国家物流枢纽储煤 8 万吨、年发运能力 1500 万吨的金诚泰聚丰物流有限责任公司察汗淖煤炭集运站及铁路专用线项目通车运行，年装卸能力达到 70 万吨/年的国家能源集团新淮铁路海勒斯壕南站 1 场 4 道货场建成运营，新增 6 条到发线、4 条机待线的包西铁路新街站改扩建项目完工，进一步优化了区域路网结构。2022 年，鄂尔多斯生产服务型国家物流枢纽发运煤炭 6339.6 万吨，同比增长 9.0%，有效满足了区域煤炭、焦炭等货物外运需求，服务国家能源战略安全。

二是构建多式联运产业生态。例如，泉州商贸服务型国家物流枢纽汇集海陆空铁邮多式联运资源，整合周边货运枢纽国际航线资源，形成了国际陆港口岸、跨境服务口岸"双口岸"并行的服务体系，逐步发展成泉州最大的通关业务现场。2022 年，泉州商贸服务型国家物流枢纽完成集装箱吞吐量超 32 万标箱，平台贸易额超 62 亿美元。

三是推行多式联运"一单制"。例如，银川商贸服务型国家物流枢纽联合天津港集团有限公司及大型船公司等相关部门企业，推出国际铁海联运"一单制"全程物流服务模式，形成了银川经天津港直达越南胡志明市、泰国曼谷、日本横滨等 10 余条常态化铁海联运航线。"一单制"全程物流服务模式将短途公路运单、铁路运单、集港委托单、空箱提运单、海运提单等多个环节进行整合，保证全程"一箱到底""一单到底"。国际铁海联运"一单制"使单据流转时间节约 70%，综合物流成本降低 30% 左右，订舱到完成集港时间由 7～9 天压缩至 2～3 天。

四是大力发展"散改集"。例如，天津商贸服务型国家物流枢纽协调船公司共同推进"散改集"和整箱铁海联运模式，利用枢纽将船公司空箱资源整合至西北地区生产企业，在货源地完成装箱并以集装箱形态完成全程多式联运。目前，天津商贸服务型国家物流枢纽集装箱铁水联运量逐年升高，2022 年聚氯乙烯海铁联运业务量30.5 万吨。

五是创新多式联运组织模式。例如，烟台港口型国家物流枢纽携手合作伙伴在几内亚投资建设并运营博凯港，成功打通了几内亚到中国的铝土矿运输海上"铝业丝绸之路"。这条铝土矿全程物流供应链涵盖"几内亚矿山开采—码头装船—锚地过驳—海上运输—烟台港卸货转运—转水—公路运输至厂区—氧化铝生产"等多个环节，集多式联运、河海联运、散集双向等运输模式于一体，从根本上改变了传统"渔猎"式的大宗干散货货源组揽模式。目前，烟台港口型国家物流枢纽铝土矿单货种年吞吐量过亿吨，在全国口岸中连续 12 年稳居铝土矿进口量第一。

第三，坚持创新驱动发展，不断激发发展新动能。各地枢纽将创新作为发展第一动力，深入物流组织运作全链条，不断寻找提质增效降本新空间，持续塑造发展新动能、新优势，引领行业转型升级。

在组织模式创新方面，嘉兴生产服务型国家物流枢纽针对物流企业托盘标准不一、通用性不强、购买投资成本高、维修回收困难等情况，引进路凯供应链管理（嘉兴）有限公司，为企业提供物流集装器具的设计、组装、维修、清洗、销售、租赁等服务。目前，嘉兴生产服务型国家物流枢纽内企业标准化托盘的使用比例超过 30%，托盘的使用使企业备货效率提升 30%、平均装卸货效率提升 50%、平均收货效率提升 100%、平均装卸成本降低 60%～80%、平均车辆周转率提升 100%。重庆生产服务型国家物流枢纽充分利用深水航道，依托内部两大片区毗邻港口优势，整合区域化工、矿石、粮食等航运物流资源，推动集装箱船多点停靠，开行高频次、点对点穿梭班轮。2022 年，重庆生产服务型国家物流枢纽两片区相互运送钢材、煤炭、纯碱等产品近 50 万吨，共同服务区域生制制造业发展。

在服务模式创新方面，烟台港口型国家物流枢纽通过完善物流信息网及"港易通"App，利用移动互联网、区块链等技术，为各相关方提供数字化、可视化全程物流监控平台，推动枢纽港口业务办理从"面对面"到"线上办"再到"掌上办"的转变。目前，烟台港口型国家物流枢纽物流信息网已注册用户 2 万个以上、企业 5000 多家，为用户提供 10 多个业务模块的线上办理服务。十堰生产服务型国家物流枢纽引入上海能到供应链管理有限公司，与园区及周边有代表性的平安物流、申楚物流、邦达物流等 8 家规模专线物流企业共同投资成立能到供应链（十堰）有限公司，打造一单到底、时效稳定、安全可靠、客户满意的"一站式"物流发运平台，降低汽车行业物流供应链交易成本。库尔勒陆港型国家物流枢纽串联农业专业合作社、冷链食品加工企业、商超市场、餐饮企业等供应链上下游企业，提供产后遇冷、加工、冷藏、冷链运输、配送全流程冷链物流服务。

在技术应用创新方面，广州空港型国家物流枢纽联合广州驭势科技有限公司探索应用 5G 和自动驾驶新技术，在国际进港、国内出港两条线开展无人牵引车拖运试点，累计安全运行 1440 小时、3500 千米，完成了 10360 板箱货物运输。无人牵引车每日至少可替代 8 名司机，不仅优化提升了机场运输效率，还降低了安全事故发生率。长春陆港型国家物流枢纽与中国航天工业总公司西安微电子技术研究所携手打造全球集装箱智能监控系统，运用北斗卫星技术对国际集装箱进行实时监控，提供三频定位、温湿度监控、三轴碰撞度监控、异常侵入报警等服务，为货物快速通关和全程监管提供了有力支撑。

在管理模式创新方面，凭祥陆上边境口岸型国家物流枢纽大力推行"铁路进出境快速通关"模式，通过海关铁路舱单系统数据互联互通，对电子数据进行线上审核、放行、核销，取消办理转关手续，可节约通关时间 24 小时，缩短整体运行时间 1～2 天，单箱可节省费用 200 元以上。在"铁路快通"模式的助力下，凭祥陆上边境口岸型国家物流枢纽外贸持续向好发展，2022 年铁路口岸共监管进出口货物 79.36 万吨，同比增长 42.48%。昆明—磨憨陆港型（陆上边境口岸型）国家物流枢纽发挥省城托管边城、合作共建的制度优势，加强枢纽规划引领，承接更大经济社会管理权限，创新开发运营模式，吸引大型企业参与建设，打造西南地区国际大宗货物集散中心。目前，昆明—磨憨陆港型（陆上边境口岸型）国家物流枢纽入驻企业 970 家，其中物流企业 225 家，产业集聚初具规模。

第四，持续织密物流网络，打造区域物流组织中心。打造辐射广、成本低、效率高的物流网络，是国家物流枢纽重要的责任与使命。一方面，枢纽充分发挥物流信息中枢功能，加强物流流向和流量分析，持续推出新型直达货物运输产品，提高直达货运班列、班轮、航班和班车开行频率，扩大辐射范围，着力打造通达全国、联通内外的物流网络。例如，郑州陆港型国家物流枢纽高水平建设中欧班列（郑州）集结中心示范工程，在巩固稳定既有中欧班列线路的基础上，积极拓展至北欧、南欧的新线路。目前，郑州陆港型国家物流枢纽国际直达线路达到 17 条，业务网络遍布俄罗斯及欧盟、中亚、亚太地区 30 多个国家和地区的 140 多个城市，2022 中欧班列（中豫号）开行数量突破 1000 列。南京空港型国家物流枢纽引进中国邮政航空、顺丰全货运航空等

4 家航空全货运项目，开通至大阪、芝加哥、阿姆斯特丹等地的 8 条全货机航线，国际航线达 13 条，境内货邮通达 28 个省市。2022 年，南京空港型国家物流枢纽完成货邮吞吐量 72 万吨，同比增长 5.2%，其中国际 6.6 万吨，同比增长 25%，较 2019 年增长 18%。

另一方面，枢纽积极在周边物流园区、货运场站、工业开发区、商贸聚集区等布置货运站点，吸引周围货源在枢纽中转发运。例如，成都空港型国家物流枢纽在省内城市布置离港服务站，利用卡车航班及时将货物运至枢纽机场。目前，枢纽已开通 5 条卡车航班专线，辐射自贡、德阳、南充等多个省内城市和重庆市，卡车航班省内每两天 1 个车次，省外每天 2 个车次。2022 年，成都空港型国家物流枢纽双流空港片区完成货邮吞吐量 53.0 万吨，同比增长 53.7%；天府空港片区完成货邮吞吐量 8.2 万吨，同比增长 311.3%；九江港口型国家物流枢纽积极推动"无水港"建设，开通宜春西、醴陵、八景、吉安、新余、萍乡、横岗、樟树、南昌北、乐化、赣州、麻城等集装箱水铁联运站点，打造省内联运立体通道。2022 年，九江港口型国家物流枢纽铁水联运完成 5.77 万标箱，同比增长 36.08% 以上。

此外，国家物流枢纽数量增加，也为枢纽间互联成网创造了有利条件。特别是生产服务型、商贸服务型枢纽借用陆港型、港口型和空港型枢纽物流网络通达全球，陆港型、港口型和空港型枢纽利用生产服务型、商贸服务型枢纽拓展货源，枢纽间合作不断走深走实。例如，蚌埠生产服务型国家物流枢纽与西安陆港型国家物流枢纽合作开行"蚌西欧"国际班列，集装箱货物在蚌埠集结后整列开往西安，在西安陆港型国家物流枢纽换装"长安号"中欧班列后，驶向欧洲、中亚等地区。"蚌西欧"国际班列线路自 2019 年 6 月开行以来，每周稳定开行 1~2 列，从蚌埠至明斯克运输费用比以往海运线路单趟单箱节省 3000 多元，运输时间节省 20 多天，进一步降低了蚌埠及周边地区进出口企业的综合物流成本。南阳商贸服务型国家物流枢纽与西安、重庆陆港型国家物流枢纽合作开行"宛西欧""宛渝欧"中欧班列，与宁波、连云港等港口型国家物流枢纽铁海联运签订协议，开通铁路货运班列达到 11 个，其中铁海联运班列 6 个、中欧班列 5 个，辐射范围涉及 57 个海外城市、170 余个国内地级以上城市。2022 年，南阳商贸服务型国家物流枢纽完成货物吞吐量 3680 万吨，实现物流业务收入 2.3 亿元，服务助力商贸企业实现贸易额 22.3 亿元。

第五，深度融入产业链条，助力枢纽经济发展。枢纽利用自身规模效应和集约效应，积极向产业链采购、生产、销售、回收等环节延伸，通过整合资源、优化组织、设施设备共享等措施，提升供应链全链条资源利用效率和服务水平。例如，西安生产服务型国家物流枢纽根据比亚迪、陕汽等汽车生产制造业企业供应链特点，提出"前端＋中端＋后端"物流服务理念，做大做强生产采购服务，做精做优生产仓配业务，做严做深生产加工业务，帮助汽车生产制造业企业降本增效提质。2022 年西安新能源汽车产量达到101.55万辆，使西安成为我国新能源汽车产量第一的城市，是枢纽服务主导产业跨越发展的典型。嘉兴生产服务型国家物流枢纽为保温产业、纺织产业等大宗货物的物流需求提供采购、分销、仓储、金融等服务，有效减少货物流通环节，助力制造业企业物流成本降低25%以上。

枢纽对物流资源的"虹吸效应"和服务产业的"外溢效应"日益凸显，对地方其他产业支撑带动和引领作用日益突出，已成为地方经济转型升级的重要推进力。例如，绥芬河—东宁陆上边境口岸型国家物流枢纽依托连接东北亚和走向亚太地区的"黄金通道"优势，畅通国际物流通道、提高口岸通关效率、完善物流服务功能。2022年，绥芬河—东宁陆上边境口岸型国家物流枢纽口岸过货量933万吨，进出口贸易总值352.35亿元，比2020年增长了107.1%。跨境物流体系不断完善，促进了当地互市贸易、一般贸易、进出口加工、跨境电商等特色产业发展，2022年，绥芬河和东宁市地区生产总值比2020年增长了15.7%。怀化商贸服务型国家物流枢纽利用东盟进出口通道优势，引进一大批商贸服务企业，打造木薯、稻米、水果、木材、冻品、特色轻工六大产业链，激发了怀化市外贸发展活力。2022年，怀化市外贸进出口额达到46.76亿元，同比增长了135.57%，增速稳居湖南省第一。广州空港型国家物流枢纽利用机队规模、客货邮运输的稳定增长优势，吸引航空维修龙头企业集聚空港。空客和波音"客改货"项目先后投产，广州飞机维修工程有限公司三期维修机库、飞机附件维修基地以及新科宇航G2、G3机库建成投运，南航工程技术分公司成立落户。2022年，飞机维修基地实现营业收入34.5亿元，同比增长10.5%，成为全国重要的飞机维修及客改货基地。

以上是对2022年25个国家物流枢纽经验做法的粗略归纳，不足以全面展现各枢纽发展特色，还请读者朋友仔细阅读全书，亲自领略各枢纽创新风采。《报告》的顺利编辑出版，得益于国家发展改革委经济贸易司的顶层谋划、各地发展改革部门和承载城市人民政府的大力支持，得益于2022年国家物流枢纽建设运营单位领导和撰稿人提供的稿件，得益于国家物流枢纽联盟专家委员会委员姜超峰、张晓东、宫之光的专业指导，以及北京交通大学交通运输学院师生的加工修改，中国财富出版社有限公司各位编辑的核准较正。在此，对上述单位和个人为《报告》倾注的智慧和汗水一并表示衷心的感谢。由于时间和能力有限，《报告》难免有不足之处，恳请各位读者朋友不吝赐教。

近年来，在国家、省级相关政府部门，承载城市、建设运营主体以及枢纽联盟等各有关方面共同努力下，各地枢纽深入推进基础设施、多式联运、物流网络、枢纽经济等各项工作，枢纽监测评价、信息沟通、业务融通、标准贯通等工作也有序展开，国家物流枢纽建设取得阶段性成果，为我国构建现代物流服务体系提供了有力支撑。2022年12月，国务院办公厅印发《"十四五"现代物流发展规划》，将"加快物流枢纽资源整合建设"作为现代物流发展的重点方向，把"国家物流枢纽建设工程"列为"一号工程"，再次从现代物流发展战略和全局高度强调了国家物流枢纽建设的重要地位。光荣的历史使命，需要我们以时不我待的紧迫感、只争朝夕的责任感，全力以赴推动枢纽高质量发展，为现代物流体系建设贡献新思路、新智慧和新力量，更好服务和融入新发展格局。

（国家物流枢纽联盟秘书处汇总整理）
二〇二三年七月

建设运营篇

国 家 物 流 枢 纽 创 新 发 展 报 告 （ 2 0 2 3 ）

第一章

陆港型国家物流枢纽

大同陆港型国家物流枢纽

立足晋冀蒙物流枢纽经济　融入京津冀协同发展格局

围绕支撑构建以国内大循环为主，国内国际双循环相互促进的新发展格局，大同陆港型国家物流枢纽（以下简称"枢纽"）旨在以建设高质量陆港型枢纽为目标，打造"通道＋枢纽＋网络"的现代物流运行体系，整合优化存量物流设施，强化多式联运组织能力，加强智慧物流、冷链仓储、集散分拨、进出口贸易、电子商务、商贸服务一体化服务体系建设，打造高水平开放的国际陆港。枢纽定位为面向蒙俄欧"一带一路"开放发展的国际陆港、中国煤都绿色转型发展特色平台、冀晋蒙陕四地协同发展物流组织枢纽、服务山西和京津冀的骨干冷链物流基地，现拥有保税物流中心（B型）、进境肉类指定监管场地、国家杂粮检疫检测重点实验室、大同陆港古店铁路班列物流园、"一带一路"中欧商务区等枢纽发展载体。立足国家物流枢纽建设要求，整合大同存量物流资源、补齐基础设施短板、加快智慧陆港建设，主动融入国内国际物流服务网络，强化节点意识、枢纽意识，深化与京津冀、呼和浩特、西安、郑州等枢纽城市在港区建设发展、资源优势互补、产业对接协作等方面的交流合作，打造陆港型国家物流枢纽标杆，完善国家物流枢纽网络布局，助推我国中西部地区高质量发展，为加快内陆地区开放发展作出重要贡献。

一、枢纽概况

（一）区位交通

大同市地处晋冀蒙三地交界，直线距离距北京约 250 千米、距太原约 250 千米、距呼和浩特约 160 千米，东与河北省张家口市、保定市相接，西、南与省内朔州市、忻州市毗连，北隔长城与内蒙古自治区乌兰察布市接壤，历史上是北方丝绸之路东端起点，现在是国家综合立体交通网大通道的交会节点，具有重要的战略区位。大同作为东部沿海发达地区和中西部地区连接的重要过渡带，具有赢得承接产业转移、布局重大项目的先机，具有进入东部地区市场、对接京津冀经济、融入京津冀一体化发展的区位优势，既可以成为京津冀一体化产业转移基地，也可以成为首都城市群的物流服务基地。大同市位于国家"一带一路"对外贸易铁路中通道（二连浩特口岸方向，东通道为满洲里、西通道为阿拉山）的起点，500 千米半径内向北可出境抵达蒙古国，向东可抵达出海口天津港，地理位置独特。开展海铁联运、公铁联运、空铁联运，有利于大同就近承接京津冀产业转移，有助于服务国家"一带一路"倡议，有助于打造中蒙俄经济走廊枢纽，有助于激发传统优势。

枢纽地处大同东北部，主要依托京包线、北同蒲线铁路以及二广、京大等公路交通基础设施，是大同向东服务京津冀、雄安新区，西接"一带一路"沿线国家和地区，南承中部地区及长三角、珠三角地区及粤港澳大湾区，北联中蒙俄经济走廊的通道节点。

枢纽由"一港一园"两个片区构成。"一港"为大同国际陆港核心区，位于大同经济技术开发区装备制造业基地；"一园"为大同陆港古店铁路班列物流园，位于大同铁路北站南侧。枢纽两片区通过高速相连接，20 分钟短倒可达大同南站、大同云冈机场航空口岸，如图 1 所示。

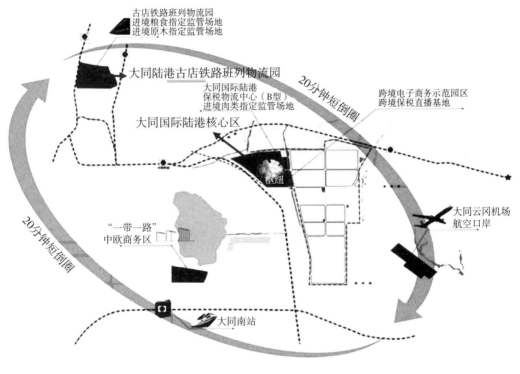

图 1　枢纽空间布局

（二）空间布局

枢纽"一港一园"两片区总占地面积约 0.75 平方千米，总投资 19.18 亿元，已完成投资 12.66 亿元，枢纽建设成熟度达 66%。大同国际陆港核心区一期建设已完成，占地面积约 0.25 平方千米，主要承担保税物流、冷链物流、跨境电商及总部经济等功能。大同陆港古店铁路班列物流园一期建设面积约 0.50 平方千米，主要进行国际国内干线铁路物流组织。

大同国际陆港核心区由大同国际陆港查验场、海关监管区组成，主要功能区包括食品流通加工区、冷链物流区、保税物流中心（B 型）、通用仓储区、综合服务区、商务服务区，如图 2 所示。片区内已经建成山西省唯一的经国家市场监督管理总局批准建设的进境肉类指定监管场；山西北肉冷链加工产业园（一期）（占地面积约 9.4 万平方米），包括综合展示区、加工区、冷链仓储区；电子口岸（占地面积约 1.98 万平方米）；国家杂粮检疫检测重点实验室；保税物流中心（B 型）（占地面积约 3.7 万平方米），包括海关监管堆场、H986 检测系统、监管冷库、常温监管库等功能设施。

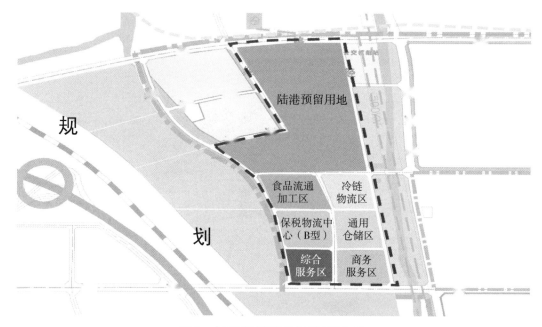

图 2　大同国际陆港核心区空间布局

大同陆港古店铁路班列物流园利用既有的两条铁路专线改造升级优势，主要功能区包括冷链仓储及铁路卸货区（包括堆场）、铁路保税区、综合服务区、多式联运港、仓储分拨港、粮食、木材铁路口岸等，功能设施布局如图 3 所示。该片区是大同国际陆港引入铁路专线，积极配合大同市人民政府申报建设粮食、木材铁路口岸功能，建设陆港型国家物流枢纽的重要抓手。

（三）运营主体

枢纽以华远国际陆港（大同）集团有限公司为建设运营主体，协同中国铁路太原

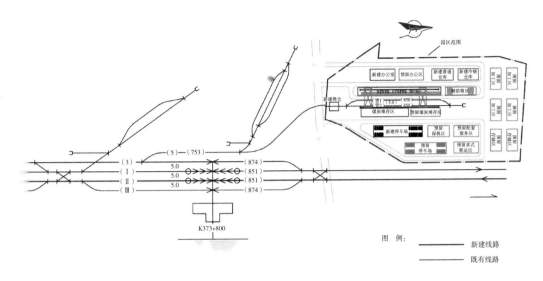

图 3　大同陆港古店铁路班列物流园功能设施布局

局集团有限公司、山西晋能集团有限公司等共同参与建设，联合大同云冈机场、山西柴油机厂、中车等优势企业及其他物流企业，形成以"存量设施为主，增量设施为辅"的优势互补、业务协同、利益一致的合作共同体，统筹枢纽整体运作组织和资源配置。枢纽由华远国际陆港（大同）集团有限公司负责承担运营情况和监测数据报送工作。其中，华远国际陆港（大同）集团有限公司成立于 2020 年 12 月 15 日，注册资本金 10 亿元，为华远国际陆港集团有限公司第一家区域性的二级子公司，是华远国际陆港集团有限公司"一核三港"中"北港"的战略实施主体。"十四五"期间，华远国际陆港（大同）集团有限公司将全面推进"一港一园一区"（大同国际陆港核心区、大同陆港古店铁路班列物流园，"一带一路"中欧商务区）的投资建设，以物流枢纽经济带动区域经济实现高质量转型。

（四）发展模式

打造物流枢纽经济新模式。加快"一港一园"建设步伐，形成区域物流枢纽核心，同时借助系统化组织和网络化服务，为要素流动构建效率高、成本低、能力强的现代物流服务体系，进一步引导物流、制造、商贸、金融、信息等产业资源在大同周边集聚。

打造物流运行机制新模式。打开大物流格局视野，坚持"不求所有但求所用"的原则，促进物流运输方式互联互通，畅通物流通道高效运行，聚集要素资源的合理分配，形成若干具备区域整合和辐射能力的组织枢纽中心，为地方经济高质量发展和产业布局优化提供全周期协同、全要素融合的物流供应链管理服务，形成物流空间经济新模式。

打造物流空间组合新模式。统筹考虑项目基地与周边产业园区在功能、界面上的关系，以物流园区为支撑，加强与省内物流枢纽协同，开通班列直达线和定制化班列。与国内其他国家物流枢纽业务对接，实现货物快速中转。

（五）功能定位

按照国家物流枢纽建设要求和枢纽发展定位，确定枢纽功能定位，主要包括基本功能和延伸功能，基本功能是支撑国家物流枢纽"通道＋枢纽＋网络"运行和公铁联运组织的功能，延伸功能是与本地经济社会发展相适应、提升枢纽辐射能级、体现枢纽发展特色的功能。枢纽基本功能包括铁路及公路干线组织或对接服务、区域分拨及配送组织、多式联运转运组织、国际物流服务等；延伸功能包括冷链物流服务、跨境电商服务、流通加工服务、保税物流服务、物流金融服务、枢纽综合信息服务等，具体如图4所示。

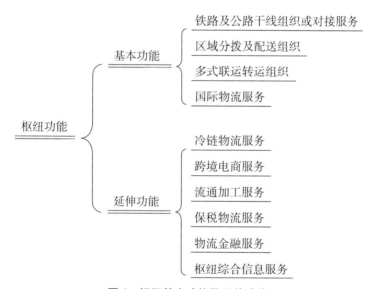

图4　枢纽基本功能及延伸功能

二、主要做法与特色经验

（一）培育枢纽智慧发展动能

1. 推动新技术应用，提升枢纽智能化水平

加强物联网、大数据、遥感等新一代信息技术在交通基础设施中的应用与融合。加快陆港信息化建设，推动云计算、物联网、大数据、移动智能终端等技术在陆港领域的应用，打造现代化智慧陆港。依托大数据、云计算、人工智能、5G、区块链、物联网等新兴前沿技术实现信息流、商流、资金流、物流、人流"五流合一"的云端系统，推动枢纽走出地域限制，向"买全球、卖全球"战略目标迈进。

加强"无人场站"、智能化仓储等现代物流设施的建设，加强自动化控制、决策支持等管理技术以及场内无人装备在枢纽内的应用，适应内需扩大、消费升级带来的物流需求变化，加强枢纽与腹地生产、流通、贸易等大型企业的无缝对接，提高市场感知能力和响应力。

进一步完善枢纽多式联运、智能场站、网络货运、智慧仓储、国际贸易数字平台、智慧云仓等信息服务平台功能。通过与电子口岸、单一窗口，国内其他国家物流枢纽信息平台，境外相关信息平台的对接，融入国家骨干物流信息平台网络，实现与国内、国际的物流信息共享，提升枢纽的智能化水平。

2. 建设数字化保税仓，培育跨境电商服务优势

枢纽精准把握客户需求，建设智能化、无人化保税仓。进一步扩大数字化、无人化、智能化在大同国际陆港的应用场景范围，确立以建设数字化保税仓为重点推进目标。为加快信息化赋能，枢纽积极打造首个5G保税仓。依托大同国际陆港保税物流中心的口岸功能，打造国际化通关、物流平台，服务跨境电商企业。同时，完善国际物流通道，加强与空港、海港联动，推进国际集装箱航运快捷化，提升集装箱航运时效性。完善专业物流服务平台，推进国际邮件互换局建设，加强境内外仓储配套建设，发展体验店和配送网点。

枢纽依托中国（大同）跨境电子商务综合试验区、大同国际陆港保税物流中心（B型）等设施，高标准打造省级跨境电商示范园区。基于枢纽保税物流中心（B型）、北肉冷链加工产业园、大同陆港古店铁路班列物流园等现有配套资源的分布情况，统筹考虑跨境电商发展定位及业务需求，重点规划打造"两区"：一是通关服务及仓储物流区，包括跨境电商1210海关监管作业场所、保税仓库、非保税仓库、物流包裹分拣中心等；二是电商集聚及配套服务区，包括直播基地、跨境商品展示体验馆、电商孵化中心等。

通关服务及仓储物流区建设项目中，跨境电商1210海关监管作业场所面积约6000平方米，2022年6月22日，大同市首单保税跨境贸易电子商务（海关监管代码"1210"）业务通过微信电商小程序顺利清关。跨境电子商务企业对企业出口（海关监管代码"9710"）业务正在技术对接中。电商集聚及配套服务区建设项目中，跨境电商直播基地目前已逐步投入运营，直播基地面积约2000平方米，共有保税、非保税直播间10个，以直播带货的形式开展跨境商品的销售，如进口红酒、化妆品、宠物粮、母婴用品、食品等。同时，正积极对接抖音电商、拼多多国际等国内主流大型电商平台，为进一步拓展跨境电商销售渠道做足准备。此外，枢纽计划打造跨境电商孵化平台，引进优秀创业团队、电商企业，整合各方资源，形成全国高效电商集聚区；建设跨境电商线下展示体验中心，发展集展示、零售、社交、休闲、娱乐于一体的电子商务互动社交和销售平台。未来，在完善跨境电商 1210 海关监管场所业务和跨境电商直播基地业务的同时，计划建设跨境电商交易平台，依托自有的北肉和坚果生产厂，促进外向型临港产业发展，带动上下游产业发展、商贸协同发展；并形成较为成熟的跨境电子商务监管配套、供应链配套、生活配套等"一站式"的综合服务体系，打造区域跨境电子商务集聚中心。

（二）加大枢纽建设支持力度

1. 加强枢纽制度创新示范

加强枢纽经济组织领导、顶层设计与制度创新，在加大政策支持的同时，创新适合枢纽经济发展的体制机制，大力改善营商环境。

探索推动审批制度改革。在政务服务领域广泛运用互联网、云计算、大数据、人工智能等新兴技术，推进"数字政府"建设，形成以信用承诺、信息公示为特点的新型监管机制。再造审批流程服务，实现审批服务便民化目标，推动政务服务高效运转。

深化商事制度改革。持续推进"多证合一、一照一码"改革，分类实施"证照分离"改革，最大限度地破解"准入不准营"问题。深入推进负面清单制度，持续改善外资管理体制，推动外贸企业"证照通办"，一次性赋予主体资格和对外贸易经营资格。围绕产业、企业需求，完善公共服务，降低制度性成本，助推大同成为大众化贸易最便利的城市，打造创新创业优质环境。

坚持企业主导、规划引领、政府引导原则，由大同市发展改革委牵头，市财政局、交通运输局、工业和信息化局、商务局、自然资源局、住房和城乡建设局、市场监督管理局、统计局、经济技术开发区管理委员会，以及中国铁路太原局集团有限公司等相关部门共同建立物流枢纽培育和发展工作推进小组，统筹推进枢纽及山西省级物流枢纽布局和规划建设工作。每季度至少召开一次物流枢纽发展推进会，协调解决物流枢纽建设运营过程中存在的问题，为国家物流枢纽培育和发展提供工作合力和政策协同。

2. 完善统计和运行监测机制

利用省物流统计报表制度，鼓励枢纽运营企业以市场化方式承担全省社会物流统计工作，依法合规开展全省社会物流分析，定期发布物流指数、运行情况等，有针对性地破解制约物流运行效率和质量提升的问题，优化物流组织模式。研究完善反映物流重点领域、重点环节高质量发展的监测指标体系，推动企业样本库扩容提质，提高监测数据的精准度和针对性，引导物流市场高效平稳运行，为政府部门提供决策依据。

3. 提升统筹运营管理水平

枢纽建立一体化的"互联网＋智慧供应链"战略管理体系，促进晋北实体产业、物流产业协同发展和整体利益最大化，构建晋北地区最大的"铁、陆、空"

国际物流中心，打造晋北地区和山西省最具核心竞争力的物流供应链核心领袖。加强精益管理，实施陆港管理机制、商业模式和平台技术创新战略，搭建基于大数据的物流、商流、信息流、资金流"四流合一"的智慧供应链战略联盟和信息服务与管控平台。

（三）培育陆港枢纽经济范式

1. 培育冷链物流核心圈层

枢纽通过充分释放进境肉类指定监管场的功能以及北肉精深加工产业集聚区的"磁吸"效应，构建以冷链物流为核心的新业态。

一是针对大同市特色农产品外运、蔬菜产品调拨、进口肉类及冰鲜水产品等对于冷藏车、冷藏集装箱、冷库等的功能需求，枢纽提供交易集散、冷链仓储、城市配送、冷链监管等服务，已建成总体库容约 3.5 万吨的冷链仓储设施，打造服务京津冀和雄安新区的"肉盘子"、山西北肉进出口冷链产业集散基地。

二是学习借鉴郑州国际陆港经验，枢纽积极推动实现白俄罗斯的冻品冷链班列回程，开创山西省第二个"一带一路"对外窗口，为申报国家骨干冷链物流基地打下扎实基础。

三是枢纽以服务进出口肉类交易为重点，积极推动举办肉类产业交易大会。枢纽依托山西北肉冷链加工产业园，已于 2021 年 9 月 6 日成功举办 2021 晋北肉类平台境内外集采集供大会，吸引了国内相关行业 20 余家知名企业及优势产品集中亮相，与河南伊赛牛肉股份有限公司、内蒙古科尔沁牛业股份有限公司、辽宁当先食品有限公司、河南豪之安商贸有限公司、杭州柳哥食品有限公司、界首市美优久食品有限公司达成了合作意向，并开展了首届中国肉类经贸高峰会暨供应链大会和畜禽智慧仓储冷链物流专家研讨会等活动，邀请社会各界专家学者进行了交流研讨，对下一步国内肉类进出口发展进行了有益探索。目前，枢纽正在积极谋划主办第二届晋北肉类平台境内外集采集供大会。

2. 培育产业要素集聚圈层

枢纽培育产业要素集聚圈层，进一步完善晋北肉类进出口平台功能，提升"物流枢纽＋特色产业"的枢纽经济规模集聚效应。一是以大同同风食品分割牛肉四分体 120 吨项目为引领，抓紧开展园区招商工作，现已与大同同风食品集团有限公司、云南云海肴餐饮管理有限公司签订入园协议，开展各类合作事项，力争打造成为我国北方重要的肉类进出口集散供应基地。二是发挥上海、广州办事处支点作用，采取自营进口和供应链金融服务等方式，开展以进口牛肉为主要业务的国际贸易，进一步服务于驻港肉类加工和贸易企业，实现交易和供应链金融双收益。三是与农业农村部规划设计研究院共同推进大同周边地区"肉案子、菜篮子"地网工程，发展社区零售、社区团购业务，打造京津晋冀蒙生鲜、冻品供应链全渠道服务平台。

3. 培育关联产业集群圈层

枢纽培育关联产业集群圈层，进一步引导现代物流、国际贸易、商业会展、产业深加工、冷链物流装备制造等冷链物流产业在枢纽内进行集中布局。一是发挥好 RCEP 肉类产业合作对接基地的纽带作用，拓展东南亚生鲜、水果等进出口贸易，最终实现集海外集采、仓运配一体化、供应链管理等于一体的全链条服务，以陆港冷链物流为品牌工程的"链核"枢纽地位。二是以班列集结中心、保税物流中心（B 型）、进境肉类指定监管场建设为依托，服务大同市乃至我国华北地区与俄罗斯、欧洲等国家和地区的物流和商品贸易，为进出口企业提供快速报关、检验检疫、口岸物流、保税物流、指定口岸查验、出口退税、口岸信息服务等国际物流服务。

枢纽通过培育冷链物流核心圈层、培育产业要素集聚圈层、培育关联产业集群圈层，推动三个圈层相互促进、共同作用，打造枢纽经济生态圈，如图 5 所示。

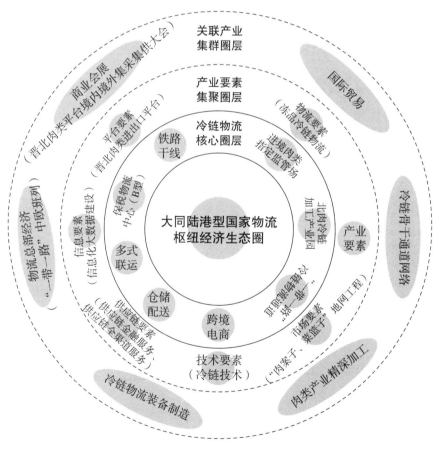

图 5　枢纽经济生态圈

（四）提升枢纽互联互通水平

枢纽以大同国际陆港为核心，与华远国际陆港集团有限公司实现战略协作与联动，依托该集团公司建立"公—铁—港—航—网"多式联运体系，搭建"铁—公—机、岸—港—网"区域产业生态圈，与其他国家物流枢纽、区域物流枢纽积极开展干线连接、跨区域对接以及信息互联互通。

1. 与省内物流枢纽间协同

与山西省内物流枢纽协同发展，共建中原城市群一体化物流枢纽体系。重点联动太原、临汾、阳泉、朔州等物流节点，促进形成以枢纽为核心、全省多节点、联通省外、覆盖全球的现代化陆港集群。加强联运转运设施装备改造升级，完善枢纽集疏运网络，加强与大同市公路港、空港及主要铁路场站联运组织，提供集装箱拆拼集并、装载工具转换、货物临时仓储、区域配送等功能，实现铁公空多种运输方式的有效衔接。推动山西省内物流枢纽集成联动和中欧班列扩量提质发展，打造更具影响力和竞争力的中欧班列国际品牌。加强城市间互动协作和紧密联系，依托各方政策优势、资源优势、产业优势，推动形成"集货"效应，以国际物流为先导，带动外向型产业集聚发展，形成山西省各城市间交通物流互联互通、功能平台互动互补、经济产业协调联动的全面开放新格局。

2. 与国家物流枢纽间协同

加强与国内主要物流枢纽节点合作，支持大同国际陆港、大同陆港古店铁路班列物流园发挥承东启西、连接南北的区位优势，探索建立省际国家物流枢纽间合作机制，促进物流基础设施互联互通和信息资源共享。加强与郑州、乌鲁木齐、西安、成都、重庆等地陆港型国家物流枢纽间的国内干线铁路运输协同作业，发挥干线物流资源优势和区域运输组织能力，推动定点定线班列开行，提供与中心城市生产生活物资高效运输通道；整合区域零散公路运输资源，依托网络货运平台、公路港等设施平台，提升公路干线物流组织效率。依托郑州铁路集装箱中心站，加强与青岛、宁波、天津、连云港等地港口型国家物流枢纽陆海互动，打造沿海港口向西开放的"桥头堡"和中西部地区向东开放的重要内陆无水港。加强与大同云冈机场客运腹舱带货和全货机航线对接，完善跨境电商及商贸服务网络。推动中欧班列（大同）的开通与运行，推动班列集结中心建设，开辟中欧班列新通道，加强华北地区与俄罗斯、中西亚及欧洲地区的经济联系。其中，大同陆港古店铁路班列物流园发挥距离二连浩特口岸最近的优势，与内蒙古、上海加强合作，与天津港联通，开通沪晋蒙铁路班列和蒙晋津铁路班列，实现"下了班列上班轮，下了班轮上班列"。陆上班列与海运班轮连接，将枢纽打造成山西省中欧班列第二集结点。

三、枢纽建设发展成效

（一）总体运营情况稳步向好

枢纽总体运行水平显著提高。截至 2022 年年底，枢纽全部业务总收入实现 45.05 亿元，是 2021 年的 2 倍，全年累计完成进出口额 17.37 亿元，主要开展肉类、水产品、坚果、大豆、玉米、电子产品等货物的进口业务；保税物流中心（B 型）目前入驻企业共有 47 家，其中 4 家物流型企业、2 家加工型企业、1 家互联网企业、40 家外贸型企业。园区目前共有 4 个仓库，其中 1 个冷库，3 个常温库，其中 3 个常温库分别用于跨境电商业务、进口羊毛业务、进口电子元件等其他业务。

（二）枢纽开放能级逐步提升

依托枢纽，大同陆港跨境电商产业园正式落地，建成了跨境电商 1210 海关监管作业场所，成功实现"1210""9610""9710"实单业务运行；建设了跨境电商直播基地，设置并投入运营保税、非保税直播间共 10 个；开展了跨境商品的销售，建成并启动运营大同跨境电商保税仓和海外仓（印尼），进一步拓展了跨境电商销售渠道。截至 2022 年年底，枢纽先后引进太原爱威斯特贸易有限公司、山西鼎诚科悦进出口有限公司、大同陆港前海科技有限公司、山西顺丰速运有限公司大同分公司、山西亿隆恒运物流有限公司、华远国际陆港集团有限公司陆海全球购、陆港汇运营平台，山西鼎诚科悦进出口有限公司完成"1210""9610""9710"等业务，海关统计数据为 1335 余万元，大同国际陆港共完成跨境电商交易额 4500 余万元。常态化开展保税仓储业务，保税物流中心（B 型）全国排名第 34；"1210"业务单月发单总量在全省排名第一。

（三）枢纽服务功能日益完善

枢纽在具备存储、运输、配送、装卸、搬运、包装、流通加工等常规服务功能的基础上，创新运输组织模式，拓展优化进出口贸易、冷链物流等延伸功能，打造具备集约化综合服务功能的国际陆港。运输组织模式创新方面，全力打造物流枢纽经济"链主"，建立大同与二连浩特口岸、塔城地区巴克图口岸的互联互通联系，实现"津海晋门"的钟摆式运输；进出口贸易方面，做大做强冻品进口供应链，肉类、水产品、坚果、大豆、玉米等业务进口遍布全球五大洲，同时积极拓展 LNG（液化天然气）、石油制品、木材等业务板块；冷链物流方面，推动构建冷链物流特色"链核"，增强山西省唯一的进境肉类指定监管场地功能，加大山西北肉冷链加工产业园的招商引资力度，打造中国北方预制菜产业发展高地，充分发挥 3 万吨全自动智能立体冷库的仓储集散优势，保障京津冀晋蒙"菜篮子""肉案子"稳定供应。

（四）社会贡献能力充分彰显

枢纽依托物流基础设施集聚优势，在服务新冠疫情防控、保障社会就业等方面充分彰显社会贡献能力。一是在服务疫情防控方面，2021 年进口肉类及其他相关冷链物流农产品的检疫防疫工作尤为重要，大同市委、市政府、市商务局与枢纽运营主体领导协商，将全市进口肉类及冷链农产品的防疫监管总仓安排在了枢纽园区冷库集中监管，大大降低了外来冷链农产品疫病传播的风险。二是在保障社会就业方面，随着招商企业的逐步增多，当地劳动力需求也在不断增加，根据对现有签订入驻协议企业的统计，在企业达产年，预计需要增加固定生产操作人员 200 余人，高峰期再增加临时用工 200 余人。

四、发展方向与未来展望

（一）整合大同存量物流资源，引导物流产业集群发展

在市场驱使和政府引导双重作用下，枢纽提供涵盖电子商务、商品贸易、仓储、运输、加工、配送、贸易、信息、供应链金融、商务服务等集约化综合服务功能，吸引社会物流资源进驻枢纽，物流业"小散乱差"现状将彻底改变，物流用地供给更为集中有效，物流产业以市场化方式自主整合壮大，呈现出集群发展的良好态势。

（二）支撑区域产业转型升级，产生更多的利税和就业

以枢纽综合服务能力为吸引点，提供个性化、集约化、共享化的物流服务，形成"物流＋产业"高效运营模式，吸纳上百家物流相关企业进驻物流园区，带动周边生产制造、农产品加工等业态集聚发展。进一步优化枢纽周边产业布局，壮大"物流＋产业"规模，开创物流业与其他产业互联互通、良性互动、相互促进的典型。

（三）提升铁路运输服务水平，推动多式联运快速发展

发挥铁路长距离、大运量、低成本、绿色环保的优势，延伸铁路运输服务链条，以资源整合带动铁路货源上量，加大公转铁力度，进一步调整优化运输结构。以枢纽运营主体为主导培育多式联运经营人，全面优化融合不同交通运输方式的运行机制，推动公铁联运装备、设施、机制标准化，进而推动不同运输方式单证电子化和互联互通，实现多式联运"一单制"贯通，促进社会物流成本进一步降低。

（四）促进物流成网高效运行，推动社会物流降本增效

以枢纽建设为重点，探索枢纽运营模式及枢纽经济发展模式，学习借鉴太原等其

他城市的国家物流枢纽运营模式和运营经验，利用枢纽内铁路、公路等资源，整合贯通枢纽与枢纽、枢纽与节点、节点与站点的线路，构建形成全省三级公铁联运路网，承担大同地区 70% 以上的货物吞吐量，主导全省煤炭以外的货运市场，推动全省社会物流降本增效，提升区域经济发展竞争力。

（五）培育枢纽经济新型业态，激发区域经济发展动能

充分发挥物流枢纽辐射广、成本低、效率高的优势，引导和带动制造、商贸、农业等相关产业集聚，完善枢纽承载城市配套设施，打造成涵盖全链条、跨区域的组织化、规模化、网络化物流体系，促进制造贸易物流深度融合，促进大同与蒙晋冀（乌大张）城市群和京津冀地区的协同联动发展。不断促进各类要素集约化、规模化发展，培育各种要素大集聚、大流通、大交易的枢纽经济，以产业集聚带动经济规模化发展，重塑产业和实体经济布局，激发形成当地新的支柱型经济增长点，提升区域经济发展竞争力。

（六）促进资源城市转型发展，服务国家重大战略实施

枢纽为周边企业提供低成本、高效率的流通服务和物流支持，促进区域内第一产业、第二产业及第三产业协调发展，以高质量的供应链服务带动资源型经济转型发展，成为山西省国家资源型经济转型综合改革试验区的有机组成部分，并以新兴产业基地为依托，促进山西深度融入国家"一带一路"建设、中部高质量建设、京津冀协同发展等重大战略，提升大同在国内、国际两个市场中的经济地位。

（撰稿人：姜厚文、李强、齐汉良、辛洁）

长春陆港型国家物流枢纽

铺就吉林开放发展通途　激发东北全面振兴活力

长春市位于东北地区中部，是东北亚经济圈中心城市、"一带一路"北线重要节点城市、我国重要的工业基地与著名的汽车城。长春市紧紧抓住作为"一带一路"向北开放重要窗口的契机，通过中欧班列、综合保税区等对外开放平台，引领老工业基地走向世界舞台。2022 年，长春陆港型国家物流枢纽（以下简称"枢纽"）依托区位、通道、产业等优势，被列入国家物流枢纽建设名单。枢纽常态化开行"长满欧""长珲欧"中欧班列等国际铁路联运干线，开行数量及质量位列东北地区前列，形成"公、铁、海、空"高效衔接的"四位一体"多式联运体系。按照构建"通道＋枢纽＋网络"的现代物流运行体系的要求，枢纽将依托铁路交通枢纽建设国家智能化仓储物流示范基地、多式联运示范工程等共同服务于长春经济圈规模化物流和供应链中心。未来枢纽将继续积极打造高效高标准高质量的国家物流枢纽，力争早日在全国物流网络中发挥骨干枢纽作用，促进东北老工业基地深度融入国内国际双循环新发展格局。

一、枢纽概况

（一）区位交通

长春市基本形成以高速公路、铁路、航空等为主骨架，以国、省干线和农村公路网为脉络，以物流园区和货运枢纽为节点的外畅内联的综合交通网络。枢纽位于长春市中心城区东北部，可通过机场路、长春绕城高速等线路同京哈高速、机场无缝对接，距离长春市区 10 千米，距离长春龙嘉国际机场 30 千米，通过机场大路至长春龙嘉国际机场仅 10 分钟车程。枢纽紧邻长图铁路线上的兴隆山火车站，通过兴隆铁路口岸专用线与天津港、大连港实现无缝对接，长春至吉林的 101 省道，长春至沈阳和哈尔滨的 102 国道、京哈高速公路等都会经过该区域。枢纽航空、铁路、公路等综合交通优势明显，对内通达东北重点城市、国内重点区域，对外可达朝日韩、中蒙俄、欧洲、东南亚和北美，是长春市乃至吉林省重要的物流节点和货物集散地。

（二）空间布局

枢纽由兴隆功能区（主）和北湖功能区（互补）构成，位于长春经济技术开发区（国家级）、长春新区（国家级新区）核心产业腹地，总占地面积 557 万平方米。其中兴隆功能区占地面积 281 万平方米，北湖功能区占地面积 276 万平方米，如图 1 所示。

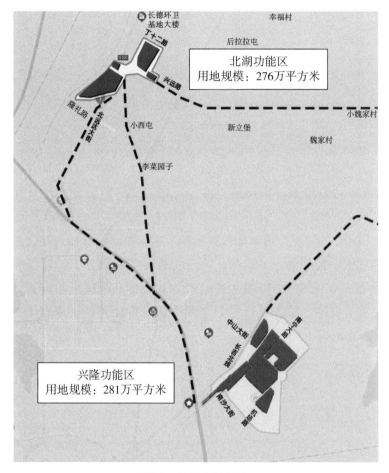

图 1　枢纽功能分区

枢纽兴隆功能区设置多式联运区、保税物流区、跨境电商物流区、仓储物流区、海关监管区及发展预留区；枢纽北湖功能区设置公铁联运区、粮食物流区（应急物流）、生产物资物流区、冷链物流区。两个功能区功能互补，共同开展跨境物流、国际快递、跨境电商、仓储、分拨转运等业务。枢纽兴隆功能区与北湖功能区布局如图 2 所示。

（三）功能定位

一是东北亚国际多式联运中心。依托枢纽"长满欧""长珲欧"中欧班列国际铁

图2　枢纽兴隆功能区（左）与北湖功能区（右）布局

路干线，与"一带一路"沿线国家设施联通、贸易畅通；与大连港、营口港、天津港等港口进行海铁联运，实现内陆与沿海联通；通过常态化开行的卡车航班业务，构建虚拟空港，实现空陆联程畅通。以枢纽为组织中心，通过公铁空陆联运实现联动发展，构筑具有国际和国内双向辐射能力的联运系统，有效整合区域分拨配送功能，构建"枢纽＋网络"的"干支仓配"一体化物流运作体系，将枢纽打造成东北亚国际多式联运中心。

二是中欧班列东通道集结中心。发挥长春兴隆铁路口岸开放平台优势，利用长春国际陆港发运组织能力，积极吸引东北地区及吉林省内外其他区域的国际班列到此集结，打造国际货运班列东通道集结中心。推动长春国际货运班列、海铁联运外贸班列进一步发展壮大，构建覆盖哈长都市圈、衔接欧亚的班列运行服务网络，推动班列双向集结组织模式创新，提升班列运行效率和市场化、常态化运行能力，全面打造中欧班列东通道集结组织中心。

三是长春双循环枢纽经济动力引擎。围绕畅通国民经济循环与现代流通体系建设，依托枢纽陆海通道拓展及产业集聚优势，推动现代物流、先进制造、高端服务等产业在枢纽周边集聚发展。加强枢纽与周边产业集聚区的业务联动，通过枢纽的物流环境营造、供应链体系构建和政策制度创新，进一步降低实体经济特别是制造业企业物流成本，促进供应链支撑下的产业延伸和价值提升。推进产业链上下游高度衔接、高效协同发展，以物流通道和枢纽网络为依托形成贸易走廊和产业走廊，加速区域间资源要素集聚、转化和扩散，形成围绕枢纽的产业集聚区。融入以国内大循环为主体、国内国际双循环相互促进的新发展格局，增强区域经济发展内生动力，建设成长春双循环枢纽经济通道经济发展引擎。

四是国际供应链组织服务中心。通过枢纽国际物流组织平台、智慧信息服务平台等战略平台建设，搭建国际供应链服务集成平台，引导物流、商流、信息流、资金流高效协同，协调衔接贸易、生产上下游各环节企业资源，提升长春市在东"丝绸之路"经济带的资源要素配置能力，全面构建国际供应链组织服务中心。

（四）运营主体与建设模式

枢纽采取"政府引导、企业实施"的建设模式，由长春国际陆港发展有限公司牵头，与长春兴隆综合保税区投资建设集团有限公司、吉林省龙翔产业投资运营有限公司组成建设运营主体，成立枢纽运营企业联盟，承担枢纽建设运营主体工作。通过签署合作协议，实现资源互补、业务合作，形成统一组织、一体化运营、服务开放、动态调整的运营架构。长春国际陆港发展有限公司承担运营情况和监测数据报送工作。枢纽建设运营模式如图3所示。

（五）基础设施

截至2022年，枢纽建设项目共17个，其建成项目10个、在建项目5个、拟建项目2个，总投资约95.09亿元，已完成投资64.14亿元，投资完成度为67.45%。

长春兴隆综合保税区1号冷库项目建设中大型冷库1座，用地面积14775平方米，截至2022年完成投资600万元，已完成施工及监理招标准备工作；长春兴隆综合保税区8—11号保税仓库项目建设专业型、综合型保税仓库，2022年已完成施工图初步设计，预计2025年完成整个项目；提升通关便利度项目总投资500万元，2022年完成长春兴隆综合保税区主卡口智能化升级改造（两条车道）项目，完成投资30万元，计划2025年完成整个项目；长春兴隆综合保税区海关监管二期项目总投资1.6亿元，2022年完成1.45亿元，完成道路、围网、卡口、查验中心及海关监控等施工；卡车航班集运中心建设项目正在进行前期准备工作，预计2023年完成；现代物流综合服务中心项目已完成投资18.6亿元，预计2023年年底全部完成；长春新区北湖科技开发区现代物流产业园（一期）项目国际木材交易加工区部分已完成投资7.68亿元。

（六）物流需求来源与服务对象

长春市产业物流需求强劲。以汽车、轨道客车、农产品加工为主的全链条、高附加的世界级装备制造产业集群正在形成，年产汽车270余万辆、高铁动车组1500辆、城铁3000辆，产品远销美国、巴西等20个国家和地区；玉米加工转化能力500万吨，有100多种产品打入30多个国家和地区市场，为枢纽建设提供了良好的产业支撑。产业物流需求为枢纽提供了充足的货源保障，枢纽以汽车、装备制造、农产品等本地支柱优势产业为重点服务对象，加强与本地产业的联动。目前，"长满欧"与"长珲欧"

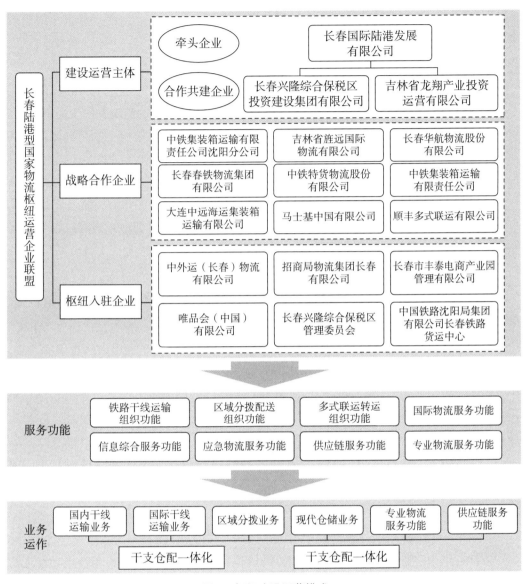

图3 枢纽建设运营模式

中欧班列围绕一汽及150余家一汽上游汽车零部件制造业企业提供优质服务，并通过海铁联运服务"北粮南调"工作。

二、主要做法与特色经验

（一）创新优势，"区港联动"赋能枢纽长远发展

长春兴隆铁路口岸作为枢纽重要节点，是"长满欧"中欧班列的终始站，与长春兴隆综合保税区围网仅一路之隔，位于保税区一期围网北侧，其开放功能健全、通关

便利度高、与特殊监管区域衔接紧密、多式联运网络布局完善。为此，枢纽开创"区港联动"建设模式，使内陆口岸与综合保税区优势叠加，形成"1＋1＞2"的效应，为枢纽建设与长远发展提供了强有力支撑。

从物流通道与开放平台融合发展的大趋势来看，唯有依托"多式联运物流通道＋全功能口岸作业区＋海关特殊监管区域"的架构，才能更有效地带动外向型经济发展。枢纽口岸建设牢牢抓住与综合保税区紧邻的优势条件，在全国承载中欧班列的内陆铁路口岸中率先实现铁路口岸与综合保税区一体化建设架构，实现"区港联动"，使综合保税区所具备的保税港区功能发挥得淋漓尽致。

枢纽目前已建成投入使用的面积近30万平方米，已启动二期建设的面积近40万平方米，拥有两条1050米长标准铁路线路和多条站内存车及通过线路，具备海关大型集装箱查验设备、多式联运海关监管中心、进口整车检车线、进口冻品实验室等完善的口岸设施，获批整车进口口岸、进口冰鲜水产品口岸、药品进口口岸、进口肉类口岸等指定口岸资质，且2020年经联合国贸易便利化与电子业务中心（UN/CEFACT）通过，取得国际港口代码（CNCCD）资质，其功能可以媲美沿海"保税港区"。

目前，枢纽"区港联动"模式被广泛应用于国际通运、汽车进出口等各项业务中，利用综合保税区"境内关外"等特殊功能，实现一体化通关，就地进行保税仓储，优化了通关时效，降低了"长满欧"中欧班列等线路的运营成本，促进了跨境贸易便利化，增强了枢纽货源吸引力，加快外向型产业向本地集聚；围绕长春兴隆综合保税区和铁路口岸一体化，枢纽还进一步形成了"国际陆港＋虚拟空港＋智慧公路港＋综合保税区"区港合一的全方位、立体式现代综合交通物流格局，推动开放格局效应最大化。

（二）畅通循环，"四双架构"构筑高效物流格局

吉林省作为内陆省份，有别于沿海、沿边地区，单一的承运方式和节点功能无法发挥供应链集聚的作用，多年来一直致力于打破因物流通道限制对经贸发展产生的制约。枢纽围绕"四双架构"的整体规划，推动双口岸建设：长春和珲春为国际陆港的内外出入境口岸的同步建设；双干线建设：以长春为起讫点的"长满欧"和"长珲欧"中欧班列为核心的国际干线的同步建设；双中心建设：以长春与俄罗斯远东港口为基地的东北亚国际分拨中心/铁海中转中心的同步建设；双枢纽建设：以长春与德国为东北亚与欧洲产能对接节点的物流枢纽的同步建设。可见，"四双架构"强化了运输衔接，构筑起高效物流格局，实现了物流效率更高、成本更低、响应更快。

1. 多向集散保畅通，实现"干线互补"

2015年"长满欧"中欧班列双向贯通，成为一条真正具有主控意义的国际物流大通道，有效破解了物流通道受限的局面。横贯亚欧的"长满欧"中欧班列通过连接国

内国际两个市场、用好国内国际两种资源，迅速成为吉林省对外开放的重要桥梁。枢纽基于拓展吉林省对外通道的考虑，提出"长满欧"与"长珲欧"中欧班列并行的双干线策略。"长珲欧"中欧班列于 2019 年 3 月测试开通，依托"长满欧"中欧班列的成功运营背景，为吉林省"一带一路"建设开辟了一条出省即出境的全新通道，一经开通就获得市场的广泛认可，吸引一批成熟、稳定、高质量的客户从"长满欧"中欧班列转向"长珲欧"中欧班列。截至目前，"长珲欧"中欧班列共计承运 1 万标箱，货重达 25 万吨，货值达 10 亿元；"长满欧"中欧班列共计承运 8 万余标箱，货重达 200 万吨，货值达 270 亿元。"长珲欧"中欧班列与"长满欧"中欧班列作为互补通道，有效缓解了全国中欧班列出境口（特别是东线出境口）的拥堵现状，为客户提供了双保险服务，使进出口企业拥有更多选择，同时使枢纽货物通过多向集散保证了畅通。

2. 力促海铁联运，实现"借港出海"

多年来，吉林省由于没有出海口，只能通过"借港出海"来改善这一不利条件。枢纽利用"长满欧"中欧班列中的欧线对东北和华北地区进行覆盖，并利用俄线对华东和华南地区进行覆盖，先后联通了营口港、大连港、天津港等方向的海铁联运通道，并将进一步通过"长珲欧"中欧班列对整个东北亚地区进行覆盖，通过集疏运体系构建新的海铁联运通道。枢纽充分运用大连港、天津港等港口的国际海运资源，以长春兴隆铁路口岸为窗口，通过国际海运干线与区域铁路支线运输的无缝对接，进一步联通国内外，对吸引进出口要素向吉林省集聚、提升吉林省外向型经济发展水平、在更深层次上融入国家"一带一路"建设、实现高质量发展起到重要的推动作用。同时，枢纽坚持与大连港、营口港、天津港、符拉迪沃斯托克港、斯拉夫扬卡港、扎鲁比诺港等港口联动，提高了海铁联运效率，为我国北粮南运等重大国家战略提供物流支持，实现海运物流与铁路物流有机结合，减少物流装卸环节，降低物流运输实效，扩大货物运输辐射范围。

3. 加强干支衔接，实现"外港内用"

随着吉林省"借港出海"思路的升级，枢纽设计了"外港内用"的模式，正在俄罗斯推动建立远东铁海中转中心。远东铁海中转中心以"长珲欧"中欧班列、俄罗斯远东港口集群、环东北亚海运支线为依托，承接面向韩国、日本以及我国华东地区的分流。东向的陆路向俄罗斯在远东最大的港口集群符拉迪沃斯托克港、东方港、纳霍德卡港的分流，延伸到韩国、日本以及我国的华南地区；西向的陆路通过斯拉夫扬卡港、波谢特港、扎鲁比诺港向珲春口岸集结，直接连通珲春和长春的国际陆港。由此，在俄罗斯远东地区就建成了以地区港口集群为中转基地的十字大通道，从而形成一个东北亚铁海中转中心。

（三）打破壁垒，"一单制"模式助力外贸提质增效

以往的海铁联运中，铁路段与海运段需分两步操作，出现两端各自准备单据、不能通用的壁垒，导致进出口环节流程烦琐、时间长、速度慢、成本高。2020年，枢纽节点长春兴隆铁路口岸取得国际港口代码（CNCCD）资质。2021年7月30日，长春—天津海铁联运班列首批装载34个马士基集装箱的"一单制"外贸货物由长春兴隆铁路口岸发往天津港中心站，随后在天津港出海，驶向埃及亚历山大港和菲律宾八打雁港。此次运输全程采用海运集装箱，开启了东北地区海铁联运"一单制"全程物流新模式，港口功能和服务辐射范围进一步前移扩大到长春兴隆铁路口岸，实现了"仓单直达、提单直签"的常态化运行，吉林、黑龙江等众多东北区域腹地进出口企业资金周转效率明显提高，供应链成本显著降低。"一单制"模式解决了潜在贸易风险问题，帮助企业实现降本增效，有利于航运保险、金融供应链等高端服务业在吉林聚集发展。

（四）服务大局，"运贸一体"打造枢纽经济高地

吉林作为汽车生产大省、农业大省和东北老工业基地，汽车及相关装备制造、农产品是地区支柱型产业，枢纽以汽车、装备制造、农产品产业为重点服务对象，围绕本地产业推进运贸一体化，促进本地企业深度参与国际产能合作，把交通优势转化为经济优势，打造枢纽经济新高地。

1. 围绕做强支柱产业，打造东北地区汽车物流集散中心

汽车产业是吉林省第一大支柱产业。长期以来，枢纽围绕一汽及150余家一汽上游汽车零部件企业提供常态化优质服务，包括伟巴斯特、法雷奥、博泽、博士、海拉车灯、大陆汽车电子等众多知名品牌。从2015年至今，"长满欧"中欧班列共计为这些企业承运货物2万余标箱，并以高品质服务帮助企业破解难题、增产扩能。例如：长春工厂是锦湖轮胎在中国的四大生产基地之一，原本与欧洲的进出口业务主要依靠海运，新冠疫情期间海运受阻，开始通过"长满欧"中欧班列运输，"长满欧"中欧班列提供的全程供应链式服务扩大了其产能合作，延伸了其外贸链条。经过锦湖轮胎长春工厂的成功尝试，锦湖轮胎天津工厂、南京工厂的物流业务也陆续搭乘"长满欧"中欧班列，选择从长春发运。"长满欧"中欧班列帮助锦湖轮胎破解了减产危机、度过了困境、保证了产能，为后疫情时代深度参与国际产能合作奠定了稳固的基础。枢纽充分发挥长春兴隆铁路口岸的整车进口口岸功能，加强与一汽等大型整车制造业企业之间的合作，扩大整车进口业务的承揽，将长春整车进口口岸打造成专业化、现代化和国际化的新型口岸，将整车进口业务拓展为吉林省外向型经济发展新的增长极。同时，带动汽车产业链上下游联动发展，拓展二手车出口等新业务，打造以枢纽为核心的东北地区汽车物流集散中心。长春兴隆铁路口岸及场区作业现场如图4所示。

2. 围绕扩大产能合作，打造汽车装备制造产业集群

吉林省拥有以汽车产业为主的高端装备制造业及其上下游完善的产业体系，与欧洲汽车工业交流频繁而密切，"长满欧"中欧班列有效促进了双方的产业互动、加强了

图4　长春兴隆铁路口岸及场区作业现场

枢纽与国际产业链的对接。以吉林省与德国为例：两个区域间具有强大的产业互动优势，即深厚的汽车制造业的基础。吉林省作为东北老工业基地、中国的汽车基地，拥有围绕一汽集团的众多汽车装备制造业中外合资企业。以长春一汽为中心，向南有沈阳宝马、北京戴姆勒，向北有大庆沃尔沃，在长春1000千米的半径内聚集了四家顶级的汽车生产商以及为其配套的众多世界级零配件生产企业。奔驰、保时捷、奥迪、宝马等德国大型车企也横贯了整个巴伐利亚州，使巴伐利亚州成为德国汽车制造业的重镇。两个结构相仿的产业集群，有着很大的联动效应，成为长春中欧班列的基础货源。发动机、变速箱、转向轴这三大进口零部件是进口班列的压仓货，仅2022年"长满欧"中欧班列承运的汽车及汽车零部件货重达4万吨，服务100余家装备制造业企业。整车及车用挡风玻璃、刹车片、轴承等是出口班列的主要货源，2022年累计出口货运8万吨，服务300余家德国企业。"长满欧"中欧班列搭建的桥梁，大大满足了中德两大汽车产业基地的需求，降低了双方的综合物流成本，提升了物流速度与便利性，实现了产能高效对接与自有产能提升，带动了中德双方的经济发展，达到双赢效果。

3. 围绕延伸产业链、供应链，打造特色枢纽经济集聚区

枢纽依托政策、通道、口岸、特殊监管区域和外贸等综合优势，吸引吉林化工、四平汽车零部件、辽源袜业等地方优势产品向中心城市聚集；发挥区港联动的"功能＋通道"优势，推动吉林从原料及代工输出向品牌输出转变，发展松原玉米油、白山硅藻土等地方优势特色资源深加工，提高了利用率、延长了产业链、创造了价值链；结合国际陆港和保税区功能，探索建立冷链物流、板材交易、粮食交易、整车交易及汽车后市场服务体系；同时，积极鼓励金融服务企业入驻，重点引导枢纽内制造、商贸、物流企业与金融服务业深度融合，形成上下游各环节资源优化整合和高效组织协同，发展供应链库存管理、生产线物流等新模式，满足敏捷制造、准时生产等精细化生产需要。探索发展以个性化定制、柔性化生产、资源高度共享为特征的虚拟生产、云制造等现代供应链模式，打造新型供应链体系，吸引优势特色产业向枢纽集聚，做大做强枢纽经济。长春汽车整车口岸作业现场如图5所示。

图 5　长春汽车整车口岸作业现场

（五）促进协同，"智慧物流"引领行业转型升级

1. 装备升级，提高安全性能

枢纽牵头单位长春国际陆港发展有限公司与中国航天工业总公司西安微电子技术研究所携手打造的全球集装箱智能监控系统，是一项全球首创的物流行业领先科技。该系统采用"航天科技＋物流"新模式，运用北斗卫星技术，通过追踪安装在集装箱内的监测设备，在跨国公铁联运中为客户提供集装箱运输过程状态实时监测服务，实现了对国际集装箱的全程电子化监控，具有三频定位、温湿度监控、三轴碰撞度监控、异常侵入报警等功能，为快速通关和全程监管提供了有力支持。该设备被长期应用于"长满欧"中欧班列，有效加强了物流信息共享、提高了运输效率与安全性、改善了物流服务质量，有力推动了"丝路吉林"大通道建设与对外贸易的高质量发展。

2. 平台升级，强化互联互通

为实现"干支仓配"一体化、供应链上下游对接、国际服务功能协同等，各功能设施在空间整合的基础上，依托枢纽内企业搭建了多式联运综合服务平台、长春国际陆港港区智能化管理系统、中欧班列集装箱全球智能监控系统、综合保税区海关监管辅助管理平台、跨境电商综合服务系统、整车进口综合服务平台、国际快件综合服务平台、跨境展示交易自提平台等多个信息化项目，按照国家物流枢纽建设要求进行整合提升，形成集铁路、海关、物流企业信息服务等主体功能于一体的枢纽平台化整合方案，进一步整合了集装箱运输、商品汽车运输、班列运行、口岸通关、监控监测、车货匹配等信息服务功能，与各类国家物流枢纽开展信息共享与业务对接，实现供需信息、班列信息、监控信息等信息发布服务，推动枢纽信息服务能力提升，加强枢纽主体、供应链上下游企业信息共享，实现运作融合。枢纽信息平台将深度对接长春市政策服务网上大厅、国家交通运输物流公共信息平台、综合保税区卡口辅助平台、长春海关、95306铁路货运网上营业厅，以及中铁特货、中铁集装箱、中远海集、马士基等企业官网，并与枢纽入驻企业和枢纽服务企业实现数据交换和信息共享，为枢纽物流大数据发展和物流行业管理支持提供基础数据支撑。同时，紧密结合国家物流枢纽信息网络建设，开放接口，协同信息，促进与其他各枢纽间信息互联互通。枢纽平台化整合方案如图6所示。

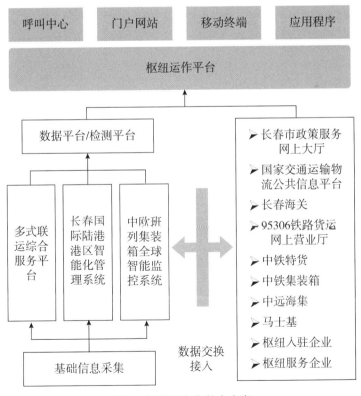

图6 枢纽平台化整合方案

3. 服务升级，精益供应方案

枢纽整合内外部资源，完善信息网络，加强与海关、港口、场站、船公司等相关部门和企业信息的互联互通，完善服务网络，为客户提供高品质的集成化供应链服务。特别是围绕商品汽车、装备制造、农产品冷链、生物医药、商贸电商等重点产业，加强企业间协同、延伸服务链条、培育价值增值能力，为省内外企业提供包括国际采购、国际物流、国际贸易、供应链库存管理、信息追溯、供应链金融等"一站式"解决方案，实现一体化供应链集成服务。例如，"长满欧"中欧班列长期为长春福耀玻璃提供"门到门"全方位供应链服务，包括集卡拖车到工厂提货、进港、报关发运以及在国外的到站提货清关、电税等，保证了其国内外产能对接的稳定。

三、枢纽建设发展成效

（一）高质量开行中欧班列，带动区域经济水平提升

"长满欧"中欧班列自 2015 年 8 月双向贯通以来，持续平稳运行，截至 2022 年年底，枢纽内开行的中欧班列集装箱承运总量已达 7.2 万标箱，货运量约 80 万吨，货值约 240 亿元。目前已形成联通俄罗斯境内 100 多个铁路站点、欧洲境内 10 个国家 35 个站点的干线物流网络，向东覆盖东北亚地区及我国东南沿海城市的业务。同时枢纽以多式联运的方式形成了海铁联运及"干支联动"的运行机制，有效联动了营口港、大连港、宁波港、厦门港等港口，并将俄罗斯远东港口作为吉林省"外港内用"的海铁国际中转基地，服务于国内外近 3000 家知名企业，包括宝马、沃尔沃、三星、LG、现代、高露洁、华为等众多世界 500 强企业。枢纽内开行的"长满欧"中欧班列对于日韩货物的国际转运、国际通运能力位居全国中欧班列之首，具备极强的东北亚区域性物流枢纽转运能力。

七年多来，"长满欧"中欧班列往返于长春与欧洲腹地之间，架起两地经贸合作的"直通桥"，为吉林省装备制造业、汽车工业快速衔接欧洲腹地提供了强大助力。2022年，"长满欧"中欧班列充分发挥国际运输大动脉作用，积极保供一汽集团整车出口，满足福耀玻璃、锦湖轮胎等本地重点企业的进出口需求，为保障本地新冠疫情防控、复工复产和稳定本地供应链等作出突出贡献。

（二）高效衔接联运网络，助力东北振兴发展

长春兴隆铁路口岸与长春兴隆综合保税区实行"区港联动"，充分利用地理优势、通道优势、政策优势、比较优势、产业聚集优势等，形成吉林省唯一的国际、国内物流枢纽中心，建成公空铁海"四位一体"的多式联运通道网络，提供"门到门"的综合服务体系。枢纽为东北全面振兴全方位振兴提供多处助力：一是助力东北产业安全，

为黑龙江、吉林、辽宁企业提供了稳定的多式联运服务，为吉林省一汽集团、福耀玻璃、锦湖轮胎提供专列（每月 4 列），合计 1 吨余货物，为黑龙江北大荒集团、飞鹤乳业，辽宁沈阳三一重装、东北制药等公司联通南北，累计发送货物 1.3 万吨。新冠疫情期间，枢纽以灵活的机动性保障一汽集团整车、零部件运输安全，每周发送中欧运输专列 1 列，累计 2000 吨，确保了东北地区与"一带一路"沿线国家和地区的产业链、供应链畅通。二是助力东北粮食安全，长春市是国家确定的吉林省唯一的国家粮食物流核心枢纽承载城市。在承载粮食安全重大使命中，枢纽年均发运粮食超 30 万吨，成为黑龙江、吉林两省北粮南运和俄罗斯粮食进口的重要集散地，为确保国家粮食安全发挥了重要作用。

（三）持续完善设施功能，服务国家重大战略

依托枢纽完善的基础设施与开放功能，持续服务国家重大战略：一是服务东北亚区域合作，主动对接中俄"滨海 2 号线"和"冰上丝绸之路"战略，在顺畅运行"长满欧"中欧班列的基础上，开通"长珲欧"中欧班列，为东北亚地区韩国三星电子、起亚汽车以及日本阿尔派、爱丽思等诸多企业提供了国际集拼、国际中转等高效服务，尤其在当前复杂的国际贸易形势下，保障了我国与俄罗斯、韩国、日本等国家以及欧洲之间联运通道的畅通；二是服务国家开放合作，枢纽以更广的辐射区域、更强的集聚效应、更优的服务功能、更高的运行效率，在全国物流网络中积极发挥关键节点、重要平台和骨干枢纽作用，在 RCEP 框架下服务长春新区与中韩（长春）国际合作示范区建设、以卡车航班服务国家级长春临空经济示范区建设、以"津长海铁联运"对接京津冀协同发展战略，撬动区域经济新增长。

四、发展方向与未来展望

预计到 2025 年，枢纽基础设施建设任务基本完成，综合平台服务功能基本完善，区域间、平台间基本实现一体化发展与战略协同。初步形成内联外通、双向开放的国家物流枢纽节点通道网络。以长春兴隆综合保税区为核心，搭建完成以国际陆港为枢纽节点、以保税运输为基础的自由贸易网络体系，将枢纽建成营商环境优良、贸易投资便利、高端产业集聚、服务体系完善、监管安全高效的高标准高质量的国家物流枢纽。到 2035 年，将枢纽打造成集集装箱集散、报关、运输、配送、信息等服务于一体、运输方式高效、多式联运方式多样的国际物流网络和全球供应链体系的重要节点之一。

（一）进一步整合优化资源，推进枢纽规模化发展

将各自为战的铁路干线物流、区域分拨配送物流、铁路口岸、综合保税区等资源

整合优化，引导高端物流业态向枢纽内聚集，推动物流规模化网络化发展，由原来功能相对单一的物流服务向交易结算、供应链服务、物流金融、信息服务等物流服务链延伸，形成组织型物流枢纽，在更大区域整合物流资源、配置物流及关联要素，并融入全国和国际物流服务网络，形成强大的资源聚集能力和极强的辐射能级。

（二）进一步提高班列质量，促进枢纽联动融合发展

随着枢纽功能不断完善，枢纽内各运输环节和多种运输方式之间实现一体化衔接，海铁联运集装箱班列和国际直达班列运行质量进一步提升，有效促进了物流与产业融合联动。通过物流与农业融合，发展冷链物流，在落实好防疫安全的前提下，增加肉类、海产品、医药等的进口数量，增强果蔬、鲜饮、肉蛋禽等长春市特色食品产业的冷链物流运输服务能力，使特色农产品冷链物流比重不断提升，货损率大幅降低。通过物流与制造业的深度融合，为整车、汽车零部件、材料制造、机电制造等产品提供物流运输服务。

（三）进一步发展枢纽经济，培育高质量发展新动能

打造"通道＋枢纽＋网络"的现代物流运行体系，使长春成为联通内外、全面开放的重要物流枢纽城市。以枢纽作为城市及区域发展动能接续转换的驱动引擎和支撑平台，加快产业要素在城市群内部和城市群之间的流通速度，畅通供需大循环，形成都市圈发展新合力；通过有效整合制造业物流供应链资源，做强制造业与生产性服务业，形成新的均衡发展的产业结构，培育高质量发展的新动能，未来铁路口岸过货量将得到进一步提高。

（四）进一步融入"双循环"，满足人民美好生活新需求

枢纽建设有利于发挥长春地处东北亚经济圈中心的区位优势、科技综合实力优势、高端装备制造优势等，利用国际国内两个市场、两种资源，推进国际产业合作，促进经济高质量发展，增加城乡居民收入，多渠道组织进口优质商品，满足人民对美好生活的新需求。未来枢纽年货物吞吐量、铁路口岸年过货量、整车年进出口量都将得到大幅提升。

（撰稿人：闫亦贵、冯国刚、贾宇、赵徽、郑德红、王玥）

郑州陆港型国家物流枢纽

"枢纽+平台+贸易+产业" 打造枢纽经济发展新模式

作为河南省省会城市，郑州市社会经济发展规模大、产业基础优、开放动能足、物流需求旺、设施基础好、发展环境优，是我国中部地区基础良好、潜力巨大、战略使命明确的国家中心城市，是全国核心交通枢纽和全国物流中心节点城市，也是中国内陆海、陆、空多式联运节点。郑州陆港型国家物流枢纽（以下简称"枢纽"）正是践行"一带一路"建设使命、密切中原城市群与全球经济竞争合作的国际陆运综合枢纽和开放型经济发展驱动引擎。凭借已形成的遍布欧亚地区 30 个国家 130 多个城市的服务网络优势，以及中国（河南）自由贸易试验区郑州片区、中国（郑州）跨境电子商务综合试验区、中欧班列集结中心示范工程、国家级示范物流园区、铁路物流基地、铁路口岸、多式联运示范工程等多个项目赋能叠加优势，发挥以点带面的辐射带动作用，打造"枢纽+平台+贸易+产业"枢纽经济发展新模式，提升国家物流枢纽战略效能，推动枢纽全面融入国内大循环、高效联通国内国际双循环的新发展格局。

一、枢纽概况

（一）区位交通

郑州市位于我国中部地区，全国"十纵十横"交通运输通道"黑河至港澳运输通道""烟台至重庆运输通道""陆桥运输通道"在此交会，是全国唯一的双十字铁路交会点。对外高速公路形成"四横五纵"网络结构，过境国省干道形成"三横八纵"网络结构，都市区形成"十八横二十三纵"方格网络，郑州连续性、开放性的区域快速通道网络正持续构建。枢纽由陆港核心区和多式联运区构成，位于陇海铁路沿线，毗邻京港澳高速，周边有 3 个出入口，2 千米范围可实现快速衔接。

（二）空间布局

枢纽占地面积共 30.7 平方千米，国际铁路运输与"水陆空铁"多式联运相互协作，在物流功能上形成互补。

其中，陆港核心区占地面积18.9平方千米，打造以中欧班列、国际物流和口岸贸易为核心的陆上对外开放综合平台，布局关铁融合大监管区、国际展销及服务区、综合配套区、医药物流区、物流总部区、电商快递物流区、国际保税物流区、智慧物流区八大功能区。陆港核心区功能区布局示意如图1所示。

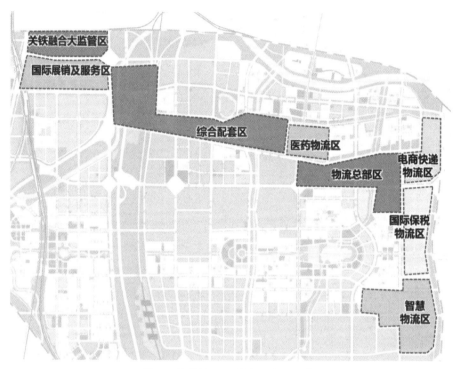

图1　陆港核心区功能区布局示意

多式联运区占地面积11.8平方千米，为枢纽提供完备的多式联运集散分拨网络，打造以"水陆空铁"多式联运、生产制造物流、大宗商品物流、航空物流等为核心的多式联运综合枢纽，布局集装箱作业区、口岸作业区、商品车物流区、国际多式联运区四大功能区。多式联运区功能区布局示意如图2所示。

目前，枢纽已完成包括中铁联集郑州中心站、郑州圃田站、铁路口岸服务设施、粮食口岸一期、海关监管多式联运监管中心等一批功能服务设施建设，完成中欧多式联运综合服务信息平台、跨境电商通关服务平台、冷链班列信息服务平台等一批信息服务平台建设；新加坡丰树（郑州）物流园项目、普洛斯（郑州）现代服务产业园项目、安得物流现代综合物流园、河南九州通现代医药物流园等约60个项目已在枢纽内部建成。

（三）功能定位

枢纽核心功能包括铁路干线运输组织、多式联运转运组织、国际物流服务、区域

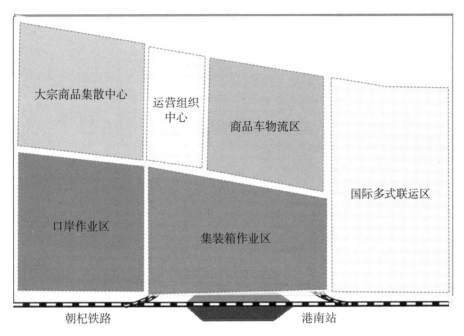

图 2　多式联运区功能区布局示意

分拨与配送组织；延伸功能包括信息综合服务、供应链集成服务、商品展示交易服务、专业物流服务、物流科技服务等。

（四）建设与运营模式

枢纽创新采用"政府+平台公司+市场化企业"建设模式，由郑州市人民政府、郑州经济技术开发区管理委员会、郑州航空港经济综合实验区管理委员会负责营造枢纽国家化营商环境，给予适当投资补助和优惠政策，郑州市物流口岸局建立统筹开发建设机制，政府投资平台公司负责枢纽基础性和平台性项目开发建设，以市场化企业为主体进行专业性和延伸性的项目投资开发，发挥政府引导和企业市场配置资源的双重优势，加快枢纽的投资建设速度，有利于区域物流和产业加快发展和集聚。枢纽开发建设模式如图 3 所示。

枢纽采用企业联盟运营模式，由郑州新丝路国际港务投资有限公司牵头，负责枢纽整体统筹和建设运营，并承担枢纽运营情况和监测数据报送工作。枢纽通过功能联合、平台对接、资源共享等方式，与郑州昇阳出口加工发展有限责任公司、郑州经开投资发展有限公司等进行战略合作，构建战略联盟伙伴关系，形成统一组织、服务开放、动态调整的运营架构，共同推进枢纽开发运营。枢纽运营联盟架构如图 4 所示。

（五）服务对象与物流需求

目前，枢纽已经形成遍布欧盟、俄罗斯、中亚地区、亚太及东盟地区 30 个国家

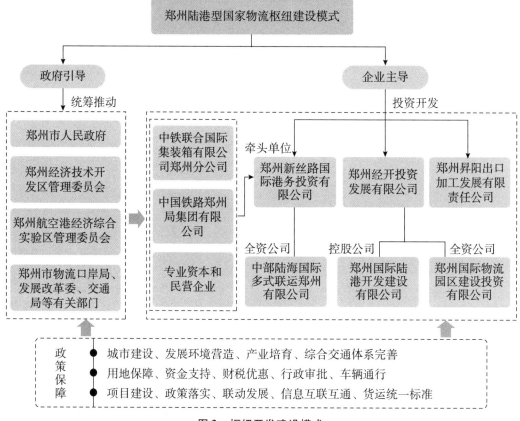

图3　枢纽开发建设模式

130多个城市的网络，境内合作伙伴达到3000多家，境外合作伙伴达到800多家。枢纽范围内集聚物流企业约300家，其中4A级以上物流企业21家，现代物流主营业务收入超过2000亿元，医药物流份额占河南省一半以上，汇集了国药、华润、九州通等医药物流龙头企业。

二、主要做法与特色经验

（一）构建融合开放的现代综合交通枢纽

1. 合理布局枢纽功能设施

枢纽功能组织充分考虑周边区域交通条件、生态环境、产业发展、人民生活等各方面因素，在空间布局、功能区设置、建设规模、设施建设、项目用地等方面通过空间衔接、功能匹配、规模协同、设施共享和用地协调，与周边空间结构进行充分衔接，并实现有机联系，各功能设施实现空间资源的有效组织和高效利用。

一是陆港核心片区的关铁融合大监管区、国际展销及服务区紧邻铁路场站布局，与集装箱装卸线衔接，有利于积极发展国际物流、保税物流、口岸物流。二是依托电

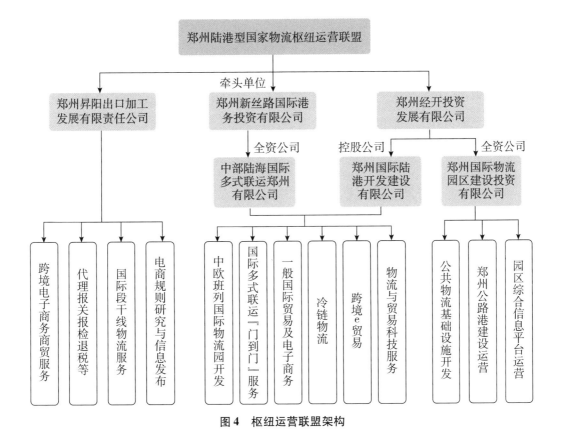

图4　枢纽运营联盟架构

子商务及快递物流园、冷链物流园、医药物流园等园区设置的医药物流区、电商快递物流区，以及利用紧邻陇海铁路、郑民高速、京港澳高速及新 G107 等干线公路优势，周转快、车流密集，与对外交通、城市交通顺畅衔接，有利于推动快递物流、电子商务物流、冷链物流、保税物流、零担物流等多类新型物流业态集聚共融，实现区域分拨、公铁联运、城市配送等功能的有效互动。三是多式联运片区的集装箱作业区、口岸作业区、商品车物流区、国际多式联运区等核心功能区毗邻而建，国际班列开行、商品车运输、运贸产一体、内贸运输等业务高度协作与融合，有利于实现铁路口岸功能和国际物流、保税物流、国际贸易等核心物流业态的有机联系。

2. 打造公铁空"一单制"联运

枢纽为加强郑州国际陆港与航空港、公路港功能对接及多式联运业务联系，建立了以公铁空"一单制"联运为核心的便捷运输制度，制定并推行企业互认的单证标准，最终构建形成"交货—运输—监管—提货"一体化运作模式。通过公铁空"一单制"联运，枢纽建成了以铁路运输为核心，无缝对接航空、公路，高效便捷的综合交通运输体系，能够进一步提供高品质、低成本的运输服务，提高经济要素时空配置效率。

3. 建设多圈层开发布局模式

推动枢纽进行多元城市功能拓展和突破，提升智能化、标准化、绿色化水平，由单纯的货流汇聚向人流、货流、商流、信息流、资金流等要素流的集聚辐射转变。打破区域边界禁锢，将枢纽纳入更广维度、更全局视野进行统筹规划建设，与周边城市区域进行联动开发，根据城市规划和土地总体利用规划，合理确定周边用地布局与规模，围绕枢纽形成以物流商贸产业集群为核心，逐步衍生的制造、会展、娱乐等多元业态为补充的多圈层开发布局模式。

（二）建设高效优质的枢纽经济服务平台

枢纽通过创新跨界运营模式，强化枢纽内商贸、生产、金融等增值服务功能，着力打造集传统贸易、电商物流、生产加工、资金交割、城市服务于一体的现代综合服务平台，推动枢纽经济通道经济快速发展。

1. 打造中欧国际多式联运综合服务信息平台

为推动中欧班列良好运营、更好为客户提供多式联运服务，枢纽打造了运营管理综合型信息服务平台——中欧国际多式联运综合服务信息平台。平台集成了中欧班列（郑州）订舱平台、郑州国际集装箱交易平台、车厢货撮合交易平台、中欧冷链交易平台、集卡车 ETC 服务平台、中欧班列（郑州）集装箱管理系统、中欧班列（郑州）客服系统等九个子模块，实现了中欧班列的信息化运营管理，能够提供多种多式联运综合服务。一是向中欧客户提供多式联运全链条"门到门"服务，并可实现对货物动态全程监管；二是向中欧物流商提供车厢货撮合信息，实现市场自动交易；三是向政府提供多式联运市场情况与统计信息，并预留政府监管服务接口。此外，该平台还服务于中欧及亚太地区客户、物流提供商、政府部门及其他相关方如媒体和国际组织，可实现中、德、俄、英四种语言版本同时在线并自动转换，能有效破除客户间语言障碍，满足客户实时获取货物动态信息的需求，优化运输组织，提高运输效率，确保运输安全。

自中欧国际多式联运综合服务信息平台上线以来，中欧班列舱位可提前 1 个月对外开放，节约时间 28%，降低运营成本 20%，做到运行一年来安全事故为"零"。

2. 建设国际大宗商品交易中心

为吸引跨国企业，提升"郑州价格"国际影响力，增加期货交易品种，枢纽依托郑州商品交易所和河南大宗商品交易市场，围绕粮食、煤炭、有色金属等大宗商品建设一批大型仓储基地，打造了"线上＋线下、现货＋期货、交易＋交割"的全功能国际期货交易交割平台和大宗商品交易平台，建成了境内境外流通融合、高效便捷的国际大宗商品交易中心。2022 年，枢纽国际大宗商品交易中心累计成交额达 23.98 亿元，占全国期货市场的 35.42%，在国内期货交易所中排名第一，为枢纽实体经济高质量发展提供了有力支撑。

3. 建设跨境贸易电子商务平台

为提高进出口业务量，枢纽重点推动跨境贸易电子商务服务试点扩大规模、提升业务水平，构建跨境电子商务全产业链和生态链。枢纽打造了郑欧商城跨境贸易电子商务平台，主营服装鞋包、家用电器、个护化妆、母婴玩具、食品生鲜、营养保健、家居用品、运动户外八大品类，货源覆盖德国、法国、荷兰、波兰、俄罗斯、白俄罗斯、哈萨克斯坦 7 个国家的数十个品牌。2022 年，郑州跨境电子商务交易规模达到1182 亿元，同比增长 8.2%。"单一窗口"平台入驻企业近 3 万家，进出口业务单量连续 7 年实现翻番式增长。

4. 建设区域公共服务创新平台

为支持郑州骨干企业利用全球创新资源，开展技术创新、产品研发设计创新，提升企业核心竞争力，枢纽创建了国家级工程（技术）研究中心、企业技术中心、重点实验室、工程实验室等创新平台。此外，枢纽以推动物流行业大数据化为目标，以物流降本增效为导向，依托大数据、云计算和物联网等先进技术，打造了河南省物流公共服务平台，主要包括以下三方面核心功能：一是物流资源在线交易，可展示交易全省物流枢纽、园区、仓库、车源、货源、设备等物流资源，并重点提供在线订仓、运力匹配、金融撮合、第四方物流等服务。二是物流大数据统计监测，可分析各种物流业态库存周转、货量流向、物流效率、物流价格等大数据，实时发布多项物流监测数据。三是物流信用监测与服务，可重点提供物流信用档案查询、物流征信、信用监管、物流信用融资、供应链金融等服务，有效解决物流企业信用监管缺失、中小企业融资难等问题。

5. 着力推进信息整合

为实现干支仓配一体化、供应链上下游对接、国际服务功能协同等，枢纽在中欧国际多式联运综合服务信息平台、郑欧商城跨境贸易电子商务平台、河南省物流公共服务平台的基础上，整合公路信息、铁路信息、口岸信息、水路信息以及政务公共服务信息，形成集铁路、海关、物流企业等主体信息服务功能于一体的枢纽平台化整合方案，提供集装箱运输、商品汽车运输、班列运行、口岸通关、监控监测、车货匹配等信息服务功能，实现"站到门"及"门到门"全程物流服务的信息互联互通与实时跟踪监测，为国内外客户提供提货、配送、运输、仓储、分拨、报关报检、金融等一体化物流服务。此外，枢纽还与各类国家物流枢纽开展信息共享与业务对接，实现供需信息、班列信息、监控信息等信息发布服务，推动枢纽信息服务能力提升，加强枢纽主体、供应链上下游企业信息共享，实现运作融合。枢纽信息融合架构如图5 所示。

（三）培育集聚陆港枢纽偏好型产业体系

枢纽利用高质量、低成本的运输服务优势，吸引核心产业的龙头企业入驻，加快

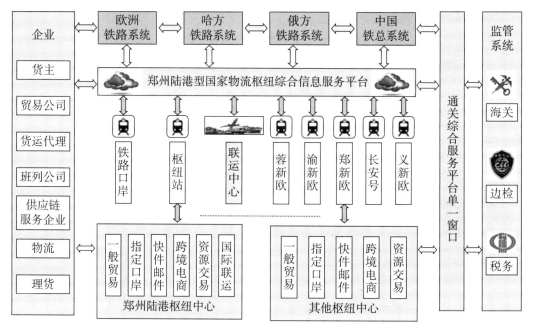

图 5　枢纽信息融合架构

产业链条化和集聚化发展，打造枢纽偏好型产业集群。

1. 推动先进制造业集群跨越发展

枢纽充分发挥电子信息、汽车制造、装备制造、新材料等战略支撑产业集群优势，增强智能终端、应用电子、软件与信息服务、大中型客车、新能源汽车、大型成套装备、轨道交通装备、节能环保装备等产业的全球竞争力，建设全球重要的智能终端研发生产基地、世界级汽车生产基地、高端装备产业基地。此外，枢纽还重点培育了新一代信息技术、生物及医药、智能制造装备等未来产业集群，着力在信息安全、物联网、云计算、大数据、北斗导航、节能环保、生物制药、智能机器人、精密数控机床等前沿领域实现技术率先突破，瞄准技术前沿，把握变革方向，梳理产业图谱，聚焦核心领域，实施重大专项，强化产学研联合攻关。目前，郑州市依托枢纽产业生产基地，结合当地优势产业，打造了新型工贸一体化产业链，形成耐火材料、矿山器械等一批跨境特色出口产业集群，让"郑州制造"走出了国门。

2. 打造以口岸贸易为核心的国际商贸体系

为大力发展转口贸易，枢纽依托中欧班列、海关特殊监管区，促进商贸和物流深度互动，积极发展离岸贸易，刺激高端消费。一是建设了辐射中西部的国际消费中心，重点发展保税展示销售、进口商品直销，形成世界知名的保税购物中心。二是打造了电商集聚区域和网购平台，创新政府服务方式，支持一批重点电商产业园建设，重点发展垂直电商、跨境电商、C2M（用户直连制造）等新业态，加快线上线下融合发展，培育多元化电商主体，实现"买全球"和"卖全球"。三是以高标准建设 EWTO（电子世界贸易组织）核心功能集聚区，重点打造监管服务标准、第三方服务标准、交易服务标准、技术服务标准，最终建成全球网购商品集疏分拨中心、全球跨境电子商务大数据服务中心。

（四）推动枢纽与区域经济融合互促发展

枢纽积极强化物流与产业、城市的跨界融合，以物流支撑相关产业发展，以产业推进城市建设，以城市建设促进产业发展，协调好枢纽与郑州都市圈的融合发展关系，共同推动区域经济实现转型升级和可持续发展。

1. 推动枢纽与重点园区协同发展

枢纽以现代供应链服务体系建设为抓手，提升对郑州经济技术开发区、高新技术产业开发区、航空港综合实验区等产业园区的服务联动效应，鼓励物流企业深入制造业供应、生产和销售链条，促进产业上下游和关联企业分工协作，为制造业企业提供定制化、一体化的供应链解决方案。中铝物流集团中部国际陆港有限公司以枢纽建设为契机，与枢纽深度合作，先后引进了一汽大众、长城、理想、一汽解放、特斯拉等知名商品汽车品牌入驻。目前，枢纽内中部陆港商品汽车中转库已具有 25 万辆的商品汽车的中转能力，成为河南省最大的商品汽车中转基地。

2. 支持班列运贸一体化发展

为打造"郑欧进口商品"品牌，积极开展班列运邮和运贸一体化业务，枢纽依托"班列购"跨境电商项目，形成以陆港为业务支撑平台、以中欧班列（郑州）为货运载体、依托欧洲境外分公司的业务网络和物流网络开展商贸业务，搭建跨境电商展示、体验、交易中心。通过不断加强与沿线国家合作沟通，扩大"班列购"货源地，丰富平台商品类目，实现"源头直采、班列直运、O2O（线上到线下）直销"，形成"以商城促班列、以班列推商城"的联动发展效应。目前，"郑欧进口商品"品牌货源地已覆盖"一带一路"沿线主要国家，种类涵盖六大品类，单品累计超过 1300 个。"郑欧进口商品"线上线下渠道同步销售，销售网络已覆盖 31 个省、自治区、直辖市，让广大群众切实享受到"一带一路"建设带来的方便与实惠。截至 2023 年 4 月，枢纽进口货物累计销售额约 4.2 亿元。

3. 构建枢纽经济通道经济体系

枢纽充分利用通道和网络优势，将经济集聚区建设连点成片，将产业价值链条式的传递和转移全面拓展至区域空间范围，实现交通物流互联互通、功能平台互补延伸、经济产业协调联动，培育枢纽经济通道经济发展增长极，构建了具有郑州特色发展路径、服务国际国内双向开放、培育高质量规模经济的全市枢纽经济通道经济体系。同时，枢纽以自身建设为切入点，以完善的现代综合交通运输体系为依托，以高效优质的枢纽经济通道经济服务平台建设为抓手，以枢纽偏好型产业集聚、通道产业走廊链接为动能，着力提升产业集聚辐射能级，促进物流、产业和城市融合发展，着力培育城市经济发展新动能。

4. 发展"飞地经济"，实现产业共生共享共赢

枢纽以郑州大都市圈以及中原城市群建设为基础，突破行政区划界限，创新跨区域合作模式，发挥不同地区比较优势，优化资源配置，探索政府引导、园区共建、优势互补、利益共享的"飞地经济"合作模式。同时，枢纽加强区域交叉融合和产业跨界渗透，在更大范围内垂直整合产业链、进行全链条布局，完善发展成果分享机制，全面拓展地区经济发展空间，以综合交通全面畅通为先导，以物流要素自由流动为路径，以产业高效分工协作为目标，充分利用枢纽的发展效应、优势资源、发展经验，践行极核带动、梯度推进的发展路径，实现区域协调发展。

（五）建设多港融合联动的枢纽经济集聚区

枢纽在打造自身和培育产业的基础上，进一步强化自身服务于经济要素流动的能力，建立经济发展生态系统，强化全球资源的汇集能力，建设多港联动、特色鲜明的经济集聚区，培育形成国家物流枢纽经济示范区。

一是高起点谋划建设枢纽经济集聚区，枢纽抢抓中国（河南）自由贸易试验区郑州航空港新片区申建机遇，以多式联运区为核心，打造经济集聚区。二是打造特色鲜明的枢纽经济集聚区，集聚区处于郑汴许产业密集发展带的腹心，总面积约 50 平方千米，周边各类产业园区密布、主导产业类型多样。枢纽积极发展国际货运班列、国内干线运输、国际多式联运等业务，使经济集聚区形成"一核、两心、两轴、多组团"的结构布局，其中，"一核"指国际陆港枢纽核心，其依托集装箱中心站，辅以物流作业区；"两心"指商贸服务中心、生活服务中心；"两轴"指东西向综合商务活力轴、南北向港务复合联动轴。通过加强经济集聚区与国际航空港、水港、高铁物流港的"四港联动"，枢纽构建形成了"水陆空铁"多式联运新格局，推动交通枢纽、物流枢纽向组织枢纽、枢纽经济转型升级，助力郑州打造通江达海、辐射全球的国际物流中心。

（六）打造国内国际双循环产业经济走廊

1. 建设支撑通道化运行的境外物流基地

枢纽充分利用物流网络枢纽节点、沿班列开行线路，在境外选择铁路枢纽、交通枢纽、货运场站等，采取租赁、合作、收购等方式，建设一批集货仓库、物流中心、物流园区，连接欧洲、中亚、东盟等国家和地区相关城市，形成覆盖亚欧大陆的国际陆港网络体系。同时，枢纽依托其与德国汉堡、德国慕尼黑、比利时列日、俄罗斯莫斯科等相关物流节点城市的既有联系和交往基础，发挥中欧班列集结中心的集拼集运优势，拓展欧洲集货网络，增加对德国、法国、荷兰、卢森堡、意大利等国家的辐射范围，构建与欧洲大陆双向互通的节点通道网络。

2. 打造支撑网络化集货的境内物流节点

枢纽重点在内陆主要货源节点和铁路枢纽节点布局集货点，依托枢纽现有的办事处，向东部地区班列开行密度不高的城市布局延伸，完善运输干线与仓储分拣、信息服务和区域配送相结合的物流服务。此外，枢纽还实行"中欧班列（郑州）＋地市合作"新模式，加快省内场站联动建设，推动形成全省班列"一核多极"联动发展局面，强化中欧班列（郑州）与洛阳、安阳、商丘、新乡等省内其他班列开行城市业务协同，并加强与徐州、合肥、株洲等省外城市对接合作，推进区域中心城市及其他有条件的省辖市建设中欧班列（郑州）货物集散中心，完善运输干线与仓储分拣、信息服务和区域配送相结合的物流服务，开通货物集疏专线，建设支撑网络化集货的境内物流节点。

3. 加强国内国际通道产业合作

一是发挥国际多式联运立体交通优势，依托中欧班列（郑州）拓展与"一带一路"沿线国家以及日本、韩国的物流通道联系，深化制造、进出口、仓储、商贸等的国际产业合作。二是以国际班列通道建设为纽带，重点推进中德产业园建设，落地中德智能制造创新中心、智能制造国际培训中心、中德智能制造合作试点示范园区等重点项目，继续推进新加坡国际物流园政府层面合作，建立便捷的外事沟通机制。三是引进境外国家科研机构，构建智能制造的研发及科技成果转移转化公共服务平台，促进双方技术项目合作、技术转移和产业化，实现技术和人才集聚。国内方面，与曹妃甸经济技术开发区、昆明经济技术开发区等国家级开发区共建合作园区，开展深层次战略合作。

4. 延伸国内国际贸易服务链条，实现物流增值

一是开发"班列＋园区"服务模式，布局一批中外合作贸易园区、产业园区、研发园区，吸引"一带一路"沿线国家在郑州设立地区总部、采购中心、结算中心等功能性机构。二是探索制定中欧班列国际贸易单证、通关规制，形成中欧班列国际物流运作范式。引导本地企业提供中欧班列沿线物流枢纽建设运营、供应链服务、交易结算等增值服务，形成我国企业主导的国际陆向物流运作模式，提高我国物流产业国际品牌影响力、供应链控制力和市场竞争力。三是鼓励本地贸易企业、物流企业嵌入外向型生产制造业企业产销供应链，促进制造业企业拓展贸易链条，提高直接面向终端客户提供商品贸易和服务的比重，挖掘国际商品流通增值潜力。

三、枢纽建设发展成效

（一）推动班列开行量质并举，物流降本增效成果显著

一是高水平建设中欧班列（郑州）集结中心示范工程，持续巩固中欧班列（中豫

号）至德国汉堡、德国慕尼黑、比利时列日、俄罗斯莫斯科线路，推动郑州至芬兰赫尔辛基线路常态化稳定开行，积极拓展北欧、南欧新线路。东向加强与沿海地区重点港口的联盟合作，拓展日本、韩国等国中转集拼业务；南向不断拓展东盟货运通道，深化提升与东盟十国的经贸合作水平。自 2013 年开行以来，中欧班列（中豫号）已累计开行 7000 余列；2022 年，中欧班列（中豫号）开行数量突破 2000 班。目前，中欧班列（中豫号）开行线路已形成"二十站点、八口岸"发展格局，业务网络遍布欧盟、俄罗斯及亚太地区 40 多个国家的 140 多个城市。

二是拓展郑州至连云港港、青岛港、天津港等港口海铁联运班列业务，开发至宁波港、厦门港、广州港、防城港等港口海铁联运班列，形成国内海铁联运轴辐式网络态势。

三是实施"门到门"全流程组织，提升班列运行效率。依托中欧班列（郑州）常态化开行，拓展海铁、空铁、公铁等多式联运，实现班列去程和回程公路提送货、场站拆装箱、报关报检、铁路运输、融资预结算等全程"门到门"服务。并以此为基础拓展"一单制"服务，实现"一站托运、一次收费、一单到底、一次认证"。

四是完善枢纽集疏运体系，推动区域物流提质降本增效。通过枢纽建设，完善枢纽周边及枢纽与城市交通网络联通的路网，形成市内交通网络便捷通达、高速公路无缝衔接的发展格局，推动货物中转、区域分拨集散高效、快捷。发挥枢纽的铁路口岸集疏效能，调整运输结构，提高枢纽铁路干线物流比例，全面优化运输资源配置，充分发挥铁路运量大、成本低的优势，将原有公路的货物转移到铁路干线上。

（二）促进班列与产业深度融合，带动对外贸易创新发展

一是通过大力实施"班列＋"，带动进出口贸易和跨境电商提质创新发展，打造"大进大出"的高能级平台。促进中欧班列（郑州）与产业深度融合，推动汽车及零件、高端装备制造、电子、高端食品加工等产业优化升级，形成促进产业转型升级的新引擎。

二是依托中欧班列（郑州）多线路、多口岸、多站点均衡往返优势，开发"班列＋园区"服务模式，布局一批中外合作贸易园区、产业园区、研发园区，吸引"一带一路"沿线国家在郑州设立地区总部、采购中心、结算中心等功能性机构。

三是积极推动"班列＋产业"，依托郑州市雄厚的产业基础和河南省外向型经济发展需求，促进物流运输、展示展销、保税加工、冷链仓储、报关报检、金融货代等特色产业加快集聚，实现班列拉动产业、产业支撑班列的联动发展格局。

四是加快"班列＋贸易"，发挥中国（郑州）跨境电子商务综合试验区和中欧班列（郑州）国际运邮通道双向贯通优势，聚焦以运带贸、以贸促运、运贸一体，大力开展制度创新，积极探索制定新的国际贸易规则，引领中欧班列高质量发展。依托遍

布欧洲、中亚和日韩等地的业务网络，通过直采、直购，不断扩大"郑欧进口商品"品牌影响力，全面拓展线上线下销售网络渠道。目前，国内销售网络覆盖31个省（自治区、直辖市），省内销售网络覆盖全省18个省辖市。"运贸一体化"模式班列进口商品种类超过450种，带动进口商品贸易销售额累计约2.8亿元。

通过与产业深度融合，枢纽目前已有6000多家优质客户，并在河南特色农产品、机械产品以及装饰纸日用品等货物品类上实现出口货运量稳步增长。同时，枢纽还带动贸易、包装广告、运输等上万家产业链中小企业，形成"以运带贸、以贸促运"产业互补的良性发展格局。

（三）打造国际物流中心，引领中原城市群经济高质量发展

枢纽发挥自身在国际物流服务中的组织协调作用，提高中欧班列、铁海联运等国际物流通道服务能力，深度融入共建"一带一路"，拓展与《区域全面经济伙伴关系协定》（RCEP）成员国地方经贸合作，布局双向跨境电子商务贸易平台和海外仓，加强国际物流信息互联互通与平台化集成，推进物流设施、装备、管理、信息等标准化、国际化，聚集国际物流服务要素，形成规模集成效应，有针对性补齐短板，进一步延伸国际物流服务链条，强化国际物流服务功能，打造国际通道网络衔接、物流全流程组织、国际贸易畅通、制度和政策衔接的国际物流中心，为郑州市产业深度融入国内国际双循环、参与全球产业链供应链体系重构、提高国际市场竞争力提供有力支撑。

枢纽的建设为中原经济区的发展提供了稳定的物流支撑，吸引了大量的物流企业进驻。依托枢纽的建设与推动，目前河南已在43个国家和地区设立了近200个海外仓，业务范围覆盖全球196个国家和地区。

（四）助推民生保障和改善，满足人民群众对美好生活向往

一是民生保障和改善作用明显增强，在关系民生保障的农产品冷链物流、粮食物流、日用品物流等领域，强化以供应链能力提升为导向的物流系统建设，满足强大国内市场需求，加快融入国内国际双循环发展新格局。完善枢纽集散分拨、区域配送功能，为制造、商贸等其他产业运行提供必需的运输、仓储等服务，并为郑州及周边居民生活提供重要保障，支撑产业运行和国民经济循环，提升人民生活品质。枢纽的建设和发展带动了现代物流、高端服务和先进制造产业链上下游企业集聚，吸引了物流、供应链相关人才集聚，提供了大量就业岗位，带动附近地区数万人就业。

二是战略物资安全和应急物资供应能力持续提升。依托枢纽中欧班列（郑州）应急物资储备中心，建设应急物资储备仓库，主要存储防疫物资、民生物资、预包装食品、救灾物资等应急物资，建立健全规范、高效的灾情管理系统，建成布局合理、品

种齐备、数量充足、管理规范的救灾物资储备系统，构筑强大的国内战略物资储备基地和全球物流网络，为日用品、粮食、能源等战略物资供应提供有力支撑。完善强大的应急物流体系，有效保障自然灾害、公共卫生等重大突发事件发生所面临的米面粮油、肉禽蛋奶等生活必需品以及医疗救助物资、防疫物资供应，为妥善应对自然灾害、公共卫生等重大突发事件奠定坚实基础，托底经济社会安全。在新冠疫情期间，中欧班列（郑州）率先实现常态化往返开行，累计运输口罩、防护服及医疗用品等防疫物资 258.4 万件，货重 1.65 万吨。在郑州市汛情和疫情的双重冲击下，枢纽内国际物流园区企业复工复产率始终保持在 96% 以上，物流企业复工复产率始终为 100%，有力保障了经济社会持续稳定发展。

四、发展方向与未来展望

（一）提升班列开行班次，完善班列服务网络

到 2025 年，枢纽将基本形成中欧班列（郑州）"一干三支"的国际铁路货运班列体系，提高班列年度开行量、重载率、回程去程比以及货物价值，建设成中东部中欧班列集结中心示范样板。大力发展海铁联运班列。通过推行一体化运输组织，实现货物高效流转和信息交互共享，到 2025 年，班列运行时间将有所缩短，总体运输效率提高 1/3。通过枢纽建设，到 2025 年，500 千米以上长距离公路运量将大幅减少，枢纽干线运输到发规模占枢纽总运输比例提高，枢纽铁路运输单元化、集装化运输比重增加，产业物流成本降低。

（二）提升内陆开放门户枢纽地位，引领中原城市群对外开放

一是将进一步完善枢纽口岸开放体系，建设完成陆港保税物流中心（B 型），持续丰富进境指定监管场地种类，显著增强对区域外向型经济带动作用，总体形成多层次多元化的现代口岸服务体系。

二是通过对郑州国际陆港多式联运集疏中心、国际集装箱研发共享中心、关铁融合大监管区等优势物流基础设施的系统完善，将综合提升铁路枢纽及口岸效能，推动枢纽向交易结算、供应链服务、物流金融等物流服务链延伸，形成组织型物流枢纽，在更大区域整合物流资源、配置物流及关联要素，融入全国和国际物流服务网络，形成强大的资源聚集能力和极强的辐射能级，大幅提高枢纽与其他国家物流枢纽信息互联互通率。

三是推动枢纽与全球重要物流枢纽、能源与原材料产地、制造业基地、贸易中心等建立更加紧密的合作关系，切实推动亚欧商贸对接，形成以商贸、物流、信息、金融、结算服务为核心的国际供应链组织枢纽和现代枢纽经济体系，全面提升郑州内陆

开放门户地位，引领中原城市群对外开放，成为国内大循环的重要枢纽、国内国际双循环的战略支点，建成立足中部、辐射全国、通达全球的国际物流中心。

（三）持续增强民生保障和改善作用

到 2025 年，枢纽预计带动就业人员 10 万人，持续推动消费升级，更好满足人民对美好生活的向往，不断提高人民群众的获得感、幸福感、安全感。

（撰稿人：刘杰、徐远胜、崔青、史嘉懿）

昆明—磨憨陆港型（陆上边境口岸型）国家物流枢纽

借助中老铁路国际物流通道　发展门户枢纽沿线经济走廊

昆明市位于云南省中部，背靠庞大的国内市场，是全国 14 个特大型城市之一，总人口 850.2 万，以全省 5.3% 的面积，集中了全省 17.9% 的人口，创造了占全省 1/4 的 GDP，是我国面向南亚东南亚开放的重要门户、"一带一路"建设的前沿枢纽。磨憨镇隶属于西双版纳傣族自治州勐腊县，地处我国西南端，与老挝磨丁接壤，国境线长 174 千米，是我国通向老挝唯一的国家级口岸和通往东南亚便捷的陆路通道节点。2022 年 5 月，昆明正式托管磨憨，由昆明市统筹服务指导昆明—磨憨陆港型（陆上边境口岸型）国家物流枢纽（以下简称"枢纽"）建设。在培育枢纽助力通道经济发展方面，一是立足中老铁路国际大通道，充分联动枢纽安宁片区和磨憨片区，依托昆明、玉溪、普洱等地优势产业，打造中老铁路沿线经济带。二是有效衔接西部陆海新通道、中欧班列运营网络，拓展我国南向物流通道，增强枢纽对成渝地区双城经济圈、广西北部湾经济区等货源地与产业集群的辐射能力，打造全国枢纽经济发展示范区。三是以边境口岸的优势为依托，以发展外向型经济为主体，将国际国内两个市场、两种资源相结合，形成外向型、服务型的经济结构和经济运行方式，整体上推动云南省成为国内市场与南亚东南亚国际市场之间的战略纽带、"大循环、双循环"的重要支撑。

一、枢纽概况

（一）总体空间布局

枢纽总体布局为"一枢纽、两片区"，"一枢纽"即昆明—磨憨陆港型（陆上边境口岸型）国家物流枢纽，"两片区"分别指安宁片区和磨憨片区。枢纽总面积约为 7.17 平方千米，其中安宁片区位于石化路以北，西临昆孟线，东至绕城高速，南接浸浦路，总用地规模约为 3.22 平方千米；磨憨片区西北接景洪市，西邻缅甸，东、南均接老挝，总用地规模为 3.95 平方千米。

（二）区位交通

枢纽周边综合交通网络完善，对外交通条件优势显著。公路方面，安宁片区东面距离安宁东（和平村）收费站 2000 米，距离海谷高速公路收费站 700 米，可经由收费站快速接入杭瑞、昆明绕城等多条高速公路，进而连接"七出省、五出境"云南高速公路大通道。磨憨片区距离昆磨高速公路磨憨收费站约 4000 米，可经由清水河、昆明南收费站等接入杭瑞高速、沪昆高速等出省高速公路。

铁路方面，安宁片区依托新亚美谷专线、大龙山铁路专线、云南天安化工有限公司铁路专线等五大铁路专用线，经读书铺铁路货运站、桃花村铁路货运站等四大铁路站点，接入云南省"八出省、五出境"铁路网络，进而对接国内重点城市群，快速融入对外经济走廊。磨憨片区可依托野象谷站、勐腊站、磨憨口岸站等中老铁路铁货运路站，实现片区内货物快速集散。

航空方面，安宁片区距离昆明长水国际机场约 40 千米，磨憨片区距离西双版纳嘎洒国际机场约 30 千米。枢纽依托两个国际机场连接云南省内环飞航线、国内外主要中心城市，覆盖南亚东南亚主要国家及地区。

（三）功能区布局及设施建设情况

枢纽构筑十二大功能区，承载基本功能和延伸功能。基本功能主要包括大规模干线组织运输、国际多式联运、区域分拨配送、国际物流服务、跨区域通关一体化服务、海关特殊监管服务；延伸功能主要包括边民互市贸易服务、国际冷链物流集成服务、跨境电商物流服务、供应链集成服务、综合配套服务和应急保障物流服务，枢纽磨憨片区功能分区如图 1 所示。

枢纽正在积极加快补齐功能性基础设施短板，全力推进增量项目建设，进一步强化存量设施整合提升。目前，枢纽重要功能性设施项目共 25 个，其中存量项目 12 个、计划增量项目 13 个。多式联运方面，安宁工业园大宗物资公铁联运物流园于 2022 年11 月启动建设，计划投资 27 亿元，新建铁路到发线 5 条、货物线 9 条，同时配套建设物流园仓储设施及物流服务中心，项目建成后主要服务于宝武集团昆明钢铁、云天化、祥丰等大型工业企业，通过整合区域内大宗物流需求，扩大货物运输规模，开发大龙山铁路专用线剩余运力，进一步推动枢纽安宁片区运输结构调整，降低物流运输成本。中老铁路磨憨铁路口岸提质扩能改造项目新建到发线 6 条、调车线 1 条，计划 2023 年12 月完工，将有效提高中老铁路公铁联运效率。冷链物流方面，安宁综合配送云仓物流中心项目计划新建 2 座冷库，库容合计 22.84 万立方米，计划 2023 年 12 月投入运营，项目建成后将有效补齐枢纽冷链仓储设施短板。智慧物流方面，枢纽磨憨片区积极推进磨憨口岸智慧改造升级项目（一期）及基础配套工程项目建设，建设智慧口岸

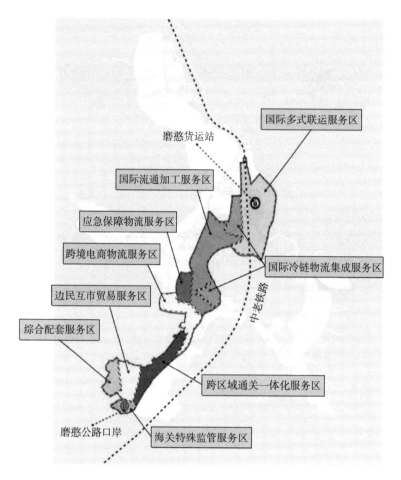

图1 枢纽磨憨片区功能分区

运营管理中心、智能中枢、智能连接，完成磨憨口岸智慧验放一体化、远程监管一体化、运行管理一张图等功能改造提升。

（四）建设运营模式

枢纽采用政府规划、企业主导开发的建设运营模式，由中国铁路昆明局集团有限公司作为枢纽运营主体，管理协调统筹云南省物流投资集团有限公司、天驰物流有限责任公司、磨憨开发投资有限责任公司、云南省国际班列服务贸易有限公司以及磨憨锦亿进出口贸易有限责任公司等核心入驻企业，联合昆明南亚国际陆港开发有限公司、安宁交投国际物流有限公司等有影响力的本土企业，形成枢纽统一组织、服务开放、动态调整的运营架构。枢纽依托物流资源整合与"干支配"业务组织模式创新，通过开行国际铁路、跨境公路、公铁联运、铁海联运等业务，联动国内外商流、物流、资金流、信息流，提供覆盖国际采购、国际物流运输组织、进出口通关、贸易等一体化的国际供应链集成服务。

（五）发展定位

枢纽立足于大规模干线组织运输和公铁联运设施优势，打造西南地区国际大宗货物集散中心，依托中国—中南半岛经济走廊、孟中印缅经济走廊，提供铁路货运班列、国际多式联运货运列车等多样化铁路运输服务，打造中国—中南半岛国际多式联运组织中心。立足云南区位优势，挖掘枢纽经济辐射潜力，将枢纽建设成承接国际产业分工转移、支撑国内与南亚东南亚产业协同发展的纽带，打造面向南亚东南亚的区域通道经济走廊。

二、主要做法与特色经验

（一）省城托管边城、合作共建国际口岸城市，夯实通道经济发展基础

昆明处于中国—东盟自由贸易区、大湄公河次区域、泛珠三角经济圈"三圈"交会点，是东连云桂陆海新通道、西接中缅海公铁、南抵中老泰曼谷湾、北接"昆蓉欧"中欧班列的通道经济和国际物流运营组织中心。磨憨镇行政区域面积约800平方千米，行政区划属西双版纳傣族自治州勐腊县，与老挝山水相连，地处中老铁路、昆曼公路关键节点。两地分别位于中老铁路国内段的首尾两个关键节点。昆明市接管磨憨镇后，成为全国唯一拥有边境线和边境口岸的省会城市。枢纽建设以"两头"带"中间"，实现了昆明有产业、缺陆路口岸和西双版纳傣族自治州有口岸、缺产业的互补，有力汇聚中老沿线产业资源，合力推动通道经济发展。

一是加强规划引领，加速口岸产业布局。昆明全面托管磨憨后，围绕培育磨憨"口岸经济"新增长点，高规格开展磨憨国际口岸城市总体发展概念规划、产业发展规划和产业发展鼓励目录编制工作，明确国际商贸、加工制造、现代物流、国际金融、国际旅游、教育医疗等重点产业方向，为陆上边境口岸型枢纽发展提供产业支撑。目前，磨憨形成"一核两心三轴四区"的空间布局结构，其中，"一核"为城市公共服务核心，"两心"为火车站综合服务中心、口岸综合服务中心，"三轴"为城市发展轴、口岸公铁联运产业发展轴、科创产业发展轴，"四区"为口岸城市功能区、口岸核心功能区、南坡物流与进出口加工区、磨龙科创医养功能区。依托磨憨公路口岸打造口岸功能核心区，重点发展一般贸易、易货贸易、离岸贸易、跨境电商、跨境加工、跨境金融、免税购物等产业；依托磨憨铁路口岸打造火车站城市商务中心区，重点发展总部经济、商贸旅游、酒店餐饮等综合性现代服务业；依托磨憨站铁路枢纽打造站前物流功能区，重点发展加工物流、商贸物流、保税物流、冷链物流、货运代理等现代物流产业；依托磨憨南坡片区打造南坡产业合作区，重点发展农副产品、机械装备、保税加工、新型建材等加工制造业，发展稀土等贵金属和有色金属加工冶炼等产业；

依托磨憨磨龙片区打造城市综合服务区，重点发展教育、医疗、大健康等产业。

二是创新管理体制机制，赋予托管区域更大的经济社会管理权限。深入优化托管区机构设置，进一步压缩审批层级，提高管理效能。建成磨憨—磨丁合作区政务服务中心并投入使用，设立公安、商事服务、综合审批、民生服务、铁路海关等功能区共43个受理窗口，顺利承接省级第一批下放的30项行政职权事项，596项政务服务事项顺利进驻服务中心承接办理，实现企业登记、税费缴纳、医保社保、资质认定、人员资格许可、出入境管理等事项"跨区通办"。

三是创新开发运营模式，吸引大型企业参与建设。采取"管委会＋公司"的管理运营模式，积极引入资金实力雄厚、开发经验丰富的央企、省属企业和社会资本参与开发建设，拓宽融资渠道。与中国中铁股份有限公司通过央地合作模式，组建磨憨开发投资有限责任公司，共同推动磨憨开发建设。积极奔赴粤港澳、长三角、京津冀等重点地区开展招商引资，对接洽谈企业80余家，与厦门钨业股份有限公司、中国铁塔股份有限公司等22家企业签署协议。托管后累计接洽中国国际海运集装箱（集团）股份有限公司、中国物流集团有限公司等到磨憨考察企业360多家，共计1100余人次。2022年，磨憨新增市场主体630余家。

四是加快口岸基础设施建设，完善枢纽功能。启动东盟大道改扩建、磨憨5号路、磨憨7号路至8号路连接线等交通设施项目建设，完成围网区联合运营中心和综合服务中心主体工程、1号路、沿山路和巡逻道等项目。基本完成智慧口岸建设，口岸联检、查验平台等门户基础设施日益完善，公路口岸新货运专用通道建成启用，出入车辆由每天400多辆增至800多辆，货运车辆验放时间从原来的平均10分钟缩减至约4分钟，有效缓解了公路口岸季节性拥堵问题。铁路口岸智能化科技监管设备投入使用，智慧海关物流等信息化平台系统上线运行，出入境货物通关时间大幅压缩，由运营初期40小时压缩至5小时，在"铁路快通"模式下最快实现2.5小时发车。铁路口岸综合性指定监管场地项目完成建设，进境水果、冰鲜水产品指定监管场地通过海关总署验收并投入使用，进境粮食指定监管场地纳入海关总署验收流程。磨憨口岸新边民互市场投入使用，运营效率相较于原边民互市场提升3倍。

（二）发挥区位优势，深入推进物流业与制造业"两业融合"

昆明市安宁市是云南省石化化工、钢铁及先进装备制造、新材料等产业的核心生产及交易基地，在全省化工产业发展中具有不可替代的基础地位。安宁市规模以上工业总产值占全省比重达16.79%，石化、钢铁、磷盐氟化产业在中国西部乃至全国具有较强竞争力，是云南省工业重镇。产业分布北向形成以钢铁及装备制造业为主导的昆钢新区物流需求集聚区和青龙物流需求集聚区，西向形成以磷盐化工、石油炼化产业为主导的禄脿物流需求集聚区及草铺物流需求集聚区，向东依次为以石化化工、新材料产业为主导的麒麟物流需求集聚区、桃花村钢铁及装备制造业物流需求集聚区。其中，禄脿和草铺物流需求集聚区大力发展石化和新材料产业集群，以石油炼化一体化为主导，推进中石油云南石化炼化一体化转型升级项目，着重发展聚乙烯、苯乙烯等项目，推动石化、新材料产业群壮大，提高石化产品就地转化率、延伸中下游深加工产业链。枢纽现已入驻中石油云南石化有限公司、云南天安化工有限公司、云南云天化石化有限公司、云南祥丰商贸有限公司等30家制造业企业。

安宁片区依托新亚美谷铁路、云南天安化工铁路、中石油云南石化铁路、大龙山铁路等专用线，联动读书铺铁路货运站、温泉站、桃花村铁路货运站，围绕石化加工、钢铁及先进装备制造、新材料等产业生产物资流通，重点发展铁路集装箱公铁多式联运、特货运输、跨境铁路班列等业务。公路运输方面，以昆明南亚国际陆港物流园为核心，重点开展公路分拨配送、集装箱运输、整车与零担干线运输等业务，通过组织货物经甩挂运输至南亚陆港公铁联运中心，通过多式联运方式经铁路运至沿海港口、内陆城市和境外等地，形成干支衔接的高效物流运作体系。

枢纽以安宁工业园区为重要支撑，通过物流业与石化化工、钢铁及先进装备制造、新材料三大工业产业形成"两业联动"格局，重点针对化学制品、大宗工业品和矿产品、机械装备、化肥等特色进出口产品的国际国内货源组织和产品分销运输服务管理特点，联动国内外商流、物流、资金流、信息流，打造供需对接、资源整合的流通与生产深度融合供应链协同平台，提高物流业与制造业协同发展效率，推动降成本、去库存和去产能，助力供给侧结构性改革，提升覆盖国际采购、国际物流运输组织、进出口通关、加工贸易等全链条的国际供应链集成服务水平。目前，枢纽重点开展以煤炭、肥粮、磷硫、矿石、糖5类产业供应链管理业务，下一步将重点发展以汽车、机械装备、新能源、新材料为主的先进制造产业全球供应链管理业务。

1. 以焦煤、原煤为主的煤炭产业供应链管理业务

云南省物流投资集团有限公司联合云南省煤炭产业集团有限公司、云南煤化工集团有限公司、昆明钢铁集团有限责任公司、云南敬业钢铁有限公司、云南华电昆明发电有限公司等企业，依托云南丰富的煤炭资源，枢纽遍布南亚东南亚的物流网络，安宁工业园区石化化工、钢铁及先进装备制造、新材料生产企业原材料采购、产品分销渠道，以及西双版纳（磨憨）口岸物流枢纽通关一体化优势，促进磨憨经济开发区与安宁工业园区协调合作，打破不同产业界限、区域界限、企业界限，通过计划、组织、协调和控制等手段，对煤炭供应中的商流、信息流、资金流进行全面规划，从而建立一种以煤炭供应链各节点企业之间的伙伴关系以及合理的利益分配机制、提高整个供应链运作效率和效益、满足客户价值并实现供应链成本最小化为目标的煤炭配置方式。实现对客户的集中采购、集约物流、高效资金流管理、精细质量管理及专业化配煤，并通过完善焦煤、煤炭对接服务，为客户提供高性价比用煤解决方案。云南省物流投资集团有限公司旗下云南宝象物流集团有限公司已入选第一批全国供应链创新与应用示范企业。

2. 以化肥、大豆为主的"肥粮"产业全球供应链管理业务

天驰物流有限责任公司联合云天化集团有限责任公司、云南天安化工有限公司、云南云天化联合商务有限公司等企业，依托自身全球贸易网络优势，利用西双版纳（磨憨）陆上边境口岸型国家物流枢纽通关一体化的作用，发挥中老铁路的优势，联动瑞丽、河口等陆上边境口岸，将云天化集团有限责任公司的肥料产品销往"一带一路"沿线国家，打造全球农产品供应链，采购相关国家农产品销往国内的油脂加工企业，并延伸下游成品销售环节，已形成服务于国内外"肥粮"产业的供应链生态圈。"化肥出口＋大豆进口"的肥粮互动全球供应链协同运营模式被商务部等8部门列为在全国复制推广的供应链创新与应用试点第一批典型经验做法。同时，天驰物流有限责任公司坚持"资源整合、内外共享、上下协调、智慧赋能"的方针，覆盖化肥、粮油产业上下游企业的资源共享、高效流动的全球双向闭环供应链模式，以商贸物流一体化为抓手，大力发展跨境、跨洋物流业务，为客户提供供应链金融与物流集成解决方案。

3. 以磷肥、硫黄为主的化肥产业全球供应链管理业务

依托云天化集团有限责任公司化肥生产主业，天驰物流有限责任公司通过不断在化肥产业链上下游延伸，已形成"商贸＋物流"的核心竞争优势。并且创新性地采取"硫磷对流"运输模式，通过建立以计划管理为核心的稳定、高效的磷肥、硫黄供应链网络，实现制造业和物流业的联动发展，促进物流降本。"硫磷对流"运输模式具体是指在去程时，整合云南生产制造业企业的磷肥产品，通过集装箱班列运输发运出口至南美洲等市场；在回程时，运回生产磷肥所需的硫黄。该模式有效解决了国际集装箱班列回程货源不足、运输成本偏高的难题，实现了国际货物的双向高效流动。其中，用铁路干散货集装箱实现硫磷对流提升物流一体化运作水平项目于2011年入选全国制造业和物流业联动发展示范案例。聚焦磷肥、硫黄产品的供应链，天驰物流有限责任公司已形成可为化肥生产企业提供高性价比用磷肥产品分销运输、硫黄等原材料进厂解决方案等业务的全球供应链管理服务体系。

4. 以钢铁、金属矿石为主的钢铁产业全球供应链管理业务

云南省物流投资集团有限公司立足钢铁产业资源整合优势，发挥物流供应链服务优势，积极推进钢铁制造业与物流业"双业"融合发展，巩固和加强云南省物流投资集团有限公司在云南钢铁产业供应链管理者的地位。通过提供供应链集成服务，实现昆明钢铁集团、云南敬业钢铁有限公司钢铁、金属矿石贸易业务的一体化运作，与供应链上的钢铁生产企业（昆钢集团、敬业钢铁集团）、钢铁贸易企业/平台、用钢企业形成战略合作关系，提供个性化和精细化服务内容，围绕钢铁大宗工业品交易，业务不断延伸，从前端金属矿石采购到后端钢铁销售，涵盖原材料采购、仓储、运输、销售服务，努力达到降低成本、提高效率、扩大业务规模、扩大利润空间和提升盈利水平的效果，充分发挥枢纽的供应链集成服务、通关一体化服务优势，以"交易＋信息＋物流＋金融"的创新模式，协调统筹钢铁供应链，着力打造赋能产业链的钢铁供应链管理生态体系。

5. 白糖产业全球供应链管理业务

天驰物流有限责任公司已与华糖糖业（云南）集团有限公司、南昌工业控股集团有限公司达成白糖产业供应链物流业务合作。天驰物流有限责任公司依托枢纽运营服务平台，以"金融＋物流＋仓储"的模式积极介入白糖整个产业链，整合糖厂、贸易商、期货盘面、金融保险、物流等白糖产业链中的优质资源，为白糖产业提供线上交易撮合、线下商品集散、价格发现和信息交互等功能，提高质量标准，强化金融服务、展览展示、咨询服务等新型功能。同时，通过借助互联网平台与物流控货能力，为客户提供包括仓单质押、贸易托盘、应收账款保理等灵活、便捷、高性价比的金融服务，解决客户在仓储、贸易过程中的资金需求，从而为白糖供应链提供全面化的解决方案。

（三）创新口岸经济业态，积极探索边民互市转型升级

磨憨口岸作为中老边境规模较大、业务繁忙的边境口岸之一，中老双方边民商品交易频繁。枢纽内设有边民互市服务区，为中国和老挝及东南亚各国之间的贸易与投资、交流与合作搭建广阔的平台，带动了运输、旅游、住宿餐饮、加工等领域的发展，促进了国内与国外、边境与内地的农产品交流，开辟了新的外贸市场和外贸通道。边民互市贸易是指边境地区边民在我国陆路边境线 20 千米以内，经政府批准的开放点或指定的集市上，在不超过规定的金额或数量范围进行的商品交换活动。依据《边民互市贸易管理办法》，目前边境地区居民每人每天从边境口岸经批准设立的边民互市贸易市场带进的物品，价值在 8000 元以内的，免征进口关税和进口环节税。

枢纽的边民互市贸易始于 2001 年，2017 年实现场所式管理。边民互市贸易从商品入境到落地加工总共经过三级市场：一级市场是受海关监管的作业场所，是边民双方直接交易的区域；二级市场是收购市场，提供国内批量收购、仓储配送服务的商贸物流集成区域；三级市场是加工市场，供互市进口商品落地加工。磨憨口岸新边民互市场项目于 2022 年 11 月 2 日顺利通过海关和省级验收，11 月 15 日正式投入运营。新边民互市场占地面积约 0.84 平方千米，是原互市场面积的 2.5 倍，货物通关量每天达500 辆车，提升至原来的 3 倍。同时推广采用委托集中申报模式，应用全新数据模式，建立边贸综合服务平台，将贸易信息流、物流、资金流集成统一，深化发展互市线上交易和跨境结算功能，推动互市贸易规范化发展。已实现木薯淀粉、龙眼干、毛豆、

芝麻等 6 种商品跨境电子结算、线上开票全覆盖。2022 年，枢纽边民互市进出口贸易量完成 120.91 万吨，同比上升 5.29%；进出口贸易额完成 38.14 亿元，同比上升 24.64%，如图 2 所示。

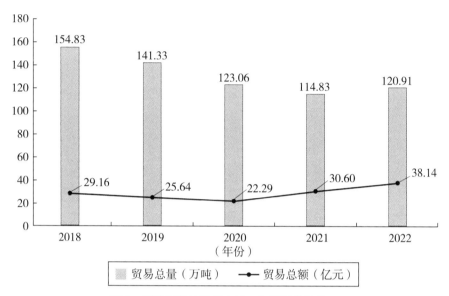

图 2　磨憨口岸边民互市近 5 年贸易发展情况

三、枢纽建设发展成效

（一）总体运行水平持续向好

目前枢纽设施成熟度约为 61%，已建成天驰安宁物流园区、桃花村铁路物流中心、磨憨中汇国际商贸物流中心、磨憨口岸进境冰鲜水产品指定监管场地等项目，在支撑枢纽大规模干线运输组织功能、多式联运服务功能、跨境运输、冷链物流等方面发挥了重要作用。2022 年枢纽货物吞吐量 3275.07 万吨。枢纽商品交易额 326 亿元，其中线上交易额 23 亿元。铁路货运班列开行数量 1046 列，其中国际铁路货运班列开行数量 304 列。

（二）口岸能级进一步提升

2022 年，磨憨进出口贸易总量完成 566.69 万吨，同比上升 58.2%，其中公路口岸完成 350.3 万吨，铁路口岸完成 216.39 万吨；进出口货值完成 433.38 亿元，同比上升 98.99%，其中公路口岸完成 293.17 亿元，铁路口岸完成 140.21 亿元。经铁路口岸出入境的国际货运班列日均通过量约 7 对，进口货物整体通关时间 25.4 小时，出口货物整体通关时间 6 分钟。出口货物种类主要包括化肥、蔬菜、鲜花、布卷、纸箱、轮胎、单晶硅等，其中云南省化肥产品（磷酸二铵、磷酸氢钙）占比 56%；进口货物种类主要包括矿石、木炭、大米等，其中铁矿石占比最高，为 31%，橡胶占比 27%，锌铁矿占比 12%。客运方面，增开昆明至磨憨高品质动车，单趟运行时间缩短 1 小时。

（三）集聚效应初具规模

枢纽入驻企业 970 家，其中物流企业 225 家。磨憨片区依托公路和铁路两个国家一类口岸优势，形成了以红星、龙鑫航贸、金孔雀物流等公司为代表的国际商贸物流企业集群，大部分物流企业具备一定规模的货场，主要为口岸进出口查验货场、边民互市场、快件监管中心、大为保税仓库、铁路货场，堆场面积 1.5 万～4.0 万平方米，仓库面积 0.3 万～1.5 万平方米，大小不等。安宁片区建设布局以大桃花铁路货场为依托构建的昆明南亚国际陆港物流园片区、围绕石安公路产业带动主城区发展的商贸物流片区（辖区内主要聚集了 6 大专业市场，市场总占地面积达 280 万平方米，可承接商户 4920 户）、以安宁工业园区草铺片区为依托的生产型物流片区、以安宁职教园区为核心的冷链物流及城市配送片区四大现代物流产业发展片区。枢纽已逐步具备打造西南地区国际大宗货物集散中心、中国—中南半岛国际多式联运组织中心、面向南亚东南亚的区域通道经济走廊的能力。

（四）服务能力不断完善

国际干支业务方面，枢纽目前已开通经重庆/成都编组到发的中欧班列、经开远编组到发的中越班列、中老班列、桃花村—防城港的"铁路＋海运"国际铁海联运，覆盖欧洲、中亚、南亚、东南亚、环印度洋周边经济圈等"一带一路"沿线国家和地区。国内干支业务方面，目前已常态化开行昆明安宁至新疆、甘肃、内蒙古以及成渝等地的国内干线运输线路。区域分拨业务方面，目前已基本形成 90 分钟滇中城市群全覆盖、4 小时覆盖云南省大部分区域的城际及区域配送网络。

枢纽对内联通环渤海、长三角、珠三角三大经济圈的 30 个省、自治区、直辖市，对外辐射至老挝、泰国、柬埔寨等 7 个"一带一路"沿线国家，成为泛亚铁路和西部陆海新通道的重要渠道，初步成为国际旅游集散中心、国际商贸和物流集散分销中心。

四、发展方向与未来展望

总体来看，枢纽建设虽取得一定成效，但也存在一些问题，例如，枢纽功能尚不完善，基础设施有待优化，产业开放度不高，对外贸易投资能级、量级不足，以低附加值产品为主的贸易结构亟待转型，境外段物流通道仍存在堵点等。为满足枢纽建设发展要求，依托运营主体现有资源优势实现做大做强，进一步整合区域制造业和物流资源，充分发挥中老铁路国内段两头联动发展的积极效应，支撑枢纽建设成西南地区国际大宗货物集散中心、中国—中南半岛国际多式联运组织中心、面向南亚东南亚的区域通道经济走廊，未来分别从规划编制、枢纽建设、业务运营、协同运营四个方面进行培育工作。

（一）加快完善区域相关规划编制，强化枢纽发展要素保障

充分发挥规划引导作用，加快安宁片区枢纽空间布局规划和磨憨片区产业规划编制，充分考虑枢纽建设发展用地需求，建立枢纽重点项目滚动接续储备机制，强化对枢纽范围内的重点基础设施项目要素保障。土地方面，对于重点项目的新增用地应优先列入建设用地供应计划，资金方面，整合物流枢纽建设、物流行业发展、国家综合货运枢纽建设的有关支持政策，在资金安排方面给予倾斜。设立产业发展基金，优先支持公共物流服务平台、重大公共物流基础设施、集疏运通道建设、物流信息化和标准化建设等项目，避免因交通、成熟用地等要素资源限制影响招商引资和重点项目落地时效。

（二）大力推进枢纽基础设施建设，尽快补齐枢纽功能短板

按照适度超前原则，高起点规划枢纽新建物流设施项目，加快补齐国际多式联运、国际冷链、跨境物流设施等功能短板。多式联运方面，全力推进安宁工业园区大宗工业物资公铁联运物流园建设。国际冷链方面，加快安宁市中老铁路国际冷链物流基地开工建设、安宁综合配送云仓物流中心建成运营。跨境物流方面，加快磨憨—磨丁经济合作区（中方区域）围网项目、磨憨公路口岸综合提升改造项目、磨憨铁路口岸提质扩能项目建设，不断提升口岸通关服务能力。同时，积极推进中药材进口口岸、整车进口口岸申报；加快磨憨公路口岸智慧化提升改造和智慧口岸运营管理中心的建设；推进中老合作物流园安宁桃花村货运站国际陆港项目尽快开工，积极谋划磨憨片区国际保税物流加工中心落地。

（三）积极探索枢纽业务运营创新升级，打造枢纽核心增长极

一是培育"互市贸易＋互联网"新业态，建设互市贸易"线上＋线下"交易平台，鼓励使用跨境电商平台销售互市贸易商品，扩大互市贸易商品销售渠道，降低现场交易磋商成本，积极拓宽互市商品种类及来源地，促进边境贸易高质量发展。二是在强化"化肥加工＋大豆进口"的肥粮互动、"磷肥＋硫黄"的硫磷对流等供应链协同运营模式，以及钢铁产业、糖产业、橡胶加工业等全球供应链业务的基础上，依托昆明钢铁控股有限公司发展转型、云南航天神州汽车有限公司新能源商用车搬迁项目落地以及安宁新材料产业园建设，逐步开展以汽车、机械装备、新能源、新材料为主的先进制造产业全球供应链管理业务，参照跨境电商产业建立海外仓和保税仓运作模式，开展先进制造业的全球供应链服务，支持昆明乃至云南制造业企业的生产和发展。目前，已有枢纽内部供应链管理企业通过建立寄售维修型物流中心，开展工业品 B2B（商业对商业）跨境供应链服务，为终端客户提供供应商管理库存（VMI）服务、寄售管理库存（CMI）服务、采购执行服务（代购模式，P2P）和分销执行服务（代销模式，O2C）等，进而实现制造业企业零备件需求的快速响应与高效满足。

（四）不断深化枢纽间业务合作，构建区域协同发展新格局

一是促进枢纽片区协同。以中老铁路为通道，以中老铁路国际货运列车为载体，加强安宁、磨憨两个片区在枢纽业务、口岸共享等方面的协同联动。发挥安宁片区大规模干线组织运输和公铁联运设施优势，办理去程班列集结、报关和始发，以及回程普货班列清关业务；发挥磨憨片区陆上边境口岸优势，办理去程出境商品国际货运列车转关业务和回程指定监管类商品国际货运列车清关业务。二是促进省内枢纽协同。依据昆明三大物流枢纽功能的差异性，优化资源优化配置，促进物流要素集聚，实现不同类型物流枢纽功能的优势互补，重点与昆明商贸服务型国家物流枢纽形成联动，积极构建与省内其他物流枢纽、六个战略支点口岸城市、延边七州市物流联动机制。三是促进国内枢纽协同。与四川、重庆、贵州、广西、广东等国家物流枢纽承载城市进行多方面、深层次的业务合作，特别是加强与遂宁、贵阳、南宁等陆港型国家物流枢纽，锡林郭勒（二连浩特）、防城港（东兴）等陆上边境口岸型国家物流枢纽间协同，形成错位与协同发展的产业发展格局。四是促进国际枢纽协同。选择曼德勒、河内、曼谷、万象、新加坡等重要物流枢纽城市，以国际铁路班列、国际铁海联运班列为支撑，构建公铁、公铁海等跨境多式联运体系，向南衔接南亚东南亚国际市场，向北补充中欧班列在云南市场的延伸，在通道、贸易等方面开展全面战略合作。

（撰稿人：游涯坤、梁楠、郑丽君）

酒泉陆港型国家物流枢纽

适应新农业产业化升级需要 推动"古丝路"重镇高质量发展

酒泉市位于甘肃省西北部河西走廊西端的阿尔金山、祁连山与马鬃山（北山）之间。东接张掖市和内蒙古自治区，南接青海省，西接新疆维吾尔自治区，北接蒙古国。东西长约 680 千米，南北宽约 550 千米，总面积 19.2 万平方千米，占甘肃省面积的 42%，全市辖"一区两市四县"（肃州区，玉门市、敦煌市，金塔县、瓜州县、肃北县和阿克塞县），有汉族、蒙古族、哈萨克族、回族等 40 多个民族，总人口 113.2 万人。酒泉是古丝绸之路黄金地段的一颗璀璨明珠，是一片充满神奇魅力和无限生机的热土。

2018 年，酒泉市被确定为陆港型国家物流枢纽承载城市，自此以来，酒泉市结合自身传统的农业发展优势和近年异军突起的装备制造业发展劲头，着力畅通物流通道，积极主动融入国内国际双循环，持续不断提升开放水平。截至目前，全市物流业快速发展，基础设施不断完善，服务能力整体实现跃升。2022 年，酒泉陆港型国家物流枢纽（以下简称"枢纽"）入围国家物流枢纽建设名单，标志着酒泉商贸物流发展迈上新台阶，"古丝路"重镇开始擘画高质量发展的新篇章。

一、枢纽概况

（一）区位交通

酒泉市地处四省区交会要道，是连接亚欧大陆桥的战略咽喉和甘肃向西开放的战略支点，对外通道畅达。兰新高铁、兰新铁路、连霍高速、京新高速和西气东输、西油东送、西电东送管网横贯东西，敦格铁路、柳格高速、肃航高速通达南北，敦煌莫高国际机场、鼎新机场和下河清机场等机场与全国诸多大中城市通航，拥有甘肃唯一的边境口岸——马鬃山—那然色布斯台口岸（以下简称"马鬃山口岸"），陆路口岸、国际航空口岸、海关边检等外贸服务设施和机构齐全。酒泉"两横两纵"陆路通道示意如图 1 所示。

枢纽选址于酒泉主要城区——肃州区，由综合物流功能区和多式联运功能区两个功能互补片区组成，直线距离 4000 米。综合物流功能区北侧紧邻 312 国道，多式联运功能区选址酒泉站东北侧。

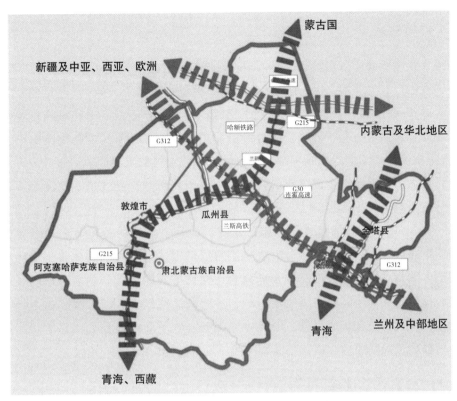

图1 酒泉"两横两纵"陆路通道示意

(二) 空间布局

枢纽规划总占地面积4.19平方千米,其中,综合物流功能区占地2.17平方千米,主要提供区域分拨、冷链物流及农业相关物流服务;多式联运功能区占地2.02平方千米,区内铁路专用线无缝衔接酒泉火车站,主要提供公铁联运、大宗物资运输等服务。

综合物流功能区结合酒泉物流发展的实际情况和现实需求,主要布局农机农资物流区、农产品物流及电商区、城乡配送区、冷链物流区、大宗物资交易区、中央厨房、应急物流区、物流车源中心八大功能区,主要围绕农产品、农资化肥、冷鲜蔬果等提供仓储、加工、转运、展示、交易、配送等服务功能。

多式联运功能区综合考虑酒泉辐射区域产业特点和多式联运需求,主要布局石油仓储物流区、煤炭物流区、粮食物流区、区域分拨配送区、铁路转运区、联运仓储区、集装箱及甩挂作业区、国际物流区等12个功能区,并预留发展备用地。多式联运功能区主要围绕石化产品、农产品、煤炭相关产品等重要物资以及集装箱提供仓储、堆放、多式联运、甩挂运输等服务。

（三）功能定位

枢纽立足物流高质量供给，支撑构建新发展格局，发展定位可以概括为"大支点、大核心、大门户、大基地"。一是大循环双循环重要物流"大支点"。立足创新发展戈壁生态农业和现代丝路寒旱农业，围绕千亿级清洁能源产业链、千亿级核产业链发展目标，建立物流供应链和智能物流服务制造业产业链。二是河西走廊物流枢纽"大核心"。发挥枢纽作为河西走廊唯一国家物流枢纽承载主体的重要职能，服务酒嘉双城经济圈、张掖城市经济圈、金武城市经济圈，加强与西部陆海新通道及丝绸之路经济带衔接，打造具有国内国际影响力、向西开放的国家物流枢纽。三是甘新青蒙四省区物流组织"大门户"。发挥酒泉连接新疆、青海、内蒙古等地的黄金节点和咽喉要道作用，构建枢纽以 300～1000 千米为辐射半径的"轴辐式"分拨配送体系，支持和吸引新疆番茄、辣椒、洋葱等农产品以及硅材料、光伏等新能源生产制造业在酒泉延链补链强链。枢纽主要提供陆路干线运输组织、多式联运组织、区域分拨配送组织、国际物流服务、现代供应链集成服务、冷链物流服务、电子商务服务七项基本功能，并拓展军队后勤物流保障服务、应急物流服务两项延伸功能。

（四）主要设施情况

按照"存量设施整合提升为主、增量设施补短板为辅"的基本原则，枢纽通过综合物流功能区、多式联运功能区分工协作，优先整合利用存量设施资源，并根据枢纽发展需要适当新建部分增量设施。两个功能区规划建设项目 23 个，总投资 40.90 亿元，其中已完成投资 23.99 亿元，投资完成率为 58.66%。

综合物流功能区存量设施有农产品物流及电商区、农机农资物流区、冷链物流区、大宗物资交易区等多个功能区，已建成投入运营；增量设施主要为存量设施提质升级工程、西北大宗农产品物流集散加工中心等。多式联运功能区存量设施主要有铁路专用线、铁路沿线仓储配套用房、装卸站台及设备等，其中铁路专用线长 18.8 千米，增量设施主要为铁路货物接卸中转中心、标准化站台、编组站等。在两大功能区之外，仍有较大规模存量设施，主要集中在酒泉智慧综合物流园、酒嘉国际物流园、东汇戈壁雪润农产品冷链仓储及物流集散中心，包括电商快递物流仓、气调保鲜库 6.5 万立方米、低温冷藏库 3 万立方米、农业人才及技术孵化推广中心、食品检测中心、农产品交易中心等。近年来，以枢纽为中心，周边地区新建多个大型煤炭公铁联运物流园，极大提高了枢纽的集散能力。

（五）建设运营模式

枢纽采用"市场主导、政府引导、企业运作"开发建设模式，由甘肃巨龙农业物流港有限责任公司牵头，联合甘肃海涛集团酒泉地方铁路管理有限公司、甘肃西农食品科技有限公司、甘肃酒泉智慧物流园有限公司统筹建设。通过企业联盟多元合作，实现枢纽一体化运营。甘肃巨龙农业物流港有限责任公司牵头负责枢纽整体运作组织和资源配置的运营任务，承担枢纽运营情况和监测数据报送工作，与其他三家建设运营主体签署战略合作协议，形成企业联盟，共同开展枢纽业务。

（六）入驻企业情况

枢纽通过高起点规划、高标准建设、高水平运营，对区域仓储设施、交通网络、运力等物流资源进行整合利用，产生了较强的设施优势和集聚效应，吸引越来越多的各类企业入驻。2022 年枢纽入驻企业及个体商户数量达 718 家，其中，5A 级物流企业 5 家、4A 级物流企业 2 家、3A 级物流企业 2 家，在河西走廊物流网络中核心节点作用进一步凸显。

二、主要做法与特色经验

构建以国内大循环为主体、国内国际双循环相互促进的新发展格局，对于远离国内中心市场和国际经济活跃地区的酒泉来说，是一次重大挑战；对于区位优势独特、资源能源富集、外向型经济比重小的酒泉来说，同样是一次历史性的重大机遇。在此背景下，酒泉市委、市政府决定，必须坚定不移扩大开放，主动融入大循环双循环的新发展格局，将枢纽建设成全国重要的物流枢纽。

（一）依托优势，建设重要物流支点

酒泉建设全国重要物流支点有两方面优势：一是战略通道优势明显。酒泉处在甘新青蒙藏五省区交通要冲，航空、铁路、公路运输配套齐全，也是甘肃向西开放的桥头堡、承接中巴经济走廊的重要节点和连接新欧亚大陆桥的战略通道。二是周边资源集约优势明显。酒泉具备建设西部煤炭保供基地、煤化工产业基地和矿产品精深加工基地的良好条件。新疆、内蒙古、青海等都是"资源大省（区）"，离酒泉最近的新疆哈密市煤炭资源储量巨大，达 5700 亿吨；与马鬃山镇接壤的蒙古国戈壁阿尔泰省铜、煤炭、黄金、铅锌、铁等矿产资源非常丰富，蒙古国已探明储量最大的矿均在该省，其中仅煤炭储量就在 600 亿吨以上。

2019 年以来，酒泉市针对酒泉建设国家物流枢纽存在的短板和弱项采取了一系列补强措施。首先是规划引领高质量发展，编制了《酒泉陆港型国家物流枢纽建设方案》，为枢纽的开发建设明确了方向。其次是挖掘存量优化发展，深挖现有物流基础设施，充分发挥海涛铁路专用线的作用，大力发展多式联运，丰富枢纽物流运输模式。最后是项目引领全方面发展。2019 年以来，酒泉建设了智慧综合物流园、东汇戈壁雪

润农产品冷链仓储及物流集散中心、玉门公铁联运智能物流园、肃北明水公铁联运物流园等物流产业园，全市物流项目多点开花，物流产业蓬勃发展。

（二）提高能力，抢抓疆煤外运机遇

在 2021 年全国煤炭保供的背景下，根据国际能源供应趋势和国内能源安全需要，枢纽敏锐地发现了货物集散总量腾飞的一个增长点——疆煤外运。哈密市淖毛湖地区煤炭已探明储量巨大，酒泉马鬃山地区也有丰富的煤炭资源，枢纽完全有条件建设超大型亿吨级的煤炭集散中心。因此，枢纽主要通过以下三方面行动，抢抓承接疆煤外运发展机遇，仅 2022 年全年，枢纽煤炭吞吐量增长至近 1 亿吨。

一是摸清酒泉煤炭运转底数。2022 年 8 月，枢纽就煤炭物流发展现状进行调研，全面了解掌握了全市煤炭物流产业基本情况。新疆哈密煤炭每年外运量近 5000 万吨，在酒泉马鬃山地区已探明的煤炭储量约为 6 亿吨，核定年产能近 1000 万吨，周边煤炭大多需要在酒泉中转集散。经分析研判，酒泉完全具备发展煤炭物流的区位优势、通道优势、资源优势、加工优势。

二是建设完善物流基础设施。近年来酒泉市实施了一批显著发挥物流带动作用、提升枢纽集散能力的物流基础设施建设项目。为补齐枢纽多式联运短板，枢纽通过挖掘市内存量资产，在海涛铁路专用线的基础上，实施了枢纽多式联运专用线提升改造、铁路货物接卸中转中心建设等项目，使得酒泉货物运输业取得飞跃式发展。多式联运铁路专用线改造提升项目是枢纽建设的关键性项目之一，投资额近 10 亿元，占地面积约 47 万平方米，包括建设 3600 米铁路专用线、20 万平方米铁路货物中转库、3.5 万平方米的标准化站台及 8 万平方米的集装箱堆场。

三是建设煤炭保供储备基地。酒泉市作为我国首个千万千瓦级风光发电基地，瓜州常乐电厂是酒泉至湖南 ±800 千伏特高压直流输电工程配套火电项目，目前一期工程已实现投产发电，待二期工程建成后，煤炭年需求量将达 1000 万吨。同时，酒泉市内及周边还有酒泉热电厂、803 电厂等十余个大型火电厂，煤炭保供要求极高。为贯彻落实国家保障能源安全的要求，酒泉市积极布局建设煤炭储备基地，以枢纽为中心，带动全市煤炭仓储设施飞速发展，提高枢纽的煤炭聚集能力和承载能力。

（三）联动发展，发挥枢纽带动效能

近年来，枢纽坚持联动发展，带动区域内相关产业和要素有序、自由流动，促使相关经济资源高效配置，各类市场主体有机融合，进一步优化了一二三产布局，充分凸显了物流产业的基础性、战略型、先导性。

一是产业联动发展。随着枢纽的建设发展，酒泉市农产品加速流通，为物流农业及农产品加工业提升发展带来了新动能。依托"河西地区/新疆/青海/蒙西—枢纽—东部地区/中部地区"干线组织，为我国西北地区的果蔬、畜牧等产品和东部、中部地区的农机、农资及生活快消品等物资交流提供平台，畅通酒泉周边地区农副产品销售渠道并开拓市场，刺激农业及农产品加工业扩大发展。降低煤炭成本，依托煤炭多式联运组织，为新疆煤炭外运、内蒙古南部以及蒙古国煤炭南下提供公铁联运，通过干线运输和区域分拨等方式，为酒泉周边 1000 千米范围的钢铁、化工、能源等生产企业提供低成本、高质量、稳供应的煤炭。开拓外贸市场，酒泉枢纽—东部沿海/北部湾港—日本/韩国/东南亚公铁水全程物流组织，为酒泉洋葱、干蔬菜等农特产品外贸运输提供了国际物流组织服务。通过新亚欧大陆桥、西部陆海新通道等货运班列集拼集运服务，拓展了以进口为主的回程班列货源组织模式。

二是地区联动发展。与哈密、嘉峪关、武威、张掖、兰州等 24 个区域物流节点组成覆盖河西地区，辐射甘肃、新疆、青海、内蒙古的区域分拨网络。构建统一仓储、统一装卸、统一配送、统一线上线下销售的现代仓储物流服务体系。在全国范围建立智能云仓储空间，在广西玉林、江苏兴化、山东胶州、内蒙古临河等 13 个省市设立仓储运营中心。搭建以配送中心为核心、以乡镇级配送站为骨干、以连锁加盟店为基础的市、乡（镇）、村三级配送服务体系，枢纽配送份额占酒泉地区农产品总物流量的40%～45%。构建以"农厂汇"供应链平台和"聚农网"电商服务平台为主体的"互联网＋供应链"物流组织模式，不断增强枢纽与京津冀地区、长三角地区、长江经济带和粤港澳大湾区的供应链业务组织联系。

（四）结合农业，构建供应链服务模式

枢纽供应链发展基础良好。近年来，酒泉大力推动供应链和农业融合发展。建设期内枢纽供应链发展从区域需求出发，以供应链管理为理念，构建"农厂＋农场＋农产"的一站式供应链服务模式，如图 2 所示。

目前，供应链系统在全国拥有农产品加工实体企业客户近千家。平台每年帮助企业组织产销对接和流通现货价值超百亿元。为支撑供应链服务发展，枢纽构建了各项业务运作平台。

一是农厂汇供应链平台，甘肃西农食品科技有限公司旗下的西北特色农产品供应链服务平台，主要包含 B2B 电商、仓储物流和产业金融三大服务系统。平台以西北地区特色农超产业对接为重点，上游对接产地合作社和初加工企业，下游对接东北和沿海地区精深加工和流通企业。

二是聚农网电商服务平台，通过与物流平台的数据对接，利用共享信息、互联互通方式，实现物流信息全程跟踪。平台包括线下实体交易市场、官方产业交易平台、第三方供销业务三大功能。产品来源于省内外各生产厂商，重点销往辖区内终端消费者。通过科技创新、技术研发已获授权软件著作权 14 项，申请发明专利 2 项。

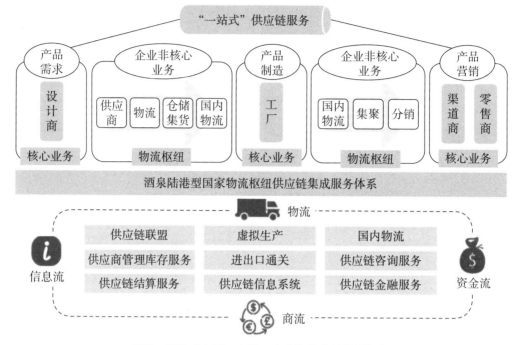

图2 枢纽"农厂＋农场＋农产"供应链发展框架

三、枢纽建设发展成效

（一）加强了现代物流基础设施建设

一是基础设施建设不断加强。近年来，枢纽实施了海涛物流园多式联运提升改造、玉门公铁联运智能物流园、瓜州广汇柳沟物流园二期、肃北明水公铁联运物流园、敦煌现代物流园等建设项目，总投资额超过60亿元，进一步提高了酒泉集疏运能力、降低了物流成本，为酒泉开展大宗货物运输提供更好运输服务。

二是区域物流网络已基本建成。现已形成肃州、敦煌2个国家级、省级物流中心，金塔、玉门、瓜州3个区域性物流节点。县乡村三级电商服务网络基本建成，在全市确立了15个客货邮融合发展示范点，建成5个县级寄递共配中心和45个镇村综合服务站，破解了快递入乡进村"最后一公里"的瓶颈问题。

三是健全冷链物流设施体系。从总量看，全市冷链保鲜仓储企业有206家，冷链基础设施动态存储能力已突破120万吨，冷链物流基础设施水平得到明显提升；从地区看，全市冷链集配中心均衡发展，充分满足高原夏菜、优质牛羊肉产地的冷链运输需求，冷链物流网络布局得到优化。

（二）创新了智慧物流高效发展模式

一是加快推进绿色快递物流建设。截至目前，全市快递企业采购使用符合标准的包装材料应用比例达 90%，规范包装操作比例达 95%，使用可循环快递箱，快递包装绿色化、减量化、可循环成效明显。

二是引导物流企业发展智慧物流。推动快递企业加大科技投入力度，提升快递分拨数字化、自动化、智能化水平，有效降低快递成本，提高运行效率。目前中国邮政集团酒泉市分公司、韵达快递酒泉分公司、敦煌中通速递有限责任公司已配套上线全自动智能快递分拨设备，快递分拣效率提高近 4 倍。

（三）提升了国际物流组织服务水平

一是积极探索开行国际货运班列。以铁海联运物流服务为代表，已实现公铁水多式联运，将酒泉及周边地区物流资源有效集聚，最终出口韩国、日本、东南亚等国家和地区。2022 年，枢纽内共计 610 吨石棉搭乘中老铁路国际货运列车发往泰国曼谷；80 吨石棉搭乘铁海联运列车从敦煌发往广西北部湾钦州港，再通过海运发往印度尼西亚；380 吨蔬菜、花卉制种从金塔发往广西北部湾钦州港，再通过海运发往荷兰鹿特丹。枢纽建设在国际物流方面取得新突破。

二是增强口岸物流服务能力。全面推广使用中国国际贸易"单一窗口"，引导和鼓励企业多试多用"单一窗口"标准版。据省口岸统计，酒泉市"单一窗口"企业应用率占全省覆盖率的 30%，全省领先；积极推进"两步申报""提前申报""两段准入"等通关模式，属地申报中"提前申报"模式采用率达 100%；全市已有 2 家企业获得 AEO（经认证的经营者）认证；持续推广"主动披露"制度，减少了轻微违规行为对外贸企业的经营影响。

（四）推动了物流业和其他产业融合发展

促进物流业与农业融合发展。引导寄递企业通过"邮政快递定制＋企业合作社＋农户"模式为本地电商发展提供优质服务。用好瓜州蜜瓜、敦煌李广杏等特色农产品优势资源，拓展农产品进城渠道，让当地生鲜农产品上行和快递包裹下行目的同步实现。2022 年全市邮政快递企业通过寄递渠道销售李广杏、蜜瓜、枸杞等本地特色农产品约 82 万件，实现业务收入近 2300 万元，带动实现农业总产值达 7700 万元。

（五）促进了交通物流协同联动发展

畅通物流运输通道。向东畅通与兰州、西安等地枢纽的物流通道，依托通道网络，逐步提升与珠三角、长三角、环渤海经济区的经济合作水平。向西融入"一带一路"建设，畅通酒泉—哈密—霍尔果斯口岸—哈萨克斯坦、白俄罗斯等"一带一路"沿线城市和国家物流通道，进一步扩大与中亚、西亚、欧洲国家进出口贸易规模；向南融入西部陆海新通道及中巴经济走廊，推动敦煌—阿克塞—若羌高速公路建设，畅通与新疆南疆、瓜达尔港至中巴经济走廊通道。向北扩大资源交流，通过内蒙古策克口岸及新疆多个沿边口岸，积极拓展蒙古国、白俄罗斯、俄罗斯等海外仓布局业务，打通向北开放和国际资源运输通道。

（六）加强了现代金融服务流通功能领域

不断加大对流通企业的贷款支持力度。聚焦货运物流、冷链物流企业融资需求和缺少资产抵押、融资难等现状，加大交通物流、货运物流、冷链物流行业首贷、信用贷款支持力度，将道路货物专用运输经营者、道路大型物件运输经营者、道路危险货物运输企业、道路货物运输站场经营者、中小微物流仓储企业补充纳入交通物流专项再贷款支持范围，切实做好物流领域金融支持与服务。目前，甘肃银行股份有限公司积极落实国家中长期贷款政策，为瓜州广汇柳沟物流园区二期设备购置项目提供授信5亿元，放款4.88亿元；酒泉农村商业银行股份有限公司为甘肃海涛物流（集团）有限公司及其关联企业发放贷款1.3亿元；酒泉农村商业银行股份有限公司联合甘肃银行股份有限公司共同为酒泉东汇农业科技有限责任公司提供贷款支持2700万元，推动全市物流和冷链行业重点项目发展壮大。

四、发展方向与未来展望

（一）开创物流和产业要素集聚整合新局面，增添区域经济发展新动力

建设与区域中心城市、承接东中部产业转移示范区和千亿元一体化产业聚集区发展要求相匹配的枢纽，推进枢纽高质量发展，有效促进物流资源与区域内重要农产品基地、化工基地、能源基地、风光电装备制造基地实现合作联动、创新融合发展。在枢纽现有农产品及煤炭、钢材等大宗商品供应链集成业务的基础上，以平台为窗口，强化枢纽服务产业功能，对接上游产业物流需求和下游物流服务供给，大幅度降低实体经济物流成本，增强实体经济活力和竞争力。

作为河西走廊唯一的国家物流枢纽，枢纽将成为甘肃打造国内大循环、国内国际双循环的重要支点，并充分发挥国家物流枢纽在区域物流活动中的核心作用，释放枢纽辐射广、成本低、效率高的比较优势，有力支撑区域农业、商贸业、制造业等产业集聚发展，促进产业增加税收和扩大就业，带动区域经济高质高效发展。

（二）创建干支仓配一体化物流组织新模式，满足人民美好生活的需要

以枢纽运营主体牵头单位甘肃巨龙农业物流港有限责任公司为核心，构建枢纽运营集生产、仓储、销售、干线运输、配送于一体的现代农产品流通体系，在提升物流

组织效率和综合服务能力的同时，发展农业产业新业态、新模式，壮大农业农村经济，推动和加速城乡一体化发展。以服务"三农"为立足点，以推动农民农户生产生活高质量发展为核心，积极回应农民群众对美好生活的新期盼，带动区域农业产业化可持续发展，促进乡村振兴。枢纽坚持一二三产深度融合的发展理念，一头联结农民农户及农村专业合作社，一头对接大型蔬菜市场，在业务基本覆盖省内市场的基础上，逐步拓展中原及东南沿海市场，"高原夏菜""戈壁雪润""敦煌飞天"等特色农产品品牌效应逐步显现，引领和带动区域特色农产品外销体系建设及丝路寒旱农业发展，大流通、大市场、大营销的农产品产购销一体化体系逐步形成，为酒泉在国内国际果蔬产销网络中发挥重要作用奠定了坚实基础。

（三）构建物流规模经济和网络经济新生态，实现降本增效取得新进展

发挥枢纽以及敦煌航空口岸等功能平台优势，实现跨境电商、国际贸易等现代高端服务业聚合发展，形成立足酒泉、服务甘肃，辐射新疆、青海、内蒙古、西藏，对接亚欧国际贸易服务网络，进一步实现供需精准高效对接，规模经济和网络经济效应逐步显现。

围绕中欧班列集拼集运，建成中欧班列集拼集运节点，实现与兰州国际班列合并运行、整列运输；以酒泉周边300～1000千米物流服务半径为区域物流辐射圈层，提高物流业务组织能力和水平，打造辐射新疆、青海、内蒙古的区域分拨业务组织平台，形成以酒泉为核心的区域物流中转中心。以枢纽为载体，推进先进信息技术应用，优化物流组织流程，改进物流组织方式，加快实现5G、云计算、人工智能、物联网、AR/VR（增强现实/虚拟现实）、区块链等新基建、新技术、新模式应用，持续压缩管理成本，形成低成本、高效率的物流服务体系。

未来枢纽将成为辐射甘肃、新疆、青海、内蒙古、西藏五大省区的区域性国际班列集拼集运组织中心，集拼集运业务吞吐量不断提升，酒泉国际物流地位显著增强；枢纽物流运行效率和干线组织能力达到国内领先水平，形成辐射周边至少300千米范围的专线分拨集散网络；以枢纽为核心的市、乡（镇）、村二级配送服务体系更加成熟。

（四）物流通道实现新突破，开拓沿线产业布局优化与分工协作新路径

依托枢纽辐射广、成本低、效率高的有利条件，立足酒泉地区特色农产品、能源化工、核产业和航天产业等比较优势，实现工业园区、产业集群与国家物流枢纽衔接联动发展。引领区域产业空间布局优化，成为西北能源外运及出海物流大通道和陆桥物流大通道重要枢纽，充分体现酒泉在沟通西北地区资源能源外运和强化沿线地区间货运联系、组织陇海—兰新铁路沿线跨地区货物交流、承担"一带一路"陆桥国际运

输保障中的重要节点作用。依托枢纽高效对接国家物流网络的便利条件和优势，酒泉在"北煤南运""疆煤外运""疆煤蒙煤入甘""甘煤入川入渝""西气东输""西油东送""北菜南运""西果东送"中的关键性、战略性作用将得到显著体现，物流通道在培育区域产业发展高地、提高产业组织和要素配置能力、打造经济和产业发展走廊中的资源聚集、要素配置、物流保障、服务集成作用将得到充分彰显。

（撰稿人：王琛栋、阎民、周威廷、王琴、顾勇）

库尔勒陆港型国家物流枢纽

打造南疆高质量发展先行示范区　谱写"丝路"经济带建设新篇章

巴音郭楞蒙古自治州（以下简称"巴州"）地处新疆维吾尔自治区东南部，东邻甘肃、青海，南倚昆仑山、与西藏相接；西连新疆和田、阿克苏地区，北以天山为界与伊犁、塔城、昌吉、乌鲁木齐、吐鲁番、哈密等地州市相连，是新疆重要的综合交通枢纽，也是丝绸之路经济带核心区建设的重要战略支点，具有东联西出、承北启南的重要战略地位。

库尔勒市是巴州州府所在地，也是古丝绸之路和西域文化发祥地之一，扼守南北疆交通物流大通道"咽喉"，交通区位优势突出、历史文化积淀深厚。库尔勒陆港型国家物流枢纽（以下简称"枢纽"）的建设，对联结中巴、中国—中亚—西亚、新亚欧大陆桥三大经济走廊和西部陆海新通道，发挥着关键节点、重要平台和骨干枢纽作用。加快枢纽建设，对促进南疆高质量发展和高水平开放，保障国防、能源及国际供应链安全，实现社会稳定与长治久安总目标，全面融入新发展格局都具有重要的战略意义。

一、枢纽概况

（一）区位交通

库尔勒市是新疆四大铁路枢纽之一，也是连接天山北坡经济带、成渝经济圈、西藏自治区和中巴经济走廊的战略物流节点。枢纽布局库东枢纽核心区（以下简称"库东片区"）和上库功能拓展区（以下简称"上库片区"）两个片区。两片区在服务功能、通道辐射方向上有所侧重，库东片区侧重南北疆、进出疆大通道连接，以国际国内铁路干线组织、区域仓储分拨及配送组织为主要功能；上库片区侧重于服务上库综合产业和兵地融合发展，以大宗物资和应急物资储运为主。两片区功能互补、业务协同、一体化运营，并依托南疆铁路、库格铁路、G3012 吐和高速、G0711 乌尉高速（在建）、314 国道、218 国道、216 国道和库铁大道、兵地融合大道进行货物集疏。

库东片区位于库尔勒经济技术开发区，毗邻库尔勒东站，北至安庆大道、南至南环路、东临乐悟路、西临现状空地。以东环路、南环鼎新路作为连接城市的物流通道，通过 G0711 乌尉高速、G218 霍尔果斯—若羌公路对区域物流进行组织。同时，依托库格铁路联通铁路干线，沿库尔勒—尉犁—若羌—格尔木物流通道，辐射巴州东南部区域，进而连接青海、甘肃，对接西部陆海新通道。

上库片区毗邻上库综合产业园区和铁门关站，南邻 G3012 吐和高速，北至南疆铁路，东至汇锦物流园，西至铁门关站。通过库东公路、库铁大道联通上库工业园、石油石化工业园和兵团产业园，为园区物流提供运输通道。同时，上库片区沿库尔勒—铁门关—轮台物流通道，辐射巴州西部区域进而联通南疆四地州、兵团城市及农牧场，依托铁门关站联通南疆铁路，实现公铁联运，通过紧邻的 G3012 吐和高速联通阿克苏，对南疆区域进行物流组织。

（二）空间布局

枢纽总占地面积 3.89 平方千米，其中，库东片区占地面积 1.98 平方千米，上库片区占地面积 1.91 平方千米，是兵团与地方合作共建片区，具备支撑兵地物流融合发展的良好条件。

库东片区作为枢纽核心区，主要实现国际国内铁路干线组织、区域仓储分拨及配送组织、国际物流服务等功能，主要布局班列组织中心、分拨配送区、海关监管区和综合服务区；同时依托国家骨干冷链物流基地核心承载区实现区域冷链物流组织功能，主要布局冷链仓储区和农产品展销及配送区。库东片区功能设施布局如图 1 所示。

图 1　库东片区功能设施布局

上库片区作为枢纽功能拓展区，主要面向上库综合产业园、兵团"一区三园"等工业园区提供大宗物资物流及仓储服务，并依托铁门关站提供公铁联运组织，同时作为应急储备物流基地，推动与铁门关市兵地合作。综合考虑现有铁门关铁路货场、汇锦物流等物流设施，布局公铁联运中心、智慧公路港、大宗商品及应急物资仓储区。上库片区功能设施布局如图 2 所示。

图 2   上库片区功能设施布局

（三）建设模式与运营主体

枢纽遵循"政府引导、企业建设、市场运作"的原则。巴州、库尔勒市、铁门关市人民政府在枢纽开发建设过程中予以必要的资金支持和土地保障，对资源整合和对外合作工作予以必要的引导支持，充分尊重市场经济规律和现代物流发展规律，支持和引导铁路运营公司、国有投资平台、专业民营资本等各类市场主体参与枢纽建设工作。

枢纽形成"协调小组＋平台公司＋市场化企业"开发建设模式。由巴州人民政府牵头成立枢纽建设工作协调领导小组，成员包括巴州、铁门关市（兵团第二师）、库尔勒市、库尔勒经济开发区相关领导和单位，以及中国铁路乌鲁木齐局库尔勒货运中心、巴州临空经济建设发展有限公司相关负责人，建立跨部门联席会议和多方会商机制，统筹领导和推进枢纽建设工作。由州、市国资委共同出资成立库尔勒丝路陆港物流发展有限责任公司（以下简称"库尔勒陆港公司"）作为枢纽开发建设的主体，统筹枢纽范围内基础设施、平台类功能性项目、公共服务型项目的投资建设和运营。成立各业务模块运营公司进行专业物流设施运营，鼓励铁路部门、专业资本和民营企业参与枢纽专业化、市场化经营性项目开发建设，针对公共性较弱、企业专用性强的建设项目，由相关企业按照枢纽规划统一部署要求，自行开发建设。枢纽建设模式如图 3 所示。

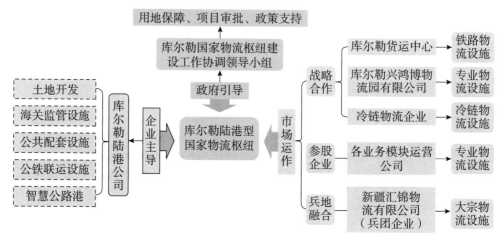

图 3　枢纽建设模式

（四）功能定位

枢纽基本功能包括国际国内铁路干线组织、区域仓储分拨及配送组织、多式联运转运组织及国际物流服务；延伸功能包括枢纽综合信息服务、供应链集成服务、商贸展销服务、冷链物流服务、大宗物资和应急物资储运等。

1. 基本功能

国际国内铁路干线组织。枢纽充分发挥铁路干线组织功能，开展货运班列、集装箱运输，依托新亚欧大陆桥、中国—中亚—西亚和中巴经济走廊三大物流通道，国际通达中西亚、南亚、欧洲等国家和地区，国内以南疆铁路、陇海兰新线、库格铁路为骨架，连接成都、重庆、郑州、西安等内陆开放高地以及连云港港、天津港、青岛港、上海港等沿海港口，形成连接国内、畅通欧亚的干线服务网络。

区域仓储分拨及配送组织。枢纽充分发挥区域分拨组织功能，面向区域、城区、产业园区，提供干支衔接、多式联运转运、应急保障等服务；加强枢纽服务库尔勒市、铁门关市城市生产生活的配送组织功能，为纺织服装、日用消费品、建材家具等产品提供区域分拨及配送服务。

多式联运转运组织。依托枢纽内铁路设施、联运转运设施，提供公铁公、公铁海多式联运组织服务，加强与库尔勒机场、区域物流枢纽对接，提供集装箱拆拼集并、装载工具转换、货物临时仓储、区域配送等功能，实现铁公空多种运输方式有效衔接。

国际物流服务。满足巴州及南疆在农产品、化工品等方面出口需求以及粮食、肉类等进口需求，服务南疆与南亚、中西亚、欧美、东盟的商品贸易，为进出口企业提供快速通关、检验检疫、口岸物流、保税物流、口岸信息服务等国际物流服务，为南疆扩大开放和国际贸易发展提供功能支持。

2. 延伸功能

枢纽综合信息服务。建设枢纽综合信息服务平台，提供海关监管、场站操作、枢纽集疏运、物流资源交易、冷链物流、金融结算、铁路提单、信息追溯等集成信息服务。加强与供应商、贸易渠道商和零售商、金融服务商的对接，为企业提供包括大宗物资采购、生产线物流、班列定制、报关、信息追溯、供应链金融、供应链咨询等在内的供应链集成服务。

冷链物流服务。围绕区域农产品冷藏、外运需求，以及服务城乡居民生活保障冷链食品物流需求，发挥库尔勒农产品资源、产业优势和面向我国经济腹地农产品贸易优势，提供冷链仓储、产销集配、冷链流通加工等全链条冷链物流服务。

商贸展销服务。规划建设针对区域特色农产品、纺织服装、进口商品及工业产品样品的展示交易，完善展示交易和集中配送模式。

（五）基础设施

枢纽总投资 23.41 亿元，累计完成各类投资约 15.61 亿元，已完成投资 66.7%。枢纽存量设施资源包括：库东铁路物流基地、库东仓储物流基地、国电铁路专用线、汇锦物流园、海宝国际农产品物流商贸城（一期）、鲜鲜果品冷库、瑞丰冷库、果荟农产品加工中心、圣果冷库、拓普冷链物流园、新疆中聚粮油应急配送中心、洪通燃气站等。

枢纽增量项目以设施功能补短板为主，规划建设多式联运转运设施、高标准公共仓储设施、信息化提升项目等 5 个项目，总投资 7.8 亿元。库东片区功能提升项目包括库东仓储物流基地（二期）、陆港综合信息服务平台、海宝国际农产品物流商贸城（二期）等；上库片区设施建设项目包括公铁联运中心、智慧公路港。采用"自有资金＋商业贷款＋专项债"相结合的方式，高效利用库尔勒陆港公司、巴州海宝国际商贸有限责任公司等企业自有资金，积极向国家开发银行、中国农业银行申请商业贷款，充分利用地方专项债和中央预算内资金，全力做好新建补短板项目资金保障。

（六）物流需求来源

巴州地区生产总值占全区的 8.1%，人均生产总值居南疆首位。库尔勒市贡献了巴州近 2/3 的经济总量，工业转型升级加快，形成了以农产品加工、油气加工、矿产加工、纺织服装、装备制造、新能源为特色的产业体系。随着库格铁路、南疆铁路全线贯通，以及库东铁路物流基地、仓储物流基地等一批物流设施建成运营，库尔勒南疆物资集散枢纽地位日益突出，成为农产品、天然气、纺纱产品、大宗化工产品的主要集散地。

库东片区是库格铁路货运始发站、国家二级铁路物流基地，位于库尔勒经济技术开发区内，区域内集聚了美克化工、国电、富丽达等一批大型生产制造业企业，为枢纽提供基础货运支撑。

上库片区位于上库石油石化产业园和上库综合产业园之间，南部紧邻铁门关市经济技术开发区，可以较好地服务周边产业发展，同时可以依托枢纽内部的汇锦物流园整合棉花物流资源；随着上库综合产业园各产业规模化发展，未来将带来强劲的物流需求。

二、主要做法与特色经验

（一）智慧理念引领枢纽运行体系整合

1. 枢纽业务运作融合

围绕干支仓配一体化、供应链上下游对接、国际物流服务协同等枢纽业务，本着"干支链接、仓配一体、业务协同、运作融合"的原则，结合枢纽物流设施功能和物流企业业务特点，发挥库尔勒陆港公司作为枢纽运营主体牵头单位的作用，整合枢纽联盟成员的业务资源，实现枢纽业务一体化运作。加强干支仓配一体化运作，充分利用库东铁路物流基地，对接库尔勒货运中心，融入中国铁路乌鲁木齐局集团有限公司运能一体化调度，积极开行集装箱常态化班列，充分发挥在铁路干线组织优势；利用仓储物流基地，完成干线运输与区域支线公路运输无缝衔接，完成城市物流、周边工业园区配送，实现铁路干线运输、公路支线运输与区域分拨配送一体化转换。

供应链业务整合，加强枢纽综合信息服务平台与企业内部物料管理系统、生产计划系统的对接，形成陆港信息平台下供应链集成平台，协同供应链上下游，合理安排物资采购、生产备货、生产加工、成品仓储、销售，稳定安全库存等各环节，保证供应链稳定与安全，实现供应链上下游一体化协同。

2. 枢纽平台支撑服务

搭建枢纽综合信息服务平台，对接枢纽内企业平台，为枢纽内企业提供供应链、物流、金融等业务所需的基础服务；对接国家物流枢纽联盟综合信息服务平台，上报枢纽运营数据，接受联盟平台监管和指导，可通过联盟平台与国家交通运输物流公共信息平台等相关平台进行信息联通。枢纽综合信息服务平台包括智能场站系统、基础业务系统、增值业务系统、数据查询系统、监管系统。智能场站系统通过物联网技术对枢纽内的铁路场站、公路港、集装箱堆场、仓库等设施以及转运设施进行智能化管理，枢纽作业能力实时更新，同时对枢纽进出货物进行统计，形成完善的枢纽内部运行管理系统；基础业务系统根据枢纽开展的中欧班列、公铁联运、海铁联运、陆空联运、城市配送等基础业务，通过对接铁路、公路、航空等运输信息，以及平台上生产企业、商贸企业、货代企业、物流企业等的物流需求，实现枢纽业务供需对接。增值业务系统通过建设应急调度系统，实现应急部门对应急物资、应急车辆、应急配送的统一调度；供应链集成系统，实现对大宗商品交易、炼－化－纺一体化、农产品供应链、国际商品贸易的一体化供应链组织；金融服务系统，实现仓单质押、仓单流转、在线融资、保险理赔等业务的线上办理。数据查询系统，对接铁路、公路、航空货运信息系统，获取车辆、列车、航班调度信息、运价信息，以及班列开行相关信息等，支撑枢纽业务高效运行。监管系统连接海关、税务、边检等部门，构建通关综合服务平台"单一窗口"，实现国际物流服务功能。枢纽综合信息服务平台如图4所示。

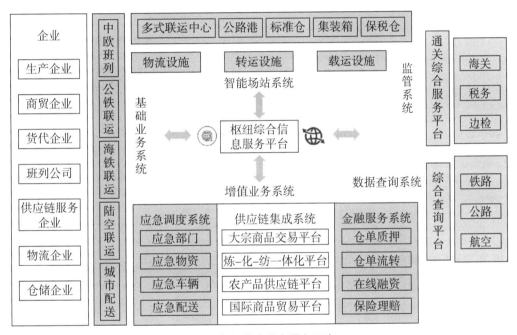

图4　枢纽综合信息服务平台

（二）高效体系驱动干支仓配业务发展

1. 干线运输组织

一是中欧班列组织方面，枢纽依托区域公路运输网络、南疆铁路、亚欧大陆桥，进行面向中亚、南亚、欧洲等国家和地区的中欧班列组织。推动出境货物在本地报关与集结，逐步实现中欧班列常态化开行，打造中欧班列（南疆）集结中心。

去程组织模式方面，枢纽面向外向型加工与贸易企业、特色农产品贸易企业进行集货装箱，库尔勒海关进行本地监管，中国铁路乌鲁木齐局库尔勒货运中心负责承运，通过铁路运输，经霍尔果斯口岸出境，再由第三国铁路和目的地国家铁路运输至终点站，境外物流公司通过公路运输运至客户指定地点，形成完整的"门到门"国际公铁联运组织。

回程货物主要包括中亚、西亚国家的小麦、玉米等农产品以及木浆，通过与货源地物流企业对接，增强本地集货能力，通过铁路运输到达阿拉山口、霍尔果斯口岸的海关指定监管场地报关，再通过国内铁路运输到达枢纽。已开通"中国库尔勒—德国路德维希""库尔勒—格鲁吉亚""库尔勒—土耳其"等线路中欧班列。中欧班列组织流程如图5所示。

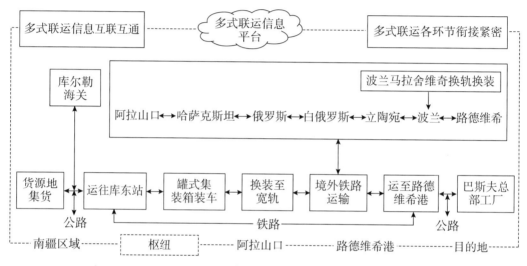

图5　中欧班列组织流程

二是国际铁海联运方面，枢纽依托新亚欧大陆桥、西部陆海新通道两条物流大通道，服务于巴州和南疆地区经我国沿海港口面向日本、韩国及新加坡等国家的国际贸易与供应链大宗货运需求。去程由客户将厂区货物运送至枢纽后进行铁路集装箱装箱，枢纽针对大批量石化产品、矿石、棉纺产品组织班列，东向运输至唐山港、天津港、连云港港、青岛港等出海港，南向运输至深圳港、防城港、钦州港等出海港，与中国远洋海运集团有限公司或其他船公司达成合作协议后将集装箱海运至韩国、日本、东盟、巴西、美国等地的境外沿海港口，交与收货人目的港的港口代理人，实现"港到门"运输。回程主要从意大利、老挝、新加坡、加拿大等国进口油剂、木浆、橡木桶以及石油服务配件等产品，通过对方物流公司运输至出海港口，然后经中国远洋海运集团有限公司或其他船公司海运至国内港口，通过铁路、公路运输至枢纽。

三是公路干线运输方面，库尔勒作为内地公路货运车辆进入南疆的必经之地，集聚了大量内地的返程车，枢纽依托网络货运平台优势，积极组织本地货源，提高车辆重载率，提升库尔勒往返内地主要城市的公路干线运输组织效率。同时，枢纽面向南疆国际物流需求开展国际公路干线运输组织。

四是陆空联运方面，枢纽服务于巴州高端农产品、电商快递、精密仪器、医药物流等对时效要求较高的产品，重点依托枢纽库东片区，联动库尔勒机场，发挥枢纽区域物流集散功能，联动国内重要的航空枢纽，提供货运组织、集货与配送、仓储、冷链等物流服务。枢纽联合中国东方航空、中国国际航空公司、春秋航空等航空公司，以及京东、顺丰等物流企业，应季开通"香梨号""冬枣号""新梅号""蟠桃号""小白杏号"等航空货运专班。

2. 区域物流分拨

枢纽依托南北疆、进出疆、国际干线运输服务能力，高效实现干支衔接，针对工业品、建材、快消品等产品，面向南疆铁路和公路环线途经的阿克苏、喀什、和田等南疆主要物流节点拓展区域分拨等物流服务。依托枢纽现有面向南疆各县市的公路专线业务，不断开拓新的业务渠道，拓展服务能力，增强区域物流分拨能力。

3. 城乡配送服务

根据商品品类、周转周期等的不同，枢纽分类整合配送需求，开展面向巴州城乡约500千米半径的配送组织，大规模开展共同配送，提高末端配送效率、降低"最后一公里"物流成本。枢纽主要满足巴州8县1市需求的果蔬、肉类、水产海鲜等生活消费品和产业园区所需原材料等货品的物流需求。

库东片区配送依托城市道路近距离辐射库尔勒市、库尔勒经济技术开发区，沿S218远距离实现对300~500千米范围的尉犁、若羌、且末和兵团第二师三十二、三十三团等地农牧场和产业园区的分拨配送功能；上库片区依托枢纽周边连接线近距离辐射上库产业园、铁门关市和铁门关经济技术开发区，沿G3012吐和高速实现对焉耆、博湖、和硕、和静等地的生产生活物资配送功能。

4. 仓储物流服务

库东片区主要满足库尔勒市、库尔勒经济技术开发区以及区域生产制造业企业原材料、半成品、最终产品的仓储需求以及农产品冷藏需求。铁路物流基地针对多式联运业务集疏运暂存需求，提供面向承运人、货运代理等的公共仓储服务。仓储物流基地针对公铁转运、分拨提供公共仓储服务，满足经济技术开发区企业仓储需求和城市生活物资、电商快递等仓储需求，有效支撑生产生活需要。

上库片区依托上库综合产业园、上库石油石化产业园和铁门关市经济技术开发区的大宗物资运输，开展针对棉花、棉纱、机械设备、化工产品等的大宗物资仓储业务。探索开展虚拟仓储、云仓等业务，将分布在巴州区域范围地理分散、所属企业不统一的仓储资源和物料进行整合，实现不同企业、状态、空间、时间的物资有效调度和统一管理，利用线下线上相结合组织模式提高仓储利用效率。

（三）专业服务保障地区军民融合

1. 冷链物流服务

枢纽冷链物流集聚区作为巴州国家骨干冷链物流基地核心承载区，冷链物流设施水平和冷链物流企业经营能力处于区域龙头地位，面向农业专业合作社、冷链食品加工企业、商超市场、餐饮企业，提供产后遇冷、加工、冷藏、冷链运输、配送全流程冷链物流服务。同时对接中央厨房，面向军队食堂、企事业单位食堂、学校、酒店、社区等，开展"中央厨房＋冷链配送""生鲜电商＋冷链宅配"等业务运作模式。枢纽冷链物流业务方案如图6所示。

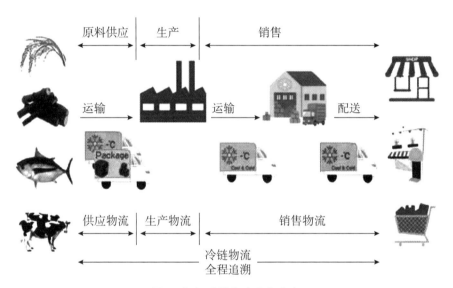

图 6 枢纽冷链物流业务方案

2. 应急物流服务

依托海宝国际农产品物流商贸城增强蔬菜、肉类、米面粮油等生活必需品保障能力，协同枢纽运输企业，加强对库尔勒市域范围的商超、市场、社区的配送能力；依托上库片区针对突发事件开展应急物资转运、调拨组织，协调枢纽企业运输车辆，开展面向巴州域内市县的应急物资调拨配送服务。

三、枢纽建设发展成效

（一）枢纽对区域物流支撑能力不断增强

枢纽通过分工协作，有序开展公路、铁路干线运输、分拨配送、仓储及冷链物流、电子商务、国际物流服务等业务，对区域物流发展起到有力支撑作用。2022年枢纽货物吞吐量 4831.2 万吨，其中集装箱吞吐量 249.37 万吨，快递业务量 3679 万件。枢纽总收入 1.5 亿元，其中枢纽物流业务总收入 6700 万元，枢纽货物进出口总额 23.58 亿元，枢纽商品交易额 223.55 亿元。

（二）运营模式不断创新

枢纽以库尔勒陆港公司和中国铁路乌鲁木齐局库尔勒货运中心、地方物流企业合作运营的模式开展具体干支仓配业务，遵守市场化运营规律，提高运行灵活性及运作效率。枢纽在建设和运营方面进行大胆创新，库东片区开创铁路货运中心与地方企业共同建设、共同运营的新模式，中国铁路乌鲁木齐局库尔勒货运中心以库东铁路物流基地为依托直接参与到库东枢纽铁路运输业务中，使枢纽铁路运能、干支衔接等更加顺畅；库尔勒陆港公司和中国铁路乌鲁木齐局库尔勒货运中心联合库尔勒海关等部门通过放管服改革，助力"一带一路"建设，中欧班列在巴州库尔勒本地报关，运输时间缩短至 10 天左右，每趟列车运输成本节约 20 万元。

（三）物流运营主体日益壮大

枢纽内入驻企业 202 家，其中，物流注册资金在 500 万元以上物流企业 28 家。2A 级以上物流企业 4 家，其中 5A 级 1 家、4A 级 1 家、3A 级 1 家、2A 级 1 家。仓储物流企业 80 家（其中冷链仓储物流企业 50 余家），年营业额近 40 亿元，从业人员 2 万余人。

（四）枢纽社会贡献突出

新冠疫情期间，枢纽在支持企业复工复产、保障防疫物资和生活物资供应、促进工业品与农产品外销畅通等方面作出了重要贡献。枢纽建立上下协同、左右联动的疫情防控生活物资保障机制，制定极端情况下生活物资保障工作预案，明确物资生产、储备、供应、运输、监管等各环节任务和责任主体，充分利用国家物流枢纽、国家骨干冷链物流基地、物流园区等重大物流基础设施。疫情期间，在巴州人民政府、库尔勒市人民政府领导下，库尔勒陆港公司联合海宝国际农产品物流商贸城、库尔勒兴鸿博物流园有限公司等联盟企业紧急调运山东、云南、河北、广东、福建、甘肃、内蒙古等地的蔬菜供应巴州及南疆地区。同时，枢纽联合多家电商平台为库尔勒市及周边乡镇 30 万居民提供物资配送服务，采取线上订单、线下配送的模式，尽可能减少人员接触，提高物资配送效率，及时向市场投放基地储存的米面油、肉类、果蔬等生活必需品，对保障市场供应平稳、平抑市场物价发挥了重要作用。

（五）物流组织能力更加完善

1. 中欧班列不断取得新突破

库尔勒丝路陆港物流发展有限责任公司和中国铁路乌鲁木齐局库尔勒货运中心、新疆汇锦物流有限公司等联盟企业通过组织库尔勒经济技术开发区上库工业园区工业品及区域特色农产品开行中欧班列，已开通"中国库尔勒—德国路德维希""库尔勒—格鲁吉亚""库尔勒—土耳其"等中欧班列。2022 年中欧班列开行，运送番茄酱、核桃等食品发往哈萨克斯坦、俄罗斯联邦、土耳其；运送焦亚硫酸钠、1－4 丁二醇等化工品发往哈萨克斯坦、波兰；组织周边焉耆货物（番茄酱、辣椒酱等）发往哈萨克斯坦。

2. 冷链物流集聚发展效果显著

充分发挥国家骨干冷链物流基地规模效应，通过枢纽向内地供给香梨、苹果、红枣、葡萄、西梅、小白杏、蟠桃等瓜果。枢纽分别在陕西西安、河北等地设置前置仓，大大提高了南疆特色农产品对内地市场的供给能力，冷链集聚区在区域农产品冷链物流组织中处于核心地位。

3. 棉花仓储物流处于龙头地位

汇锦物流园获得棉花期货交割仓库资质，成为郑州商品交易所指定棉花期货交割仓库，皮棉入库量直线上升，在入库高峰期达到入库量上限。2022 年度汇锦物流园监管棉仓储业务入库量在全区 46 家监管棉仓库中排名第二，在南疆地区排名第一；期货棉仓单注册量在全国 27 家棉花期货交割仓库中排名第二，在南疆地区排名第一。

四、发展方向与未来展望

（一）融入国家物流枢纽网络，促进区域物流提质增效降本

推动物流降本增效，对促进产业结构调整和区域协调发展、培育经济发展新动能、提升国民经济整体运行效率具有重要意义，并明确加快发展多式联运，推动公转铁，进一步降低实体经济物流成本。依托枢纽联动全国物流枢纽网络，进一步加快公转铁，促进多式联运发展，提升铁路货运比例，优化运输结构，推动巴州铁路货运量占比提升，促进巴州综合物流成本下降。

（二）提升南疆区域对外开放水平，带动区域经济高质量发展

通过打造中欧班列（南疆）集结中心，推动与成都陆港型国家物流枢纽、重庆陆港型国家物流枢纽等国家物流枢纽在中欧班列集拼集运常态化运行等方面进行合作，支撑中欧班列西线通道网络布局，推动"一带一路"高质量建设。依托枢纽覆盖全国

的枢纽网络和联动欧亚的国际网络开发石油化工、家居建材、农副产品等常态化、稳定化、品牌化的"一站式"多式联运服务产品，提升南疆对外开放水平。依托枢纽网络，集聚区域产业发展要素，为产业迈向价值链中高端提供要素支撑，带动区域枢纽经济发展。有效支撑巴州科学发展、富民强市，立足新起点，担当新使命，实现新发展，着力打造南疆高质量发展先行示范区；抓住机遇、开放合作，优化发展环境，承接产业转移，着力打造中巴经济走廊重要产业综合承载中心；完善体系、畅通物流，构建大交通、大物流、大产业新格局，着力打造国家综合交通枢纽；发挥优势、突出特色，做实做强做优实体经济，着力打造石油天然气煤化工基地、纺织服装原料生产基地、农副产品深加工基地、特色旅游集散基地、商贸物流基地。

（三）适应国内庞大消费市场需求，倒逼产业结构迭代升级

枢纽加快建立物流业与制造业、商贸业联动发展机制，形成支撑石油化工、农副产品加工、纺织服装等传统优势产业转型升级，以及加快节能环保、装备制造等战略性新兴产业发展的物流供应链服务体系。依托物流供应链系统化组织、专业化分工、协同化合作和敏捷化调整的优势，库尔勒乃至巴州地区生产、流通资源的配置效率进一步提高，促进战略性新兴产业增加值升高，为区域经济高质量发展提供支撑。

（四）整合优化区域分散物流资源，推动兵地融合共同发展

枢纽的建设，有利于整合区域分散的物流资源，减少物流设施无效的低端供给，促进物流结构优化，更好发挥物流枢纽的规模经济效应，推动物流组织方式变革，提高物流整体运行效率和现代化水平；有利于形成以枢纽为核心，服务全州，辐射南疆的高效物流服务体系，为打好产业基础高级化、产业链现代化的攻坚战营造低成本的物流环境；有利于以兵地共建国家物流枢纽为突破口，加快推动兵地物流资源的高效整合，促进兵地融合发展。

（五）带动南疆融入新发展格局，满足人民群众对美好生活的新需求

通过枢纽建设，库尔勒带动南疆融入国家"通道＋枢纽＋网络"现代物流运行体系，减少流通坏节、提高物流效率和流通质量。南疆出疆通道库格铁路全线通车，进一步增加南疆与西南城市群和国内大市场联系；西向公路、铁路双通道，连接霍尔果斯口岸和阿拉山口口岸，进而通过双西公路和新亚欧大陆加强连接西亚和欧洲，西南向通过中巴经济走廊连接南亚，畅通国际循环，以库尔勒为组织中心双向连接两个"十四亿"大市场。带动南疆加快融入双循环新发展格局，满足人民群众对不同市场的消费需求。

同时，枢纽将促进干线运输、区域分拨、末端配送一体化物流服务体系形成，提高流通效率，降低物流成本，进一步解决"新疆不包邮"问题，进一步扩大快递城乡配送范围。冷链物流设施将进一步保证货物品质，枢纽综合信息服务平台建设可解决货源追溯安全问题，进一步满足人民群众对美好生活的新需求。

（撰稿人：马骁飞）

第二章

港口型国家物流枢纽

九江港口型国家物流枢纽

服务省内辐射全国　建设九江区域航运中心

九江市是长江经济带重要节点城市，素有"江西北大门"之称。九江拥有全国最大淡水湖鄱阳湖，江西省内五大水系都经过鄱阳湖汇入长江，联通全国。同时，九江市是我国改革开放后首批 5 个沿江对外开放城市之一，中国最早开放内陆通商口岸之一，国家首批 3 个长江经济带绿色发展示范区城市之一，优越的基础条件为建设九江港口型国家物流枢纽（以下简称"枢纽"）创造了先天条件。九江港是长江沿线 5 个主枢纽港之一，也是江西省唯一通江达海一类水运口岸。2022 年九江港货物吞吐量排在全球港口前 50 名，位列第 40 名，货物吞吐量 1.81 亿吨（占全省 80%），集装箱 77 万标箱（占全省 87%），外贸集装箱 37.19 万标箱。九江市目前正全面推动枢纽城市建设，提升港口基础设施规模层级和服务功能，完善区域物流服务体系，促进长江港口群合作，提高区域物流发展水平，融入国家"通道＋枢纽＋网络"现代物流运行体系。

一、枢纽概况

（一）区位交通

九江市地处长江黄金水道和铁路运输大动脉——京九铁路的交会处，综合交通网络发达，水运条件尤为优越，江西省"五河一湖"（赣江、信江、抚河、饶河、修河、鄱阳湖）在此汇入长江。九江港是我国 36 个内河主要港口之一、全球 50 大港口之一，素有"七省通衢"之称。

枢纽选址毗邻长江，包括两个片区：一是红光功能承载区，位于湖口县、彭泽县交会处；二是城西功能承载区，位于九江经济技术开发区。两片区相距约 54 千米，车程约 1 小时，通过"穿巴航线"及沿江大道，实现货物自由流转和枢纽功能结合。九江临港产业支撑较强，拥有 5 个千亿产业集群、14 个省级产业集群、1 个国家级经济技术开发区和 1 个国家级高新技术产业开发区，为枢纽物流需求提供产业基础支撑。

（二）空间布局

枢纽占地总面积 3.78 平方千米（5670 亩），沿长江岸线由红光功能承载区和城西功能承载区双片区组成。

　　红光功能承载区占地面积 2.29 平方千米，承载区内已建成全省最大的集装箱码头，主要布局区域分拨中心（占地面积 0.649 平方千米，已建成）、外贸集装箱多式联运中心（占地面积 0.306 平方千米，已建成）、散改集多式联运中心（占地面积 0.335 平方千米，在建）、应急储备中心（占地面积 0.533 平方千米，规划）、流通加工中心（占地面积 0.467 平方千米，规划）。红光功能承载区内部功能布局和外贸集装箱多式联运中心实景分别如图 1、图 2 所示。

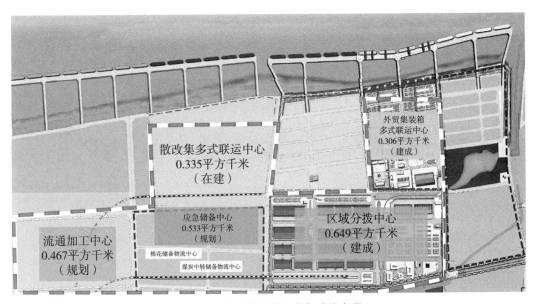

图 1　红光功能承载区内部功能布局

图 2　红光功能承载区外贸集装箱多式联运中心实景

城西功能承载区占地面积约 1.49 平方千米，是江西省沿江开放开发战略的核心区，通过城西港区铁路专用线连接京九线。城西功能承载区内部的城西港区铁路专用线物流作业区、集装箱多式联运中心、分拨配送中心均已建成，件杂货多式联运中心将于近期开工建设。城西功能承载区内部功能布局和集装箱多式联运中心实景分别如图 3、图 4 所示。

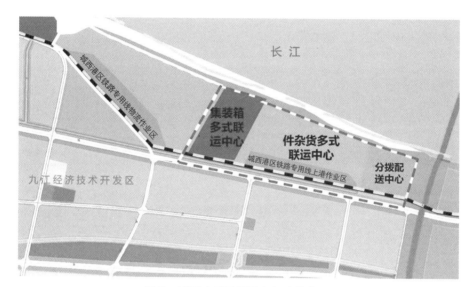

图 3　城西功能承载区内部功能布局

图 4　城西功能承载区集装箱多式联运中心实景

（三）功能定位

落实国家长江经济带和中部地区发展战略，枢纽将建设成承东启西、连接南北的长江经济带（中游）通江达海物流中心和区域航运中心。枢纽功能通过红光和城西两个功能承载区实现。

红光功能承载区为江西省"五河一湖"（赣江、抚河、信江、饶河、修河、鄱阳湖）的货物通江达海必经之地，主要服务临港工业、鄱阳湖沿线地区产业和腹地大宗散货中转，以建设增量设施补短板项目为主。

城西功能承载区主要为九江经济技术开发区及周边工业园服务，依托上海国际港务（集团）股份有限公司航运资源提供集装箱中转运输服务；以物流设施存量整合提升项目为主，促进与九江综合保税区的战略合作，共同拓展保税仓储、国际物流等功能。

（四）建设运营模式

枢纽按照"政府统筹、企业开发、多方合作"的建设模式，成立九江港口型国家物流枢纽建设推进工作领导小组，统筹推进枢纽建设运营工作，以江西省港口集团有限公司为枢纽开发建设牵头企业，联合上港集团九江港务有限公司、中国铁路南昌局集团有限公司和枢纽入驻物流企业共同推进枢纽建设。

枢纽采用企业联盟运营模式，如图5所示，由江西省港口集团有限公司全资子公司九江长江港口集团有限公司牵头，负责整体统筹枢纽运营，承担运营情况和监测数据报送工作，与枢纽战略合作企业及入驻物流企业相互协作，共同承担枢纽运营工作，促进枢纽一体化发展。同时建立政府部门参与的定期联席会议制度，协调解决日常问题。

二、主要做法与特色经验

（一）推动粮食"散改集"业态

1. 项目背景

粮食"散改集"项目，起源于江西省的饲料加工业。由于江西省农作物大部分为水稻，不宜作为饲料加工用，江西省内缺乏规模化养殖可供加工成饲料的农产品来源，诸如玉米、大豆、高粱等。因此，为满足省内养殖业对于饲料的需求，江西省内饲料加工企业从东北三省、其他粮食出口国大量购买玉米、大豆、高粱等农产品，粮食类物资的物流需求非常旺盛。现有的粮食运输方式为东北粮仓/海外进口粮食在长江口由海船转运为江船，运至鄱阳湖内各个散货码头，再由汽车运输至吉安、上饶等地的饲料加工厂。现有模式存在以下问题：

（1）鄱阳湖承载船舶的吨位较小，同样的货物需要更多的船舶，相对于长江干线运输，增加了水运成本。

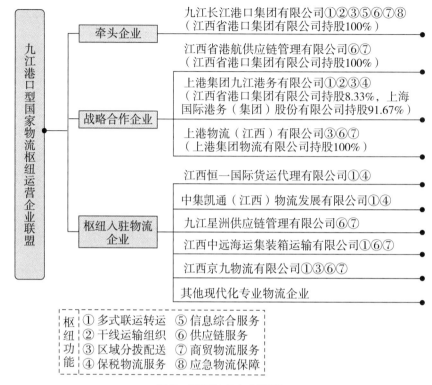

图 5　枢纽运营企业联盟

（2）鄱阳湖各码头用散装汽车进行转运，陆运成本较高。

（3）散装汽车密封性不足以保证货物免受不利天气的影响，粮食损失难以避免。

（4）散货码头装卸和汽车运输中，散装货物随着频繁装卸，会产生较高的途耗和较大的扬尘污染，增加货物采购成本和环境污染风险。

（5）码头到工厂全程为公路运输，而且车辆都是重污染的大型卡车，存在较大的运输不确定性及严重的汽车尾气排放。

2. 主要做法

原有模式中成本与污染两个因素贯穿其中，因此降本、减少污染，是枢纽九江港粮食"散改集"项目秉承的初衷。为此，枢纽采取了如下做法。

（1）把驳船留在长江上，利用九江港常年停靠 5000 吨级船舶的条件，解决了鄱阳湖内运输船舶吨位较小的问题，通过规模化运输减少了客户物流成本。

（2）将散货装进集装箱，减少了散货装卸过程，后续运输全使用密闭式集装箱，减少了不利天气因素对货物造成的损耗。

（3）九江港单日散改集装卸量稳定在 3000 吨以上，枢纽使用一艘 5000 吨级散货船不到两天就可以装卸完毕，节约了船舶使用时间，提高了船舶的周转率，进而降低了物流成本。

（4）实行长途运输用水路、中距离运输用铁路、终端配送用汽车的多式联运模式，充分发挥了水路运量大、价格低，铁路运量较大、运输安全，公路运输灵活、反应快速的优势。

3. 成效经验

九江港粮食"散改集"项目从 2018 年为保证长江流域环保生产而开始酝酿；2019 年更新了环保措施和操作工艺进而正式推出；2020 年在政府的政策支持和枢纽运营公司不懈努力下开始被市场接受；2021 年随着"政策转产品"等专项扶持政策的推广而开始得到较快发展；2022 年得到省内外多家客户的认可，已经通过该项目转运了 25 万吨粮食类农产品。

从成效经验来看，一是枢纽发挥已有优势，通过在长江深水岸线停泊大吨位船舶规模效应降低成本，又通过入港铁路优化流程，加快货物转运速度，持续投资设备，增加总体转运量，提高装卸效率；二是政府信用背书，建设九江区域航运中心，政府出台政策支持九江港粮食"散改集"项目的推广，提高了市场的预期，也增加了九江通道建设的稳定性和权威性；三是多方构建新型优势，聚集多方资源，整合整条产业链，形成利益共同体，可以更好地管控分歧，使项目的发展更加标准、统一、协调。

（二）促进"多式联运"服务

1. 项目背景

从 2019 年开始，上港集团九江港务有限公司就响应国家大力发展多式联运的号召，为实现高质量发展，缓解城西港集装箱码头中转集装箱装卸压力，开始在件杂货铁水联运业务的基础上积极投资多式联运设施、设备，着力发展集装箱铁水、江海联运项目。伴随九江港多式联运工作建设，国家鼓励多式联运发展政策逐步落地，2020 年九江港深度联通"一带一路"集装箱多式联运项目，该项目成为江西省多式联运示范工程，九江港在承担九江港多式联运建设工作的同时，又接受了向省内外推广自身建设经验的光荣使命。

2. 主要做法

（1）拓展外贸码头存量，发展增量。枢纽选择有入港铁路的外贸码头更新设施设备，并更新作业工艺以适配集装箱的装卸需求，实现长途水运输送，发挥水运运量大、运价低、货损小、低碳运输的优势。同时借助申报国家物流枢纽的东风，九江市在城西港区投资建设铁路专用线，联通现有城西港区集装箱码头和拟建的城西码头二期项目（件杂货多式联运中心），九江港的多式联运能力将进一步提升。

（2）补点"无水港"。枢纽沟通省内各个铁路集装箱场站，建设九江港的"无水港"，目前枢纽已经开通宜春西、醴陵、八景、吉安、新余、萍乡、横岗、樟树、南昌北、乐化、赣州、麻城等集装箱铁水联运站点，开通赣西南、赣西北集装箱公路运输支线，通过重去重返对流运输，因此集装箱多式联运业务取得了快速发展。

（3）丰富运输网络。通过"无水港"和当地汽车运输企业建立"场—厂"的短途运输网络，发挥汽车运输灵活、快速、适配性强的优势。在发挥优势的同时，枢纽做的最重要的工作是"组网"，组成多式联运的综合物流运行网络。组网措施一是"搭平台，建网络"。多式联运建设需要高度集中的物流产业链条，以码头为基础大力推进多式联运建设有一定的局限性，于是九江港与市场上公铁联运运营成熟的公司合资成立了一家专门做多式联运业务的公司—江西港铁物流发展有限公司。以江西港铁物流发展有限公司为基础，整合港口、铁路、货代、船代等产业链涉及企业，共同打造水铁联运平台。组网措施二是"强项目，做示范"。九江港一直致力于充分发挥九江港优越的集疏运条件，通过不断拓展和深耕传统经济腹地，大力发展大宗散杂货和北粮南运"散改集"水铁联运业务，为江西腹地发电企业、钢铁企业提供煤炭、铁矿石及钢铁制成品水铁联运业务。其中，北粮南运的粮食"散改集"项目取得较好的成果，已经成为九江港"拳头"产品，在省内及周边取得了较好的示范效应。组网措施三是"一单通，全放心"。实行单一运费率、一票到底的运输模式。货主只要与多式联运经营人订立一份合同，一次付费，办理一次保险，通过一张单证即可完成全程运输。多式联运经营人根据整合的产业链条组织不同方式的运输，全程运输均由多式联运经营人组织完成，无论涉及几种运输方式，分为几个运输区段，由多式联运经营人对货运全程负责。

3. 成效案例

枢纽积极推动九江市多式联运建设，并为企业量身定制多式联运服务，成功实施了"南昌中欧班列＋九江"业务模式和"散木集运"多式联运服务。

（1）"南昌中欧班列＋九江"业务模式。受制于九江本地市场较小且水运疏港能力较强的特点，九江单独开通中欧班列的难度较大，鉴于现实环境，九江港创造性地使用"中欧班列＋"的模式来进行破局。在市级"三同"（"进境与沿海同价到港、出境与沿海同价起运、通关与沿海同样效率"）政策的支持下，尝试了"南昌中欧班列＋九江"的业务模式，根据客户需求，将集装箱首先通过俄罗斯—南昌（横岗）中欧班列到达横岗铁路站点，再通过铁水联运到达九江北铁路站点，最后通过内贸太仓线将集装箱发往太仓及周边城市。

（2）"散木集运"多式联运服务。九江港根据赣州木材加工厂的需求，为其量身定制了"散木集运"多式联运服务项目，打通浔赣通道。客户从张家港购买木材后，九江港联合货代企业在张家港将散装木材装进集装箱，通过长江驳船运至九江港，再通过九江港的水铁联运模式将集装箱送往赣州的客户。这种新型的服务项目使用的是"散改集＋铁水联运"的模式，与客户原来使用的全程汽运模式相比，货物运输更加安全、物流成本更加低廉。该模式为物流市场打开了新的思路、新的渠道，极具示范效应。

4. 经验总结

（1）发挥比较优势，践行差异化发展战略。九江港有众多码头，相互竞争较为激烈，非常容易陷入低价恶性竞争的陷阱。为避免国有资产流失，必须找到码头之间的比较优势，九江港的入港铁路是通过铁水联运来促进九江港多式联运发展的不二之选，符合差异化竞争的需求，符合国家发展战略，符合市场多样化物流的需求。

（2）扬长补短，全链条利益共享。全力扬长，扬的是长江水运的优惠性，将长江水运惠泽于人；扬的是入港铁路的通便性，四通八达的铁路网络港通八方；扬的是艰苦奋斗锐意进取的九江港精神，逢山开路遇水搭桥，打通港口、铁路场站、厂家等多个重要节点。多方补短，补的是省内很多地市没有长江出口的地理劣势，通过铁路直通九江港，进而进入上海港，从而通达全球；补的是长途汽运的成本劣势、环保劣势，实现电气化火车的清洁能源高效介入。

（三）推动"区港联动"

1. 项目背景

2018年9月4日，《国务院关于江西九江出口加工区整合优化为九江综合保税区的批复》（国函〔2018〕114号）正式下达，同意九江出口加工区整合优化为九江综合保税区，整合优化后的九江综合保税区规划面积为1.81平方千米，2019年11月11日正式封关运营。枢纽便利的水路运输通道是省内外贸货物的重要选择，但是在江西对外贸易发展过程中，众多非九江外贸企业的外贸中转需求仍得不到满足。要满足外贸中转需求，发展九江综合保税区并惠及全省，需要把九江港和九江综合保税区的优势结合在一起。

2. 主要做法

（1）立足于解决外贸物流进出入九江港的需求。枢纽利用九江综合保税区直接联通即将投运的城西铁路专用线，通过铁路专用线对接九江港集装箱码头，并且附近又有配套的集装箱物流园区，这样形成了"九江综合保税区—港区—物流园"联动基础，于是，就为相关的保税仓储需求、保税物流需求和外贸商品集散需求建立了便捷的交通环境。

（2）解决外贸货物的保税仓储、转运需求。充分发挥综合保税区的保税政策优势，利用在综合保税区内存储货物的品种和仓储时间不受限制，以及国内外采购货物可分批次办理出库供货的政策优势，开发出将国外进口货物通过保税政策暂存于综合保税区，再根据需求分批次进口的物流模式。

（3）着力于解决外贸货物转运效率的需求。枢纽落实九江海关的抵港直装、直卸要求，实现内、外贸集装箱都可以在船舶抵达九江城西港码头后进行直装、直卸。货物到底九江港后，可以直接放行或者进入九江综合保税区，减少了集装箱在码头内的转运、暂存时间，以及物流成本，共同提高了转运效率。枢纽将上述做法打包成九江港区港联动的"保税仓储＋延时配送"方案，较好地解决了省内部分企业在城西港有大宗商品使用集装箱运输进行进出口物流业务相关需求。

3. 案例成效

江西部分大型企业对国外的木浆有较强的货运需求，需要持续进口大批量木浆用于生产，由于木浆在国际上的价格变动较大，国内买家选择在便宜的时候多进口木浆，但是集装箱码头储存进口重箱成本较高，且一次性报关进口需要缴纳大量的关税和进口增值税，所以枢纽采用"保税仓储＋延时配送"方案，将木浆进口到城西港口后，一批次申报进入九江综合保税区，进行保税存储。当企业需要货品时，可分批次报关、分批次缴纳相关税费、分批次提货运输，这样既减少了企业的原材料储存成本及流动资金的占用，又有效盘活了企业的资金流。

由于运输成本问题，现阶段枢纽只提供短驳的汽车运输业务，随着城西铁路专用线的开通运营，枢纽将可以通过铁水联运的模式，扩大区港联动的覆盖面，将集装箱直接在九江综合保税区装上火车，通过灵活、高性价比、安全、稳定的铁路运输，将集装箱运至省内各个集装箱站点。这样，九江综合保税区的开放红利可以更好地向省内辐射，使江西省内及周边企业的内、外贸业务前置至九江港，同时为省内的内外贸拼箱、大宗货物保税仓储运输等需求提供更好的解决方案。

（四）促进港口资源整合

1. 项目背景

枢纽加快干线通道网络与区域物流网络建设，通过长江支线航道、区域国省干道和货运铁路网形成有效对接，实现干线运输和支线集散相互支撑、相互促进。枢纽与沿江港口进行交流合作，延伸以港口为枢纽的全程物流链、供应链，进一步提升九江港运营效率和服务水平，提升枢纽对腹地的服务能级，完善九江区域航运中心的功能结构，同时为江西省外向型经济发展提供重要物流通道支撑，促进临港产业及地方经济发展，助力长三角一体化高质量发展，为江西港航事业高质量跨越式发展作出更大贡献。

2. 主要做法

（1）推进枢纽两个片区合作，做优集装箱运营。枢纽货物转运方面，为推动外贸集装箱在红光港和城西港两港间自由流转，助力九江区域航运中心建设，枢纽开通城西港和红光港水上"穿梭巴士"。枢纽运营方面，为推动江西省集装箱资源整合，拓展内外贸进出口通道，持续降低综合物流成本，构建国内国际双循环相互促进的新发展格局，进一步推动陆海联动、公铁空水多式联运发展，2023年1月，江西省港口集团有限公司与上海国际港务（集团）股份有限公司双方合资组建了九江兴港集装箱码头有限公司，统筹运营九江城西集装箱码头和彭泽红光集装箱码头，优化运输结构，推动集装箱业务一体化发展。

上海国际港务（集团）股份有限公司和江西省港口集团有限公司作为全国和江西省的港口龙头企业，双方合作既有利于上港集团推进"长江战略"，进一步巩固发展优势，扩大国内基本盘；也有利于九江港借船"出赣"、借船"出海"，加快与沿江港口交流合作，延伸以港口为枢纽的全程物流链、供应链。同时，将九江港作为江西省内长江流域的集装箱枢纽港，重点在港口经营、水路普通货物运输、水路危险货物运输、港口货物装卸搬运、集装箱租赁、普通货物仓储、国际国内船舶代理等领域开展全面合作，实现两家码头统一运营管理的目标。

（2）推进枢纽与宁波舟山港枢纽联动，做优散杂货运营。为发挥枢纽在长江经济带"一带一路"重要节点城市和国家物流枢纽关键节点作用，承东启西，连接南北，打造"枢纽＋通道＋网络"现代物流运行体系，2023年江西省港口集团有限公司、宁波舟山港股份有限公司、九江市交通航运发展集团有限公司，共同组建了江西省港航物流发展集团有限公司。

合资组建的港口运营公司将充分发挥各自港口的区位优势和全球港口网络布局及地方政府的资源优势，共同构建"双循环"物流大通道，全面提升港口高质量发展水平，对更高水平建设江西内陆开放型经济试验区，更好支持服务长江发展战略，全面融入国内国际双循环相互促进的新发展格局具有重大意义。各港口通过合作充分利用长江黄金水道和赣江、信江等内河网络，发挥彼此的优势，带动全省港口码头运营管理水平提升，从而产生"1＋1＞2"的倍增效果。

（3）构建"中三角"组合港，稳定产业链供应链。2023年4月22日，江西省港口集团有限公司与湖北港口集团有限公司、湖南省港务集团有限公司在武汉签署战略合作协议，打造长江中游城市群"组合港"，坚持优势互补、资源互享、发展互惠的原则，搭建江西省、湖北省、湖南省之间运输、物流及贸易通道，推动三方业务共同增长，带动区域经济发展，服务一系列国家重大战略，为中部地区经济发展和维护三省产业链供应链稳定提供重要支撑。

3. 实施成效

自2020年以来，枢纽牵头在江西省内推进港口资源整合，整合国有码头23座、泊位58个，以及在建和拟建码头35座，全力提速水运设施建设，先后开工建设航道、码头、物流园等项目26个，建成投运15个，规模超过历史总和。依托枢纽主体的港口资源优势及枢纽的水运区位优势，助力江西水路运输结构优化调整，带动江西水路货运量近三年分别同比增长3.5%、20.1%、4%。

在此基础上，江西、湖北、湖南三方将通过合作机制的正式建立，着重推动出海新通道的开辟，共同探索铁海联运、铁水联运等业务，开展区域和国际集装箱航线合作；推动供应链业务的拓展，协作发展供应链业务，推动供应链金融领域合作，谋划跨区域共建物流园区、产业园区；推动信息共享机制的建立；探索"中三角省际班轮"等新服务新通道，构建"三省内循环，促进国际大循环"的新发展合作模式。

三、枢纽建设发展成效

（一）完善区域物流体系

枢纽加密昌九小支线，开通赣江其他港口支线，吸引南昌、宜春货物至九江港中转，形成省内水运港口集并态势。同时枢纽新增水铁联运站点，新增了九江至横岗、樟树、吉安南、新余、景德镇、萍乡、安福、赣州等10个省内铁路站点班列，打造省内联运立体通道。2022年枢纽铁水联运完成5.77万标箱，同比增长36.08%。目前枢纽初步建成九江首个异地无水港——南昌乐化场站，方便客户提还箱，缓解鄱阳湖枯水期水水联运受阻问题。

（二）助力企业物流降本增效

枢纽围绕"进境与沿海同价到港、出境与沿海同价起运、通关与沿海同样效率"的"三同"目标，充分利用现有政策，深化与上海、南京、泸州等沿江主要港口的合作，并采取一系列措施，开通了8条长江集装箱始发班轮，使铁水联运站点增加至27个，切实为企业物流降本增效。企业到九江港铁水联运物流成本平均下降1100元/标箱，到九江港公水联运平均下降900元/标箱，九江—上海水水联运物流成本平均下降600元/标箱，九江—上海运输时间由开行前的7天缩短为3天左右。

（三）支撑临港产业发展

枢纽充分利用和发挥长江黄金水道优势，广泛深度融入长江经济带。立足于服务经济社会和城市发展，以港工贸一体化、港产城融合发展为方向，将九江港口打造成为畅通区域经济大循环、助力内陆地区对外开放的重要服务支撑。围绕长江中游区域产业发展方向，依托现有产业基础，枢纽内规划建设集仓储、配送、加工、电商交易等综合服务于一体的节点型工业物流园，降低工业企业物流成本，为各类工业园区提供物流配套服务，着力提升物流综合服务水平，枢纽带动区域临港产业发展情况如表1所示。强化物流仓储和供应链服务，形成以枢纽工业物流园为龙头、以专业化物流服务为基础，辐射带动周边物流发展的工业物流体系。

表1　　　　　　　　　枢纽带动区域临港产业发展情况

相关产业主营业务收入	2021 年现状
石油化工产业链收入	达到 1050 亿元
纺织服装产业链收入	达到 1000 亿元
电子信息产业链收入	突破 751 亿元
新材料产业链收入	达到 1245 亿元
绿色食品产业链收入	达到 750 亿元
钢铁有色产业链收入	达到 1000 亿元
装备制造产业链收入	达到 1026 亿元
主营业务收入合计	6822 亿元

（四）打造九江港航物流新品牌

为提升江海直达服务品质，枢纽打造外贸集装箱货物运输速通模式，开行九江—上海"天天班"（集装箱始发定点班轮），从速度、衔接度、满意度三方面创建航运物流新品牌，为九江区域航运中心增添精品航线，将航班开出新速度。九江市港口航运管理局与航运企业签订协议，在保证船舶开行安全前提下约定航班全程运行时间；通过调取船舶轨迹数据，持续监控和公布运行时间；通过建立不可抗力小组审核机制，保障航运企业正当权益。目前，九江—洋山"天天班"平均航行时间 73.23 小时，相比之前缩短了 43.73 小时；九江—外高桥线平均航行时间 61.5 小时，相比之前缩短了 86.5 小时。"天天班"开行后，企业利用九江港出口的货物比例从 10% 上升至 90% 以上。

四、发展方向与未来展望

（一）完善区域物流体系，畅通物流大通道

九江市作为港口型国家物流枢纽承载城市，是国家物流枢纽体系重要组成部分，未来通过将九江打造成"大进大出""快进快出""优进优出"的物流集散地，开展物流市场一体化建设工作，推进区域协作，服务与支撑全国统一大市场建设，持续推动区域物流高效畅通和规模拓展，带动区域现代物流产业快速发展，畅通江海和水铁物流大通道，完善区域物流体系，赋能双循环发展。枢纽不断提升九江—上海"天天班"运行时效，增加九江港出海通道，提升九江智慧港航（口岸）应用水平。航企云集、航线密集、航运资源汇集的综合立体通道建成，区域物流体系日臻完善。

（二）促进长江港口群合作，物流节点作用更加突出

提升港口协调和集约化发展水平，促进长江港口群合作，长江经济带重要物流节

点作用更加突出。加强与上海港深入合作，在物流协同基础上实现通关协同。开辟与宁波舟山港合作新业务，做大做强江海联运。加强"中三角"组合港共建共享，促进长江干线物流枢纽联动。拓展与湖北小池港水水联运，固化干支衔接，以干促支，健全与长三角一体化示范区及长江中游城市群合作体制机制，与沿海沿江各类航运中心形成错位发展、互为依托的物流联盟。

（三）集疏运效率进一步提升，带动物流降本增效

集疏运效率进一步提升，带动物流降本增效，增强区域辐射能力。枢纽内两个港区均有铁路专线，通过连接京九线、铜九线接入全国铁路运输网络，实现铁水无缝衔接。积极发挥水、公、铁多式联运的优势，构建集装箱、大宗散货多式联运中心，整合枢纽内外资源，加快现代信息技术和先进设施设备应用，深入物流链与供应链各环节，推进组织模式创新，不断提升物流效率。

（四）港产城融合发展，支撑万亿临港产业带发展

促进现代港口物流、现代航运服务、高端装备制造等枢纽偏好型产业不断落户，以临港物流、临港服务和临港工业为主导的现代化高端产业转型示范区逐渐成形，基本形成主业突出、链条完整、特色鲜明的产业集群和产业园区，不断发展港口金融、维修、代理等衍生产业，港口流量经济平台渐次见效，贸易、经济、金融等各个领域形成新发展模式。

（五）数字赋能物流和贸易，推动智慧港航创新应用

努力实现九江港所有集装箱卡车物流信息双向互动，集装箱实现智能集疏港，集装箱物流全程在线，九江智慧港航（口岸）在全省和长江同类港口中走在前列。枢纽跨境贸易便利化水平在全省领先，综合保税区功能充分发挥，口岸监管模式和服务方式持续创新，构建标准统一、布局合理、运行高效的现代化口岸体系，实现口岸数字化转型。

（撰稿人：涂维青、孟醒）

烟台港口型国家物流枢纽

面向国际物流枢纽中心　建设世界一流海洋港口

烟台市位于中国沿海南北大通道和贯通日韩至欧洲的新欧亚大陆桥的交会处，是我国首批 14 个沿海开放城市之一，也是东北亚和环渤海经济区重要的海陆交通枢纽，具备面向东北亚、服务环渤海、连接京津冀与长江三角洲地区、辐射中西部的交通区位优势。烟台市经济产业实力雄厚，是国家级山东新旧动能转换综合试验区"三核"之一，地区生产总值居山东省前三位，形成了 6 个千亿级产业集群、17 个百亿级产业方阵，农产品出口额居全国地级市首位，冷库容量居山东省第一位，外贸进出口总额多年居全省第二位。

"依海而生、因港而兴"，山东港口烟台港于 1861 年开埠，是中国古代北方三大枢纽港之一、中国大陆沿海 25 个主枢纽港之一，也是国家"一带一路"倡议重点建设的 15 个沿海城市港口之一。2022 年，货物吞吐量居全国沿海港口第 8 位、世界第 12 位。国家物流枢纽的建设对于烟台港打造国际物流枢纽中心、不断加快世界一流海洋港口的建设步伐具有重大而深远的战略意义。

2018 年，国家发展改革委、交通运输部联合印发了《国家物流枢纽布局和建设规划》，烟台市被明确列为 30 个港口型国家物流枢纽承载城市之一。近年来，烟台市深入研究物流业发展现状，科学选定枢纽范围，以建设立足环渤海、面向东北亚的国际物流枢纽中心为目标，不断推动枢纽建设，取得显著成效，烟台港口型国家物流枢纽（以下简称"枢纽"）于 2022 年获批。未来，枢纽将持之以恒按照枢纽建设方案，补短板、强弱项，突破发展特色业务，为国家物流行业发展贡献力量。

一、枢纽概况

（一）区位交通

烟台市地处山东半岛东部，濒临黄渤海，位于我国南北沿海通道及黄河流域的"T"字形交汇处。水路方面，烟台港已与世界上 100 多个国家和地区的 150 多个港口实现了贸易往来；铁路方面，与蓝烟线、德龙烟线以及朔黄—黄大线相连，辐射山东省中西部及我国内陆广大地区；公路方面，通过疏港高速与沈海高速（G15）、荣乌高速（G18）相连，进而融入全国高速公路网络；管道方面，通过 560 千米的烟（台）淄（博）长输管道和原油管道复线，串联起烟台、青岛、潍坊、淄博、滨州、东营 6 市的 15 个县（市、区）。水铁公管"四位一体"的立体式交通网络为烟台市打造港口型国家物流枢纽提供了畅通的便利条件。

（二）空间布局

枢纽总体分为西港片区、芝罘湾港片区两大片区，总占地面积为 23.59 平方千米。其中，西港片区位于烟台经济技术开发区，占地面积为 19.67 平方千米，主要提供能源、矿石等大宗物资的干支仓配、多式联运、临港产业供应链等物流服务，包括原油储运、混兑及分拨配送区域，临港化工配套物流区等 9 大功能区；芝罘湾港片区位于烟台市芝罘区，占地面积为 3.92 平方千米，主要提供内外贸集装箱、国际粮食供应链、商品车、跨境电商等高附加值、特色货源物流服务，并为其他港区提供保税物流、供应链金融等配套综合物流服务，包括集装箱仓储及分拨配送区、汽车物流及滚装运输作业区、供应链金融区等 10 大功能区。

两大片区存量资源优势突出、交通区位条件优越、临港产业基础雄厚、功能互为补充，并可联动烟台综合保税区东区、万华工业园部分区域以及临港配套物流设施，作为烟台港口型国家物流枢纽的设施载体。

（三）运营主体

枢纽运营主体采用企业联盟的形式，以山东港口烟台港集团有限公司为龙头企业，联合中铁渤海铁路轮渡有限责任公司、万华化学集团股份有限公司等多家平台企业和组织主体，联动烟台综合保税区、山东自由贸易区烟台片区的多家物流及商贸企业，通过资本合作、设施联通、功能联合、平台对接、资源共享等市场化方式，构建"1 + N"运营企业联盟，山东港口烟台港集团有限公司负责枢纽运营情况和监测数据报送工作。

（四）建设模式

枢纽的建设按照"政府统一规划、龙头企业主导、平台一体打造"的模式实施。烟台市人民政府牵头建立烟台港口型国家物流枢纽工作机制，依托烟台经济技术开发区及烟台综合保税区两大国家级开放平台，负责枢纽的统一规划及统筹推进工作。一是烟台市人民政府建立枢纽工作机制，统筹负责枢纽的统一规划，协调解决创建过程中遇到的困难和问题。二是发挥龙头企业带动效应，由山东港口烟台港集团有限公司负责主导开展枢纽一体建设。三是依托烟台经济技术开发区及烟台综合保税区两大国家级开放平台的产业优势和开放优势，进一步推进区港联动，打造产业园区平台，引进跨境电商平台企业、物流企业、综合服务类企业入驻枢纽并开展业务，发挥集聚效应，拓展完善枢纽功能。

（五）功能定位

枢纽坚持以"立足环渤海、面向东北亚的国际物流枢纽中心""黄河流域陆海多式联运门户枢纽""中国北方能源、矿石等重要战略物资储备与中转分拨中心""东北亚滚装运输中心和商品车转运基地""全国港产城融合发展的典范枢纽"为功能定位，打造面向东北亚高水平开放战略枢纽和国内国际双循环的重要战略支点，为保障国家重要战略物资储备运输安全、推进经济高质量发展和服务构建新发展格局提供有力支撑。

以原油、LNG（液化天然气）、矿石、煤炭、粮食、商品车及集装箱为主要货类，打造港口供应链枢纽和产业链集成平台，重点发展干线运输、区域分拨与配送、多式联运转运、滚转运输、国际物流等基本功能，加快港产城融合发展，积极拓展大宗散货混配加工、跨境电商、冷链物流、供应链集成及金融等延伸功能，巩固和提升中非铝土矿全程物流链、油气能源一体化运营等全球物流供应链功能。

（六）基础设施

枢纽内现已建成较大规模的干支仓配、多式联运、国际物流以及物流供应链等基础设施，其中，西港片区的原油储运、混兑及分拨配送区、临港化工配套物流区、大宗物资装卸配送区、海铁多式联运区的主要设施已投入运营；芝罘湾港片区的国际物流仓储区、供应链金融区、进口粮食物流区、汽车物流及滚装运输区、集装箱仓储及分拨配送区等主要设施已投入运营。特别是西港片区，作为天然深水良港，现已建成生产性泊位20个，均为万吨级以上泊位，最大靠泊等级为40万吨级，包括7个5万~10万吨级液化油品泊位、2个30万吨级原油泊位、11个10万~40万吨级散杂货泊位，已建成270万立方米液化品罐容，大宗货物通道建设已具备规模效应。同时，枢纽内的跨境电商服务区项目、原油管道复线工程、西港区108#液体散货泊位、西港区LNG接收站、西港区至龙口裕龙岛原油管道项目、原油码头二期配套罐区及300万立方米原油罐区项目正在快速建设中。

（七）物流需求来源与服务对象

枢纽的直接经济腹地主要是烟台市。2022年，烟台市地区生产总值高达9515.86亿元，同比增长5.1%；主要矿产包括金、铜、石墨等，拥有丰富的建筑材料资源；农产品以小麦、玉米为主；工业以加工业为主。枢纽间接腹地为山东北部沿海地区，包括潍坊、淄博、东营、滨州等地级市，以及河南、河北、山西、陕西、内蒙古等省

（自治区）的部分地区。枢纽腹地内矿产资源丰富，重工业和轻工业基地众多，为枢纽带来了大量进口金属矿石、化肥、粮食、铝土矿、液体化工品，出口煤炭和钢铁等集疏运需求。

枢纽背靠京津鲁豫等广阔的经济腹地，与东三省重工业基地隔海相望，位居日韩连接环渤海经济区的最佳中转位置，拥有陆海双向、辐射内外的广阔发展空间。近年来，腹地为枢纽在客货滚装运输、金属矿石中转、外贸集装箱运输等方面带来了丰富的客货资源，发展前景十分广阔。

二、主要做法与特色经验

近年来，枢纽建设运营主体山东港口烟台港集团有限公司注重转方式、调结构，围绕"错位协同、特色发展、弯道超越"的奋斗目标，紧抓港口主业，瞄准国内、海外市场，持续固存量、拓增量，抓改革、促发展，枢纽经济运行质量显著提升。

（一）聚焦枢纽物流功能，打造高效供应链服务体系

1. 着眼国际市场，打造中非双向物流黄金大通道

中国是世界上最大的铝生产和消费国，但也是铝土矿资源的"穷国"。为有效保障我国铝业原料供应，枢纽积极响应国家"一带一路"倡议，携手合作伙伴在几内亚投资建设并运营博凯港，成功打通了几内亚到中国的铝土矿运输海上"铝业丝绸之路"，首创集多式联运、河海联运、散集双向等运输模式于一体的涵盖"几内亚矿山开采—码头装船—锚地过驳—海上运输—烟台港卸货转运—转水—公路运输至厂区—氧化铝生产"等环节的铝土矿全程供应链物流体系。枢纽建设运营主体山东港口烟台港集团有限公司也由此成为全国率先走出国门建设经营海外码头、并创造"中国速度"的国内港口企业。这条长达12000海里的"铝业丝绸之路"，成为世界海洋交通领域大宗干散货多式联运的成功案例。中非铝土矿全程物流链的成功搭建，从根本上改变了传统"渔猎"式的大宗干散货货源组揽模式。目前，枢纽铝土矿年吞吐量过亿吨，在全国口岸中连续12年稳居铝土矿进口量第一。

依托几内亚—中国铝土矿全程物流链，枢纽精准对接几内亚及西非经济建设需求，推出面向非洲西海岸的班轮直达航线——烟台—西非件杂货航线，利用几内亚铝土矿运输船队返程空舱，为出口非洲的生产生活资料提供运输服务，深度拓展辐射非洲沿海主要港口的件杂货班轮航线市场。该航线拥有航次多和快装快卸等特点，可有效减少等待时间，实现对西非各国的无缝连接，并开创了世界航运史上"好望角型"散货船批量运输件杂货的先河。中非件杂货班轮航线打造了国内首条中非双向物流通道，进一步巩固了烟台港作为中国最大铝土矿进口港的地位，同时也为件杂货客户提供"门到门"全程物流服务和量身定制个性化物流解决方案，助力"中国制造"走出国

门，开拓非洲市场，延伸上下游物流链条，成功构建中非"铝土矿—件杂货"重来重回物流新模式，枢纽成为"一带一路"中非双向物流黄金大通道的始发港。40万吨级矿石码头开展铝土矿卸船作业现场如图1所示。

图1　40万吨级矿石码头开展铝土矿卸船作业现场

近年来，枢纽不断优化货物装船操作流程，确保班轮服务前置化、班轮作业精品化、班轮衔接无缝化，不断畅通中非双向物流黄金大通道。2022年，中非黄金物流大通道成为"中国制造"的主力出海口，出口量完成183.5万吨，同比大幅增长72%。

2. 建设能源强港，畅通腹地产业发展"大动脉"

（1）打造原油接卸储运一体化全程物流服务体系。近年来，枢纽积极对接山东中西部地区炼化原料需求，充分发挥西港片区深水大港条件优势，投资建设烟台港原油接卸储运一体化项目，满足腹地内炼化企业需求，并顺势启动二期项目投资建设，目前已建成包括2座30万吨级原油码头、7座5万～10万吨级液化油品码头、271万立方米仓储罐区、560千米烟（台）淄（博）原油长输管道及复线工程，码头、罐区、管道三者相互连通、互为依托，形成了一个完整的综合油品储运体系。烟淄原油长输管道是国内第一条具有加热保温功能的原油长输管道，投产以来，依托自主开发的"智脑系统"，在国内率先实现了原油储运全息智能排产。并且管道具备加热保温功能，可输送高凝高黏油品，此外还具备多油种顺序输送等功能优势。烟淄原油长输管道年输送能力达4000万吨以上，直连客户11家，有效保障了原油进口供应链陆上运输环节的稳定畅通。同时，为满足原油疏港需求，枢纽内西港片区上线两条油品专用铁路装卸作业线，装车能力达 500 万吨/年。依托原油长输管道和火车作业线，枢纽西港片区已经搭建起涵盖水路、管道、铁路、公路等多种运输方式的原油输运网络。30 万吨级原油码头靠泊作业现场如图 2 所示。

图 2　30 万吨级原油码头靠泊作业现场

另外，枢纽紧抓山东省"一号工程"——裕龙岛炼化一体化项目建设契机，加快推进与裕龙岛炼化一体化项目相配套的原油接卸储运项目建设，包括西港片区第三个 30 万吨级原油码头、105 千米原油管道及 102 万立方米配套罐区工程，其中原油管道已开工建设，配套罐区正在开展前期工作。配套项目建成后可为裕龙岛炼化一体化项目提供集原油接卸、仓储以及管输于一体的一体化全程物流服务，推动烟台市加快进入高端化工领域、融入大产业时代。

（2）建设 LNG 接卸储运和冷能综合利用一体化项目。为保障地区能源安全、助推新旧动能转换、改善国计民生和环境质量，满足国家对 LNG 资源的储备需要，同时为进一步完善港口功能，提升港口核心竞争力，枢纽加快推进西港片区 LNG 接收站项目建设，共建设 1 个 26.6 万立方米接卸泊位和 1 个 5 万立方米转水泊位，以及 5 座 22 万立方米 LNG 储罐及相应配套设施，预计 2024 年建成投产。项目建成后，将形成油气结合、调度灵活、保障有力的油气综合能源储运体系，西港片区将被打造成为中国北方清洁能源分拨交易中心，在为山东省新旧动能转换提供重要支撑的同时，也为在港区后方大力发展冷链产业奠定了基础。同时，依托西港片区 LNG 接收站项目，枢纽在西港片区规划建设冷能综合利用产业园区，加大招商引资工作力度，引入 LNG 产业链上下游企业进驻，创新业务发展模式，推动产业链条延伸，在 LNG 作业区后方大力发展冷能利用、冷链物流、燃气发电、冷能空分等临港产业，吸引相关配套企业落户港区后方，促进港产城融合，打造港区、城区、园区"三区互融"新地标，助力烟台市城市规模和经济质量的进一步提升。

3. 助力汽车产业，打造中国北方商品车物流枢纽港

烟台市汽车产业发达，上汽通用烟台东岳生产基地与芝罘湾港区仅有 20 千米距离。为服务汽车产业发展，枢纽以建设中国服务最好的汽车码头为发展目标，全力打造中国北方商品车物流枢纽港，枢纽商品车滚装码头如图 3 所示。先后开发了雪铁龙DS、日产、本田、重汽、吉利、舒驰客车、斗山机械、雷沃重工等新客户，并与安吉物流、中海客轮、渤海轮渡、深圳长航、安盛船务、EUKOR 等国内外知名船公司精诚合作，成功开辟烟台至大连、上海，以及北美洲、非洲等 10 多条内外贸商品车滚装运输航线，商品车吞吐量逐年攀升，业务范围由码头装卸向集装卸、仓储、分拨、零部件运输等功能于一体的全程物流方向发展。

图 3　枢纽商品车滚装码头

2022 年，枢纽新开通"烟台—中东""烟台—欧洲"外贸滚装航线，外贸滚装航线达到 9 条，内贸航线达到 5 条，并成功争取 EUKOR、GLOVIS 非洲航线双班挂靠，商品车中转枢纽港建设实现"提档升级"；依托于外贸航线增加，新增名爵、长城、长安、江淮、奇瑞、福特等众多品牌，新增斗山、现代、沃尔沃等品牌国际中转业务，进一步丰富中转货源结构，形成了"以航线带货源、以货源促航线"的良性循环。枢纽已经发展成山东省内规模最大、航线最多的港口，也成为中国北方重要商品车物流集散基地、国内沿海第五大商品车物流集散港和第三大外贸出口港。

4. 打造全球矿产品保税混配中心

依托中国（山东）自由贸易试验区烟台片区、烟台综合保税区等政策叠加赋能，以及码头、仓储、物流、混配工艺等多项业务优势，枢纽混配业务规模不断做大。2022年，完成铁矿混配转口883万吨、原油混兑646万吨、铜精矿混配31万吨，实现多货种、多品类混配齐头并进的发展势头，原矿"买全球"、混矿"卖全球"的贸易格局已经形成。一是铁矿石混配。立足四种物料高精度自动混配先进工艺，叠加"全系统、全流程、全自动"的全球首创干散货专业化码头优势，与巴西淡水河谷携手开展混矿业务，为国内外钢铁行业企业提供"低成本、高效率"的物流服务，实现卸船、装船、混配、装车全流程自动化作业。二是原油混兑。自主研发的原油储存混输系统已获得国家实用新型专利，可通过混卸、混调、混输三种操作方式，实现多油种精细化调兑和多比例智能化配输，为客户提供定制化混兑服务；首创中国（山东）自由贸易区烟台片区保税原油混兑模式，大幅降低企业采购成本和资金占用，成为我国北方最大的原油混兑基地。三是铜精矿混配。实现三种物料混配作业，在原有工艺流程上将设备迭代升级，带动效率提升30%，全力打造铜精矿生产作业"零"损耗流程体系。

（二）依托枢纽独特优势，打造特色化物流服务功能

1. 着力满足腹地需求，打造环渤海湾集装箱中转枢纽

枢纽腹地经济繁荣，集装箱运输及相关服务需求量大，涵盖集装箱中转、堆存、保管、拆装、修洗、冷藏箱预检、"散改集"、海铁联运等需求。立足于此，枢纽构筑起了涵盖环渤海湾、东三省、长江沿线、珠三角和华东华南地区，以及韩国、日本、东南亚的内外贸集装箱全程物流运输网络。2022年，枢纽集装箱吞吐量达到412万标箱，与三年前同口径相比增长33.9%。内贸方面，通过强化与渤海湾内部各港合作，推动潍坊、东营、滨州、寿光等支线稳定班期、加密网络，不断开发内贸"散改集"货源，着力打造环渤海湾集装箱中转基地；与辽宁港口深化合作，发挥好烟台—大连"双八字"中转航线优势，依托烟大黄金水道，形成沿渤海湾南岸东西双向辐射的中转路径；强化与河北港口合作，开通秦皇岛—烟台—泉州内贸航线，通过双向合作，进一步吸引环渤海地区适箱货源在枢纽形成聚流合力；运营"烟台—锦州""烟台—泉州""烟台—广州"等南北自营干线，进一步完善枢纽内贸集装箱南北干线布局，有效提升渤海湾支线的进出口箱量和运营收益，区域流转货物由中转改为直达，对拓延南北货源范围、拉动枢纽本土出口货源、提高港口核心竞争力起到积极作用。外贸方面，目前共开辟了日本、韩国、东南亚等外贸航线30余条，日韩集装箱航线达到19班/周，提供直达日韩、东南亚等主要港口的航线服务。目前，枢纽正发挥中国（山东）自由贸易试验区烟台片区、中日韩产业园、RCEP等多重政策赋能优势，持续优化日韩、东南亚航线。

2. 依托天然优势，打造东北亚客货滚装中心

依托烟台至大连天然"黄金水道"优势以及毗邻日韩的区位优势，枢纽客滚运输产业发展迅猛，渤海湾客滚运输呈现良性循环趋势。为进一步放大客滚运输优势，枢纽积极推进客运滚装业务一体化运营体制改革，将位于芝罘湾片区等地的现有客滚业务"三地四站"进行统一集中管理，实行市场开发、商务政策、航线布局"三统一"，促进客滚业务的专业化、规模化和品牌化发展，成为连接华南、华中、胶东半岛地区、东三省以及日韩之间人员、物资流通的重要枢纽。枢纽主导编制的《客滚运输服务规范》作为山东省地方标准正式发布，填补了山东省乃至全国客滚运输行业的空白。

（三）建设多式联运通道，完善现代化交通运输体系

枢纽通过设立内陆港、布局新航线、开通新班列等方式，推动多式联运通道建设，进一步完善现代化交通运输体系。

1. 建支点，打造市场开发"桥头堡"

加大德龙烟、黄大、朔黄等铁路沿线货源开发力度，相继开通湖田、桓台、枣庄、万庄、南定、平原、梁邹 7 个内陆港，连接鲁西南、鲁西、河南等地，并纵向延伸到山西、陕西、内蒙古等内陆省份，逐步构建起"海港＋陆港"协同发展的新格局。

2. 联通道，畅通市场延伸"主动脉"

东北方向，与大连港、丹东港、营口港签署战略合作协议，开通"烟台—大连"内贸集装箱两港一航"双八字"精品航线。西部环渤海方向，与国能黄骅港、河北黄骅港、曹妃甸港、唐山港等港口签署战略协议并持续推进合作，着力构建环渤海水水转运新通道；打造"潍坊—烟台—青岛"三港一航双支线服务模式，实现"烟台—青岛"集装箱内支线"天天班"稳定运营。拓展海铁联运通道，加强与铁路合作，推动成立烟台海铁联运工作专班，首发"安阳—烟台"海铁联运出口尿素班列，开辟"鲁西南—龙口"的铁运新通道，2022 年实现化肥班列到港 25 万吨；成功争取国家"西煤东运"第二大通道延伸至烟台，打通"正向运煤、反向运矿"的"重去重回"双向物流通道，2022 年正向运输煤炭 350 万吨，回程运输铁矿石 300 万吨。

3. 扩扇面，构建目标市场"增长极"

枢纽依托综合保税区政策赋能与"齐鲁号"欧亚班列始发站叠加优势，深入参与连接东北亚—中东欧国际海铁联运通道建设，创新与日韩港口联动，打造欧亚班列海铁联运集结中心，引导外贸市场向"一带一路"沿线国家及 RCEP 国家拓展。

（四）强化科技赋能支撑，建设现代化智慧绿色港口

1. 搭建数智物流平台，提升智慧化港口服务能级

着力打造"五系统＋两平台＋两体系"的智慧信息系统架构（五个系统：分析决

策系统、生产经营系统、内控管理系统、服务应用系统、智能化系统；两个平台：数据技术平台、硬件基础平台；两个体系：信息化建设保障管理体系、网络安全体系），推进涵盖"智慧大脑、智慧服务、智慧管控、智慧生产、智慧装备、智慧基础"六大要素的智慧港口建设，推动实现管理调控集约化、码头作业智能化、运营决策智慧化、物流服务生态化、基础设施平台化，为助力港口业务转型升级和高质量发展提供了强力支撑。智慧信息系统架构示意如图 4 所示。

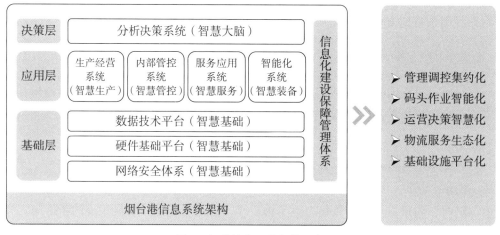

图 4　智慧信息系统架构示意

（1）管理调控集约化。

推进内部管控系统规范化、一体化建设，补齐内部管理短板，实现精细化、集约化管控。一是建设生产业务一体化系统，全面梳理分析并再造优化业务管理流程，实现枢纽各片区"数据一张网、系统一平台、生产一中心、业务一流程、服务一站式"，进一步提高生产作业效率和港口服务水平。通过上线此系统，枢纽主要生产业务流程由 35 个减至 12 个，压缩66%；功能单元由 1300 个减至 721 个，压缩45%；船舶进出港反馈时间、作业单证办理时间、调度交接班时间等均压减 50% 以上，达到了"标准一致、数据共享、流程统一、集中管控、单一窗口"的预期效果。二是建设人力资源智慧平台，覆盖组织机构、人事档案、人事异动、薪酬体系、考勤管理、报表分析、文档管理、党团管理等全方位人事管理体系，全面提升人事管理效率。采用"统一规划、分步实施、突出重点、逐步完善"的建设思路，优化业务流程，规范人事管理制度，建立新的薪酬管理体系，强化激励作用，整合企业人力资源信息，打造信息共享的网络平台。三是建设安全应急一体化综合平台，整合安全风险分析与评价、安全综合信息管理、安全生产标准化管理、风险分级管控、隐患排查治理、安全生产监管、危化品巡检管理等相关功能，通过安全管理专题图动态展示安全管理实时动态及历史状态；通过应急专题图动态展示应急演练及救援实时动态，通过沙盘模拟事故救援。

（2）码头作业智能化。

一是开发应用于干散货专业化码头的全自动控制技术。利用三维激光扫描技术、高精度定位技术、PLC（可编程逻辑控制器）控制技术、计算机软件等，在实现抓斗式卸船机自动化卸料作业控制、皮带机连续输送作业控制、堆取料机自动化作业控制、堆场矿石混配作业控制、装车机自动化装车作业控制的基础上，按照装卸流程作业线建立设备连锁控制模型，研发矿石码头作业全流程自动化控制系统，实现在卸船流程、混配流程、装船流程和装车流程中的自动化控制，实现码头作业全流程自动化和集中管控目标，提高了码头生产和管理效率。二是开发应用物联网系统。通过建立物联网采集管控平台，结合门机、流机智能改造，实现传统散杂货码头作业机械设备数据采集的标准化和流程化，推动调整优化生产资料要素配置，实现对港口生产设备的智慧化管理，让生产设备"能知、能看、能说"，以数据提升生产设备利用率，降低生产设备能耗，提升生产设备投入产出比，为港口资源合理调度提供一手资料。三是开发应用集装箱智能理货系统。通过对集装箱岸桥的智能化改造，将理货业务从人工岸边理货的传统模式转变为"以理货后台中控室为主，以码头前端少量流动哨位为辅"的模式，缩减人员30%。同时，将装卸作业数据实时推送至码头公司生产系统，有效提高了码头生产作业效率。推进数字堆场的建设，从生产计划管理与作业流程管控、堆场安防管控、精细化生产运营等方面实现码头三维数字重构、远程实时监控、堆场数字化管理，实现堆场内货物的智能查询、精准定位、智能派工、辅助决策。

（3）运营决策智慧化。

依托管道智慧大脑系统提供的各维度智能辅助，改变主要依赖人工经验和手工操作的传统决策格局，实现管道智慧决策的转型和升级，达到提升计划决策效率、作业衔接效率、产能利用率，改善库存周转及降低运营成本的目标。

（4）物流服务生态化。

通过完善物流信息网及港易通 App，利用移动互联网、区块链等技术，迎来船舶代理、货代订舱、车队业务等客户服务的"掌上时代"，为各相关方提供数字化、可视化全程物流监控平台，实现枢纽港口业务办理从"面对面"到"线上办"再到"掌上办"的转变。目前，物流信息网已注册用户 2 万个以上、企业 5000 多家，为用户提供10 多个业务模块的线上办理服务，为枢纽进一步优化营商环境、打造服务名片提供了强劲动能。

（5）基础设施平台化。

枢纽不断推进实施智慧港口信息基础设施工程，推进网络基础平台、网络安全体系、数据中心等建设更新，运用云平台和虚拟化等技术优化整合资源，提高基础设施支持效能，提供高效稳固的智慧基础支撑平台。一是整合并优化港区现有基础设施，实现 5G 网络信号的全覆盖，已完成港区 5G 专网核心设备的安装及 51 座基站建设。为港区提供高速便捷、安全可靠的信息传输网络，满足基于 5G 的物联网数据采集回传、门机改造监控回传、智能理货等应用业务需求，保障枢纽从传统港区向智慧型港区的转型发展升级。二是光纤传输系统升级改造里程超过 1600 千米，服务于多项跨港区业务。三是推进网络安全建设。基于"同步建设、同步规划、同步使用"的原则，确定关键节点网络安全防护设备部署方案，搭建网络安全态势感知平台、威胁与漏洞管理平台、综合日志审计平台、Web 应用防火墙、上网行为管理平台等，通过技术手段做到关口前移，由被动防护变主动防御，实现"积极预防、及时发现、快速响应、协同防御"，提升管理技术水平，及时发现威胁风险，支撑安全决策和应急响应，建立全局预警机制，构建安全计算环境、安全通信网络、安全区域边界、安全管理中心，增强整体网络安全防护能力。

2. 推进渤海湾客（货）滚船舶岸电常态化运用

目前，船舶靠泊码头期间主要使用传统燃油发电机发电。据统计，发电机 24 小时不间断工作排放的大量二氧化硫、氮氧化物、PM_{10} 及 $PM_{2.5}$ 等污染物，占港口大气污染物的 60% 以上，碳排放量占靠泊区总碳排放量的 50% 以上，是影响港口环境空气质量的重要因素。

为落实"双碳"目标，枢纽扎实推进岸电建设及常态化使用工作，持续赋能绿色低碳发展，新建客滚泊位岸基高压电源 5 套，采用高压上船方式可为船舶提供 6kV/50Hz 电源，内设两台隔离变压器及相应进（馈）线系统，可同时为两个接电点提供高压电源，在联船、退出及转换过程中可不断电无缝切换，实现岸基供电全程替代传统船舶燃料发电，为船舶作业提供源源不断的电能，有效减少靠港船舶大气污染物排放和碳排放。

2022 年 4 月 16 日，"中华复兴"轮正式开始岸电常态化使用，枢纽成为渤海湾首个非自有客滚船舶常态化使用岸电的港口。目前，枢纽全部客滚泊位已实现岸电设施全覆盖，可满足靠泊枢纽码头的全部大型客滚船舶常态化接电需求。截至 2023 年 4 月底，累计供电 227 万千瓦时，接电 1071 次，接电时长 5151 小时，节省船舶燃油 327 吨，减少二氧化碳排放 1018 吨。

三、枢纽建设发展成效

2022 年，作为枢纽龙头企业的山东港口烟台港集团有限公司全年完成货物吞吐量 4.05 亿吨，同比增长 10.5%；完成集装箱吞吐量 412 万标箱，同比增长 12.8%。三年内实现港口货物吞吐量增长 1 亿吨、集装箱增长 100 万标箱的跨越式发展。

（一）运行效率突破提升

枢纽秉持"现场就是市场"的理念，将系统性效率提升作为服务能力建设的重要突破点，不单纯追求某一环节的单点效率，而是把握效率、效能和效益的最佳平衡点，着力提升整体效率，通过全要素统筹、全周期管控、全流程优化、全环节提效，达到系统性、可持续的综合效率提升效果。已提炼形成并推行"5＋5"常态化系统性效率提升工法（即"抓两头、压停时，大计划、短流程，细调配、快衔接，精属具、优工艺，信息化、云管控"提效"5"招；"细考核、逼动力，赛效果、强引领，比现场、共提升，调结构、提效能，建体系、固长效"保障"5"法），散杂货船舶作业效率提升了20%，商品车装卸船效率提升了6.3%，集装箱生产效率提升了12%，铁路作业效率提升了8%。

（二）集成服务体系全面建成

坚持"以市场为导向、以客户为中心"的原则，围绕客户多元化、差异化的服务需求，集成各方资源，拓展港口功能，提供综合物流解决方案，全面实施集成服务体系建设。体系包括单位内部服务集成、跨单位业务集成、跨业态功能集成三个方面，即对各类要素、资源、服务、业务和业态进行"打包组合"，统筹输出全流程、全链条综合服务解决方案，做到客户服务一个团队、一站响应、一套方案、一步到位。

（三）疫情防控精准有力

坚持常态督导、快速反应、精准施策，筑牢疫情防控堤坝，全力保障生产平稳有序，畅通地方生产生活物流供给通道，为地方平稳度过疫情时期、保障经济社会发展作出了积极贡献。一是根据疫情变化情况及上级政策调整，动态修订完善各类疫情防控制度，2022年，累计更新《山东港口烟台港全面做好新冠肺炎疫情常态化防控工作方案（第五版）》等60余份制度类文件，有效管控高风险点，保持疫情防控常态化规范管理。二是加强重点领域重点人员管理，针对卡口管理、进口集装箱货物作业、国际航行船舶作业、水路客滚运输管理等重点领域，以及大货车司机，从事进口冷链、非冷链、登临国际航行船舶等作业人员按照相关规范要求研究制定专项防疫管控措施，切实筑牢枢纽疫情防线。

（四）服务区域经济社会发展效果突出

近年来，枢纽融入地方发展大局程度更加深入，助力腹地经济增长贡献更加突出，《烟台日报》等媒体高度赞扬山东港口烟台港是烟台市的"金牌合伙人"，连续两年被评为烟台市十佳功勋企业和支持烟台发展突出贡献单位。2022年，枢纽纳税10.5亿元，同比增长84.2%；贡献外贸进出口额363.4亿元，同比增长13%。按照每万吨港口货物吞吐量对全市GDP的贡献为110万元、可以创造20个就业岗位的测算标准，

2022 年山东港口烟台港 4.05 亿吨吞吐量，对全市 GDP 的关联贡献达到 445.5 亿元，直接和间接创造就业岗位 81 万个。

四、发展方向与未来展望

（一）畅通物流枢纽联动大通道，拓展物流通道经济产业链

一是构建海陆空铁管五向物流大通道，完善港口集疏运体系。加快各港区疏港高速功能完善，进一步融入国家高速公路集疏运网络；依托枢纽紧邻烟台蓬莱国际机场和临空经济区优势，拓展枢纽辐射范围；发挥德龙烟铁路和欧亚班列效能，畅通枢纽西向铁路运输大通道，优化完善集疏港运输结构；利用"管道智脑"系统优势，以及质押监管、易货互保等增值措施，实现油品业务稳定增长。二是充分发挥多式联运优势特色，形成陆向联运大通道。进一步放大环渤海鲁辽公铁水滚装联运示范工程、烟台港陆海联动集装箱公海铁多式联运示范工程等国家级、省级示范工程项目的带动效应，完善陆海空换装转运体系，形成便捷、高效、智慧、绿色、安全的多式联运大通道。三是大力推进陆海双向协同发展大通道，打造辐射全球的物流网络。以枢纽为核心，以多式联运和物流大通道建设为载体，以内陆重要枢纽节点和园区为支点，加快形成陆海统筹、双向开放、多边延伸的物流通道网络。四是拓展物流通道经济产业链价值链。提升枢纽的辐射带动作用，优化市场营商环境，不断拓展通道经济的产业链和价值链。

（二）以枢纽建设为契机，推动港产城一体融合发展

一是加快港口转型升级，支撑构建以枢纽为核心的现代供应链体系。统筹港口和社会物流资源，构建集码头装卸、运输、仓储、船代、货代、保税、加工、查验等一体化供应链综合服务体系，形成以港口为核心、以综合物流服务特别是供应链管理与供应链金融为核心的港口现代物流产业集群。创新发展电商物流、冷链物流、保税物流等专业物流服务体系，建设供应链金融中心、大宗商品交易服务平台，逐步实现从港口服务提供者到以港口为节点的现代物流组织者的转变。大力发展船货代、抵押融资、质押监管、贸易金融、物流金融等供应链金融服务，开展商业保理、融资担保等金融业务，为客户提供"一站式"金融服务，增强港口老客户黏性和新客户吸引力。二是强化港产联动，大力发展冷能利用、高端化工等临港产业。依托 LNG 接收站项目，在枢纽西港片区规划建设冷能利用产业园，发展冷冻冷藏业务和冷链物流，拓展 LNG 在液氧液氮干冰生产、轻烃分离、低温破碎等领域的应用场景，为工业生产、城市生活、车用燃料等多领域提供气源供应保障。三是完善港产城联动机制，构建港口、产业与城市之间的融合发展模式。积极对接烟台市临港产业发展布局，以枢纽为核心组

带，促进研发、生产、贸易、物流等各个产业环节之间的良性互动，推动区域经济高质量发展。

（三）打造要素组织平台，提升物流枢纽经济集聚力

一是提升港口物流战略资源的配置能力，服务国家战略物资流通。紧抓山东港口一体化发展，推动枢纽与青岛港口型国家物流枢纽、日照港口型国家物流枢纽的合理分工与错位发展，扩大枢纽作为中国北方重要的能源进出口基地、LNG 新能源交易中心、矿石中转分拨基地、东北亚客货滚装运输中心、中国北方商品车中转枢纽等的核心优势，推动与黄河流域的交通联系，做好能源及生产物资保障。进一步提高大宗物资国际交易服务能力，促进各类经济要素在枢纽的大聚集、大流通、大交易，通过现代供应链协同等方式，有效通过链条延伸拉动枢纽经济发展，打造以国家战略物资为主体、支撑国内大循环的枢纽经济样板。二是整合联动中国（山东）自由贸易试验区烟台片区等多重资源，加快完善保税物流体系。推进枢纽与中国（山东）自由贸易试验区烟台片区、综合保税区、中韩（烟台）产业园等各类园区联动发展，放大"港口＋自贸＋保税"政策叠加效应，大力发展跨境电商、保税交割、融资租赁、服务外包等新业态新模式，打造以保税物流服务为核心，集口岸通关、保税仓储、流通加工、国际采购、国际配送、国际贸易等多功能于一体的国际综合物流服务体系。持续推进投资和贸易便利化，培育壮大跨境电商产业，做大矿产品保税混配规模，推动建设东北亚矿产品交易中心。大力发展保税加工和分拨配送业务，完成进口粮食、肉类、水产品等指定监管场地查验和储存一体化、深加工生产线等相关配套设施建设。三是构筑以开放共享为目标的物流资源要素集聚新平台。按照"开放共享、互利共赢"原则，不断完善物流交易、联运组织、区域分拨、库存管理、保税通关、交易结算、金融保险等综合服务功能，吸引大型航运公司、货代企业、物流服务商、金融保险机构、融资租赁企业等不同类型的市场主体在枢纽内及周边区域聚集，构建极具活力的港口物流服务生态圈，提升枢纽承载城市整体竞争力和经济发展质量。

（撰稿人：于沉涛、李守国、孙传卫、王启宝、王佳佳）

第三章

空港型国家物流枢纽

南京空港型国家物流枢纽

建设区域互联物流枢纽　发展产业互通临空经济

南京市位于江苏省西南部、长江下游，是"一带一路"、长江经济带交会点重要枢纽城市，长三角特大城市，南京都市圈中心城市，以及中国东部地区重要的中心城市。2022 年南京市完成地区生产总值 16907 亿元，规模以上工业总产值 15321 亿元，形成了以软件与信息服务、智能电网、新能源汽车、钢铁、石化、金融等产业为主导的多元化产业结构。南京市是全国综合交通枢纽，交通运输网络体系发达，对内可以实现与 24 个省会城市铁路快速通达，形成沪宁杭合"一小时高铁交通圈"；对外可以通达国内外 147 个城市，与东北亚、东南亚城市形成"4 小时航空交通圈"。2022 年南京空港经济开发区（江宁）管理委员会牵头申报的南京空港型国家物流枢纽（以下简称"枢纽"）成功入选 2022 年国家物流枢纽建设名单。枢纽的建设，将有利于发挥南京国际性综合交通枢纽、南京都市圈核心枢纽、区域性航空枢纽的叠加优势，形成联通国际国内的物流网络，推动国家物流枢纽网络建设，支撑构建安全可控的产业供应链体系。

一、基本概况

（一）区位交通

南京市是国际性综合交通枢纽城市，是江苏省唯一同时拥有千万级大型机场、亿吨级港口和国家级高铁枢纽的城市。南京市位于国家"八纵八横"高铁网格局中京沪通道（"一纵"）和沿江通道（"一横"）的交会点，是全国 19 个铁路综合枢纽之一，已建成 476 千米铁路运营里程和 234 千米高速铁路里程，高铁动车通达 24 个省会城市，1 小时通达上海、杭州、合肥，2 小时基本通达省内所有设区市。枢纽位于南京市江宁区、溧水区，处在南京都市圈的几何中心、南京国家级临空经济示范区的核心区域，南边临近沪武高速，东边靠近宁宣高速，西边是宁黄高速。枢纽内的南京禄口国际机场是全国区域性航空枢纽、江苏省最重要的空中门户、航空货物和快件集散中心，是长三角世界级机场群核心区域枢纽机场，拥有 202 条国内航线和 44 条国际航线，通达国内外 147 个城市，与 11 个"一带一路"沿线国家实现了直航，已成为华东地区除上海之外同时直航欧洲、美国、澳大利亚的城市。

（二）空间布局

枢纽依托已建成的南京空港江宁快递产业园（国家级示范物流园）、南京溧水航空物流园（省级示范物流园）和中国邮政航空速递物流南京集散中心、菜鸟南京空港智能骨干网项目等19个大型物流项目，规划建设航空货运区、保税物流区、跨境电商区、快递物流区、供应链物流区、智能仓配区、临空服务区七大功能区，规划范围包括南、北两个片区，占地面积约7.43平方千米。目前两片区内市政道路、雨污分流、租赁住房等基础设施建设正加快推进，国际国内货运站改造、快件中心与货运站搬迁等机场物流设施建设全面启动，快递物流、生产性物流、冷链物流等补短板项目有序引进，南京综合交通枢纽城市功能得到进一步强化，区域辐射能力不断增强。

（三）运营主体

枢纽运营主体采用战略联盟形式，由南京空港枢纽经济区投资发展有限公司作为牵头组织主体，承担运营情况和监测数据报送工作。运营主体联合南京溧水经济技术开发集团有限公司、东部机场集团有限公司，以及中国邮政航空、深圳航空、吉祥航空等基地航空公司，顺丰、圆通等航空快递企业，普洛斯、宝供等物流与供应链管理企业，领航跨境物流企业、中储智运等网络货运平台，孩子王、益丰大药房、卫岗乳业等专业物流企业等主体，合力负责枢纽运营工作。

（四）建设模式

枢纽采用"政府支持＋管委会管理＋公司建设运营"的综合开发建设模式。政府负责顶层设计，由南京临空经济示范区建设指挥部统筹协调南京空港经济开发区（江宁）管理委员会、南京溧水经济开发区管理委员会、东部机场集团有限公司，目前已推进成立南京临空经济示范区管理委员会，保障和支持枢纽的开发建设。南京空港枢纽经济区投资发展有限公司作为建设牵头主体，联合南京溧水经济技术开发集团有限公司、东部机场集团有限公司协同推进枢纽的建设。

（五）功能定位

枢纽功能定位目标是高质量建成"三大枢纽"。一是服务长三角的国际性航空物流核心枢纽，进一步织密具有全球竞争力的国际国内航空货运航线网络，形成支撑长三角世界级机场群航空货运体系建设的强支点。二是辐射全球的国际邮件快件集散枢纽，打造全国最大、功能最全、服务最优、智能化水平最高、信息化程度最强的国内国际邮件快件集散中心。三是面向世界级产业集群的全球供应链组织枢纽，构建覆盖采购分销、检测维修、研发设计、流通加工、展示交易等环节的供应链服务体系。

（六）物流需求来源与服务对象

南京市是长三角辐射带动中西部地区发展的重要门户，面对的经济腹地物流需求规模较大，如居民的高端消费、高新技术产品、跨境电商产业的快速发展带来了巨大的航空物流需求。面向长三角地区和南京临空经济示范区的航空制造、新能源汽车、生物医药、高端装备制造、节能环保和新材料等先进制造业，枢纽依托南京宝供江宁仓储服务有限公司、南京诚通国际物流港有限公司等3PL（第三方物流）企业、快递快运企业以及枢纽高能级网络，为先进制造业企业提供集采购、原材料物流、仓储配送、供应链金融、国际货代、JIT（准时生产方式）、线边物流、大数据服务等于一体的供应链服务；依托南京空港保税物流中心（B型）、南京空港跨境电子商务产业园，为品牌商、分销商、零售商等企业及消费者提供"一站式"通关、保税仓储、保税加工、保税备货、保税直邮、线上交易、分拨配送一体化供应链服务；集聚供应链管理、快递、公路运输、货代、冷链等物流与供应链企业，提供货物运输、分拨分销、城乡配送、保税仓储等全链条服务的分销分拨供应链服务，满足区域居民消费等商贸物流需求。

（七）基础设施配备

枢纽围绕干支配一体化、供应链上下游对接、国际服务功能协同等，整合各物流设施资源，对不同业务需求按照模块化方式串联和融合，通过"设施共享＋主体协作＋平台互联"的路径，构建通达全球、布局合理、供需匹配、协同联动、安全高效的物流设施体系。目前枢纽整合了南京空港保税物流中心（B型）、跨境电商产业园、机场货运区等物流设施、国际货邮与快递快运物流设施（中国邮政核心口岸及菜鸟、顺丰、邮政、圆通、百世等快递物流设施）、公共仓储设施（普洛斯、安博、泉康等高标准仓储设施）、第三方物流企业设施（宝供、中国物流、佳马储运等供应链管理设施）、企业自营物流设施（孩子王、盒马鲜生、卫岗乳业、益丰大药房等仓配设施）等，有效保证了空港物流的高效运转。南京菜鸟物流园如图1所示。

二、主要做法与特色经验

（一）全面落实增量补短板建设

自2017年恢复全货机航线以来，枢纽内的南京禄口国际机场国际货运业务规模总体呈现上升趋势，但对比南京经济发展规模、制造业发展水平、省会城市地位以及南京禄口国际机场的货物运输能力基础，国际货运发展仍是短板。从2020年国内主要机

图1　南京菜鸟物流园

场的客货比来看，南京禄口国际机场货运功能略高于全国平均水平（客货比53.32），但是对比国内航空货运发展领先的上海浦东国际机场、广州白云国际机场、深圳宝安国际机场、北京首都国际机场、郑州新郑国际机场、杭州萧山国际机场仍有较大差距。结合枢纽的功能定位、战略定位和功能区建设，南京禄口国际机场开通了至大阪、芝加哥、阿姆斯特丹的全货机航线，境内货邮通达28个省市。目前，南京禄口国际机场有国际快件、跨境电商、南京空港保税物流中心（B型）等监管场所和特殊监管区域，拥有处理能力世界第三、亚洲最大的中国邮政航空速递物流集散中心，成功引进了中国邮政航空、顺丰全货运航空、金鹏货运航空、中都友邦国际物流4家航空公司的全货运项目。机场已开通的14条国际航线中，全货机航线共有8条，每周累计执行航班班次23班；客改货航线6条，每周执行累计航班班次16班。随着全货机航线和客改货航线数量的增加，南京禄口国际机场国际货运能力呈现上升趋势。2022年，南京禄口国际机场完成货邮吞吐量72万吨，同比增长5.2%，其中国际航线6.6万吨，同比增长25%，较2019年增长18%。

（二）着实做好高位协调机制优化

枢纽由江宁、溧水、机场三大板块构成，分属江宁区、溧水区、东部机场集团有限公司管辖。与国内先进航空港的"大机场"的管理体制相比，枢纽建设的高位协调机制尚显不足，制约了资源的优化整合、产业的集聚提升和管理效率的提高，体制机制的障碍是制约枢纽发展的重要因素。在强化枢纽建设的过程中，通过构建大机制，高位协同推进枢纽建设——2021年11月和2022年8月，江苏省委机构编制委员会办公室、南京市委机构编制委员会办公室分别印发文件，成立南京临空经济示范区党工委、管理委员会，拉开实体化运作的序幕，在建设空港型国家物流枢纽、全力恢复国际货运航线、打造邮货综合核心口岸、建设国际快件中心、全力恢复口岸功能等方面开展多项工作。在2022年年底国内新冠疫情防控政策优化后，为加快推进南京禄口国际机场国际航空货运高质量发展，由南京临空经济示范区管理委员会牵头，联合东部机场集团有限公司、南京禄口国际机场海关、江宁开发区管理委员会、溧水开发区管理委员会成立禄口机场国际航空货运发展推动小组，抢抓国际航空货运枢纽发展机遇，持续优化货运航线网络，抢抓市场先机，丰富特色产品种类，完善航空物流生态链，进一步推进航空货运服务高效通达。如在机场冰鲜水产品口岸功能的恢复方面，通过南京临空经济示范区管理委员会、南京禄口国际机场海关、物流企业等多方支持，改变了多品类生鲜只能从上海入境、运输时效低的局面。为做好2023年春节后首批入境南京空港冰鲜产品航班保障工作，枢纽通过提前组织各方制定专项预案，抽调业务骨干成立专项工作小组，优化保障流程，实时关注冷库等设施设备运营情况，并开辟绿色通道，仅用3小时就圆满完成货物卸机、查验、装车等环节，标志着南京禄口国际机场冰鲜水产品口岸功能的全面恢复。

（三）全面推进区域互联网络建设

通过加强与国际国内干线枢纽机场、南京都市圈物流枢纽、南京港口型国家物流枢纽的协同合作，加快推进区域联通的综合物流网络体系建设，实现优势互补，提升通达能效。

1. 与国际及国内干线枢纽机场的通力合作

与国内主要干线枢纽机场的航空货运合作，通过与上海虹桥国际机场、上海浦东国际机场、香港国际机场、北京首都国际机场等联动，完善枢纽间的分工协作和对接机制，通过"直运＋中转"模式，形成覆盖全球的航空货运网络，截至2020年10月，南京禄口国际机场持续运营7个国际（地区）货运航班，分别是台湾中华航空台北航班、顺丰航空台北航班、东航新加坡航班、金鹏航空阿姆斯特丹航班、新加坡酷虎航空新加坡航班、意大利勒奥斯航空米兰航班及俄罗斯阿特兰航空莫斯科航班。同时枢纽拓展优化重点区域航线网络，加强与苏南硕放国际机场、杭州萧山国际机场等长三角区域性航空货运枢纽联动，扩大与成都、重庆、鄂州等内陆地区航空货运枢纽的干支衔接，为周边区域机场提供进出港联程服务，弥补中小机场航线不足、航网覆盖不广的问题，以"卡车航班＋航空枢纽"形式加大重点区域航线密度。

2. 增进与南京都市圈物流枢纽间的协同

与南京都市圈物流枢纽共建"卡车航班"集结点。以枢纽为核心载体，串联扬州、镇江、淮安等南京都市圈主要城市的物流枢纽、物流园区、配送中心，开设无锡到南京禄口国际机场的货运卡车班线（服务国内货运），南京禄口国际机场至上海、郑州、青岛、杭州等多地的国际进港转关卡车航班均在有序运行，如在 2019 年年底南京禄口国际机场开通了由金鹏航空执飞的南京—郑州—阿姆斯特丹（奥斯陆）—金鹏定期国际货运航班。航班将载运由南京启运的包含普货、电商货、危险品等出口货物，以及由阿姆斯特丹和奥斯陆启运的南京进口货物，其中部分进口货物到达机场后，由卡车转关运至全国各地。货物在机场完成转关报关手续后，由集卡卡车从南京禄口国际机场分别运至北京、上海、杭州、青岛、烟台、天津、大连、宁波、广州、成都、重庆、长沙、厦门、福州等目的站，目前南京禄口国际机场已经完成了多批次金鹏航空定期国际货运航班数千吨进口货物的转关保障任务。同时枢纽在集成电路、高端装备制造、生物医药等重点产业集聚区设立航空集散中心，有力支撑了先进制造业的平稳发展。

3. 强化与南京港口型国家物流枢纽的联动

南京空港保税物流中心（B 型）作为机场大通关基地的重要组成部分，进一步复制推广中国（江苏）自由贸易试验区南京片区改革创新措施，强化与南京港口型（生产服务型）国家物流枢纽的南京综合保税区（龙潭片区）联动。采用"卡车航班"等模式与港口口岸实现港空互通互联，推进适空货物空水联运，依托南京市机场高速公路——龙潭疏港公路，实现快速集疏运。与南京综合保税区（龙潭片区）在保税跨境电商（1210）业务、保税商品展示、全球采购等方面实现互补发展。加强与中国（江苏）自由贸易试验区南京片区合作，为台积电（南京）有限公司等集成电路企业提供进出口产品保税、航空物流服务。

（四）大力推进跨境电商创新联动

南京空港跨境电商产业园（如图 2 所示）是用好临空优势、推进跨境电商发展的重要载体，也是国家级跨境电商综合试验区线上综合服务平台和线下产业园"两平台"建设的基础。南京空港跨境电商产业园作为南京市跨境贸易电子商务示范园区、江苏省跨境电商产业重要的承载基地，是枢纽畅通国内国际双循环的重要载体，已先后引进跨易、淘道嗨、伊兰特等 20 多家知名电商、货代企业，引进了 EMS、江苏邮政、转运中国等国际物流企业，以及江苏跨境、药易通、美达跨境等外贸综合服务平台企业，先后荣获"江苏省电子商务示范基地""江苏省新一轮服务业综合改革试点"等称号。作为全省跨境电商产业集聚发展的重要载体，南京空港跨境电商产业园坚持以深化改革、扩大开放释放动能，以国家级临空经济示范区建设为契机，依托枢纽区位优势，深入开展服务业综合改革试点工作，积极构建跨境电子商务监管服务新模式，全力拓展外贸高质量发展新业态、新动能，加速建设国内一流的跨境电子商务示范区。近年

图 2　南京空港跨境电商产业园

来，南京空港跨境电商产业园进出口货量呈现爆发式增长，近 5 年通关货值和通关量均保持 30% 以上的高速增长。主要创新示范内容如下：

1. 推进跨境电商出口海外仓（9810）业务的试点

提升空港跨境现场通关便捷化水平，使得跨境电商 B2B2C（供应商→电商平台→消费者）出口货物按照"跨境电商"类型办理转关，通过 H2018 通关管理系统通关，适用全国通关一体化。

2. 发展联动创新，为工业品跨境出口探索新模式

联动南京综合保税区（南区）在金陵海关关区内试单保税跨境电商 1210 业务，办理工业品跨境电商出口业务。完善国际跨境电商综合服务体系，探索"海外仓＋保税仓"的联动布局模式。

3. 进一步提升整车监管模式的通关效率

创新监管模式，枢纽试点将跨境企业装货过程列入监管范围，进一步提升整车监管效率。跨境 B2B2C 通关商品从企业仓装车环节就列入海关监管范围，避免通关商品重复装卸等操作。实现跨境电商出口货物从入区到放行平均时间控制在 30 分钟内，进一步提升 9710、9810 跨境出口货物业务监管的通关时效。

（五）充分发挥现有在位优势

枢纽充分利用世界级机场群核心节点、临空经济示范区产业集聚、航空物流枢纽通道网络、创新名城资源集聚共享等方面的在位优势，积极争取国家政策支持，加强与行业主管、协会的密切沟通，组织开展国家级物流学术论坛会议，积极招大引强，加快推进做好、做大、做强枢纽。

1. 用好政策支持物流产业发展

依托纳入 2022 年国家物流枢纽建设名单契机，枢纽积极为物流基础设施补短板项目争取中央预算内资金支持，为推介申报的项目做好指导服务，争取上级行业主管部门支持。同时，在江苏省物流产业促进会指导下，南京空港枢纽经济区投资发展有限公司参与牵头组织成立江苏省物流产业促进会物流园区专委会，发挥纽带作用，定期召开会议，第一时间获取和分享物流产业政策和动态，为园区物流企业搭建沟通平台，互通发展资源，提供政策咨询服务，助力枢纽物流产业健康发展。

2. 借力引智为产业高质量发展问诊把脉

成功举办 2022 年（第二十届）中国物流学术年会跨年会暨 2023 年（第十五届）物流领域产学研结合工作会，依托国家级平台办会契机，宣传推介枢纽，发挥南京禄口国际机场资源优势，抢抓国家临空示范区的建设机遇，充分赋能枢纽大力推进物流基础设施建设，加快传统物流产业的转型发展。邀请与会专家学者参加南京临空经济示范区 2023 年现代物流业数智化高质量发展暨国际航空货运专家咨询会，为空港物流业发展把脉问诊，提出高质量发展建议。利用物流业数字化、智能化赋能，促进物流创新主体培育，引导物流关键技术突破，推动智慧物流平台建设，打造科技含量高、创新能力强的智慧物流体系。

三、枢纽建设发展成效

（一）总体运行水平

枢纽建设开展以来，保持较快的增长态势，总体运营水平不断提升。

1. 物流业务规模稳步扩大

枢纽物流项目（存量＋增量）共计 30 个，总投资 252.99 亿元，累计完成投资 156.50 亿元，投资完成率 61.9%；其中存量项目 19 个，增量项目 11 个。2022 年新增实际投资总额 12 亿元，实现物流业务收入 174 亿元，完成货物进出口总额 168 亿元。

2. 龙头企业集聚效应突出

枢纽累计入驻企业 160 余家，其中重点物流企业 70 余家，集聚中国邮政航空速递物流南京集散中心、顺丰江苏总部、菜鸟、圆通苏皖总部等一批国内外知名物流企业。2022 年枢纽实现纳税额 11.9 亿元。枢纽建有仓库建筑面积 72.9 万平方米，当年新增 12.2 万平方米，新增冷库 0.4 万立方米。

3. 产业支持力度不断加大

围绕生产制造供应链物流需求，为上汽大众、长安马自达等企业重大项目布局汽车供应链物流，入驻安吉物流、民生住久等汽车供应链服务商。围绕生鲜农产品、乳制品的供应链物流需求，集聚了盒马鲜生、合纵连横、佳农、佳沃、极地熊等企业提供冷链服务。围绕园区企业进出口需求，集聚了江苏跨境等外贸综合型服务平台企业。

4. 智慧低碳枢纽建设走在前列

枢纽已建成以南京禄口国际机场的航空物流信息平台、南京市电子口岸公共服务平台等为基础的信息平台体系，其中自主研发的货检分类分级系统为全国首创，创新货检模式，优化货检流程，得到了中国民用航空局的高度评价。枢纽内企业信息管理系统的应用覆盖率超过90%；依托菜鸟、顺丰、卫岗乳业、孩子王等企业项目，枢纽在物流自动化分拣、货物全程追溯等方面形成了一批智慧样板。

5. 物流平台运营成效显著

依托南京空港保税物流中心（B型）、南京空港跨境电商产业园，以及线上空港跨境电商公共服务平台，形成了完善的跨境电商供应链服务体系。枢纽积极推动跨境电商新业态新模式的发展，持续完善跨境电商服务平台，实现了海关、商检、税务、外管等口岸管理部门高效协同。跨境电商规模不断扩大，2022年南京空港跨境电商产业园共出口575.2万单，货值3.3亿美元，同比增长51%；货重4448吨，同比增长6.4%，跨境商品进出口通关量稳居全省首位。

6. 跨境产业布局持续优化

枢纽积极推进南京禄口国际机场国际快件中心与跨境监管中心的项目整合，打通南京空港跨境电商产业园与机场围网阻隔，实现跨境园区和机场的无缝衔接，加快构建"国际快件＋跨境电商"为一体的多功能口岸平台，进一步提升口岸通关时效。

（二）服务能力状况

随着基础设施不断完善和各类项目建设的不断推进，枢纽的服务能力水平不断提升。

1. 供应链集成服务能力不断提升

枢纽整合了一批公共外库、分拨配送、保税、冷链、快递、云仓等与产业供应链紧密融合的物流设施。依托中国物流、宝供物流等供应链管理企业，以及顺丰、邮政、圆通、百世等快递企业的"三网"（快递、快运和供应链网络）资源，实现"一站式"供应链上下游设施衔接，为上汽大众、长安马自达、孩子王、盒马鲜生、卫岗乳业等知名企业提供供应链服务，进一步提升生产和民生保供能力。

2. 干支配物流设施一体化运作水平不断提高

枢纽内部直接联通机场货运作业区，航空干线货物出港后，通过机场货运区进行装卸、集散，直接进入快递企业、第三方物流企业的仓储配送设施进行储存、分拣、配送，通过网络货运平台的智能调度或物流企业信息系统，由具备干支配一体化服务能力的物流企业，进入外部联通的沪武、宁宣、宁杭、南京都市圈环线（规划），以及 G235、S243、S340、S204、S246 等高等级公路设施，2 小时可快速分拨集散到长三角、南京都市圈主要城市，实现"航空干线运输 + 地面分拨配送"的一体化设施运作融合。

3. 信息平台建设加快推进

枢纽已建成以南京禄口国际机场的航空物流信息平台与南京市电子口岸公共服务平台等为基础的联合信息服务平台体系，为托运人、代理人、承运人及海关等航空物流的参与主体提供了"一站式"信息化服务，以此为模板为中国民用航空局航空物流标准的制定提供依据。

（三）社会贡献情况

枢纽的建设在加快国家物流枢纽网络框架构建、提升区域物流发展水平、保障民生物流服务、推动物流业绿色低碳高质量发展等方面发挥着重要作用。

1. 服务国家战略

一是完善长三角城市群航空物流网络，有效畅通双循环物流通道。建立以"空铁联运 + 空空联运 + 空陆联运 + 区域分拨"为主要特征的长江经济带多式联运网络。多式联运、航空物流、干支配、供应链物流等服务能级明显提升，枢纽间联动增强，枢纽辐射范围的海外城市数量达 54 个、国内地级市以上城市数量达 102 个。二是支撑服务先进制造和贸易新业态，显著降低产业物流成本。相比传统单一公路运输模式，空港多式联运模式的使用使物流成本降低 10% 左右。

2. 提升区域物流发展水平

一是不断完善航空物流网络。进一步畅通国际国内航空物流网络，提高长三角地区乃至我国航空物流供应链体系的全球竞争力和抗风险能力。国内国际航空干线物流网络进一步完善，已开通国际航线 13 条，其中全货机航线 8 条，枢纽集疏运体系和运输网络更加完善，货运地面网络通达全国，基本建成具有突出效率优势的国际航空货运枢纽。二是基本建成联运转运体系。空空、空陆、空铁联运网络通达性进一步提升，扬镇宁马、宁宣铁路等城际铁路以及市域快线 18 号线引入南京禄口国际机场，实现"航空 + 高铁"联运服务，联运服务网络覆盖国内主要城市和国际主要地区。三是进一步提升口岸通关便利化水平。以机场大通关基地为核心的枢纽、口岸融合发展水平不断提升，实现通关环境明显改善，通关流程明显优化，形成空港到其他远程货运站一单式联运服务和具备国际竞争优势的口岸通关服务体系。进境肉类、冰鲜水产品、水果、食用水生动物四大类海关指定监管场地申建取得积极进展，进口冷链食品集中监管仓投入使用。

3. 保障民生物流服务，满足人民群众对美好生活向往

一是民生物流服务品质和保障作用明显增强。枢纽充分发挥物流枢纽核心辐射作用，适应本地电商、直播带货等新业态发展，形成以物流枢纽为核心的配送网络，与商贸流通企业的产地仓、前置仓、配送站、快递驿站、自提点和社区门店高效联通，衔接城乡即时配送、网店配送、门店自提等模式，提高与百姓日常生活息息相关的"最后一公里"配送效率和服务质量。二是战略物资安全和应急物流保障能力持续提升。实现应急物流设施"平战结合"，构建国内战略物资储备基地和应急物流网络，围绕民生物资、医疗物资、应急物资等配送，枢纽应急保障能力进一步增强。建立适应疫情常态化的防疫机制。严格落实"四指定""四固定""两集中"要求，东部机场集团有限公司与海关、边检、机场公安分局等部门建立联防联控机制。南京机场大通关基地的应急隔离"首站公寓"持续发挥作用，为妥善应对疫情防控提供保障。

4. 推动物流业绿色低碳高质量发展

枢纽充分运用区域良好的产业资源，联系南瑞、亿嘉和等企业开展充电桩和充电机器人建设；联系华德、新蓝天等企业开展智能立体库建设；联系科远、中兴开展工业互联建设；联系南瑞太阳能、中电光伏、汉伏能源开展光伏发电建设。邀请标准化机构，对园区企业开展《绿色物流指标构成与核算方法》（GB/T 37099—2018）的宣贯学习；鼓励企业开展《能源管理体系　要求及使用指南》（GB/T 23331—2020）的贯标工作，对建立了能源管理体系的物流企业，在政策奖补、购地扩产方面给予优惠待遇。

四、发展方向与未来展望

（一）发展方向

1. 加强智慧物流建设

以建设智能智慧化园区为目标，推进园区运营和管理水平的快速提高；以园区为基础平台，围绕产业做文章，筑牢"物流链"、构建"供应链"、提升"价值链"；制定出台物流产业的信息化建设标准和接口规范，在提升政府采集产业运行数据效率、降低物流企业信息化建设成本等方面发挥重要作用。

2. 构建供应链管理产业生态

聚焦采购、物流、分销等供应链环节，扩大供应链企业产业规模，打造跨界融合、平台共享、共融共生的供应链商业生态圈；推动物联网、大数据、云计算等新一代信息技术与供应链管理深度融合，提升供应链管理的竞争力，打造集物流控制、信息、贸易、融资、结算等功能于一体的区域性供应链管理中心。

（二）未来展望

构建全球航线网络体系，打造服务长三角、联动东中西、高效通达全球主要货运枢纽和经济体的运输通道，构建高效的现代流通体系，培育一批具有全球竞争力的现代流通企业，构筑辐射全球的航空运输物流基地，助力建设连接全球、辐射全国的国际性综合交通枢纽，为枢纽产业高质量发展提供"张力"。

1. 提升客运服务能力

进一步加快机场客运设施建设，按照现代大型枢纽机场的标准和要求，扩建、新建跑道，建成投运南京禄口国际机场 T1 航站楼南指廊改扩建工程，启动机场三期工程建设，加速推进 T3 航站楼建设；加强与全球大型枢纽的联系，争取新开和加密南京至欧美、东南亚、日韩、澳大利亚、非洲主要城市和地区的直航客运航线。提高航空服务能力和品质，注重机场安全管理，提升机场运行品质和人文品位，打造人文机场；深化 5G 等新一代信息技术在机场日常运营与管理中的应用，推进各驻机场单位信息系统互联互通，打造数字化机场，增强国际航空枢纽的运营能力；鼓励开展全球并购和战略合作，发挥资本的纽带作用，打造服务品质与企业规模均全球领先的世界级航空客运企业集团。

2. 做大做强航空货运

建立航空货运基地或区域航空货运分拨中心，依托龙江航空等本土企业，扩大南京本土航空公司规模，大力招引全货机航空龙头企业，支持拥有全货机机队的航空物流企业入驻机场；制定国际（地区）货运航线发展目标和年度计划，加强与"一带一路"沿线国家、东盟国家等的航线联络，全面构建"东联北美，西至欧洲、中东，南畅大洋洲、东南亚，北达东北亚"的全球航线网络，成为国内国际双循环的重要枢纽；加大航班运力投放，支持航空快件、生产物流、跨境电商、冷链物流等细分专业领域形成独特优势；加大对主基地航空公司的引进培育力度，增强航空货运主导权，打造具有全球竞争力、服务全球的世界级超级承运人，构建自主可控的国际航空物流体系；做好货源组织、供应链服务等保障，积极引进知名航空货运代理，努力增强辐射全球关键节点的集聚分拨能力。

3. 构建多式联运一体化体系

围绕增强国际物流枢纽功能、提升区域集散中转效率等目标，推广跨方式快速换装转运标准化设施设备，推进空铁基础设施、运输服务、技术标准、信息平台等一体化发展，加强南京禄口国际机场与南京站、南京南站、南京北站联动，支持铁路、公路、水运等运输方式与航空运输有效衔接。探索开展航空与城际铁路、城市地铁、道路客运等联程联运模式。充分发挥空港大通关基地功能，拓展卡车航班开行范围、加大开行密度，打造集货物空中运输、口岸通关、区域分拨和本地配送等功能于一体，衔接紧密、运行高效的航空物流体系。

4. 建成特色鲜明的现代服务业集聚区

聚焦现代服务业重点领域和关键环节，发挥枢纽的比较优势，探索具有临空特色的现代服务业集聚化发展路径，围绕港产城融合、航空先进制造中心、开放平台，建设现代服务业集聚区，扩大集聚辐射和示范带动效应，增强产业高质量发展的"引力"。做优临空商务品质。瞄准国际一流水平，突出集群集聚，打造航空特质鲜明、商务功能突出的临空商务中心。围绕与临空经济密切相关的飞机融资租赁、航运保险、贸易融资、法律、会计、咨询等业务，引进金融保险机构、高端咨询公司、征信公司、信用评级机构、资产评估公司、会计师事务所、律师事务所等商务服务机构，着力提升临空商务能级、效益，打造人聚城兴、宜业宜居的精品商务区。

（撰稿人：高创、易剑锋、张智灏）

广州空港型国家物流枢纽

服务湾区深化多式联运提质发展　打造辐射全球国际航空物流枢纽

广州空港型国家物流枢纽（以下简称"枢纽"）位于广州市北部，是落实《国家物流枢纽布局和建设规划》将广州空港发展成国际航空（货运）枢纽、助力广州建设国际性综合交通枢纽城市战略的具体方案和重要成果。枢纽以全国三大航空枢纽之一的广州白云国际机场（以下简称"白云机场"）为依托，充分联动空港经济区、综合保税区等重要平台，重点服务面向粤港澳大湾区，与周边国家物流枢纽协同联动，支撑粤港澳大湾区建成世界新兴产业、先进制造业、现代服务业基地和世界级城市群的全球性航空物流枢纽。建设国家物流枢纽，既是提升广州综合城市功能、推动现代服务业发展、优化现代化国际化营商环境的重要举措，也是广州加快建设国际综合性物流枢纽的重要举措和具体行动。

一、枢纽概况

（一）区位交通

枢纽位于全球第四大湾区——粤港澳大湾区核心区域，粤港澳大湾区是链接中国和世界的全球性商品贸易进出口门户，拥有世界级的机场群和港口群，海陆空交通条件优越，现代化交通运输体系基本形成。作为全国三大航空枢纽之一的白云机场是粤港澳现代交通运输体系的关键主体，是枢纽的核心载体，其航线网络覆盖全球 220 个航点，拥有航线超 300 条，其中国际航线 157 条，可实现从白云机场出发的中国西南、华中、华南地区 2 小时航程覆盖，中国及亚洲地区 4 小时航程覆盖和全球主要城市 12 小时航程覆盖，对外货运通道发达，便捷联系全国乃至世界各大城市。

（二）空间布局

枢纽选址于白云机场北侧及东侧，占地面积共 21.13 平方千米，分主辅片区。其中，主体片区以机场货运区、广州白云机场综合保税区（中区）（以下简称"机场综保区"）为主，带动花都大道以北、大广高速以西等地块，包括顺丰、圆通、京东一期、德邦、中远等项目，占地面积 16.50 平方千米。重点布局航空运输、仓储物流以及流通加工、金融商贸等设施。辅片区包括京东二期、富力物流园、玉湖冷链、唯品会、香雪、申通等项目，占地面积 4.63 平方千米。重点布局冷链物流仓库、展示、分拨、交易、结算、直邮分拨等设施。

（三）功能定位

枢纽重点发展全球航空货邮集散、华南地区航空货运运力整合和多式联运组织等核心功能，以及区域供应链物流服务、国际展贸物流服务和都市圈消费物流服务等区域物流服务功能。发展定位为粤港澳大湾区面向全球的航空物流门户枢纽、服务珠三角地区高端制造业的综合物流枢纽和支持都市圈消费升级的区域物流服务平台。

（四）建设运营模式

枢纽建设由广州空港经济区管理委员会（以下简称"广州空港委"）负责具体统筹协调，以"政府指导、企业为主、市场运作"为原则，通过整合存量企业共同参与枢纽建设，推动省、市、区各级政府联动，做好土地、融资、人才、交通等要素保障工作，强化政策协同和公共设施建设，加强与区域枢纽和设施进行整合，推进枢纽建设，共同构建粤港澳大湾区开放型物流枢纽网络。枢纽运营主体主要包含广东省机场管理集团有限公司（广东省属国企）和广州空港产业投资集团有限公司（广州空港委下属国企），会同枢纽内各物流企业，通过功能联合、平台对接、资源共享等方式，共同推进枢纽开发、建设和运营。

（五）基础设施

枢纽基础设施多方面达到世界一流水平，现有航空货站年货物处理能力 335 万吨，机场三期扩建完成后年货物处理能力将达到 600 万吨。机场综保区普洛斯白云空港物流园、唯品会广州空港跨境电商运营总部、华南生物医药制品分拨中心、航空跨境产业园等 9 个物流项目合计建设规模超过 110 万平方米。白云机场周边在建的一批物流项目投产后将释放超过 200 万平方米仓储作业场所，国际 1 号货站如图 1 所示。枢纽正加快构建空、海、铁、公等多式联运网络，打造全球领先的国际航空枢纽和空铁融合经济示范区。

（六）物流需求来源

广州拥有 600 个左右的专业批发市场，中国进出口商品交易会（广交会）每年吸引近千万名境外客商，在珠宝、美妆、服饰、花卉等多个领域形成辐射全球的供应链枢纽。此外，白云机场已入驻联邦、邮政、民航快递、顺丰、京东、嘉里、敦豪等重点物流企业，口岸跨境电商业务货值连续 9 年居全国空港首位。枢纽的货源多以服装

图 1　白云机场国际 1 号货站

鞋帽类产品、电商产品、电子产品、工业设备、生鲜冷链、生物医药、航材配件、汽配产品为主，依托枢纽内港口、铁路和口岸等交通资源，可以实现为珠三角地区及粤港澳大湾区城市群乃至华南地区以及全国提供货物中转、分拨、集散功能。

（七）服务对象

枢纽利用白云机场航空物流支撑发展全球货物的采购和本地物流配送、消费，以通道带物流、物流带贸易、贸易带产业，重点面向珠三角地区高端电子、高端装备、生物医药等战略性新兴产业生产企业，积极发展专业化、高价值物流服务，开展跨境电商、物流仓储配套、航空贸易等现代化物流，并为广州市商贸集聚区、大型专业市场提供仓储、转运、分拣、加工、工业配送、多式联运等服务。

二、主要做法与特色经验

（一）开创性实施多式联运服务模式

1. 首创华南地区多式联运跨境电商出口服务

跨境电商"退货难"一度成为困扰消费者和跨境出口企业的重大难题。为消除退货障碍，建立快速便捷的跨境电商出口退货机制，枢纽在中国（广东）自由贸易区广州南沙新区片区内率先设立白云机场南沙自贸区空运中心，如图 2 所示，依托"仓储货物按状态分类监管创新制度"，支持企业将出口退货商品与国内生产制造的出口货物一同在保税仓存储，并在南沙提前办妥通关手续，陆运至白云机场，无须再办理通关手续可直接发运国外，大幅缩短了跨境电商出口商品的运输周期，提效达到 50%。该模式以加快构建现代化高质量国家综合立体交通网为基础，实现了海港与空港协同作业联合发展，属华南地区首创，为全国跨境电商产业的发展提供了全新的物流运输服务解决方案。截至 2023 年 3 月，发车总数 9660 余次，共保障货物约 35134 吨、227 万件，发运至全球 25 个城市，预计每年为白云机场带来约 3 万吨的货量收益，为打造粤港澳大湾区跨境电商发展高地奠定坚实的基础。

图 2　白云机场南沙自贸区空运中心

2. 构建机场远程货站陆空联运创新发展方案

为实现白云机场与广州市区货源地之间的无缝连接，畅通货源地与机场间的运输渠道，枢纽除经营东莞（寮步、龙田、穗佳、卓盈、宏峰汇）、广州（南沙、白云）、深圳、珠海、佛山等 10 个公路远程货站外，2023 年年初，首个广州城区远程货站——够快远程货站启动运营，如图 3 所示。该货站主要功能是机场货站的延伸，具有代表机场货站在市区进行收运、预安检、仓储、派送入仓等功能，并通过连接机场货站信息平台和快速通道实现效率的提升。够快远程货站助力枢纽优化和提升机场货站的操作流程与组织效率，联通陆空网络，推动陆空联运服务升级，同时助力白云机场提升货运高峰的集疏运能力，全面增强广州国际商贸中心、综合交通枢纽功能。

3. 探索空铁融合经济示范区新发展

枢纽抢抓白云机场三期建设契机，联动广州北站，大力推动建设和完善空铁联运大综合交通体系，全面推进空铁融合发展示范区建设，旨在打造广州都市圈北部发展引擎，释放广州临空经济产业势能，做大做强枢纽经济、流量经济，将区位交通优势

图 3　白云机场够快远程货站

转化为经济发展优势，服务全省打造新发展格局战略支点，深度参与全球资源配置。广州空铁融合发展示意如图 4 所示。国家、省、市对于枢纽空铁一体化融合发展都给予了政策支持。国家层面，以《粤港澳大湾区发展规划纲要》为主轴，提出建设世界级机场群，提升广州机场国际枢纽竞争力，推进广州临空经济区发展，大力发展空铁联运服务。广东省层面，先后印发了《广州临空经济示范区发展规划（2018—2025年）》《关于给予广州临空经济示范区专项补助政策的通知》《广东省综合交通运输体系"十四五"发展规划》等政策文件，提出不断强化机场交通枢纽功能，科学谋划广州白云机场—广州北站空铁联运枢纽，构建多层次空铁联运系统和通畅可靠的机场道路运输网络。广州市层面，2021 年 5 月，空铁融合发展示范区建设纳入市"十四五"规划纲要；2021 年 9 月，"建设广州空铁融合经济示范区"被明确写入《广州市临空经济区条例》，为空铁融合发展示范区的建设提供了目标指引。

（二）打造航空特色供应链产业发展新高地

1. 推动产业集群加快形成

依托枢纽建设，以通道带物流、物流带贸易、贸易带产业，全面增强广州国际商贸中心、综合交通枢纽功能，目前已初步形成以国际航空物流、航空维修等临空产业集聚为支撑，数字经济、临空现代商贸服务业等产业融合发展的新格局。依托广州航空物流产业联盟，支持物流企业做大做强，推动联邦快递亚太转运中心项目落户，中外运－敦豪（DIIL－SINOTRANS）、穗佳、顺丰、申通等国内外知名物流企业均已在空港经济区内开工建设物流基地。推进强链补链，枢纽依托广州飞机维修工程有限公司（GAMECO）等 10 余家航空类企业，深入挖掘航空物流产业链上下游企业信息。2022年年底，空港经济区市场主体企业已有约 1.8 万家。

2. 巩固航空维修产业优势

白云机场作为全球最繁忙的机场之一，机队规模、客货邮运输的稳定增长促进了

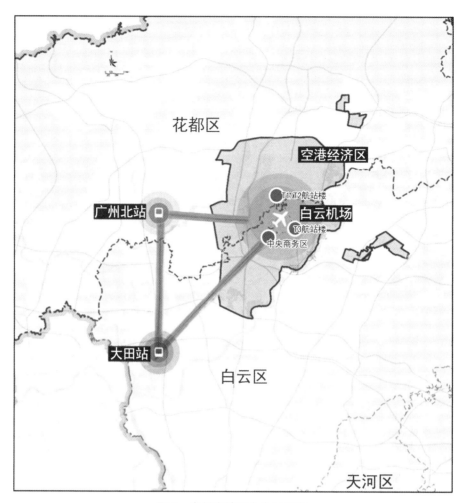

图 4　广州空铁融合发展示意

本地民航维修业的持续增长。同时，为贯彻广州市"坚持产业第一、制造业立市"的理念，加大对航空维修相关产业的招商引资力度，吸引航空维修龙头企业集聚空港，促进和保障临空经济示范区建设，有针对性地出台《广州空港经济区管理委员会促进航空维修制造产业高质量发展若干规定》，对产业联动、转型升级等方面予以奖励扶持。积极将飞机维修业纳入广州市推进粤港澳大湾区建设计划，不断完善产业体系、扩大产业规模、增强带动效应和优化企业服务，加快打造具有国际竞争力的广州飞机维修及客改货基地。目前，空客和波音"客改货"项目已先后落户投产，成为全国唯一引进全球两大飞机制造商客改货项目所在地。GAMECO 三期维修机库、GAMECO 飞机附件维修基地、新科宇航 G2 及 G3 机库已建成投入使用，推动南航集团成立工程技术分公司并落户。2022 年，飞机维修基地实现营业收入 34.5 亿元，同比增长 10.5%。

3. 做优做强跨境电商产业

枢纽作为全市跨境电商发展的核心力量之一，正加快建设粤港澳大湾区跨境电商国际枢纽港，引进了唯品会跨境电商运营总部、大湾区跨境电商产业园、跨境电商孵化基地等一批跨境电商相关优质项目，预计全部投产后将新增超过100万平方米的仓储面积，加速形成产业集聚发展。广州市印发实施《广州空港粤港澳大湾区跨境电商国际枢纽港建设实施方案》《广州白云机场综保区重点产业扶持政策（试行）》，进一步对跨境电商等重点产业予以政策支持。积极推广国际贸易"单一窗口"应用，简化企业报关通关流程，目前货物报关单通过"单一窗口"申报覆盖率达100%，并实现对跨境电商业务的全覆盖。在全国空港率先推动实施口岸查验配套服务费改革，累计已免除企业相关费用超750万元，有效降低企业通关成本。2021年机场口岸成为全国首个跨境电商业务迈进千亿元大关的空港口岸。

4. 推动航空物流产业专业化发展

粤港澳大湾区是中国最重要的航空货源地之一，白云机场除提供普货运输服务以外，也积极地为高端制造业、生鲜、药品等高附加值市场的开拓提供货机运力保障。以锂电池等带电货物为例，逐步优化锂电池等货物管控政策，目前，苹果、华为等大型企业只要按规定出具第三方检测报告，即可顺利托运统一标准、规范生产的带电产品。白云机场成功争取中国民用航空局支持，可按程序申请电子产品托运人白名单运输模式试点，进一步简化相关业务流程。同时，为支持药品等特殊货品的冷链物流发展，枢纽推进机场周边低温冷库及保税仓建设，满足医药制品低温储运、快速通关需求，目前机场综保区内已投入使用的各类冷库面积超过5000平方米，同时设立机场综保区药品进口服务专窗，靠前服务各类医药企业，吸引160余家生物医药企业开展业务。

（三）创新智慧物流发展模式

1. 搭建数字化物流平台，打造"一站式"服务模式

为解决收运、安检、复磅、海关查验等多环节数据重复录入痛点，枢纽紧扣"物流一张单"战略目标，应用"互联网+"、云计算、虚拟化等技术搭建物流综合信息平台，完成了从1.0版本到3.0版本两次升级迭代，实现了货站与海关、航司、货代的数据双向交换和实时共享，衍生了"一站式"线上运单申报、车辆预约、货物状态查询等十余项信息化服务产品，初步实现了货站全流程信息可视，货物处理效率提升了20%以上，客户满意度得到较大提升。枢纽同步搭建物流数据中心。应用大数据分析、数据可视化、数据交换等技术，实现了物流综合信息平台、安检信息系统、国际进口分单仓系统、云卡口等多个系统的数据集成，初步解决了"数据孤岛"问题，实现了生产数据实时统计、深度分析、展示推送等功能，提升了数据加工和应用水平、数字化管理水平和决策水平提升。

2. 以信息化推进"智慧通关"

为进一步优化通关作业流程，建立更加集约、高效、运行通畅的口岸便利通关查验新模式，枢纽与机场海关合作完成"智慧海关"一期系统开发建设，实现了物流综合信息平台与海关信息系统之间人、车、货等数据互通，较大提升了查验预警信息下发、异常情况处理、处置措施报送等消息传递的速度，进一步推进了关企业务融合。枢纽推动广州航空物流公共信息平台上线运行，目前平台已实现与机场的白云物流货站、1号货站、空邮中心、南区货站4个货站及口岸监管部门形成数据共享通道，初步实现了空港相关主体间信息互联互通，预计每年为企业降低通关物流成本1000万元以上。枢纽获批中国民用航空局"智慧货检"试点许可，在全国机场货站率先试点"集中判图、AI判图、CA＋区块链"三位一体的技术应用，创新建设新一代安检信息系统。

3. 积极试点"无人驾驶"等新技术

2020年，中国民用航空局印发了《推进四型机场建设行动纲要（2020—2035年)》，明确了建设智慧机场、推动转型升级的任务。在智慧机场的建设中，自动驾驶技术是未来航空物流中重要的环节，"无人驾驶＋智慧机场"的创新应用不仅可以优化提升机场运输效率，还能减少人为失误因素影响，降低安全事故发生率，提升机场安全保障能力。白云机场联合科技企业——驭势科技（北京）有限公司探索应用5G和自动驾驶新技术，在国际进港、国内出港两条线开展无人牵引车拖运试点，已实现国际进港5×24小时、国内出港7×12小时实战运用，累计安全运行了约1440小时、3500千米，完成了10360板箱货物运输，每日可替代8名以上司机。该试点成果作为全国首家机场货站全场景实战应用，被民航网、搜狐网等媒体广泛报道。此外，枢纽与京东科技合作，在国内货站进港区投入5台无人叉车，并完成了相关试点评估工作。

三、枢纽建设发展成效

自获批广州空港型国家物流枢纽以来，枢纽能级不断提升，临空高端产业加速聚集，航空货运物流发展一直保持稳定增长。2022年，枢纽白云机场货邮吞吐量达到188.5万吨，已恢复至新冠疫情前货邮吞吐量的98%（2019年为192.2万吨），位居全国第二、全球第十二。机场航线网络覆盖全球234个通航点，为进出口贸易、跨境电商、全球供应链服务提供有力支持。机场口岸进出口总额超4000亿元，机场综保区进出口总额342亿元，同比增长14%。

（一）基础设施建设成果显著

枢纽范围内已建成项目29个，已完成投资166亿元。在建及已开展前期工作的各类项目共42个，其中前期9个、在建20个、已竣工8个、已投产5个，总投资288.34

亿元，累计已完成投资 150.88 亿元，完成投资率约 52.33%。总体上看，枢纽范围已完成投资（316.88 亿元），约占总投资规模（454.34 亿元）的 69.75%。

1. 货站设施加快建设

枢纽机场综保区基础和监管设施建设工程已于 2023 年 1 月竣工验收。机场西区货站、东区货站（年设计处理能力 127 万吨/年）目前已完成施工图设计及土建工程总包招标等工作，其中三期东货运区可新增 52 万吨年货邮处理能力，三期西货运区可新增 75 万吨年货邮处理能力。东区物流仓储改造项目顺利竣工，计划开展货物进出口业务和跨境电商直购进出口业务，预计 2023 年 12 月投产运营。国际进港货运站项目（年设计处理能力 17 万吨/年）已于 2022 年 11 月完成项目立项及报批，正在开展主体结构施工。枢纽积极推动国际与国内货站流程优化和布局调整，南航国内货站国际化改造已于 2022 年 10 月正式获得白云机场海关批准，正在开展改造前准备工作。

2. 仓储设施持续推进

枢纽范围内多个物流仓储项目建设稳步推进。顺丰华南航空枢纽（广州）、顺丰大湾区国际生鲜港、京东亚洲一号广州花都物流园、嘉里物流华南区域枢纽总部、机场综保区（南区）跨境电商孵化基地已于 2022 年投产运营。穗佳白云空港物流创业谷、唯品会广州空港跨境电商运营总部已建成投产，华南生物医药制品分拨中心、航空跨境产业园（航材分拨中心）预计于 2023 年年底投产。怡和集团零售业务粤港澳大湾区分销与结算总部等项目正在推进建设，预计释放约 100 万平方米物流仓储资源。同时，针对生鲜食品、特殊医药产品的物流服务，枢纽积极推进冷链物流建设，目前机场综保区内已投入使用的各类冷库面积超过 5000 平方米，机场周边配套有拜尔冷链（冷库面积 2 万平方米）、富力空港物流园冷链仓（投入运营的冷库面积 8 万平方米）等已投产及在建大型冷链物流项目。

3. 交通设施加速完善

枢纽内花都大道快速化改造（花山立交—花东立交）已于 2022 年 8 月完工通车，机场北部龙港路、集富路（飞粤大道—花联路）、花联路以及机场综保区中区、南区配套道路建设加快推进，枢纽配合花都区人民政府推动机场北进场路等基础设施建设，积极完成花侨大道、联邦大道北等项目前期工作，全力完善枢纽周边道路交通体系。

4. 配套设施逐步升级

枢纽物流综合服务大楼项目作为集报关、检疫、综合办公、配套服务于一体的航空物流综合服务平台，总建筑面积 6.2 万平方米，总投资约 3.35 亿元，已于 2023 年 3 月投入使用。同时，物流综合大楼运行控制中心（CTOC）建设项目正在推进，该项目以高标准设计、建设、运行，全面应用音视频综合管理、通信融合、大屏展示等技术，实现多场区全链条的实时监控、生产调度、应急管理等功能，总投资约 1982 万元，目前已完成了选址、可研立项、方案设计等前期工作。

（二）航空货运物流市场加快发展

1. 航空干线及货运航线网络拓展

运营主体积极组织参与 Routes 世界航线发展大会，争取全球货运航空公司加快开通、加密白云机场货运航线。枢纽引导现有基地公司加大全货机运力投放，促进航班频率相对较低的外航加密航班。推动新增 1 条国内货运航线、新开和加密 10 条国际货运航线（定期货运航线 3 条，临时客改货航线 7 条）。其中，促成西北货航新开广州—西安货运航线，美国康尼航空新开仁川—广州—安克雷奇—美国辛辛那提洲际货运航线并逐步加密至每周 7 班，顺丰航空开通广州—台北货运航线并更换波音 B757 - 200F 机型，韩亚航空货机加密至每周 3 班，海航陆续开通至多伦多、伦敦、墨尔本、迪拜、悉尼、曼谷的客改货航线、泰国狮子航空加密曼谷客改货航线。2023 年，枢纽机场预计至少新增 3 条货运航线，每周至少增加 45 班次的货运航班。

2. 航空货运物流服务能力不断提升

枢纽坚持推动航空货运数字化发展，深化智慧口岸、智慧海关建设，开展白云机场航空电子货运与物流单证电子化试点，有效降低了货物进出港和中转通场时长，提高了货物进出港通关效率。通过搭建航空物流公共信息平台，完善门户网站并推出白云机场货运微信小程序，对接"单一窗口"，实现货运全流程可视化和货物全流程信息追踪功能。

3. 航空物流业集聚发展

枢纽已逐步形成了以联邦快递亚太转运中心、广州空港国际物流园、顺丰华南航空枢纽（广州）、华南电商物流、邮政速递华南处理中心等为载体的航空物流产业集群，成立广州货运航空有限公司，计划通过并购重组或直接向中国民用航空局申请等方式，推动公司获得航空运输资质。枢纽已成功引入京东亚洲一号广州花都物流园、玉湖国际冷链产品交易中心中国总部、德邦快递华南总部及智慧产业园、正创智慧新零售粤港澳大湾区产业总部基地、广州中远海运空运物流供应链基地、J&T 极兔速递华南中心暨东南亚运营中心、顺丰速运华南（广州）航空快件转运中心等多家现代物流、供应链总部或区域总部项目，总投资 208.3 亿元，预计可释放 50 万吨货物处理能力，实现年产值 1057.68 亿元、年税收 17.58 亿元。

（三）多式联运发展效果显著

1. 联运组织功能正在加强

目前，枢纽航空卡班运输网络已形成航空与高速公路高效联运的机制，未来随着高铁和货运铁路线路引入机场，以及空港和南沙港物流枢纽在海关通关、货物信息等方面加强联动，枢纽有条件发展成实现空铁海联运的综合运力调配中心，成为区域性综合运力的组织枢纽，为区域内的企业等市场主体提供综合效率高、成本低的综合物流解决方案。

2. 枢纽资源进一步整合

着力推动以枢纽自身为核心的空铁融合经济示范区建设，联动东边黄埔下元站、广东（石龙）铁路国际物流基地，南边鹤山市珠西物流枢纽中心、广州南沙国际物流中心，西边花都军田站、佛山生产服务型国家物流枢纽、粤港澳大湾区多式联运现代物流园区，以及北边广清空港现代物流产业新城，形成"1 小时商贸物流圈"，实现物流节点仓储设施轮辐式辐射，发挥运输联动高时效优势，促进广州都市圈商贸物流全要素效率提升，推动广佛、广清、穗莞协同发展，进一步打通区域"微循环"，融入国家"双循环"。

四、发展方向与未来展望

（一）加快实现大湾区航空货运的"无缝对接"

一是推动建立跨单位的沟通协调机制。建立完善与相关部门的沟通协作机制，盘活航空货运市场资源，定期组织联席会议，及时沟通信息，及时发现并处理问题。二是加速整合大湾区货源来货站集聚。以大湾区为依托，聚集新技术、新模式、新业态、新经济，积极拓展国际业务，占领国际市场。通过联运模式、卡车航班和特色转关等业务促进多元化发展，为客户提供具有多样化和个性化的货运功能，提升运输时效。三是高品质搭建全新共享发展平台。面对企业庞大的需求，以运力资源整合共享为特征的共享平台，是共享物流发展的重要创新模式。积极探索行业内外资源整合以及共享思维创新，搭建一个全新的、理想的发展空间与物流共享平台，进一步促进物流降本增效，实现资源有效利用。四是提升广州在全球供应链体系的价值。融入临空经济生态，进一步深化与"超级承运人"的合作，完善自身供应链和产业链，拓展朋友圈，营造生态圈。持续加强与广州市人民政府、广州空港委联动，吸引对航空物流依附度高的临空经济产业落地。

（二）推进空港型国家物流枢纽建设

一是完善枢纽建设机制。加快组建广州市航空物流高质量发展工作专班，抓紧完善机场与民航、海关、属地等单位工作联动机制，畅通与航司、货代沟通渠道，定期召开会议协调解决航空货运难点、堵点、痛点。强化协调联动，依托广州航空物流产业联盟，积极吸纳引入头部物流企业，支持企业打造利益共同体，共同推进国家物流枢纽设施建设和统筹运营管理，引导物流服务企业集群发展。二是加快枢纽项目建设。加快推进白云机场三期货站、白云机场四号货站（联邦快递华南操作中心）、东区快件仓储项目等航空货运基础设施建设，持续增强航空货运保障能力。推动完善冷链专业库，升级跨境电商专业库，积极打造白云机场国际电商快件处理区，建设出口加工区和分拨区，提高白云机场货运枢纽产业服务能力。依托广州市航空基础设施重大项目专项工作小组，加快推动航空基础设施重大项目以及国家物流枢纽项目建设，全力争取中央预算内投资专项资金、政府专项债、政策性开发性金融工具等资金支持，推动枢纽内项目用地优先纳入近期建设规划年度实施计划、年度土地供应计划，重点保障多式联运转运设施、公共信息平台以及内部道路等公益性较强的基础设施建设。三是强化政策支持。争取民航部门支持白云机场扩大货运航权安排，试点前置安检及设立货运航班时刻池，增加货运航班日间高峰时刻供给，试点托运人信任制及锂电池货物航空托运政策，增加货运航班时刻供给。创新海关监管模式，全面推行电子通关，探索"智慧查验""无陪同查验"等新模式，简化出入境货物通关手续。研究完善航空物流政策支持体系，充分发挥补贴政策作用，将加密货运航线、支持城市货站建设等内容纳入受益范围，进一步拓宽补贴范围、提高补贴标准。四是完善集疏运体系。加快推动机场北部货运区拥堵问题的解决，重点推进横十六路、保税大道、空港大道、钟港大道等道路建设，加快规划建设 7 条一级货运通道和 11 条二级货运通道，加快花莞高速东、西延线，以及增佛高速建设，配合推进广深联络线、机场第二高速等项目建设，畅通白云机场与东莞、深圳、佛山等周边城市货运通道。五是发展临空指向型产业。积极招引国际大型空运代理企业，培优做强航空物流产业，推动物流项目尽快投产达产。重点扶持进出口企业，对进出口贸易量头部企业开展靶向招商，推动货物流量转化为进出口贸易额和关税沉淀。联合白云、花都区加大招商引资力度，重点对接先进制造、生物医药、半导体及集成电路等头部企业，推动物流产业链、价值链向中高端迈进。加快推进广州空铁融合经济示范区的规划建设，积极提升平台能级，推动打造广州"北部新增长极"。

（三）进一步提升航空服务能力

一是着力优化提升机场服务水平。提升机场货运服务质量，聚焦信息效率、操作效率、通关效率，全面提升航空货运物流服务能力。二是着力提升航空货运运力。深化与各大航空公司的战略合作，促进其在白云机场加大货运运力投放。三是着力拓展航空货运航线网络。着力推动白云机场航空枢纽空中大通道建设，加大力度拓展国际全货运航点，推动形成以东南亚、东北亚和澳新地区为主，强化北美、欧洲地区的具有竞争力的全球货运航线网络。积极借鉴香港国际机场广泛导入货源的做法，继续拓展异地货站的规划布局，通过多式联运与异地货站的有效衔接，拓展机场腹地市场，延伸货源辐射范围。四是进一步提升货站保障能力。狠抓"货运之家"品牌塑造，不断提高品牌知名度、美誉度和忠诚度，打造"航司友好型货站"。深化"品牌物流"

建设，重点围绕服务品牌的价值与内涵，完成若干项创新服务产品的设计。推进"效率物流"建设，以打造生态型友好机场为中心，持续打造线上线下融合服务新模式。强化"体系物流"建设，以精细化管理为基础，重塑物流服务质量管理模型，大力推进服务质量管理体系建设工作。

（撰稿人：蔡纯、张俊、谢璐为）

成都空港型国家物流枢纽

优化空港经济产业布局　促进"一市两场"协同发展

成都市位于"一带一路"建设、长江经济带发展和西部陆海新通道建设三大国家战略的重要交会点，是国际性综合交通枢纽、新一轮西部大开发的国际门户枢纽以及成渝地区双城经济圈"极核"城市。"十四五"时期，成都聚焦"打造国内大循环战略腹地，建设国内国际双循环门户枢纽"，以"两场一体"建设成都空港型国家物流枢纽（以下简称"枢纽"）。枢纽立足成都"空中丝绸之路+陆上丝绸之路"立体大通道体系，以成都双流国际机场和成都天府国际机场为核心，构建"国际枢纽+区域枢纽"的航空经济形态，形成两场一体、功能互补、协同发展的"一城双空港经济区"临空经济发展格局，实现产业错位化发展，管理同场化运营，依托双机场开放平台，打造以枢纽经济为特色的开放经济带。枢纽建设是深入贯彻落实2018年2月习近平总书记来川视察时关于成都"努力打造新的增长极，建设内陆开放经济高地"重要指示精神，将成都打造成国内大循环战略腹地、国内国际双循环门户枢纽的重要举措，对建设践行新发展理念的公园城市示范区、建设社会主义现代化新天府和可持续发展世界城市的战略支点具有重要意义，对推动成渝互动协同、成德眉资同城化、成都平原经济区一体化、五大经济区协同具有重要支撑作用。

一、枢纽概况

（一）区位交通

枢纽位于四川省成都市，地处"一带一路"建设和长江经济带发展战略交会点、丝绸之路经济带和21世纪海上丝绸之路两大经济走廊重要交会点以及欧亚航路的重要节点位置，核心由双流空港和天府空港两大机场物流片区构成。枢纽双流空港片区紧邻成都双流国际机场东侧，位于成都临空经济示范区内，西至机场货运区，北接大件路，东依航港大道，南临双华路，配有"5高3快3轨"综合交通网络；天府空港片区紧邻成都天府国际机场北侧，涵盖机场内外两部分，西至规划路，北至成简快速路，南至机场货运区，周边配设"3高4快4轨"综合交通集疏运网络；两片区间具备"2轨3高4快"交通快速联系方案，如图1所示。

<table>
</table>

■ 双流空港片区"5高3快3轨"集疏运网络
√5高：绕城高速、第二绕城高速、成雅高速、成乐高速、机场高速
√3快：双新快速路、五环快速路、成浦快速路
√3轨：成绵乐高铁、成昆铁路、地铁10号线
■ 天府空港片区"3高4快4轨"集疏运网络
√3高：机场高速北线、机场高速南线、成都经济区环线高速
√4快：成简快速路、金简仁快速路、成资快速路、金简黄快速路
√4轨：成自客专、成都外环铁路、成渝客专、地铁18号线

■ 片区间"2轨3高4快"交通快速联系方案

联系方案	线路	距离（千米）	时间（分钟）
2轨	地铁18、19号线	66	25
	成绵乐客专—火车南站—成自高铁	—	<30
3高	机场高速—绕城高速—天府国际机场高速	63	40
	机场高速—成乐高速扩容—第二绕城高速—天府国际机场高速	89	55
	机场高速—绕城高速—成自泸高速—第二绕城高速—天府国际机场高速	75	45
4快	双新快速—五环快速—成简快速	78	70
	双新快速路—五环快速—双简快速路—成资快速路	84	75
	双新快速路—正公路—梓州大道—成资快速路	90	80
	双新快速路—正公路—成简快速路	85	70

图1　枢纽空间范围及交通条件

（二）功能区布局

枢纽总占地面积9.67平方千米，其中，双流空港片区占地面积3.73平方千米，天府空港片区占地面积5.94平方千米。根据枢纽基本功能与延伸功能结构体系，以双片区差异化协同发展为原则，两片区均设置航空干线运输组织、区域分拨及配送、空铁公多式联运、国际物流服务、应急保障物流服务、亚蓉欧供应链集成服务、冷链物流、航空邮政快件和亚欧临空产业交往9大功能区（如图2、图3所示），其中天府空港片区额外增设跨境电商功能区。

其中，航空干线运输组织功能区主要开展国际国内航空干线直达和中转运输，

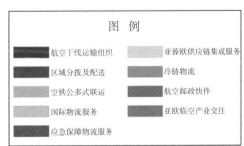

图 例	
航空干线运输组织	亚蓉欧供应链集成服务
区域分拨及配送	冷链物流
空铁公多式联运	航空邮政快件
国际物流服务	亚欧临空产业交往
应急保障物流服务	

图2　枢纽双流空港片区功能设施布局

图 3　枢纽天府空港片区功能设施布局

以及提供理货发货、货物暂存、配载装卸等服务，包含机场停机坪、国际国内货站、货运中转等区域；区域分拨及配送功能区主要包括国内分拨配送中心、城际分拨配送中心、城市共同配送中心等设施，已引入华润万家、安博、普洛斯、中远海、京东等企业，主要提供公共仓储、国内和城际分拨、城市共配、路径优化、库存管理等服务；空铁公多式联运功能区双流空港片区重点发展空公多式联运，串联枢纽周边德阳、绵阳等成都平原经济区城市，天府空港片区重点发展空铁（高铁）和空公联运，开展"长空—短铁、短空—长铁"等多种空铁联运模式，通过卡车航班串联西部物流资源，打造西部共享机场；亚蓉欧供应链服务功能区包括供应链贸易中心、供应链物流运营中心、供应链金融服务中心和智慧供应链信息中心等功能区，重点面向泛欧泛亚开展全球采购、全球分销等供应链贸易，以及仓储、加工、分拨、配送等供应链物流业务；航空邮政快件功能区双流空港片区重点发展国内和港澳台地区的邮政快件业务，天府空港片区重点发展国际和国内邮政快件业务。

（三）功能定位

枢纽围绕实现具有全球影响力的亚蓉欧航空物流主枢纽、"一带一路"航空供应链资源配置中心、成渝地区打造经济发展"第四极"重要引擎的定位，结合成都位于欧亚航路重要节点的区位优势和成都国际航空枢纽窗口作用，构建"4＋6"功能体系（包括航空干线运输组织、区域分拨及配送组织、多式联运转运组织、国际物流服务 4 个基本功能，以及应急保障、亚蓉欧供应链服务、冷链物流、跨境电商、航空邮政快件物流、亚欧临空产业交往 6 个延伸功能），为枢纽及其辐射区域提供快捷高效的航空干线运输组织、区域分拨及配送组织、多式联运转运组织、国际物流等服务，以及储备、应急、冷链、供应链等设施的集中布局和功能集成。

（四）服务范围

枢纽在国内规划构建 23 条航空货运干线通道，通过开行成都至北京、上海、广州等国内航空货运干线业务，推动成都与京津冀、长三角、粤港澳大湾区等国家级城市群协同发展；城市配送范围主要覆盖简阳、金堂全域和龙泉驿区绕城外部分，辐射面积约 3878 平方千米，覆盖人口总计 237.6 万人；产业方面重点发展航空物流、航空维修制造、临空服务三大主导产业和临空战略新兴产业，主攻特色航空货运、中转分拨、保税物流、跨境电商物流、飞机改装、航线维护、航空零部件研发制造、数字化应用基础核心器件、国际贸易、总部经济、免税购物、航空运输、航空金融等产业细分领域。

（五）建设模式与运营主体

枢纽建设总体采取"市领导小组＋管理委员会＋运营联盟＋市场化企业"的建设模式和综合治理结构，其中，市领导小组指成都现代物流产业生态圈推进工作领导小组；管理委员会指成都市双流区管理委员会航空经济局和成都东部新区管理委员会航空和口岸经济局；运营联盟指成都空港型国家物流枢纽建设运营联盟（以下简称"空港枢纽联盟"），是枢纽的建设运营主体；市场化企业指四川川航物流有限公司、成都空港现代服务业发展有限公司、成都东部新区空港新城投资有限公司和四川省机场集团航空地面服务有限公司。其中，四川川航物流有限公司主要负责枢纽两片区的航空货站设施建设、航线开发和航空货运业务运营等工作；成都空港现代服务业发展有限公司、成都东部新区空港新城投资有限公司分别负责枢纽两片区机场外平台类基础设施项目开发建设；四川省机场集团航空地面服务有限公司主要负责枢纽两片区机场范围内的航空货站建设和管理、机务航线维护等配套设施建设运营以及机场内外的沟通协调，积极配合机场通关一体化建设。

二、主要做法与特色经验

（一）促进枢纽"两场一体"高质量协同互补

1. 构建"两场一体"航线网络、货运服务、联运功能互补发展模式

依据两场航线特色与功能设计，成都天府国际机场为枢纽的核心机场，主要面向全球布局国内国际客货运航线网络；成都双流国际机场定位为区域航空枢纽，主要运营国内商务航线、旅游航线、高原航线、港澳台地区航线。枢纽充分发挥天府空港片区国际门户作用，依托国际航线网络优势打造"全货机＋腹舱"综合型国际航空货运枢纽；联合双流空港片区国内贸易连通功能，以腹舱模式为重点发展面向国内地区的航空货运基地。由此，枢纽形成了全货机与腹舱协调互补的"两场一体"航空货运格局，整体国际航空货运服务能力高达 180 万吨，是当前中西部地区货运吞吐能力较大的国际航空枢纽。同时，枢纽推进天府空港片区创新发展"国际航空＋国内高铁""区域航空＋跨境班列"的空铁联运模式，设置"一带一路"空铁联运货物集散中心，成功弥补双流空港片区在空铁联运功能上的缺失。

2. 探索"两场一体"业态互补、业务联动发展路线

业态方面，枢纽双流空港片区位于以成都双流国际机场为中心设立的成都临空经济示范区内，目前以航空和电子信息为主的产业已初具规模，正围绕航空维修、总部经济、商务办公、会议会展、酒店零售等产业加快空港商圈的规划建设；枢纽天府空港片区已签约交投航投总部项目、东航天府国际机场基地项目等，正在围绕航空经济、智能制造、国际消费、总部经济和现代物流等产业规划布局天府临空产业，与双流的成都临空经济示范区形成了错位协同发展格局。业务方面，枢纽创新航空物流两场合作模式，针对成都双流国际机场与成都天府国际机场的货运转运衔接、集散分拨问题，联合中国民用航空西南地区管理局和成都海关，将民航安检、货站地面操作及关务前置，成功打造全国首个服务"两场"的共享虚拟空港货站，实现了"两场"货运一体化运作，提升了航空物流效率。

3. 统筹"两场一体"经济产业差异化布局

枢纽天府空港片区积极引导临空产业集聚发展，重点围绕航空经济、智能制造、国际消费、总部经济和现代物流等产业形态，重点建设成都片区的临空服务业、航空物流、航空研发制造业，以及资阳片区的临空制造业、临空综合服务共 5 个功能组团，打造了"一区两片多组团"的国家航空经济引领区、内陆自贸开放新平台、国际供应链价值中枢。枢纽双流空港片区以国内主要城市间的商业交往需求为核心，重点围绕航空服务、国际贸易、航空商务与总部经济三大主导产业，以及智慧枢纽服务、现代物流、新型消费三大辅助产业，以高端装备制造为核心，打造了参与国际分工的临空高端制造产业集群。进而构建出"一港四区"空间发展格局，其中"一港"指国际航空港，聚焦站前商务服务、航空维修服务、72 小时过境服务打造空港服务核心区和内陆开放窗口，"四区"指临空高端制造产业功能区、航空物流与口岸贸易功能区、临空综合服务功能区、生态防护功能区。

（二）开拓创新多式联运服务体系

1. 引领空铁联运服务模式创新

依托成都"四港六中心"物流基础设施发展格局，全市物流基础设施呈现以机场和铁路为核心的物流枢纽以及满足地区生产和生活需求的产业物流中心的设施布局。枢纽依托双流航空物流港、天府航空物流港、新津铁路物流中心、简阳产业物流中心、简州产业物流中心物流基础设施，探索应用面向云南、贵州、重庆、陕西、湖北、河南等省市的高铁航空互转的国内空铁联运模式以及基于泛亚泛欧国际班列和航线的国际空铁联运模式。

2017 年以来，枢纽运营主体四川川航物流有限公司联合中国铁路成都局集团有限公司，以成都双流国际机场、成都双流机场高铁站为核心开展了"绵阳—上海""香港—绵阳"的多式联运试运合作，实现了国内空铁联运货运模式的创新，陆路运输段与原公路转运相比节省了一半时间。2018 年，双方升级试点，由上海、青岛、乌鲁木齐、深圳、厦门、香港等 8 个地区空运至成都转西成高铁至西安配送，完成西成高铁上试点的"一单制""空铁联运"货物运输，成为中国铁路总公司（现为中国国家铁路集团有限公司）与中国民用航空局签订"空铁联运"战略合作协议后的首单跨境"航空＋高铁"联运项目。随后中国民用航空局和中国铁路总公司的首次空铁联运合作基于成都双流国际机场、双流西站、成都东站顺利完成。

枢纽目前已形成国际铁路到达转国际航空、国际铁路到达转国内航空、国内高铁到达转国际航空、国际航空到达转国内高铁四种空铁联运业务模式。其中，国际铁路到达转国际航空、国际铁路到达转国内航空模式由枢纽运营主体协同成都陆港型国家物流枢纽运营主体组织开行欧洲至成都的铁路班列，货物到达成都后再根据需求将货物经航空运输分拨至东南亚和国内目的地；国内高铁到达转国际航空、国际航空到达转国内高铁模式则依托民航、"高铁＋机场"站和高速铁路网资源，满足西部地区国际航线缺失或不足的城市发展航空货运的需求，支撑带动当地适空产业的发展和经济全面对外开放。

枢纽依托成渝、西成和成贵等高铁线路，积极推进构建与航空货运干线业务密切联动、一体化运行的西部地区空铁联运分拨集散网络，目标服务带动成都至重庆、西宁、兰州、宝鸡、昭通、贵阳等区域内跨境电商产品、电子产品、精密仪器、半导体、高级肉类、果蔬、食品饮料等的物流服务需求。

2. 推进空公联运服务网络拓展

枢纽空公联运业务按公路运输组织模式可以分为卡车航班模式和普通公路运输模式，基于京昆、成乐、成渝、成南、成绵第二复线、成都经济区环线高速公路以及成德大道、成雅快速路、成资快速路连接德阳、绵阳、眉山、乐山、资阳、遂宁、雅安等成都平原经济区城市，如图4所示。

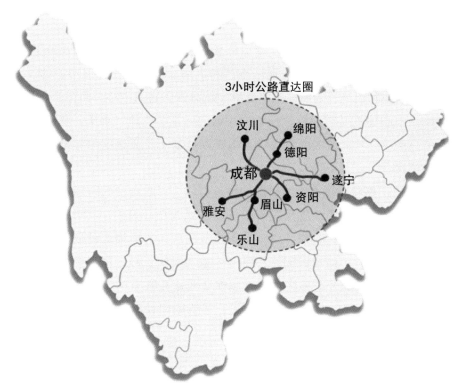

图4　枢纽空公联运服务范围示意

枢纽通过在上述城市布置离港服务站，以组织当地电子信息、生物医药等适空运输货源，利用卡车航班或普通公路运输等方式将货物运至枢纽机场，无缝衔接航空货运。目前，成都已开通5条卡车航班专线，线路包括川南自贡、宜宾、泸州、乐山、眉山线；川北德阳、绵阳线；川东北南充、遂宁线；攀枝花西昌线；省外重庆线。卡车航班省内每两天1个车次，省外每天2个车次。

（三）平台带动枢纽干支仓配一体化

1. 积极搭建物流综合信息平台

物流综合信息平台是国家物流枢纽布局和建设规划当中的重要组成部分，是枢纽内、枢纽间实现资源整合和信息交互的核心手段。枢纽充分重视物流综合信息平台对自身发展的重要意义，在管理委员会和区属平台公司牵头组织下，充分考虑各类物流企业、工商企业、政府机构、枢纽运营管理方需求，应用物联网、互联网、大数据、人工智能等先进技术，构建形成了集航空干线运输、航空货站运营管理、枢纽设施设备管理、空铁公多式联运、口岸和海关特殊监管区、仓储和运输组织、贸易结算、会议展览、金融服务等多个独立功能板块于一体的平台。平台总体架构由前端服务、综合管理、业务服务和基础设施设备管理4个部分构成，核心板块包含1个枢纽运行管理控制平台（综合管理平台）和4个业务服务平台（干支仓配一体化服务平台、多式联运公共服务平台、供应链集成服务平台、国际服务平台）。平台主要应用于开展枢纽干支仓配业务一体化服务、多式联运服务、供应链集成服务和通关保税等国际物流相关服务。

2. 打造干支仓配一体化运作方案

枢纽的干支仓配一体化服务平台依托航空干线运输组织、区域分拨配送、空铁公联运、冷链物流产业和跨境电商物流服务等功能区建设，对接现有海关报关清关系统、出入境检验检疫系统、货运安检信息系统、机场管理系统等平台，打造航空货站管理、航空运输组织、运输管理和仓储管理四大系统，实现了国际货站、国内货站、冷链仓库、空港国际快件中心、保税仓库等基础设施的高效整合。以该平台为支撑，枢纽在干线业务方面依托所构建的20条国际（地区）航空货运干线通道和23条国内航空干线通道，以"全货机+腹舱"双模式打造航空直达、空空联运等干线运输服务；区域分拨集散及配送业务方面，则基于辐射全国的高速路网和"148"高铁网（至成渝城市群内主要城市1小时，到西安、武汉、长沙、贵阳、昆明、西宁、兰州7个中西部城市4小时，到北京、上海、广州等国内主要城市8小时高铁交通圈），构建了与航空货运干线业务密切联动、一体化运行的陆路分拨集散网络，叠加空铁联运、空公联运等区域分拨集散及配送业务功能，保障了枢纽具备可为物流服务需求方提供高效、便捷物流服务的能力，同时充分利用平台信息共享、手续简化等功能，进一步提升了枢纽整体物流运作效率。

（四）聚焦空港型枢纽经济业态培育，把握临空经济新趋势

1. 做强适空制造，树立成都高端制造名片

枢纽通过物流智能技术的广泛应用，大力发展电子信息、装备制造、医药健康、新型材料和绿色食品等高附加值制造业。以"智慧物流+高端制造"协同联动，提升适空高端产业能力，推动形成带动西南、国内领先、面向欧亚，并广泛参与全球竞争的产业集群，再添"成都智造"新名片。

一是聚集上下游产业链。通过物流枢纽的功能完善和服务提升，打造高效统一的工业集中采购与集成服务平台，以"立足航空、面向适空、辐射高端制造业"为方针，聚集涵盖电子信息、装备制造、医药健康、新型材料和绿色食品的上下游产业，以服务品质提升，扩大成都航空制造在西部乃至欧亚国家的影响力。

二是构建跨区域生产链。通过构建枢纽综合信息平台，以"集中采销、特种运输、库存管理"三大能力深化产品生产制造和流通环节的精益管理，围绕成都重点工业产品，构建起"主制造商—供应商"模式，加强与省内德阳、自贡、绵阳，省外西安、武汉、南昌等城市的合作，构建组织协同、高效敏捷的产业生产链。

三是探索智慧化供应链。以"互联网＋供应链"为引领，全力打造覆盖全流程的智能制造供应链管理系统，在制造业企业、供应商、供应链金融机构、工业部门之间搭建信息通道，实现信息的流动与共享，提高整个供应链的运行效率。

2. 提升物流价值，形成航空物流服务集成高地

枢纽结合成都"5＋5＋1"产业体系和聚焦高附加值、高时效性产品，以航空物流作为产业攻坚的重要引擎，以适空性跨境电商物流、冷链快递、限时达服务等助力建设中西部地区面向全球的高端国际航空物流服务集成高地。

针对电子信息、仪器仪表、生物医药、鲜活农产品等具备产业基础，且与欧洲亚洲主要国家贸易往来密切的产品，大力开展航空快递、限时快递、冷链快递等多种方式的配送创新，为各类产品提供差异化、个性化、专业化的快递物流服务。同时，枢纽积极提升国际中转物流及跨境电子商务配套服务水平，大力发展直邮、海外仓、保税备货等适空性跨境电商，积极培育文化保税、新型服务贸易等业态，完善形成集仓储、中转、配送、加工等功能于一体的国际现代化综合物流体系，助力培育新型高端国际贸易。枢纽还重点强化了口岸服务、保税物流和保税加工功能，对进出口货物通关监管、场站服务、集装箱拼装转运、检验检疫等服务进行了完善，积极开展保税加工，拓展高端商品保税交易展示功能，优化了通关流程，提高信息化、网络化服务水平，适应国际中转、国际采购、国际配送、国际转口贸易等业务要求。枢纽以物流枢纽聚集产业发展要素，大力推动区域传统物流企业延伸产业链上下游服务链条，向供应链管理、第四方物流等高端物流服务转型升级，逐步形成以物流为第三利润源的"产业生态圈"和以现代物流业为服务增值链的"产业融合体"，提升物流产业规模和发展水平，突出航空物流产业价值链高端环节，高效稳定服务"5＋5＋1"现代产业体系全球供应链需求，以高端物流服务创新集成提升国际物流通关能力、国际分拨中转效率，促进贸易往来便利化，赋能关联产业增值。

（五）持续完善枢纽营商环境

1. 坚持推动口岸保税设施升级

枢纽持续加强建设口岸保税设施，已建成投用成都空港保税物流中心（B 型）、成都双流国际机场口岸、成都天府国际机场口岸等设施，成都天府国际空港综合保税区即将建成。

保税物流中心方面，成都空港保税物流中心（B型）紧邻成都双流国际机场货运站，自2015年6月封关运行以来，已入驻敦煌网数字贸易共享中心、中国邮政跨境电商实训孵化基地和中远海空运、博达运通、汇通天下、景汇供应链、跨境通、极美博强等20余家国际贸易、跨境电商、保税供应链、国际货代相关企业；此外，该中心积极推动"先进区、后报关""企业自报、自缴税款""分送集报""汇总纳税"等便利化海关监管措施落实。

航空口岸方面，成都双流国际机场口岸持续拓展服务功能，现已聚集水果、食用水生动物、冰鲜水产品、药品、植物种苗、肉类、生物制品7大空运进境指定监管场地，已成为中西部进境指定监管场地功能齐全的口岸；同时，该口岸全面实施"7×24小时"通关服务，国际贸易"单一窗口"免费申报100%覆盖，口岸进口、出口平均通关时间分别为31.46小时、1.3小时，进口通关时效排名全国第一，出口通关时效排名全国第三。成都天府国际机场口岸自2023年3月26日起正式对外开放，成都成为继北京、上海后，我国第三个拥有两个对外开放航空口岸的城市。

综合保税区方面，成都天府国际空港综合保税区以服务枢纽天府空港片区货运功能为基础，围绕成渝地区乃至西南地区产业链和供应链开展现代物流和贸易业务，以及贸易延伸的高端制造业务，目标建设成为国际供应链资源要素配置新中心、成渝地区双城经济圈协同开放新平台、空港型综合保税区高质量发展新典范；枢纽创新性地将综合保税区政策和功能优势延伸至机场空侧，旨在推进与国际口岸的合作与各类特殊监管区/场所等的战略合作，建立与中国电子口岸平台统一的信息化数据标准，充分结合机场口岸功能和综合保税区政策优势，发挥管理主体效用，促进货物高效流转，实现区港一体化发展。枢纽区港一体化发展示意如图5所示。

2. 创新离港服务站（安检前置）模式

枢纽于成都空港国际快件中心设置安检前置项目，总建筑面积约5800平方米，建设有连接机场空侧的下穿隧道、机场围界、海关卡口、国际货站作业区和办公区，配备符合民航监管要求的X光机、防爆罐等特种设备，主要依托下穿隧道将成都双流国际机场国际货站和国际快件中心直接连通，实现机场空侧资源延伸及机场安检、国际货站收发货等功能前置。该项目在提高作业效率、缩减通关成本、带动国际快件中心业务量提升等方面的作用显著。

三、枢纽建设发展成效

（一）航线网络稳步扩张

成都市航空货运业务基本依托枢纽两大片区完成。枢纽以双机场"双核"驱动拓展航线网络，枢纽天府空港片区方面，2023年4月，成都（天府国际机场）—布鲁塞

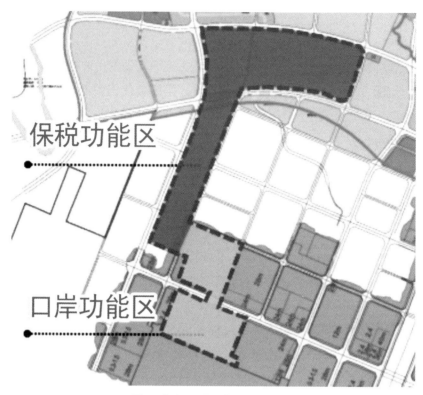

图5 枢纽区港一体化发展示意

尔全货机航线正式发布，实现了枢纽天府空港片区全货机航线零的突破；同年5月，四川川航物流有限公司完成全货机航班进出港6架次，连接成都至布鲁塞尔、布达佩斯、金奈、孟买等国外城市的5条全货机航线开启常态化运行；截至2023年6月，枢纽天府空港片区累计通航国内航线超200条，国际地区航线数量已达34条，位居全国第四，每周执飞的全货机航班量逐步增至60余班，航班架次领先全国平均水平15个百分点。

（二）项目引入快速推进

依据枢纽航空干线运输组织、区域分拨及配送组织、多式联运转运组织、国际物流等基本服务功能与延伸功能定位，目前枢纽已引入功能性设施项目共44个（含增量设施项目6个），枢纽功能性项目总投资179.48亿元，已完成投资148.44亿元，投资完成率约82.71%。枢纽天府空港片区依托的成都天府国际机场已签约总投资300亿元的四川航空天府国际机场基地项目、总投资110亿元的成都航空天府国际机场基地项目等百亿元重大项目，同时成功引进交投航投总部项目、普洛斯天府空港国际航空智慧物联港项目、四川顺丰物流园项目、安博天府国际机场物流中心项目、中远海运空运国际航空枢纽港项目等重大项目超过20个，总投资超过1171亿元。枢纽双流空港片区已入驻 9 家基地航空公司、23 家高能级供应链企业和物流集成商、46 家航空金融类企业、6 家限额以上空港商务服务企业，航空维修、航空运营、航空商业能力处于全国领先水平。

（三）综合效益持续增长

航线网络扩大化与投资项目规模化为扩大枢纽货邮吞吐量、提升枢纽发展活力与韧性奠定了坚实的基础，社会贡献突出。2022 年，受新冠疫情冲击，枢纽双流空港片区完成货邮吞吐量 53.0 万吨，稳居西部第一，其中国际（地区）货邮吞吐量完成 22.1 万吨，逆势增长 53.7%，创造机场历史新高；枢纽天府空港片区完成货邮吞吐量 8.2 万吨，同比增长 311.3%，充分展现发展潜力。目前，枢纽主要面向高端生产制造和商贸流通市场，服务临空制造产业物流量已超 1000 万吨，城市配送物流量超 160 万吨，快递邮件分拨超 2 亿件，跨境电商进口货物超 1400 万件，跨境电商出口货物接近 1 万吨，其他货物产生物流量约 90 万吨，在满足企业和人民生产生活需求的同时，创造就业机会 10 万余个，直接带动本地 GDP 增长约 800 亿元，开展多式联运共降低能耗量约 4 万吨，减少碳排放约 10 吨。

四、发展方向与未来展望

枢纽不断完善物流网络和通道建设，打造"枢纽 + 通道 + 网络"现代物流运行体系，不断提升物流业发展水平、提高航空货运规模，并借力枢纽的强聚集和广辐射优势，支撑产业规模化发展，驱动产业结构升级，满足人民群众对美好生活的向往，促使成都实现经济绿色、协调、开放、共享的高质量发展，建成国际性航空物流枢纽城市。

（一）打造物流网络，完善区域物流体系

1. 打造国际航空货运网络

加快拓展航空战略大通道，全面形成覆盖五大洲的国际航空干线网络，在高效利用国际航线腹舱运力的基础上，以成都为核心，通过向西（欧洲、中东、非洲）、向东（北美、日韩）和向南（东南亚、南亚、大洋洲）连接全球主要货运枢纽节点，形成覆盖亚洲、北美洲、欧洲的"Y"字形全球货运网络布局，着力构建出"48 + 14 + 30"国际航空客货运战略大通道，形成通达 48 个全球重要航空枢纽城市及经济中心城市的国际精品商务航线，连接 14 个全球重要物流节点城市的国际全货机航线，辐射 30 个重要世界旅游目的地及入境游来源地的国际优质文旅航线，助力四川形成空中丝绸之路和国际陆海联运"双走廊"。

2. 拓展国内航空货运网络

枢纽建设基于成都发达的国内客运航线网络，充分利用客班腹舱，辅以高效运营的全货机满足航空普货和快件运输需求，推动加大与京津冀、长三角、粤港澳大湾区及长江中游等城市群主要枢纽机场之间的航线航班密度，全面连通国内主要经济发达地区，持续巩固进藏空中货运门户地位，逐步新增北京、拉萨、广州、乌鲁木齐、厦门和鄂州等多个全货机航点，以支撑本地消费升级和新业态发展。

（二）调整运输结构，提升区域物流发展水平

1. 扩大枢纽航空货运量

枢纽建设将吸引四川、云南、贵州、昆明等西部地区更多航空物流资源，伴随 2021 年成都天府国际机场的正式运营，以及成都"两场"航空经济示范区的建设，将进一步扩大和提升枢纽辐射范围和服务能力，实现航空枢纽能级提升及规模扩张。

2. 拉动多式联运货运量

布局建设多式联运是巩固枢纽地位的重要任务，枢纽将通过推广先进、标准化联运设施设备，推动建立多式联运体系，采用阶段性推行多式联运"一单制"的方式，利用航空货运国际性特征，强化与国际多式联运规则对接，推动多式联运体系高效运营，同时积极发挥国际航空作为枢纽优势运作模式的作用，构建高价值的快捷物流服务网络。

（三）拓展辐射范围，支撑产业发展

1. 促进亚蓉欧国际贸易

伴随枢纽所打造的物流综合信息平台，以运输路径优化实现了物流费用的降低和效率的提高，将推动枢纽形成物流、国际贸易、航空制造、通航服务联动发展的特色临空产业体系，助力产业迈向全球价值链中高端。枢纽将通过航空运输建设紧密联系蓉欧快铁、泛亚国际班列，促进欧盟与东盟贸易市场扩张，带动亚蓉欧国际贸易发展，推动成都构建中国面向欧洲、辐射东南亚地区的进出口商品重要中转站和"桥头堡"，成为重要的国际贸易枢纽。

2. 推动跨境电商贸易发展

枢纽努力探索内陆城市跨境电商发展新模式、应用新场景、产业转型新路径，通过不断开辟全货机航线，持续吸引递四方等知名跨境电商物流服务公司入驻，带动跨境电商产业发展，目标培育外贸发展新动能，让客户体验到"快、准、稳、好"的高品质快递、国际电商服务，助力构建西部国际门户枢纽和内陆对外开放高地。

（四）扩大经济规模，推动提质增效降本

1. 推动临空经济发展

通过枢纽建设推进成都临空产业价值链高端化发展，在枢纽双流空港片区，调整成都双流国际机场存量设施，提升临空经济水平；在枢纽天府空港片区，加快布局空港新城，向国际商贸、保税贸易、冷链物流、跨境物流等价值链高端环节发展，同时坚持以高效的物流体系带动区域整体提升应对物流市场需求变化的速度和效率，推动临空经济从成都市向四川省乃至整个西南地区发展。

2. 优化升级流程与设备

枢纽重点发展航空运输及空铁公多式联运，优化干支配业务组织流程，通过提升流通效率，推动流通智能化与消费便捷化，运用新一代信息技术实现不同类型物资的机械化作业和信息化作业，推进枢纽间物流活动简证、减费、增效。同时，枢纽推进现代化、智能化冷库建设，加强温控设备设施布置，实现航空冷链运输与地面冷冻运输的无缝衔接，进而保障医药疫苗、生鲜果蔬等对温度、时间敏感的物资运送，提升物流安全性与快捷性。

（撰稿人：谭涛、柳琛）

第四章

生产服务型国家物流枢纽

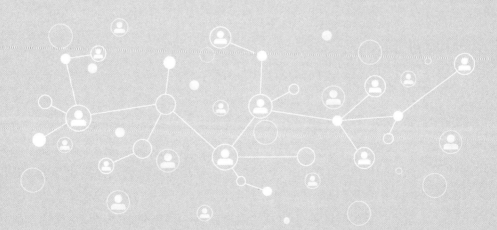

鄂尔多斯生产服务型国家物流枢纽

建设区域绿色物流示范枢纽　服务国家重要能源战略基地

鄂尔多斯市位于内蒙古自治区西南部，总面积 8.7 万平方千米，辖 7 旗 2 区，是国家规划的呼包鄂榆城市群和黄河"几"字弯都市圈的重要组成部分。鄂尔多斯资源富集，煤炭和天然气探明储量分别占全国的 1/6 和 1/3；鄂尔多斯产业多元，目前正着力构建世界级能源产业、世界级现代煤化工产业、世界级新能源产业、世界级羊绒产业；2022 年全市完成地区生产总值 5613.44 亿元，全市铁路和公路货运发送量分别达到 46545.6 万吨和 28325.0 万吨，对物流需求形成有力支撑。鄂尔多斯生产服务型国家物流枢纽（以下简称"枢纽"）以内蒙古鄂尔多斯蒙苏经济开发区伊金霍洛物流园札萨克物流片区和伊旗煤炭物流片区为载体，立足鄂尔多斯战略区位、资源禀赋、产业基础、交通区位等优势，聚焦自治区"国家重要能源和战略资源基地"建设，以《国家物流枢纽布局和建设规划》《"十四五"现代物流发展规划》《鄂尔多斯市"十四五"现代物流发展规划》等文件为指导，围绕构建"通道 + 枢纽 + 网络"现代物流运行体系，以带动区域经济发展为重点，全力打造国家能源化工高质量发展物流中心、国家绿色能源物流示范枢纽、制造业与物流业融合发展基地、资源城市物流转型示范区，不断促进产业、人才、资源要素向枢纽集聚，强化绿色供应链建设，打造智慧物流平台，实现资源优势向经济优势转换，形成大聚集、大流通、大交易的枢纽经济发展路径。

一、枢纽概况

（一）区位交通

鄂尔多斯是国家"十横十纵"综合运输大通道、包头至防城港运输通道、"北煤南运"国家重大战略运输通道浩吉铁路的必经之地，是衔接多条煤炭集疏线路、点网结合、铁水联运的高效煤炭运输系统和国家综合交通运输系统的重要组成部分，是国家"丝绸之路"经济带、中蒙俄经济走廊、新时代西部大开发、黄河流域生态保护和高质量发展的重要节点。鄂尔多斯地处全国"两横三纵"城市化战略格局包昆通道纵轴的最北端，向东融入京津冀城市群和环渤海经济圈，与唐山港、天津港互联互通，成为天津港在内蒙古的内陆港，可打通与日韩贸易联系；向南融入西部陆海新通道，与昆明互联互通，形成面向东南亚的出海通道；向西与乌鲁木齐互联互通，形成通往中亚和欧洲的物流通道；向北与二连浩特和满洲里口岸互联互通，形成通往蒙俄的贸易通道。鄂尔多斯区位交通如图 1 所示。

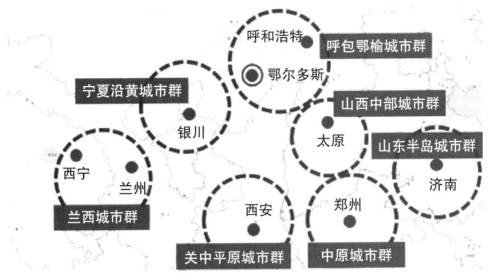

图 1　鄂尔多斯区位交通

枢纽区位交通优势明显。札萨克物流片区与陕西省交界，距康巴什城区 38 千米，距阿勒腾席热镇 36 千米，距东胜 62 千米，毗邻包茂高速、府深线、小大线等公路，以及包西铁路和南部铁路等铁路，片区可经包西—集通—张唐—大秦铁路发运至曹妃甸、秦皇岛和京唐港，经包西铁路南下至西安，经南部铁路连接浩吉铁路至华中地区终至江西吉安；伊旗煤炭物流片区毗邻包神铁路、巴准铁路，基本形成包神—神朔—朔黄铁路到达黄骅港，巴准—大准—大秦铁路到达京唐港，包神—京包铁路到达京津唐地区和巴准—大准—准池—朔黄铁路到达黄骅港的四大铁路外运通道。

（二）空间布局

枢纽包括札萨克物流片区、伊旗煤炭物流片区两个片区。其中，札萨克物流片区一期规划建设面积为 16.9 平方千米，主要功能区包括大宗货运物流产业区、煤炭物流产业区、新能源产业区。该片区以煤炭集装箱物流、矿场重型机械设备仓储物流、煤化工产品物流、装备制造物流及白货物流为主要功能，提供货物集结与干线运输、区域分拨与配送组织、制造业物流集成、多式联运转运、国际物流等服务。伊旗煤炭物流片区一期规划建设用地 5.26 平方千米，主要功能区包括仓储物流区、铁路运输区、煤炭洗选区、集散配送区、综合服务区。该片区以煤炭加工、配送等基本功能为主，正逐步拓展电子商务、网上交易功能，推进"互联网＋煤炭产业"发展模式，提供货物集结与干线运输、多式联运转运以及供应链物流等服务。

（三）功能定位

枢纽发展定位是以札萨克物流片区、伊旗煤炭物流片区为载体，以服务全国能源化工产业、制造业为核心，建设成为国家能源化工高质量发展物流中心、国家绿色能源物流示范枢纽、制造业与物流业融合发展基地、资源城市物流转型示范区。辐射呼包鄂榆、晋陕宁乃至京津冀以及湖南、湖北、江西等长江经济带地区，带动传统产业转型升级，实现区域经济高质量协同发展。

枢纽基本功能包括货物集结与干线运输、区域分拨与配送组织、多式联运转运、制造业物流集成服务、供应链物流服务、国际物流服务等。主要聚集煤炭仓储配送、经营、多式联运及跨区域干线运输、干支配联动运作的物流资源，以煤炭仓储、配送为核心，发挥装卸集散、煤质化验、中转交易和煤炭洗选提质混配等功能集成优势，打造自动化、数字化、绿色化的煤炭一体化供应链，缩短资源地—生产地—消费地产业链交期时间，辐射周边省市，支撑全国能源需求。

枢纽延伸功能包括应急物流、冷链物流等。充分发挥枢纽"快速集结、灵活调度、长距离大运力"的特点，在突发自然灾害时，利用枢纽进行调度、中转，将粮食、药品等应急物资第一时间运抵灾区，同时运输煤炭、天然气等能源物资，为物资急需地提供生产生活资料供应，平时可进行物资储备；同时，利用枢纽"快捷分拨配送"的优势，将周边区域输出或其他城市输入的农畜产品进行快速分拨配送，以满足居民日常需求，进一步增强周边农畜产品冷链设施网络建设，提升农畜产品冷链物流服务水平，带动冷链物流产业发展。

（四）建设模式

枢纽采取政府推进、企业主导模式，妥善处理政府与市场的关系，既充分发挥政府在规划制定、建设推进、要素保障、部门协调、扶持政策等方面的引导作用，也注重发挥企业市场主体作用，依靠市场化机制推动枢纽开发建设。

1. 政府推进

鄂尔多斯市按照"市级物流发展领导小组＋所在旗（区）国家物流枢纽推进领导小组＋管理办公室"的形式设置了国家物流枢纽建设三级统筹推进机构，保障国家物流枢纽建设运营相关工作。一是鄂尔多斯市人民政府成立了由市长担任组长、分管副市长任副组长，相关部门参与的物流发展领导小组，同时组织了由政府部门、生产企业、物流企业、研究机构等相关单位人员参与的工作专班；二是伊金霍洛旗成立了由旗长担任组长的国家物流枢纽推进领导小组，在建设推进、任务监督、用地保障、政策扶持等方面发挥作用；三是将原本单独运营的两个片区整合为伊金霍洛物流园区，设立了专职负责管理办公室，具体负责枢纽建设相关事宜。机构成员单位包括发展改革、交通运输、自然资源、财政、商务、铁路等部门，具体职责包括枢纽任务监督、建设用地保障、财政资金支持、部门协调、政策扶持等。

2. 企业主导

枢纽内项目由各企业负责出资建设，具体而言，由内蒙古圣圆能源集团有限责任公司、鄂尔多斯市鑫聚源供应链管理有限责任公司、鄂尔多斯市集轩供应链管理有限责任公司、鄂尔多斯蒙西正和基础设施建设有限责任公司、鄂尔多斯市慧森实业有限责任公司等负责枢纽的开发建设。

二、主要做法与特色经验

（一）构建枢纽企业联盟，带动物流要素集聚

内蒙古圣圆能源集团有限责任公司为枢纽运营主体企业，通过战略合作、控股参股、业务合作等形式与各建设项目出资建设方构建"1个运营主体+5个主体企业+N个关联企业"联盟，实现出资建设方与运营责任方业务协同。运营主体负责招商引资，依托物流园区平台，对区域内主体企业拥有的优势资源进行优化整合，巩固枢纽主体企业发展优势，为新入驻企业提供优势资源利用方案，帮助企业降低运营成本，提高市场占有率，吸引相关上下游产业及物流企业集聚。运营主体企业通过其自身建设的铁路线、重型新能源重卡设施、系统集装箱装车线、易能通智慧能源平台和物流配送中心等相关设施，建立起信息化系统竞争优势，为枢纽货物运输、仓储、装卸提供可靠支撑，构建枢纽发展骨架系统，保证园区的常态高效运行，并带动关联企业共同发展。依托联盟模式，运营主体企业逐步提升枢纽与周边大型铁路企业的合作能力，同时通过各项优惠政策，吸引全国大型生产企业、物流企业集聚，推动形成"掌控源头、吸附货源、抓住关键"的发展格局。

（二）打通干支仓配连接，提升供应链集成能力

枢纽具有临铁、空、路、城的多重交通优势，通过合理配置各类运输方式开展多式联运业务，与干线业务、一体化区域分拨集散和配送等业务，形成集公路、铁路、航空等多种货运模式于一体的"干支仓配"多式联运集运格局。

1. 发挥包西、包神线路优势，积极组织铁路干线运输

枢纽充分发挥包西铁路、包神铁路优势，积极组织铁路干线运输，充分衔接华北港口和南部地区。2022年，经枢纽发送煤炭6339万吨、汽车零配件3.6万件，开行列车9643列。其中以包西铁路为干线开行1316列，以包神铁路为干线开行8327列，其

中经东乌铁路、包神铁路、包西铁路、浩吉铁路运输 5.8 万吨氧化铝、4 万吨 PVA（聚乙烯醇）、38 万吨煤制油、73 万件羊绒制品至唐山、黄骅、吉安、成都、武汉、长沙等城市。

2."铁水联运＋中欧班列"，构筑高水平对外开放"桥头堡"

一是依托华北重要港口进行铁海联运。枢纽通过铁路连接唐山港、天津港等重要港口，将硅铁、机电产品及羊绒纺织制造业相关商品，通过铁海联运出口至日本、美国、韩国等国。二是依托札萨克物流片区开通中欧班列。2021 年 8 月 6 日，鄂尔多斯市首次开行中欧班列。班列集结了来自鄂尔多斯及周边盟市的 2000 余吨农副产品和汽车配件，全列编组 50 个集装箱，从札萨克物流片区发车后，沿包西铁路，途经包头、呼和浩特、乌兰察布、锡林郭勒，由二连浩特口岸出境，跨越蒙古国，直达俄罗斯莫斯科。截至 2023 年 2 月，枢纽累计开运中欧班列 10 列，发运货物 506 标箱，包括农副产品、奇瑞汽车、汽车配件等。货运能力可覆盖内蒙古中西部、山西及陕西北部等地区，改变了这些地区以往产品出口依赖环渤海港口海运的情况，运输时间较海运减少约 25 天。中欧班列的开行促进了中蒙俄经济走廊的高质量建设，打通了鄂尔多斯市直抵欧洲贸易的新通道，提供了集聚银川、榆林等周边城市的农畜产品资源和高端装备制造产品出口欧洲的新途径。

3. 应用新能源重卡短倒，助力绿色能源枢纽建设

枢纽支线业务主要以公路运输为主，依托包茂、荣乌高速公路等高等级公路连接各省道和各旗乡公路短倒上站，与干线铁路运输形成公铁联运，形成辐射周边 150 千米左右范围的专线分拨集散运输网络。枢纽秉持绿色发展理念，推动新能源重卡煤炭短倒应用，积极促进枢纽绿色转型。枢纽运营主体内蒙古圣圆能源集团有限责任公司与行业领先企业合资成立内蒙古圣圆氢能源科技有限公司，开发集制氢、加氢及氢燃料汽车运输系统于一体的氢能项目，如图 2 所示，采购部分氢能源燃料电池重卡，目前已累计投入运行新能源重卡 300 辆；成立运输平台公司，通过租赁或集中管理的方式进行运营，逐步增加氢燃料电池汽车的使用数量，形成规模化经济效益，逐步带动枢纽运输车辆向清洁能源发展。目前，新能源重卡在枢纽内已取得广泛应用，并与铁海联运进行衔接，极大提升绿色运输水平，如开展"国电察哈素煤矿—伊旗煤炭物流片区—黄骅港/天津港"的"氢能源重卡＋铁海联运"绿色模式。

4. 立足煤炭及制造业优势，集成打造供应链物流体系

枢纽以煤炭物流为主，煤化工、装备制造产业物流为辅，积极推动鑫聚源煤炭园区、东胜煤炭园区等一批物流园区、配送中心的建设，形成协调畅通、运能稳定的煤炭、制造业原材料多式联运网络，为开发外部市场提供通道运能保障；集成打造现代煤炭、制造业原材料供应链物流体系，突破传统煤炭、制造业原材料物流运输的局限，引入现代供应链物流理念与方法，以市场为导向，以客户为中心，以互联网、物联网

图 2 内蒙古圣圆能源集团有限责任公司制氢加氢一体站

等先进技术为支撑，涵盖煤炭、制造业原材料生产、加工、配送全链条，贯通煤炭、制造业原材料供应链生态圈的组织管理。

在煤炭物流方面，枢纽主要提供煤炭货源的采购、集中、存储、加工、中转、配送、运输等一体化服务，如图 3 所示。以伊旗煤炭物流片区为例，枢纽充分发挥片区的煤炭加工、配送功能，将地方煤矿出产的煤炭在片区内的巴图塔洗选中心进行洗选，将煤炭分质分级，在提高煤炭洁配度和供应质量后，利用片区内完善的铁路运输系统

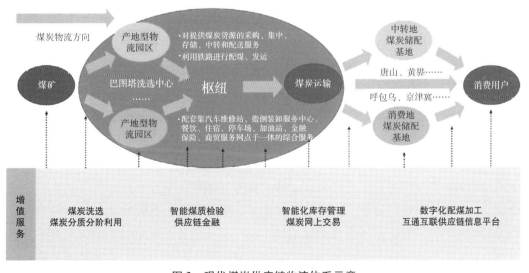

图 3 现代煤炭供应链物流体系示意

将大量优质煤炭从巴图塔集装站发运到唐山、黄骅等中转地，再下水销售；部分煤炭在片区内煤炭堆场临时存储，之后经包茂、包府、阿大线等高等级公路及包神、东乌、巴准等铁路，利用公铁联运方式发运到呼包乌、京津冀等消费地。

在煤化工、装备制造产业物流方面，枢纽与蒙西、蒙苏、准格尔旗大路等工业园区均已达成初步合作意向，2023年预计从蒙西工业园区、乌兰木伦工业园区、蒙苏工业园区采购煤化工原材料1462万吨，生产发送煤化工产品1218万吨；预计从准格尔旗大路工业园区、鄂尔多斯装备制造工业园区采购原材料380万吨，生产发送煤炭化工装备机械100万件、汽车零配件45万件。

（三）强化枢纽协同合作，提升网络服务水平

枢纽与其他物流枢纽间业务协同包括三个层次：一是与国家物流枢纽间业务的协同；二是与区域物流园区间业务的协同；三是枢纽内两片区间的业务协同。

1. 与国家物流枢纽间的业务协同

依托鄂尔多斯市资源优势和产业优势，枢纽加强与其他国家物流枢纽联动，实现煤炭能源输出以及装备制造原材料、煤化工产品、建材等产品的分拨转运。2021年，经东乌、东台、浩吉铁路输出煤炭能源3078万吨、煤化工及装备制造产品1595万吨至天津港口型国家物流枢纽、上海港口型国家物流枢纽、长沙陆港型国家物流枢纽以及武汉、成都、银川等国家物流枢纽承载城市。

2. 与区域物流园区间的业务协同

一是依托枢纽加强与鄂尔多斯市其他园区联动。枢纽依托园区国家级大型煤炭基地、西电东送煤电基地、煤化工产业基地建设，与蒙西工业园区、乌兰木伦工业园区、蒙苏工业园区等进行煤化工、冶金、建材等工业产品区域分拨及配送组织，经包茂高速、荣乌高速、109国道、210国道发送到呼和浩特、大同、乌海、银川等城市；与准格尔旗大路工业园区、鄂尔多斯装备制造工业园区等进行原材料运输、能源装备制造、汽车及零部件制造等制造业物流集成及供应链物流服务，经包茂高速、荣乌高速、109国道、210国道发送到呼和浩特、包头、银川、榆林等城市；与内蒙古鄂尔多斯羊绒集团有限责任公司、内蒙古东达蒙古王集团有限公司等绒纺企业进行原材料及产品的区域分拨及配送组织。

二是依托枢纽推动与周边城市的园区联动发展。枢纽充分发挥制造业物流集成、供应链物流服务及区域分拨配送组织功能，促进区域内工业园区、经济开发区及企业协同发展，推进枢纽与乌海、银川地区煤化工、氯碱化工、有机硅化工等新兴产业发展。联合包头共同申请开通由鄂尔多斯始发，经包头通往欧洲的铁路货运专列，为区域外向型企业提供陆路向西出境通道。借鉴"厦蓉欧"快铁即厦门经成都至欧洲的中欧班列经验，申请鄂尔多斯延伸"兰州号"通欧班列，实现"借道出境、借船出海"。

3. 枢纽内两片区间的业务协同

串联札萨克物流片区和伊旗煤炭物流片区间煤炭仓储及配送、煤化工等产业，积极辐射煤化工设备、工程机械等装备制造产业同步发展，形成货物运输、集运设施建设、供应链一体化、商贸合作、制造加工服务等产业上的优势互补，进一步加强片区间的协同发展。依托东台铁路、包西铁路、东乌铁路等集疏运网络及包茂高速、荣乌高速、109 国道、210 国道、包府线、阿大线、巴苏线等公路运输网络，2022 年札萨克物流片区 380 万吨煤炭向东经过伊旗煤炭物流片区由集通铁路、张唐铁路、大秦铁路运往曹妃甸、秦皇岛和京唐港；伊旗煤炭物流片区 260 万吨煤炭向西经过札萨克物流片区由东台铁路、包西铁路、包兰铁路运往宁夏、甘肃、青海等地；札萨克物流片区分拨组织配送 260 万吨装备制造材料、70 万件煤炭化工机械装备、32 万件汽车零配件，经伊旗煤炭物流片区由东乌铁路、东台铁路、浩吉铁路运往唐山、黄骅、山东等全国各地；伊旗煤炭物流片区分拨配送 360 万吨煤化工产品，经札萨克物流片区由包茂高速、荣乌高速、109 国道、210 国道运至呼和浩特、包头、大同、乌海、榆林、银川等城市。

（四）搭建智慧信息平台，提高枢纽物流效率

为了促进枢纽发展，提高枢纽整体物流效率，保障物流信息及时准确，伊金霍洛旗人民政府积极筹划信息平台建设，2022 年实施信息平台建设项目 2 项。

1. 蒙苏经济开发区智慧园区项目

该项目总投资 3555 万元，按照"一个中心、四个平台、7+3 个应用"的总体建设目标进行建设。"一个中心"：IOC 智慧运营中心；"四个平台"：数据分析平台、物联网接入平台、视频接入平台、地理信息平台；"7+3 个应用"：经济运行监测、能耗监测、安全应急监管、环保监测、人力资源管理、交通物流管理、综合服务 7 个统建类应用，计划建设智慧招商管理系统、能碳分析管理系统、政企协同服务系统 3 个自建类应用。目前，项目已完成一期合同建设，通过专家组初步验收，进入试运行阶段。

2. 鄂尔多斯市智慧能源平台

该平台由内蒙古圣圆能源集团易能通电子商务有限公司建设，总投资 7000 万元。该项目以信息平台、能源交易平台、物资装备（备品备件）交易平台和专利技术交易平台为核心的业务体系，以"互联网+"为基础，依托 B2B/O2O 等多种互联网商业模式，围绕"以交易服务为基础、以金融服务为核心、以物流服务为支撑"的发展战略，是服务于煤炭供应链企业的第三方服务平台，为供应链企业提供公开、公平、公正的集信息、交易、结算、金融、物流、质量检验和仓储配送于一体的综合电子商务服务。下一步将升级构建成鄂尔多斯市智慧能源服务平台，统筹推动全市煤炭统一交易、支付结算和物流配送、矿用物资智能仓储配送、属地劳务整合与兼具行业管理 5 项重点

工作，成为市场规范与综合治税、政府服务企业的载体。目前，平台正在接入新能源物流全链条数据，正在组织拟定供应链管理平台的方案。

枢纽依托智慧能源平台提供高效便捷服务，对枢纽经济运行、环境监测、安全预警、物流信息、车辆运行、仓储等情况进行实时数据监测，并整合周边能源资源、工业产品、工业原材料、机械装备、汽车零配件、生活消费品、农副产品等资源，通过平台进行信息互通、市场化运营、业务合作。截至 2022 年年底，已有 14 家集装企业、9 家运输企业、12 家煤炭生产企业、9 家煤炭洗选加工企业，通过平台进行业务合作，全年平台累计交易额 12.8 亿元，推动物流成本下降 2.5 个百分点。平台将货主、物流公司、司机、收货人联结在一起，通过信息发布、订单匹配，构建可持续高效的物流平台，可有效降低物流成本、提升物流行业整体发展水平。通过开放型智慧物流平台精确匹配，解决物流信息不畅通的问题，实现车货匹配，提高车辆运输效率，降低回空率。

（五）完善枢纽基础设施，推动产业集聚发展

1. 完善配套基础设施建设

枢纽以建设发展为大局，不断加大基础设施的投入，为推动产业集聚发展注入新的动力。一是编制完成项目区内地质灾害评估、压覆矿藏报告、地震安全性评估、气候论证、水资源评估、水土保持评估 6 项区域评估，实现区域评估互认共享，进一步提高审批服务效率、减轻企业负担。审核通过总体规划修编及重点区域控制性规划编制，满足枢纽项目建设需求。二是加大枢纽基础设施和编制配套等投入，为企业的顺利入驻创造良好的基础条件。引进鄂尔多斯市圣圆水务集团有限责任公司，依托马泰壕输水管线工程为枢纽提供工业用水支撑，拓宽枢纽现有道路，畅通内网进出通道，新建枢纽内 7 条道路，总投资约 1.98 亿元。

2. 推动枢纽重点项目建设

枢纽建设需要各项目作支撑，枢纽投入大量工作人员协助企业办理各项前期手续，力争项目早落地、早投产。2022 年枢纽已建成投产项目 3 项。一是包西铁路新街站改扩建项目，在既有基础上新增 6 条到发线、4 条机待线，进一步优化区域路网结构，提高札萨克物流片区铁路运输效率；二是储煤 8 万吨、年发运能力 1500 万吨的金诚泰察汗淖煤炭集运站及铁路专用线项目正式通车运行；三是海勒斯壕南站 1 场 4 道货场，可发运集装箱煤炭、兰炭等货物，并达到非煤货物装卸要求，装卸能力达到 70 万吨/年。2023 年枢纽续建重点项目 3 项，总投资 58.13 亿元，已完成投资 6.67 亿元，2023 年预计完成投资约 6.38 亿元。一是鄂尔多斯市中成榆能源有限公司 4GW 硅单晶片及光伏电池组件生产项目；二是鄂尔多斯市慧森实业有限责任公司 300 万吨/年煤炭洗选及现货交易交收仓库建设项目；三是内蒙古泰盈加油加气站项目。三个项目力争于

2023 年年底顺利投产运行，将为枢纽的发展带来新的增长点。

聚焦打造"通道＋枢纽＋网络"的现代物流运行体系，培育枢纽经济新通道，打造自治区一流的煤炭环保装车基地和煤炭现代物流集散基地、自治区清洁的"煤炭超市"以及我国西北地区具有重要影响力的煤炭物流内陆港。2023 年枢纽拟新建重点项目 5 项，总投资 16.53 亿元。一是国能神东煤炭集团海勒斯壕储备煤建设项目；二是鄂尔多斯市海勒斯铁路运输有限公司伊金霍洛旗煤炭物流园区海勒斯壕铁路专用线项目；三是鄂尔多斯市百业世通物流有限公司"绿港仓储物流"项目；四是伊金霍洛旗浩博环保建材有限公司新建煤矸石制砖项目；五是鄂尔多斯蒙苏经济开发区固废处置中心项目。枢纽还储备了重点项目 5 项。一是内蒙古圣圆能源集团有限责任公司新街集运站铁路专用线项目；二是新街煤炭物流园铁路专用线项目；三是东台铁路项目；四是集轩札萨克物流园区仓储项目；五是伊金霍洛物流园"白货"站场及配套设施项目等一批重点项目。通过公铁集疏运通道、站点工程、仓储、堆场集疏设施建设和东台铁路"鱼骨＋鱼刺"的铁路网建设，枢纽将实现煤矿、工矿企业大宗货物"公转铁"运输，降低煤炭运输物流成本。

三、枢纽建设发展成效

（一）物流功能逐步完善

枢纽已具备五大类服务功能：一是服务于生产制造的物流集成服务功能。围绕煤炭及煤化工、新能源装备制造等优势产业，配套设置仓储、多式联运、物流配送等物流功能，实现物流业与制造业的融合发展。二是服务于供应链全程集采的供应链集成服务功能。在仓储、物流等基础功能的基础上，配套产品交易、信息服务、金融服务等供应链服务功能，实现全链条集约化运行。三是货物集结与干线运输功能。将本地煤炭等产品在枢纽集结，依托东乌、包神、包西、大秦、浩吉等重载干线铁路运送至各目的地，枢纽 2020 年发运煤炭 4688.9 万吨，2021 年发运煤炭 5817.7 万吨，2022 年发运煤炭 6339.6 万吨。四是区域分拨与配送组织功能。辐射本市及周边 150 千米范围地区，提供各类产品以"干支仓配"一体化配送服务。2022 年，经枢纽发送煤炭 786 万吨、煤化工产品 68.8 万吨、装备制造材料 7.3 万吨、煤炭化工机械装备 3.2 万件至呼和浩特、包头、大同、乌海、榆林、银川等城市。五是多式联运转运功能。以本地公铁联运、港口海铁联运为主，为各类产品发运提供服务。

（二）服务能力明显提升

枢纽内集聚企业 46 家，服务能力达到年转运 1.56 亿吨、年洗选配 3360 万吨、仓储 1200 万吨。截至 2022 年年底，枢纽可为鄂尔多斯境内 15 个产业园区提供物流服务；可辐射周边煤矿 74 座，年核定产能 1.87 亿吨，包含神华新街、国电察哈素、伊泰红庆河等大型煤矿 13 座；可辐射周边企业 150 家，其中：蒙苏经济开发区江苏产业园内企业 59 家，以清洁能源、新材料为主导产业；圣圆煤化工产业园内企业 41 家，以煤电、煤化工为主导产业，全年生产天然气 94.49 万吨，生产各类油品 89.62 万吨，发电 85 亿千瓦时。

（三）社会效应凸显

2022 年，枢纽在国家物流网络中的作用进一步凸显，为促就业、应急物资储备调拨、保障特殊时期产业链稳定发展作出了积极贡献。2022 年新冠疫情期间，枢纽充分发挥集聚资源、分拨业务、物流运输等功能，保障周边区域资源的供应，第一时间保障呼和浩特市、包头市及周边近 1000 万人口供热、供电等生产生活资料供应；全力保障了全国 25 个省的用煤需求，多渠道累计运输煤炭 3165 万吨，确保了浙江、广东、北京、天津、河北等疫情重点地区原料供应，为全国产业体系整体复工作出了积极贡献。此外，枢纽的建设带动了地区经济社会进一步发展，为全市脱贫攻坚后续产业发展提供支撑，带动周边 5 个镇农村人口就业发展，新增就业岗位 2000 多个，带动区域消费水平提升，促进鄂尔多斯市经济稳定发展。

四、发展方向与未来展望

以枢纽建设为载体，宏观上服务全国大局。推动物流业由服务本地向服务区域、辐射周边、走向全国转变，实现物流规模化、组织化运作，加快物流业降本增效，促进产业链上下游集聚发展；区域内引领地区发展。通过搭建呼包鄂榆区域 300 千米范围的高效区域分拨网络，与天津、西安、郑州等地区的国家物流枢纽进行通道衔接与业务对接，提高干线物流服务能力，进一步加快鄂尔多斯与晋陕宁地区产业的深度融合，助推鄂尔多斯市产业转型升级和中西部区域经济高质量发展；微观上提升物流质效。充分发挥枢纽供应链业务集成、多式联运优势，强化枢纽干支衔接能力，大幅度提高全市物流运行效率。

（一）建设目标清晰的国家物流枢纽

增强规划引领作用，组织编制《鄂尔多斯生产服务型国家物流枢纽建设三年行动方案（2023—2025 年)》，明确枢纽"十四五"期间发展方向和目标，重点优化物流业空间布局，构建高效枢纽配送网络，完善枢纽干线运输、区域分拨、仓储配送、流通加工、综合服务、信息平台等功能板块。

（二）建设高效运营的国家物流枢纽

发挥"1 个运营主体 +5 个主体企业 +N 个关联企业"联盟作用，推动成员单位信息互联互通，总结推广创新做法和经验，组织交流互访、业务对接和专题培训等活动，形成常态联系机制，积极反映成员单位诉求，协助参与相关决策，实现共建共享共用。

（三）建设基础完备的国家物流枢纽

按照"做优存量、做好增量"原则，统筹补齐枢纽设施短板，强化要素保障，整合区域内土地资源、物流资源，推进枢纽内外相关区域的基础设施等配套设施建设。依托区域资源以及货物流量流向的分布特点，构建完善的主干道路网系统。

（四）建设布局合理的国家物流枢纽

按照集约节约原则，合理规划"补短板"增量项目，做到科学规划、合理布局。全面推行"散改集＋新能源＋数字系统"的新型物流模式，重点推动铁路集运站和"白货"站场建设，打造新能源智慧内陆港。组建新能源智慧陆港数字物流园区等智能化平台，通过数字系统调度、集装箱运输、新能源配送和干支线衔接，提高运输效率、降低物流成本、实现绿色运输。

（五）建设网络运作的国家物流枢纽

依托包西、浩吉、包神、新准等铁路干线及国家能源投资集团有限责任公司、乌兰发展集团有限公司、鄂尔多斯市鑫聚源供应链管理有限责任公司等企业共同构建干支衔接物流运行网络。加快东台铁路建设，打通铁路运输堵点，畅通枢纽与煤矿的连接，串联沿线36座煤矿经枢纽发运至全国各地，打造区域物流运作网络。

（六）建设信息集成的国家物流枢纽

建立智慧物流信息集成平台，依托伊金霍洛旗工业互联网平台、蒙苏智慧园区、"易能通"电子商务平台等资源，培育形成智能物流平台，统一调度各方信息，统筹谋划、协同管理，为枢纽入驻企业和业务对接客户提供完整的信息服务，形成智能调度中心、集中管控中心，实现各方设备、数据在线，通过人工智能、区块链技术来实现园区运营数字化、智能化，将平台接入国家物流枢纽联盟信息平台，实现各枢纽间信息互联、互通、共享。

（撰稿人：李瑞、刘建平、杨柳、温鹏飞、李慧庭）

嘉兴生产服务型国家物流枢纽

创新公铁水空多式联运模式　打造长三角一体化发展枢纽

嘉兴市位于"一带一路"倡议、长江经济带、长三角一体化发展三大国家战略的黄金交会点和融合叠加区，是浙江省接轨上海市的门户、长三角核心区枢纽型中心城市，是长三角乃至全国的物流、人流、信息流、资金流等的汇聚地。嘉兴生产服务型国家物流枢纽（以下简称"枢纽"）在嘉兴现代物流园（国家级示范物流园区）建设基础上，整合嘉兴国际航空货运港、嘉兴铁路物流基地等功能区域，致力于打造辐射区域更广、集聚效应更强、服务功能更优、运行效率更高的现代多式联运实践典范和航空物流发展标杆。枢纽重点服务于嘉兴市、长三角先进制造业产业集群发展，对嘉兴经济发展、产业布局等具有直接促进作用，对完善长三角地区的物流体系、提升区域物流发展水平、支撑区域产业转型升级、促进经济社会发展等方面具有重要的带动作用。

一、枢纽概况

（一）区位交通

嘉兴市地处长三角的地理中心、海陆江大通道交会点，处于上海、苏州、杭州、宁波四城十字交叉中心，是长三角核心区枢纽型中心城市，枢纽宏观区位交通如图1所示。枢纽位于嘉兴市主城区西南方向，整合嘉兴现代物流园、嘉兴机场等重点区块，总面积约5.92平方千米。

嘉兴市是国内为数不多的具备公、铁、水、空综合物流运输条件的城市。截至2022年年底，公路方面，全市公路通车里程8246千米，全市公路网密度、高速公路密度均位居全省首位；货运铁路方面，已有沪昆铁路货运铁路线，境内铁路里程176.8千米，已建成铁路货运站3个；水运方面，全市拥有定级航道224条，通航里程1974千米，嘉兴港与上海港、宁波港两大世界级港口也建立了深度合作关系，嘉兴海河联运枢纽港被列入全省"四港联动"发展示范工程之一，2022年，嘉兴港位列全球百大集装箱港口第75位，较2021年上升8位，全球排名实现五连升，吞吐量增速位列全国港口第一；航空方面，2021年，嘉兴军民合用机场项目可行性研究报告获批，该机场将与上海浦东、杭州萧山等国际机场形成有效互补。

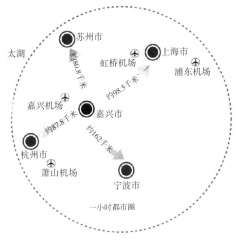

图 1　枢纽宏观区位交通

（二）空间布局

枢纽着力构建"一体两翼"总体布局，如图 2 所示。"一体"即嘉兴生产服务型国家物流枢纽；东翼为枢纽东区，规划面积 4.05 平方千米，重点构建"一中心三基地"功能布局，如图 3 所示，集现代物流园区、铁路物流基地、内河港口码头等物流设施；西翼为枢纽西区，规划面积 1.87 平方千米，重点构建"一港一基地"功能布局，如图 4 所示。枢纽东、西两片区通过分工协作、功能联动、交通联系，形成相辅相成、有机统一的良好发展格局。

（三）运营模式

枢纽采取"政府主导、专业物流机构参与、市场化运营"的管理模式，由嘉兴市人民政府整体统筹规划，秀洲区人民政府具体负责建设推进。具体做法包括：成立秀洲区创建国家级临空经济示范区工作领导小组，下设秀洲区临空经济示范区指挥部、嘉兴市秀洲区交通投资发展集团有限公司，具体负责枢纽内项目建设推进、产业布局、规划统筹、日常运营管理等工作，承担枢纽运营情况和监测数据报送任务；由嘉兴现代物流园管理委员会、嘉兴机场有限公司、圆通航空投资发展有限公司联合相关企业组成战略合作联盟，承担枢纽建设运营和管理工作。

（四）枢纽建设项目进展

枢纽集聚了快递、冷链、电商、仓储、供应链管理、信息科技等一批重大项目。存量项目投资方面，截至 2023 年 3 月，枢纽东区累计开发建设投资额为 120.76 亿元。增量项目投资方面，正在加快推进中通快递嘉兴智能电商加工分拣总部、启盈嘉兴跨

图2　枢纽空间布局

图3　枢纽东区空间布局

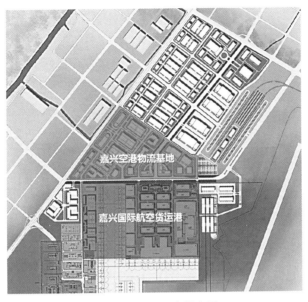

图4　枢纽西区空间布局

境电商智慧供应链总部等重点项目建设，积极推动嘉兴铁路物流基地项目落地。其中，嘉兴丰预泰企业管理有限公司顺丰创新产业园项目、嘉兴大恩供应链管理有限公司大恩供应链中心项目、深基地智慧物流供应链中心（一期）已经竣工投产。嘉兴市庄安果蔬有限公司农产品冷链项目、嘉兴美库冷链物流有限公司冷链项目正常运营。总投资64亿元的圆通嘉兴全球航空物流枢纽项目正在加快建设，已完成投资约1.8亿元。

（五）基础设施建设情况

截至2022年年底，枢纽建设完成"三横三纵"路网架构。同时建设完成公共停车场站、高端仓储设施、1个公共码头、有4万个泊位的高层立体库、物流科技大厦、国家下一代互联网IPv6（互联网协议第六版）基础设施平台等基础设施项目。2022年，杭州萧山机场铁路枢纽及接线工程、嘉兴至枫南市域铁路、嘉善至西塘市域铁路、金山至平湖市域铁路（沪平盐城际铁路）浙江段、通苏嘉甬高铁5条铁路开工建设，嘉兴境内铁路里程达到211.76千米、投资超过850亿元。

二、主要做法与特色经验

（一）创新模式，打造"公铁水空"联运示范标杆

1. 构建形成多式联运体系

枢纽创新采用"一平台、多场站、广融合"的模式。"一平台"：借助完善的多式联运公共信息体系，统筹嘉兴机场、铁路、公路、港口、配送中心等场站，集聚航空

货运企业、货代与电商企业等各类多式联运要素，通过合理运营管理、有效衔接不同运输制式等举措，形成高效运作的多式联运平台。"多场站"：依托航空货运站、铁路货运中心、高铁货运中心等多个作业场站，打造联运货物集散、转运与分拨的主场地。"广融合"：不同运输方式在嘉兴机场汇集，形成多网融合格局。充分发挥市场主体能动性，创新运输模式，带动卡车航班、公路集散、高铁货运、电商班列等业务发展，形成多网融合、多模式创新的多式联运业务发展生态。

完善多式联运配套设施。大力推进机场周边乍嘉苏高速、万国路、524国道、桐乡大道射线、嘉洪大道组成的"三纵两横"外部公路交通网，以及机场客运、货运进场道路"一横两纵多支"内部道路交通网建设，重点实现客货交通有序分离、立体多层的公路集疏运系统。加强枢纽东、西片区联动发展，将航空港与物流园进行高效联通，发挥联运效应。围绕空铁联运，推进落实马王塘站货运支线接入机场多式联运区。加强货运通关平台建设，配套设置海关监管作业场所和检验检疫集中检查区。

2. 创新多式联运业务模式

大力发展特色化海河联运模式。嘉兴港具有"前海后河"的区位条件，直通钱塘江，与京杭大运河以及太湖、长江水系贯通，海运方式经宁波舟山港中转，与杭平申线、湖嘉申线等航道，以及上海港连接，实现海河联运。目前海河联运工程稳步推进，枢纽深化与宁波舟山港、上海港的战略合作，巩固杭嘉湖港口联盟，海河联运内河集装箱航线已开通至富阳、长兴、绍兴、德清、苏州、上海等多地的航线，港口腹地由省内向长三角地区拓展延伸。海河联运"最后一公里"瓶颈全面打通，"散改集"等示范项目加快推进。2022年，完成海河联运吞吐量3311.76万吨、海河联运集装箱77.60万标箱，分别同比增长8.1%、67.42%，总量和增速均位居全省前列。嘉兴市高度重视集疏运体系和港口建设同步发展，将嘉兴港区乍浦港、平湖独山港、海盐港区作为嘉兴市重要的临港极。内河航道方面，浙北集装箱高等级航道网正在抓紧建设，已建成嘉兴内河国际集装箱码头、尖山码头、宇石物流等一批内河集装箱港口作业区，能够通过内河航道直达嘉兴港和上海外高桥港。在海河联运作业区建设方面，完成海盐港区南方水泥内河码头工程，开展独山海河联运Ⅱ区、乍浦海河联运Ⅱ区、海盐海河联运作业Ⅲ区等建设前期工作。截至2022年年底，平湖独山港完成B1、B2泊位技改为A9泊位；新建A3、A4、A7、A8、B13、B14泊位，港口设施投资超过60亿元。

开拓铁海联运模式。枢纽开拓嘉兴东至上海洋山港铁海联运新通道，保障物流通畅，采用两天一班、当日送达的运营模式，提供"门到门""点到点"到站即到港的"一站式"服务。并与上海港联动，着手开展以沪乍杭货运铁路支线进港为目标的方案研究，积极打通铁海联运"关键一公里"。谋划启动铁路物流基地建设，补齐铁路物流短板，嘉兴铁路物流基地项目已纳入国家发展改革委和国铁集团联合印发的《推动集装箱铁海联运设施联通实施方案》。截至2022年，铁海联运共开行班列176车次，载货 7840 标箱，太阳能组件、玻璃纤维、家具等价值超 20 亿元的货物经上海洋山港最终出口至荷兰、沙特阿拉伯、多米尼加等国家。

谋划公铁空联运模式。枢纽加快建立辐射长三角、连接全国、直抵欧洲的铁路货运快速通道，研究制定与机场接驳方案，推进与"义新欧"铁路、沪杭铁路、沪乍杭铁路、通苏嘉铁路等连接。通过沪杭铁路马王塘站货运支线接入机场东北侧预留多式联运区，设立机场货运铁路装卸区，开通国内电商班列。积极推进连接义乌西站等中欧班列铁路枢纽，使零散货物实现由航空、港口或公路运输至嘉兴枢纽，再由卡车航班运输至义乌西站。

探索空公水联运模式。枢纽与周边港口建立了高速公路、内河航道等运输通道，公路运输 1 小时到达嘉兴港、2 小时到达上海洋山港、2.5 小时到达宁波舟山港，如图 5 所示。多次论证杭申线、长水塘等航道与机场衔接的可行性。加强空港和海港两大对外贸易窗口间的联系，圆通嘉兴全球航空物流枢纽项目中，已按航空口岸 I 级标准规划配置海关查验平台、保税物流中心（B 型），以及现场海关办事大厅和办公场所等查验设施，可满足航空口岸临时开放、开展查验业务需求。

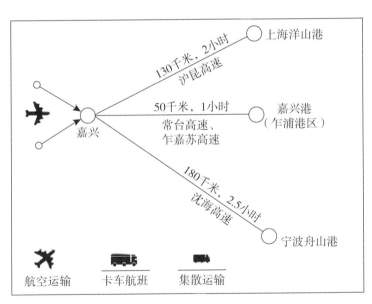

图 5 空公水联运模式

创新空陆联运模式。依托嘉兴国际航空货运港功能，打造空地集散模式，如图 6 所示。通过在沪杭等周边地区建设城市货运站，建立卡车航班网络，实现主要城市货源地一站直达，快速高效连接长三角重要城市。

3. 大力拓宽业务模式

航空干线业务。嘉兴机场可起降波音 737、空客 320 系列等主流民航客货机，即将开通至国内各主要城市航线及境外国际航线，满足年旅客吞吐量 180 万人次、货邮吞

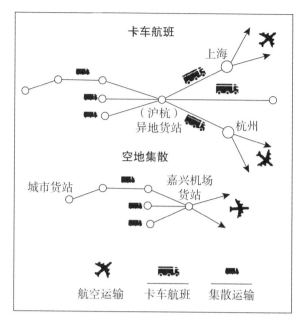

图 6　空陆联运模式

吐量 10 万吨的目标设计。基于嘉兴国际航空货运港航空干线业务的枢纽平台，借助圆通在国内市场规划布局的"一主八从"及国际航空货运网络，建立航空物流的全球布局和区域辐射分拨、配送相结合的业务模式。

铁路干线业务。以铁路货运为骨干，整合枢纽内的航空、公路、水路等货运力量，以服务集装箱、散堆装和零散快件货物等品类为主，建设"四个衔接、四个贯通"的现代化铁路货运枢纽。对内加强四个衔接：与城市物流相衔接，与航道、道路、铁路相衔接，与物流综合信息系统、铁路信息系统衔接，与市内大型企业相衔接；对外加强四个贯通：贯通东部口岸各港区，贯通长三角各县市，贯通中西部铁路物流中心，贯通亚欧铁路大通道。增开货物列车班次，目前，铁路物流基地站内日均正线接发货物列车 47 对。铁路车流组织方式逐步完善，对集装箱运量较大且去向集中的车流组织开行集装箱直达班列，对运量稳定、去向相对集中的货物组织"五定"班列，其他零散货流由沿线摘挂列车办理。

（二）数字赋能，打造智能化联运枢纽

1. 建设枢纽综合信息服务平台

整合现代物流园智慧大脑及机场、铁路、港口等物流数据信息，建设以数字底盘为基础、以智慧大脑为中枢、以信息交互为方向、以资源调配与物流业务开展为落脚点的综合物流信息服务平台，提高多式联运体系全程信息服务质量，提升联运作业效率。利用先进技术手段，建立跨系统、多元异构、实时联动的共享集成服务平台，实

现与国家、省市交通物流公共信息平台的有效衔接。枢纽综合信息服务平台重点围绕"一中心、一大脑、五大系统"进行建设，如图7所示。

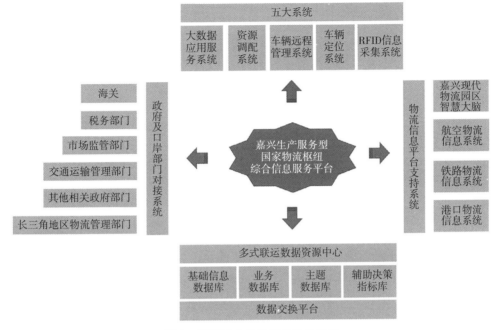

图7　枢纽综合信息服务平台架构

"一中心"即多式联运数据资源中心，夯实多式联运基础信息数据库、业务数据库、支撑应用系统运行的主题数据库、辅助决策指标库，基于多式联运数据资源中心建立数据交换平台，打通嘉兴物流枢纽、机场、铁路、港口以及政府相关部门等信息系统。"一大脑"即嘉兴现代物流园区智慧大脑，下设智慧管理、智慧服务、智慧展示、智慧运营四大板块，重点通过智慧运营平台实现人、车、货、仓之间无缝连接和协同联动的智能自感知、自适应、自优化。嘉兴现代物流园区智慧大脑作为IPv6技术与现代物流融合应用试点项目，成功入围国家IPv6技术创新和融合应用试点名单。"五系统"即服务于国家物流枢纽的五大功能系统：大数据应用服务系统，对业务进行数字化、图形化分析与展示；资源调配系统，面向具体物流运输与配送指挥和操作层面的智能化系统；车辆远程管理系统，对物流活动信息流进行高质量管控；车辆定位系统，动态实时跟踪车辆和货物，使运输信息传递形成完整闭环；RFID（射频识别）信息采集系统，实现多式联运货物在途信息的动态跟踪。

2. 整合全市物流信息系统

依托枢纽综合信息服务平台，与现代物流业智慧公路港（物流信息平台）等平台合作，整合现有铁路、公路、水路运输相关信息系统，建成嘉兴市物流公共信息平台。平台通过"运营数据化＋服务产品化"的运作模式，整合商贸业、物流业等资源，实现物流信息共享、物流资源对接、物流增值服务、诚信物流和金融物流五大功能，实现与国家交通运输物流公共信息平台的互联互通，目前已吸引上万家会员企业上线运行。"智慧港航"系统启动运行，通过采集码头、航道、基层站所、航道信息化设备等相关数据，在电子航道图上将所有信息点罗列标记。作为嘉兴供应链行业的代表性企业，振石集团浙江宇石国际物流有限公司探索基于物联网的工业品供应链管理模式，建立"智慧仓库"，向客户提供综合性仓库管理信息化服务。浙江未名物流发展有限公司等被列入交通运输部物流无车承运试点企业。

3. 推动物流枢纽标准化建设

枢纽积极推广使用标准化单元技术，循环共用标准托盘、周转箱（筐），提升带板运输率，实现交接单元化、标准化，提高物流作业效率，降低物流运输单位成本。推进快递营业场所标准化建设，将末端快件投递设施纳入新建住宅社区和商务楼宇配建标准。标准托盘使用实际效果评价结果显示，标准托盘的应用可以帮助企业实现备货效率提升 30%、平均装卸货效率提升 50%、平均收货效率提升 100%、平均装卸成本降低 60%~80%，平均车辆周转率提升 100%。物流企业加快推进使用标准托盘，针对物流企业托盘标准不一、通用性不强、购买投资成本高、维修回收困难等情况，枢纽于 2016 年牵头路凯供应链管理（嘉兴）有限公司，为企业提供物流设备（包括托盘、散货货箱及货物周转箱）的设计、组装、维修、清洗、销售、租赁等服务。截至 2022年年底，枢纽内企业标准托盘的使用比例超过 30%。

（三）产业融合，助力高端制造业发展

1. 持续创新招商模式

枢纽重视对总部经济的引进和培育，引进了一批品牌影响大、投资强度高、地方贡献大的优质项目，如深基地浙江区总部、顺丰速运浙北总部、沃尔玛华东配送中心、安博浙江区总部、DHL 嘉兴区总部、德邦物流浙北区域总部等。创新性开展产业供应链和智慧物流的"零地"招商工作，招引一批平台性企业、第四方物流服务企业、物流科创企业。如通过对宝港供应链管理（嘉兴）有限公司、嘉兴大恩供应链管理有限公司、浙江未名物流发展有限公司等供应链核心龙头企业的上下游招商，吸聚了 300余家相关企业进驻园区。枢纽注重构建智慧物流产业生态，瞄准物流信息科技、供应链集成管理、智能仓储物流、智慧物流装备、数字化展示等 24 个领域，先后引进浙江通创智慧物流服务有限公司、杭州物流绿页网络科技有限公司、未名（福建）投资集团有限公司等科技企业。

2. 积极推进降本增效

枢纽为保温产业、纺织产业等大宗货物的物流需求提供采购、分销、仓储、金融等服务，有效减少流通环节，助力制造业企业物流成本降低 25% 以上。依托多式

联运发展优势，通过标准化、智能化推动物流业降本增效，采用铁路和水路运输方式大大降低区域物流成本。积极推进节能减排，逐年淘汰老旧营运车辆，鼓励使用新能源物流车，新增清洁能源车（氢能和燃料电池汽车），促进节能减排。引导企业使用标准托盘和先进物流装备，推进智慧化改造，建成含 4 万个泊位的高层立体库、输送设备 5000 米及自动化分解线 20 多条。通过加强内河码头建设、引进智慧公路港项目、推进航空货运枢纽建设，枢纽不断完善多式联运基础设施，提高现代物流转运效率。

3. 打造优质供应链条

依托供应链管理龙头企业，通过对商流、物流、资金流、信息流的管理，将供应商、制造商、分销商、零售商和最终用户连成一个整体，构建基于互联网的供应链集成服务平台，为制造业企业提供供应链计划、采购、物流、金融、信息追溯等集成服务。建立具有区域比较优势的集采购、分销、仓储、运输于一体的供应链服务体系，如图 8 所示，吸引产业要素、资源在此聚集，为周边制造业发展提供强有力的供应链物流支撑，发挥供应链比较优势，走出发展枢纽经济新模式。通过整合嘉兴商品交易产业园、嘉兴内河港多用途港区、浙江畅通物流产业园等周边物流园区资源，谋划嘉兴高水平快递综合产业园（国家级）建设。发挥毗邻嘉兴经济技术开发区、嘉兴秀洲高新技术产业开发区两大国家级开发区的优势，充分挖掘装备制造、光伏新能源、生物医药、时尚产业等生产制造业的需求，服务对象包括王店镇集成装饰、濮院羊毛衫等制造业企业主体，充分体现服务实体经济发展的导向。

图 8　一体化供应链服务体系

4. 强化多元保障措施

深化"最多跑一次"行政审批服务改革，让"数据多跑路、群众不跑路"，为投资者营造规范、高效、优质、廉洁的政务服务环境。建立一体化行政服务手段，工商、运管、税务和企业服务中心现场办公，同时派专职代办员常驻秀洲区行政审批服务中心，为重大产业项目的各项行政审批事项免费全程代办。积极利用政策杠杆，整合现有政策资源，设立物流产业发展专项资金和物流引导基金，强化政策支持，保障枢纽发展。

5. 集聚各类创新要素

枢纽重点打造浙江（嘉兴）物流科技产业孵化器，集聚区域物流总部基地、物流实训基地和物流创新创业基地，引进国家级高新技术企业 1 家，入驻各类智能仓储、第四方物流、供应链管理、区域配送等智慧物流企业 400 余家，推动传统物流行业转型升级。截至 2022 年年底，园区拥有浙江省"千人计划"人才 1 名、各类高中级技术职称人才 83 人、国家三级以上技能人员 21 人。聘请浙江省供应链协会会长等行业专家带领的高端智库团队担任咨询顾问，共谋智慧物流产业发展。此外，浙江清华长三角研究院、浙江中科应用技术研究院、嘉兴学院、同济大学等高校院所及嘉兴市区 20 多家国内外知名科研院所，共同为枢纽发展提供智力支持。

（四）突出协同，优化物流供应链布局

1. 统筹全市物流节点资源

充分挖掘嘉兴现代物流园、嘉兴港区综合物流园区、桐乡市濮院物流园区等 11 个重点物流园区资源，以国内一流港口建设为立足点，以智慧物流港口建设为着力点，以空港物流建设为切入点，以陆港货运枢纽建设为结合点，以枢纽为核心，加快构筑体制顺通、标准互通、设施联通、信息汇通、物流畅通的"四港"联动新格局。初步建成以嘉兴现代物流园为中心，以平湖独山港物流园、嘉兴港区综合物流园、嘉善现代物流集聚区等市域物流枢纽为重点，以市、县（市、区）分拣中心，物流配送中心，公共仓库等物流节点为支撑的三级物流枢纽联动体系。加快推动物流园区、配送网点智能化改造、数字化升级和网络化运行，构建布局合理、供需匹配、协同联动、平急结合、安全高效的物流基础设施网络体系。充分考虑与周边区域生产制造、商贸等产业高效协调、联动发展，协同推进物流基础设施网络与产业组织体系建设。

2. 与省内物流枢纽间的协同联动

进一步加强与宁波—舟山港口型国家物流枢纽、金华生产服务型国家物流枢纽、金华（义乌）商贸服务型国家物流枢纽、温州商贸服务型国家物流枢纽等省内已获批复的国家物流枢纽之间的联动发展，建立铁路、公路、水路等多种类型的物流通道。强化嘉兴港与宁波舟山港、台州港等港口合作，提升枢纽区域服务与辐射能力。加强与杭州、宁波、绍兴等周边城市重点产业园区合作，积极承接制造业零部件、重要生产物料等航空运输业务。

3. 与长三角物流枢纽的协同合作

深入开展与上海商贸服务型国家物流枢纽、苏州港口型国家物流枢纽等之间的合作，形成不同类型国家物流枢纽的互补发展格局。发挥上海圆通蛟龙投资发展（集团）有限公司主体参与作用，积极承接上海浦东国际机场、上海虹桥国际机场等国际转国内的部分航空货邮业务，利用沪乍杭铁路、常台高速、沪杭高速、申嘉湖高速等建立区域航空货邮转运的干线链接。深化与宁波舟山港、上海港的战略合作，巩固杭嘉湖港口联盟，开通集装箱海河联运航线 19 条，港口腹地由省内向长三角地区拓展延伸。

4. 与全国物流枢纽之间的互联互通

枢纽发挥嘉兴在南北运输中重要节点的作用，强化与北京、天津、海口、广州、厦门、深圳等地的重要国家级物流枢纽联动，加快南北物资转运，更好提升物流效率，促进产业上下游的链接，带动产业经济发展。加强与武汉、长沙、重庆等重要国家级物流枢纽承载城市的协同合作，推动中西部优势资源运输便捷畅通，更好地带动中西部经济发展。

5. 与全球重要物流节点的业务联系

发挥嘉兴国际航空货运港的重要作用，积极融入"一带一路"发展，深化与国际航空枢纽的合作协同。发挥圆通作为"义新欧"铁路运营平台的战略投资者的优势，加强枢纽与"义新欧"铁路沿线重要枢纽之间的联动，强化与"丝绸之路"沿线国家的经济文化交流。

（五）平战结合，完善应急物流体系

1. 提升应急物流体系效能

针对新冠疫情等突发性公共卫生事件，以及自然灾害、公共安全事件等，枢纽积极履行应急物流保障职能。按照平战结合的发展思路和运营机制，协同市域内重要物流节点，统筹建设物资保供点、中转接驳站点，提供面向长三角地区和全国的战略物资储备和紧急物资配送服务。统筹加强特殊时期枢纽与长三角地区重点港口、机场等进口冷冻冷藏集装箱疏通工作，采用先进仓储管理和运输管理技术，加强对应急物资的全流程跟踪监测，确保应急物资运输的安全性。

2. 构建多方联保联供机制

枢纽主动承担保障生产生活物资供应和产业链供应链稳定的责任，着力探索重大物流基础设施参与疫情防控和保供稳链实践。充分发挥物流抗疫保供作用，制定物流业领域惠企纾困政策，减免高速公路运输通行费用，全力支持物流业恢复发展，保障产业链供应链稳定畅通。积极对接省发展改革委和上海国际港务（集团）股份有限公司，紧急做好上海港进口冷冻冷藏集装箱疏港工作，确保企业按时完成进口集装箱提箱工作。

3. 科学调配应急物流配送运力

以应急物流指挥中心为核心、以现有物流配送体系为依托、以基层社区服务人员为支撑、以区域间统筹协作为保障，构建现代化应急物流配送体系，促进基础物流供应链与应急物流供应链的整合。圆通速递充分发挥航空物流和快递网络优势，全力保障国内国际物流高效畅通，切实保障产业链供应链和生活物资运输通畅，确保疫情防控和经济发展两不误。第一时间成立新冠疫情防控工作领导小组，抓紧为涉疫地区运送防疫物资，为疫情防控工作提供了有力支撑。

三、枢纽建设发展成效

（一）业务规模逐步扩大

2022 年，枢纽东区完成固定资产投资 117.99 亿元，物流从业人员达到 6710 人。物流运营面积超过 150 万平方米，其中高端仓储设施 82.15 万平方米。拥有含 4 万个泊位的高层立体库、输送设备 5000 米、自动化分拣系统 5 套，以及可调运车辆 2858 辆、装卸搬运设备 699 套。各类货物吞吐量达 770 万吨，快递包裹收发量 7.2 亿件，税收总额 2.38 亿元，营业收入 64.5 亿元。

（二）服务水平不断提高

枢纽注重不同运输方式间的融合衔接，开展港口、铁路、公路货运枢纽改造升级工作，形成了"通道＋枢纽＋网络"的现代物流集疏运体系，促使单点枢纽动起来、活起来、串起来。注重提升多式联运综合服务能力，铁海联运集装箱班列正式开行，引进拥有全货机物流企业——圆通集团，提升物流通道网络运行效率。建立物流综合信息服务平台，拓展信息服务、物流总部、物流装备、物流金融、物流科技、物流咨询等业务，全面提升枢纽总体的物流服务水平。

（三）企业集聚效应凸显

枢纽通过引进第四方物流平台，整合了大量专线、货代、第三方物流等企业，"零地"引入各类物流企业 344 家，极大地提高了土地节约集约化水平。枢纽依托圆通、顺丰、申通等快递龙头企业，支持企业在枢纽范围设立基地、区域总部和运营中心，引进相关快递企业进驻园区并设立区域分拨作业中心，支持快递企业入驻开展国际快递物流服务，引进国内外电子商务龙头企业，培育"仓储—电商—快递"产业链。截至 2022 年年底，枢纽累计引进物流企业 818 家，其中包括沃尔玛、DHL（敦豪）、招商局、京东等 6 家世界 500 强企业，集聚顺丰、圆通、申通等物流企业区域总部，拥有 5A 级以上物流企业 6 家，各类智能仓储、第四方物流、供应链集成管理、区域配送等智慧物流企业 100 余家。

四、发展方向与未来展望

（一）加快推进枢纽能级提升

加快推进枢纽建设，进一步促进嘉兴物流业的创新发展，加快发展物流新业态、新模式，为物流业高质量发展提供新动能。加大枢纽内分拨中心、运输车辆、货运飞机等物流基础设施设备投入，推进作业场站升级，提升作业能力，保证航空物流和地面物流运输的衔接顺畅。同时，积极与国内、国际重要物流节点开展业务联系，协同发展，逐步拓展国际航线，提升枢纽的辐射带动能力。

（二）强化智能化、数字化技术的应用

加快推动 5G、大数据、云计算、人工智能等现代信息技术在枢纽的广泛应用，重点推进无人化示范工程建设，支持使用无车承运、无人集卡、无人配送、无人仓等物流组织模式。完善枢纽综合信息服务平台，利用数字化手段高效整合物流链条上的各主体和各环节，实现供应链智慧化和干支配一体化发展。

（三）加快培育物流新主体

围绕打造物流企业专业化品牌，瞄准快递物流、智慧物流、冷链物流、应急物流等细分领域，鼓励发展第三方物流，培育一批行业细分市场的"标杆型"企业。聚焦电商物流、网络货运、供应链物流、多式联运等领域，鼓励物流企业整合所服务企业的供应链环节，加快培育一批集聚产业链上下游各环节的综合服务商，积极引育支持物流平台发展的"链主型"企业。

（四）全力支撑跨区域发展需求

枢纽重点发展快递物流、跨境电商、保税物流、冷链物流等业态，积极打造全球性航空货运及跨境电商物流枢纽，助力长三角地区航空货运业发展。整合长三角地区乃至全国范围内物流资源要素，通过规模化、网络化的业务运行，促进生产制造与国际物流的融合发展，构建形成长三角一体化的现代物流服务体系。

（五）推动枢纽经济融合发展

加快集聚一批临空产业序列下的全球品牌企业，引进高新制造、研发、金融、租赁、保险、智能物流及仓储、呼叫中心、会展、培训、数据处理、生物科技、医疗器械、药品及酒店等高附加值产业，推动城市产业提档升级。

（六）强化枢纽建设组织保障

强化组织协调，完善枢纽建设的顶层设计和行动方案，跟踪枢纽重大基础设施建设，推进多式联运标准体系建设，积极向上争取资金、交通、土地等要素资源保障。强化政策支持，优化完善嘉兴市物流业发展政策体系，研究制定加快物流业健康快速发展的政策意见。鼓励财政资金加大对物流领域的投资扶持力度。进一步提高物流统计数据质量和工作水平，积极参与国家物流枢纽监测和评价工作。做好临空经济区等规划编制，加快推进项目规划建设和投资落地，协调解决项目推进中的各类问题。

（撰稿人：郑嘉、郭卫、龚泽阳、吴歆瑀、张豪、徐佳栋）

蚌埠生产服务型国家物流枢纽

推进多式联运提升发展 服务淮河流域枢纽经济

蚌埠市地处中国南北地理分界线，是淮河文化、华夏文明的发祥地，位于千里淮河与京沪铁路交会处。现辖怀远、五河、固镇三个县，龙子湖、蚌山、禹会、淮上四个行政区，以及蚌埠高新技术产业开发区（国家级）和蚌埠经济开发区两个功能区，总面积5951平方千米，总人口387万。蚌埠素有"文化摇篮、歌舞之乡、山水城市、创新高地"美誉，是全国文明城市、全国双拥模范城市、国家卫生城市、国家园林城市、全国科技进步先进市，是中国（安徽）自由贸易试验区、合芜蚌国家自主创新示范区核心城市，也是安徽省委、省政府重点支持建设的淮河流域和皖北地区中心城市。2022年全市完成地区生产总值2012.3亿元，公路货运量达到3.16亿吨，为物流业的发展提供有力支撑。

蚌埠生产服务型国家物流枢纽（以下简称"枢纽"）依托交通区位优势、生产制造业基础、对外开放通道，加快巩固制造业物流集成、供应链一体化服务、区域分拨及配送组织、水运和铁路干线物流组织、多式联运转运及国际物流服务等基本功能，服务蚌埠及皖北区域制造业、商贸业发展，支撑蚌埠面向长三角地区和与跨区域国家物流枢纽开展"干支仓配"协同服务。并且不断拓展战略储备、冷链物流、跨境电商、物流金融、物流创新和应急物流等服务，提升蚌埠物流价值链，推动蚌埠产业链、供应链不断完善，服务区域产业特色发展。

一、枢纽概况

（一）区位交通

蚌埠市位于安徽省北部，地处淮河中游、中国地理的南北分界线、东西梯次推进和南北融合的过渡地带，是淮河经济带、京沪发展轴上的重要节点，还是南京、合肥、徐州都市圈的交会中心，背靠中西部，贯通南北、联通东西，区位优势明显，如图1所示。

枢纽占地面积3.6平方千米，选址区域功能布局集约、存量物流设施成熟，周边国家级、省级开发区集聚，包含怀远县、淮上区、固镇县、禹会区、蚌埠经济开发区

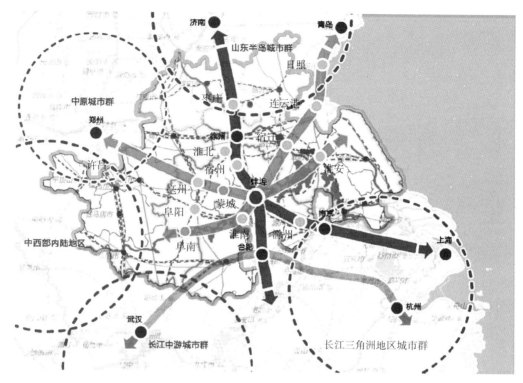

图1　蚌埠市区位交通

等省级开发区以及蚌埠高新技术产业开发区这一国家级开发区。枢纽所在地毗邻高速公路出口，对外主要依托的高速公路包括宁洛高速、京台高速等，依托公铁水运输及"蚌西欧"国际班列等内外通道，可协调联动皖北区域、淮河流域、合肥都市圈、长三角地区及国内外重点物流枢纽，具备联通国际、辐射全国的干线交通和集疏运网络。

（二）空间布局

枢纽构建"一带两翼"空间格局，即以沿淮产业带为依托，以西片区（淮上物流集聚区）、东片区（长淮卫物流集聚区）为载体，空间布局如图2所示。其中，西片区占地面积1.25平方千米，东片区占地面积2.35平方千米。两个片区根据各自的功能特点，相互协作、相辅相成，作为一个整体共同建设枢纽。

西片区：主要依托淮河两岸，形成跨河相连的布局，北至中通皖北（蚌埠）分拨中心，南至胜利西路，西至淮海路，东至徽商物流港规划仓储基地东沿。片区内有南北两个港口作业区，南岸蚌埠新港作业区，拥有6个千吨级泊位，使用河岸线166米，2022年散货吞吐量240万吨，集装箱达到10万标箱；北岸徽商五源港规划淮河岸线1200米，实际使用674米，拥有8个千吨级泊位，年吞吐量超500万吨。对外主要依托的高速公路包括宁洛高速、京台高速等，周边的主干道包括淮上大道、大庆路、胜利西路等。已建成并运营的项目共10个，主要包括中通皖北（蚌埠）分拨中心和电商

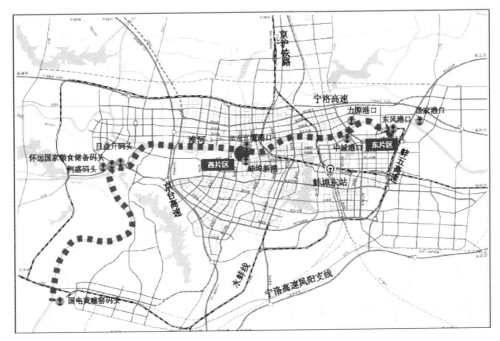

图 2　枢纽空间布局

仓储建设项目、圆通皖北（蚌埠）分拨中心及电商仓储项目、普洛斯（蚌埠）物流园区一期、宇培物流园区、中国（蚌埠）跨境电子商务综合试验区、蚌埠（皖北）保税物流中心（B 型）一期、进出口商品展示中心、皖北徽商物流港、徽商物流园智慧化改建、蚌埠新港一期等项目。

东片区：选址于蚌埠经济开发区（临港产业园）长淮卫镇南湾村北部，北至临港北环，南至长淮卫快速路，西至临港东环，东至临港铁路专用线，主要依托水运、铁路、公路等有利条件，承载临港产业园及城市东部片区的货物运输需求。片区内规划建设 4 条铁路到发线，铁路货场占地面积 1.67 平方千米，铁路专用线占地面积 0.33 平方千米。主要依托的高速公路有蚌五高速、宁洛高速等，周边的主干道包括长淮卫快速路、中环线、临港北环、临港东环等。

枢纽在建项目 6 个，包括徽商物流园智能化改建综合项目、蚌埠港沫河口作业区力源码头二期工程、万创（皖北）智能供应链物流园一期项目、徽商锦润大宗商品物流园区建设项目、蚌埠新港改造工程、华运现代化综合智慧物流中心项目，目前均在有序建设中，部分已建项目实景如图 3 所示。拟建项目 5 个，包括徽商物流园区智慧仓储基地项目、蚌埠港中诚国际综合码头工程、固镇县物流园及配套基础设施项目、龙子湖区现代智慧物流产业园一期、临港综合货运中心及铁路专用线建设。其中，临港综合货运中心及铁路专用线建设已完成立项批复，可行性研究方案、路由方案通过审查。

图3 部分已建项目实景

（三）功能定位

枢纽紧紧围绕蚌埠市"三地一区两中心"的目标定位，放大"四区两基两枢纽"的基础优势，主动服务皖北地区及淮河流域，加快融入长三角一体化发展，全面引领整合城市物流体系，加快培育物流通道网络，提升制造业供应链集成服务能力，把枢纽建设成为带动皖北地区融入新发展格局的战略枢纽、加快融入长三角区域一体化的关键载体、促进区域制造业转型升级的核心平台、发掘经济增长新动能的枢纽经济示范区。

枢纽功能体系包括基本功能与延伸功能，基本功能包括制造业物流集成、供应链一体化服务、区域分拨及配送组织、水运和铁路干线物流组织、多式联运转运及国际物流服务等；延伸功能包括战略储备、冷链物流、跨境电商、物流金融、物流创新和应急物流等。

（四）建设运营模式

枢纽采取政府总体布局、企业共同建设、主体共同治理的模式，充分发挥各方优势，整合资源，形成创新联动。安徽省徽商五源国际物流港务有限公司牵头组建枢纽运营企业联盟，形成发展合力。牵头单位负责总体业务设计、干支仓配协调、信息平台建设和运营数据监测上传，同时承担公路水路支线运输及联运等服务；蚌埠港国际集装箱码头有限公司负责水路干线运输，蚌埠市临港基建投资发展有限公司负责对接铁路干线运输，蚌埠（皖北）保税物流中心（B型）负责对接保税物流、国际物流业务，普洛斯物流园、宇培物流园、中通及圆通（蚌埠）分拨中心等负责公路运输及仓储配送业务。多家供应链管理企业积极参与，蚌埠网盛供应链管理有限公司、蚌埠宇培仓储有限公司、安徽神通物联网科技集团有限公司、蚌埠市正启和电子信息运营有限公司、上海善之农电子商务科技股份有限公司等供应链管理企业，深度对接上游生产制造业企业，提供仓储、信息管理等服务，将制造业需求信息反馈于枢纽内运输企业，形成制造业与枢纽供需适配组织。

（五）服务辐射周边产业园情况

枢纽与周边生产制造业企业高效协调、联动发展，协同推进物流基础设施网络与产业组织体系建设。在空间和产业布局上，枢纽毗邻多个产业园区，保障枢纽货源稳定，如图4所示。西片区依托公水联运设施和现有的物流园区集聚资源，布局上紧邻高新技术产业园、怀远经济开发区等，其中高新技术产业园为国家级开发区。东片区新建临港综合货运中心及铁路专用线，建成后可实现公铁水联运中转，主要服务长淮卫临港产业园和沫河口工业园等，辐射凤阳，与蚌埠"一心两带多组团"工业布局形成良好呼应。

二、主要做法与特色经验

（一）丰富干支仓配业务，促进枢纽间互联成网

1. 干支仓配业务

干线业务方面，枢纽已开通至太仓、上海、连云港、周口等地的集装箱运输航线，以及至枣庄、镇江、南通、湘潭等地的散货运输航线。临港综合货运中心及铁路专用线建成后，枢纽将承接蚌埠无水港功能，并与邻近的蚌埠东综合货运枢纽进行业务协同，开行以运输玻璃、工业制品为主的至北仑港、芦潮港的海铁联运班列和以运输家电、机械设备工业制品为主的"蚌西欧"班列，以及以运输玉米、小麦、石英砂等为主的辐射成都、昆明、南昌、商丘、安阳等地的散货运输线路。支线业

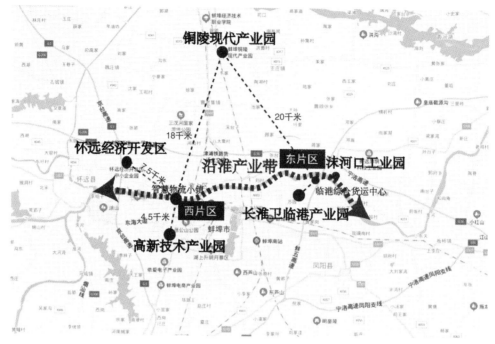

图4　枢纽与周边产业园区布局

务方面，水运支线运输主要为豫南地区和皖北地区，包括至阜阳的集装箱运输航线，至安庆、芜湖、淮南、宿州、蒙城等地的散货运输航线；公路支线运输主要服务蚌埠至下辖区县及周边县（市、区）、合肥、皖北地区，以及苏北、豫东地区。仓储配送方面，重点依托枢纽内公共物流园区提供转运仓储、应急仓储、分拨仓储及城乡物流配送服务。

2. 枢纽间互联成网

枢纽重点与安徽省内的其他国家物流枢纽、长三角地区的国家物流枢纽，以及国内其他城市的国家物流枢纽之间开展业务协同，实现业务衔接、信息互联互通，通过功能分工和跨区域物流运作，加快融入并支撑国家物流枢纽网络。一是依托干支仓配业务协同，加强枢纽与蚌埠市及下辖区县的其他物流园区、物流中心的联动；二是依托铁路、公路干线及水运支线衔接，实现与皖北地区及淮河流域其他国家物流枢纽的协同；三是依托铁路公路干线以及江淮运河，强化与合肥都市圈、南京都市圈枢纽的对接；四是依托水水中转和铁水联运，实现与长三角地区枢纽的联动；五是依托江海联运实现与武汉、重庆等长江经济带沿线港口型国家物流枢纽的业务联系，依托中欧班列实现与郑州、西安、乌鲁木齐等"一带一路"沿线陆港型国家物流枢纽的业务联系，依托集装箱专列、冷链专列实现与广州、深圳等粤港澳大湾区枢纽和南宁、北部湾等枢纽的业务联系。

（二）推动"三港合一"建设，大力发展多式联运

近年来，蚌埠市物流园区发展迅速，淮上区物流节点布局集中，存量丰富。枢纽建设项目中，皖北徽商物流港项目位于淮河北岸大庆路淮河公路桥东，区位优势明显，前港后园，公水联动，"三港合一"同步建设，即线下建设公路、水路两大物流港，线上建设信息港。2022年，该项目通过安徽省交通运输厅第一批省级多式联运示范工程验收，同年获批交通运输部第四批多式联运示范工程。项目依托徽商五源港口、后方物流园区、企业自身的资源整合组织能力和信息化建设能力及徽商品牌优势，同时利用无船承运平台、第三方物流运输、大宗商品信息平台、可视化货物监管平台等，有序开展多式联运业务。

1. 公路港

公路港项目用地面积约0.19平方千米，已建成公水物流信息交易中心、多功能仓储中心、集成配送中心、网商及快递线下集成平台（徽商网仓）、产业链综合配套区、停车作业区（露天物流作业区）。目前，公路港招商入驻率达90%，入驻各类物流企业170多家，已经形成物流配送、物资仓储、汽车贸易、专业市场、新兴业态五大业态功能区同步发展的格局。2022年，公路港累计实现交易额近20亿元，税收近3000万元，就业总人数已达2000余人，全年快递收发量达5000万件，年货运吞吐量3000万吨。公路港建设成熟度在皖北地区领先，为区域物流产业的发展作出了贡献。

2. 水路港

水路港由淮河北岸徽商五源港及南岸蚌埠港共同构成。淮河北岸徽商五源港规划使用淮河岸线1200米，已建成岸线674米，拥有8个千吨级泊位、近百亩露天堆场（滩涂地），设计年货物吞吐量500万吨。南岸蚌埠港国际集装箱码头总占地面积约0.50平方千米，岸线长度1020米，现拥有二类水运口岸（海关监管作业场所）、集装箱码头、件散货码头和后方物流园四大功能板块。码头依托淮河水运优势，四季通航，辐射范围广阔。江淮运河的联通，为蚌埠去往西部的水路运输节省很多时间和距离。蚌埠港现已开通蚌埠至漯河、周口、淮滨、阜阳4条上游航线，以及蚌埠至上海、太仓、连云港、盐城大丰、扬州5条下游航线，成为淮河干流乃至皖北地区辐射最广泛、功能最齐全的港口。

3. 信息港

信息港即淮河云·大宗商品信息平台，由安徽省徽商五源国际物流港务有限公司与清华大学苏州汽车研究院联手打造，是依托网络服务载体进行的大胆创新和积极实践。2019年3月，淮河云·大宗商品信息平台通过安徽省发展改革委批复立项；2019年8月15日，平台全流程验收通过；2020年1月15日，平台成功接入徽商银行支付

系统，运营迭代。淮河云·大宗商品信息平台通过开放、多元的特性，吸引更多产业集群加入，目前平台用户注册数已达1000余人，累计商品交易额约7000万元，成为支撑枢纽建设高质量发展的综合服务平台。"平台＋物流供应链"模式基本集成，实现了物流线上线下流程无缝对接和调度，促进生产制造降本增效。

枢纽充分发挥公路港、水路港和信息港齐备综合优势，大力推进公水联运项目，2021年完成公水联运量约20万吨，2022年完成多式联运运量约12万吨，集装箱总量3000余标箱。主要客户涵盖中粮生物科技股份有限公司、中粮贸易有限公司等大型国有企业，其中辽宁华润公铁联运项目运量约8万吨，线路从黑龙江虎林、鹤岗至山东临沂、潍坊、枣庄等地；矿粉公铁联运项目运量为5万吨，线路从河北邯郸至安徽蚌埠。

（三）拓展供应链集成业务，助力主导产业发展

枢纽毗邻多个国家级、省级经济开发区，通过整合相关资源，发展供应链集成业务，形成集原材料采购、产成品对外流通、供应链金融于一体的服务体系。枢纽积极构建以国家物流枢纽为核心的现代供应链组织运行体系，为商贸、制造等产业提供供应链库存管理、生产线物流等供应链服务。依托淮河云·大宗商品信息平台，实现对区域粮食、沙石、石英砂、钢材等大宗商品的集中交易、物流和结算等；依托蚌埠双基产业流通云平台，实现需求方与安徽丰原集团有限公司、安徽八一化工股份有限公司等双基生产企业的供需对接；依托蚌埠农产品物流信息云平台，加强蚌埠特色农产品种植、生产和采购源头到需求端全链条的整合和对接服务；依托中国（安徽）自由贸易试验区蚌埠片区和蚌埠综合保税区等的建设，完善进出口报关、保税仓储、国际贸易与金融等服务，有力支撑新材料、新一代信息技术等主导产业发展。

1. 工业原料与产成品供应链服务

新能源、新型显示、智能传感器、精细化工四大产业集群原材料流通是枢纽业务中规模较大的业务板块，物流需求日益增加。枢纽立足蚌埠市工业物流需求，以成本优化为基本原则，不断加大与蚌埠港、五源港、力源港等淮河沿岸港口合作，提高运输组织效率，降低物流运输成本。以沫河口工业园、怀远经济开发区、硅基新材料产业集聚发展基地等工业园区与产业集群区域为重点，开展跨区生产物流组织，加强与凤阳县等周边地区联动，为园区企业提供产成品与原料的全套物流服务。依托铁路、公路、水运干线运输和仓储设施资源优势，与丰原集团、八一化工、凯盛科技、国显科技、昊方机电、帝晶光电等企业进行深度的业务合作，为生产企业提供从产品出厂到终端用户的全过程供应链服务。同时，在枢纽内引入银行、保险等金融机构，利用自有的仓储设施开展仓单质押等供应链金融服务。

2. 农产品流通供应链服务

蚌埠作为全国重要的农业基地，本地粮食作物、肉蛋奶产量巨大，糯稻、石榴、肉类等农产品加工业发展实力雄厚。农产品流通作为蚌埠的特色业务，通过物流组织模式创新，能够实现业务快速扩张和辐射能级提升，为枢纽开展农产品物流业务、延伸农产品流通供应链提供了需求基础。枢纽通过创新供应链服务模式，从农产品种植、生产和采购源头到需求端进行全链条的整合和对接。其中蚌埠本地果蔬、肉蛋奶通过订单农业模式进行生产、加工，国内其他地区的糯稻、石榴、肉蛋奶等则根据需求进行规模采购。蚌埠本地的粮食作物、肉蛋奶等主要通过公路配送至枢纽内的物流中心，外地的农产品从采购端通过公路、铁路或水路运输至枢纽，枢纽为其提供仓储等服务，并介入全过程的物流运作。枢纽通过已有公路运输的冷链班列、集装箱水路运输等方式联通长三角地区与京沪物流通道，实现进口农产品的规模化运作，从而降低物流成本、提高运作效率。在销售物流方面，枢纽与北京、上海等地铁路物流枢纽合作，通过铁路运输至相关城市，再通过冷链配送至商超、电商平台、生鲜体验店等。枢纽农产品流通供应链服务流程示意如图 5 所示。

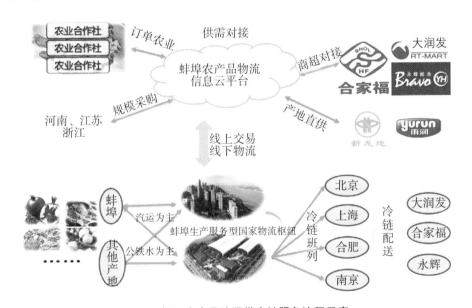

图 5　枢纽农产品流通供应链服务流程示意

3. 供应链金融服务

枢纽与商业银行、供应链核心企业等开展合作，借助互联网、大数据技术集成对接物流链、资金链和信息链，依托参与各方的数据共享形成的风控及信用体系，打造流程型、智能型、可视化的金融服务，为供应链上下游中小企业提供专业化、定制化、精细化、自动化的涵盖在线授信、保理、担保、结算、理财等多项功能的综合金融财务服务，帮助客户降低供应链融资成本，提高供应链金融服务效率。

（四）拓宽开放通道，打造内陆对外开放新平台

1. 提供保税物流服务

蚌埠市保税物流货源丰富，保税业务规模覆盖整个皖北区域，中心服务区域已辐射至北京、上海、南京、新疆等地，对周边地市的影响力及集聚效应日益凸显。随着"一带一路"倡议的深入推进，蚌埠市铁路无水港和蚌埠东站探索开行中欧国际班列。立足于蚌埠市保税物流货源和国际班列的发展优势，枢纽依托皖北地区唯一自由贸易区、淮河流域安徽段首个二类水运口岸、全省唯一国家级市场采购贸易试点、蚌埠（皖北）保税物流中心（B型）、中国（蚌埠）跨境电子商务综合试验区、普洛斯（蚌埠）物流园一期、蚌埠市铁路无水港等设施，为相关外贸产业提供进出口报关、保税仓储、国际贸易金融等服务。枢纽内蚌埠（皖北）保税物流中心（B型）作为皖北地区唯一一家保税物流园区，在枢纽运营中将探索保税过境海铁联运、铁水联运模式，扩大蚌埠市对外贸易规模，提高保税物流服务水平。

2. 开通多条对外航线

蚌埠港是枢纽联通外部交通网络中的关键节点。蚌埠港货运品种主要为煤炭、粮食、砂石建材等散货，纯碱、锆英砂等件杂货以及内外贸集装箱业务。目前蚌埠港已开通内外贸航线 9 条，分别是蚌埠—太仓港、蚌埠—上海港、蚌埠—阜阳港、蚌埠—淮滨港、蚌埠—漯河港、蚌埠—连云港港、蚌埠—周口港、蚌埠—盐城大丰港及蚌埠—扬州港。2019 年 6 月 28 日，蚌埠港正式开通至太仓港、上海港外贸支线，是淮河首条外贸集装箱业务的直达支线。目前，蚌埠港外贸内支线主要由上海泛亚航运有限公司和安徽港航集运有限公司经营，常态化投入总运力 12 艘，达到日均 1～2 班船期，港口腹地货源最快可以三天半抵达上海，继而运往世界各地。

3. 加快发展国际物流

枢纽依托蚌埠市铁路无水港等设施，积极推动"蚌西欧"国际班列稳定运行。"蚌西欧"国际班列（如图 6 所示）是西安市和蚌埠市积极践行国家"一带一路"倡议及高质量发展的要求，联合组织运营的集装箱国际货运班列。集装箱货物在蚌埠集结后整列开往西安，在西安港换装"长安号"中欧班列后，驶向德国、俄罗斯、白俄罗斯、匈牙利、芬兰、哈萨克斯坦、乌兹别克斯坦等国家和地区。"蚌西欧"国际班列线路自 2019 年 6 月开行以来，成为蚌埠市外向型经济发展的一条重要通道，蚌埠市一大批玻璃新材料、精细化工材料、生物医药、日用百货、纺织布料、机械设备及工程装备车辆等产品通过"蚌西欧"国际班列出口到中亚和欧洲地区。"蚌西欧"国际班列每周稳定开行 1～2 列，通过该班列，从蚌埠至明斯克的运输费用比以往海运线路单趟单箱节省 3000 多元，运输时间节省 20 多天，进一步降低了蚌埠及周边地区进出口企业的综合物流成本。依托枢纽内蚌埠（皖北）保税物流中心（B型）和中国（蚌埠）跨境电

子商务综合试验区，蚌埠市跨境电子商务发展势头迅猛。安徽蚌山跨境电子商务产业园日发包裹量突破 5 万件，开展电子商务的经营主体约 2 万家，电子商务年交易额 500亿元以上，网络零售额 70 亿元以上，跨境电商孵化经验在全省进行推广，阿里巴巴本地化运营中心、笨鸟社交等跨境电商平台纷纷落户蚌埠。

图 6　"蚌西欧"国际班列

三、枢纽建设发展成效

枢纽建设稳步推进、功能逐步提升，对完善区域和城市物流体系、提升区域物流水平、支撑相关产业发展、促进经济社会发展、满足人民群众对美好生活向往等方面产生明显的推动作用与积极效果。

（一）整体运营情况良好，助力社会繁荣发展

枢纽整体运营情况较好。东片区新建临港综合货运中心及铁路专用线；西片区实现集中连片布局，存量设施丰富，已基本形成涵盖港口物流、公路物流、铁路物流、商贸物流、保税物流、冷链物流六大类型的物流节点设施格局。2022 年，枢纽范围营业收入共 32.8 亿元，其中已入驻物流企业 300 余家，物流行业实现营业收入 20 亿元左右，税收收入近 2 亿元，完成物流、快递近 4 亿单，货运量 8000 万吨左右，占蚌埠市货运总量的 20% 以上。蚌埠港集装箱码头年吞吐量 10 万标箱，辐射皖北、鲁西南、河南、江苏等地。截至 2022 年，蚌埠（皖北）保税物流中心（B 型）累计完成进出口报关总额 27.71 亿美元，货量 88.41 万吨，报关 13881 票。枢纽存量资源空间合理化配置和功能提升，以及新增项目的建设、运营和维护，为本地提供了大量工作岗位，直接

和间接新增就业岗位 2 万个以上，集聚中高级人才 1000 人以上，为推动枢纽—城市融合发展，实现以枢纽促城市、以枢纽兴城市起到了重要作用，对于社会稳定繁荣发展，建设幸福珠城，并带动周边区域发展提供了有效助力。

（二）货运物流效率提高，促进行业降本增效

枢纽持续开展基础设施建设和园区功能优化，统筹各种运输方式基础设施、运输通道资源和运输枢纽资源的科学利用，打造具有干支衔接并承担共同配送的大型综合货运枢纽，枢纽货运干线运输到发货规模占比达到 70% 以上。临港综合货运中心及铁路专用线建成后，多式联运发展进一步加速，铁路、水路运输占比提高，在实现货运高效转换的同时，降低了全程运输成本。大力推动资源整合，推动生产企业将物流运输外包，为生产制造业企业提供全程物流解决方案、供应链管理和供应链金融等服务，降低生产企业整体生产成本的 5%～10%。皖北徽商物流园区的智能改造和无人设备的大幅投产，显著提高了物流行业区域分拨和流转效率。

（三）拓展枢纽服务功能，创造增值服务效益

枢纽在提供多式联运、干线运输、物流集成、国际物流等服务的同时，还拓展包括供应链管理、跨境电商、冷链物流、物流金融、物流创新和应急物流等延伸服务。以枢纽综合信息服务平台为支撑，利用现代信息技术，整合各方优质资源，打造供应链集成服务平台，实现产业链上下游的资源整合、优势互补和协调共享，有效提升服务效率，供应链企业、总部经济企业增加 10 家以上。冷链物流、跨境电商、物流金融等均为发展热点，有较大的发展空间和较为可观的经济效益。拓展枢纽服务功能，提升枢纽整体价值，有效整合各方资源，创造更多的增值服务，能够更好地满足人民群众对美好生活的需要，为整个城市间接带来巨大的经济价值。

（四）推动产业转型升级，带动区域经济发展

随着枢纽的不断完善，货物集散、装卸搬运、加工集拼等基础服务能力不断增强，港口航运、多式联运、物流集成、干支仓配等优势加速发挥，水水中转、海铁联运、中欧班列线路进一步拓展，产业信息链条互联互通，有效推动物流和制造业、物流和商贸服务业、物流和金融业、物流和互联网信息等其他产业的融合发展，推动传统产业转型升级和新兴产业模式创新，加速形成良性互动的全产业链，打造临港产业集聚区，促进跨境电子信息、化工制造、装备制造、生物医药、新材料、新能源等临港、临园产业集群，带动区域经济高质量发展。枢纽建设吸引新的人流、物流、信息流、资金流和企业集聚，成为新的经济增长引擎。

（五）推动运输结构调整，促进行业节能减排

相比公路运输方式，铁路运输和水路运输在节约土地和减少碳排放方面具有明显优势。据统计，在相同运输量下，公路、铁路、水运的能耗比为 6.9∶1.5∶1；土地占用方面，铁路完成单位运输量所占用的土地面积仅为公路的 1/10；碳排放方面，电气化铁路更是清洁、环保的交通工具。枢纽通过优化货运组织形式，加大公铁、海铁、铁水和江海联运力度，有效推动运输结构调整，可以大幅度减少交通行业碳排放量，进而加快蚌埠市实现碳达峰、碳中和的发展目标。通过将公路干线运输转化为铁路或水运干线运输，可有效降低能源消耗，减少环境污染。

（六）提高信息互联水平，推动智慧蚌埠建设

枢纽大力推进信息化建设。皖北徽商物流港加速智慧化改造，应用无人技术，以及大数据、5G 和区块链等数字技术加快智慧仓储基地、智慧商贸物流区、智能物流管理平台、智慧物流大数据中心、先进物流技术研发基地建设，推动智慧装卸、智慧运输、智慧仓储和智慧配送等，逐步完善可视化、智能化、网络化的全程物流在线管理。同时，枢纽以淮河云·大宗商品信息平台、蚌埠无车承运人平台、无船承运人平台为基础，加快信息联通、平台整合和功能升级，建设枢纽综合信息服务平台，完善多式联运智能调度、在线交易、支付结算、运输跟踪等综合服务，全力构建智慧枢纽、智慧园区、智慧平台，支撑智慧城市建设。

四、发展方向与未来展望

（一）推进枢纽基础设施完善，提升服务能力

推动枢纽基本形成以铁路货场和专用线、口岸、综合保税区、跨境电子商务综合试验区等项目为主的对外开放平台，以徽商物流园区智慧仓储基地、普洛斯物流园二期等项目为主的仓储服务平台，以枢纽综合信息服务平台为主的信息网络增值服务平台，打造综合物流枢纽。三平台互相结合、互相促进，共同推动枢纽生产企业生产制造能力进一步提升，力促安徽省徽商五源国际物流港务有限公司、力源港务集团有限公司、蚌埠新港开发有限公司等企业转型升级。

枢纽干线通道建设基本完备。形成覆盖全国的干线运输通道，开通至上海港、宁波舟山港、连云港港等东部主要沿海港口的水运集装箱班轮，开通至枣庄、镇江、江阴、南通、扬州等地的散货运输航线，形成密集完善的水运航线干线。依托京沪线，与全国铁路网快速联通，辐射国内主要铁路枢纽城市，开通至连云港港、洋口港、芦湖港、宁波舟山港的海铁联运班列，加强与西安国际陆港、成都国际陆港等铁路港口

合作，加密中欧班列班次，提升铁路干线辐射能力。

枢纽支线网络实现快速集散。通过水路集疏运体系，将枢纽作为中转节点，整合上游 54 标箱小船为 100 标箱大船，实现水水联运。建立辐射 200 千米的公路集疏运网络，使进出口货物在枢纽核心港口集散，实现公水联运。依托枢纽西片区，进行智慧化改造，提升枢纽运行效率，扩大枢纽辐射范围，实现公路干支协同。

（二）促进枢纽与皖北区域、淮河流域协同发展

枢纽作为华东铁路网重要节点城市、国内 28 个主要内河港口城市之一，围绕服务区域产业组织与经济发展，将负责皖北区域、淮河流域物流分拨，连接皖北区域、淮河流域各城市进行货物流通，拓展各城市物流辐射范围，重点通过水路和公路运输与阜阳、信阳、南阳当地枢纽开展分工合作。促进皖北区域、淮河流域形成合力，与国家物流枢纽网络实现全领域、多环节功能对接和一体化、高效率运行组织衔接。依托"引江济淮"工程，加快与长江沿岸港口物流枢纽联动发展。

（三）融入合肥都市圈、南京都市圈

枢纽临近合肥都市圈与南京都市圈，在政策支持下，加强与国家物流枢纽承载城市合肥、南京等地的联系。其中，合肥承载陆港型、生产服务型、商贸服务型国家物流枢纽，南京承载港口型国家物流枢纽。陆港型、港口型国家物流枢纽可为生产服务型国家物流枢纽提供干线物流资源，扩大辐射范围，生产服务型、商贸服务型国家物流枢纽可为陆港型、港口型国家物流枢纽提供需求资源，集聚干线规模优势。近期枢纽主要通过公路干线运输、铁路干线运输等方式与合肥都市圈展开合作，远期待江淮运河建成通航后，可通过水水中转加强与南京都市圈的业务联系，促进蚌埠与皖北地区及其他地区的生产企业更好融入合肥都市圈与南京都市圈，完善枢纽与合肥都市圈、南京都市圈内其他物流枢纽之间的运行网络，加强区域分拨、城乡配送等业务协同，实现"干支仓配"业务无缝衔接，为枢纽扩大干线物流组织规模提供支撑，拓展国家物流枢纽辐射范围与通达深度，服务本地经济高质量发展。

（四）积极创建国家物流枢纽经济示范区

以港口为依托，以产业为支撑，以港—产—城融合发展为目标，全面支撑蚌埠市六大新型产业和四大产业集群发展。利用枢纽的设施条件和业务基础，大力发展多式联运，推进蚌埠机场和铁路专用线建设，谋划临空产业园，快速打造高效率、低成本的物流服务网络，打通枢纽与周边区域的物流通道和经济通道，形成枢纽经济物流核心圈层。在物流核心圈层的基础上，依托物流低成本、高效率的优势，聚集周边各类要素，吸引一批全国、全球物流百强企业落户，形成枢纽经济要素聚集圈层。通过对

各类要素统一整合及优化配置，支撑区域相关产业向枢纽聚集，形成与枢纽具有紧密关系的关联产业发展圈层。枢纽将继续深入贯彻落实党中央、国务院"加快构建以国内大循环为主体、国内国际双循环相互促进的新发展格局"的重大部署，实现高质量发展。聚焦打造"枢纽＋通道＋网络"现代物流运行体系，畅通国际物流大通道，与蚌埠国家骨干冷链物流基地形成联动，以项目建设为核心，以招大引强为手段，立足蚌埠，辐射皖北，连接长三角。

（撰稿人：陶广生、蓝佳勇、李康、代聪聪）

十堰生产服务型国家物流枢纽

深度打造物流大枢纽　全力建设现代新车城

十堰市位于湖北省西北部，秦巴山区东部、汉江中上游，地处湖北、河南、陕西、重庆四地交会处，坐拥"武当山""丹江水""东风车"三张世界级名片，是南水北调中线工程的重要水源地、汉江生态经济带的重要战略支点，具有承东启西、连南接北的区位和资源优势，在维护我国水生态安全和区域经济社会发展中发挥着重要作用。2018 年，国家发展改革委将十堰市纳入生产服务型国家物流枢纽承载城市建设名单。十堰生产服务型国家物流枢纽（以下简称"枢纽"）建设内容包括铁路物流工程、多式联运基地、公共信息平台三部分，补强十堰市与国家通道和区域发展轴线紧密衔接的综合交通网络，助力形成物流园区、物流中心、配送中心、农村综合服务站四层物流节点和干线快运、城市配送、农村物流三级物流网络的多方位、多层次的物流服务网络体系。枢纽具有区位条件好、发展空间大、集约化程度高、资源整合效果好等特点，是十堰市物流业转型升级的抓手、干线运输"公转铁"的突破口、经济高质量发展的重要支撑。

一、枢纽概况

（一）区位交通

十堰市北依秦岭，南连神农架，东接江汉平原，西靠大巴山，地处我国版图的几何中心，是二连浩特至北部湾物流大通道上的物流节点城市，位于汉江生态经济带"丰"字形发展轴线中沿汉江发展轴和沿武西高铁发展轴的交会点，同时位于湖北省"两圈两带"物流业布局中的鄂西物流圈和汉江物流带，以及湖北省"两纵两横"物流大通道中的福银、二广物流大通道上，具有较好的区位和资源优势。十堰市交通区位如图 1 所示。

枢纽位于十堰经济技术开发区（国家级），北邻襄渝铁路货运线和 316 国道，南接 316 国道复线，西至襄渝铁路武当山机务段。枢纽相关集疏运体系中的交通基础设施包括十洛铁路、十安铁路、十西高铁十堰段、十巫高速、十淅高速、滨江新区至武当山一级公路、武当路复线及三峡路、航空路、火箭路等，具有良好的公铁联运交通设施基础，助力构建"通道＋枢纽＋网络"现代物流运行体系。

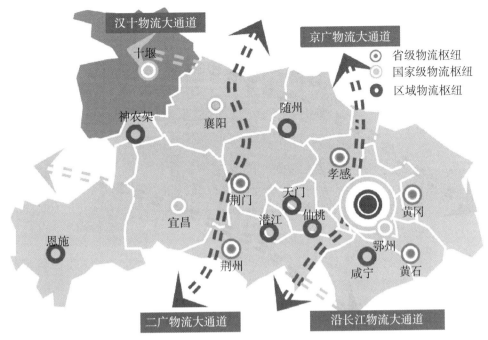

图1　十堰市交通区位

（二）空间布局

枢纽规划占地面积约 1.17 平方千米，已建成约 0.67 平方千米，包括林安物流园，改扩建项目包括公铁多式联运基地和铁路物流工程。从功能分区的角度来看，枢纽空间布局包括产品交易区、会展中心区、汽配专业区、空公铁多式联运区、交易仓储区、第三方物流区、产业加工区、电商产业区、科研开发区、配套服务区、物流金融区、公铁联运物流区。枢纽功能板块结构示意如图2所示。

（三）功能定位

枢纽围绕十堰市"现代新车城、绿色示范市"的发展定位，助力打造辐射区域更广、集聚效应更强、服务功能更优、运行效率更高的"通道＋枢纽＋网络"现代物流运行体系。通过突出枢纽在全国商用车和智能制造等生产物流网络中的关键节点、重要平台和骨干枢纽作用，把十堰市建设成全国商用车及其零部件供应链管理中心、国家物流枢纽承载城市建设和枢纽经济发展的示范城市。

枢纽主要功能包括通道物流功能和枢纽物流功能。通道物流功能包括干线运输与多式联运功能；枢纽物流功能主要包括转运接驳与甩挂运输功能、仓储配送与生产物流功能、网络物流功能、口岸服务与保税物流功能、资源交易与供应链管理功能、流通加工与汽车改装功能等。

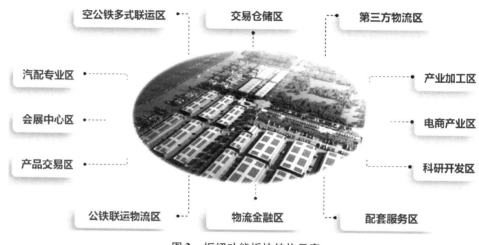

图2　枢纽功能板块结构示意

（四）建设模式和运营主体

枢纽主要采用"政府引领＋企业主体＋市场主导"的建设模式。其中，政府引领主要表现为十堰市人民政府成立十堰国家物流枢纽建设领导小组，加强与周边国家物流枢纽承载城市协调，在用地指标、拆迁安置等方面给予支持，支持信息资源整合和网络货运平台运营，支持市场主体集约化、组织化发展，支持"公转铁"和先进运输方式。

企业主体主要包括十堰经济开发区城市基础设施建设投资有限公司和十堰林安商贸物流发展有限公司。市场主要通过由十堰经济开发区城市基础设施建设投资有限公司牵头，联合国务院国资委所属东风汽车集团有限公司的物流企业东风商用车有限公司东风商用车物流公司等组建的十堰国家物流枢纽企业联盟来主导。以枢纽公共信息平台为纽带，连接运营主体、企业联盟成员单位、用户以及相关职能部门，强化业务协调和供应链协同。

（五）基础设施建设情况

枢纽已经建成的主要项目如表1所示。

表1　　　　　　　　　　　　枢纽已经建成的主要项目

序号	项目名称	建设主体	建设内容	总投资（亿元）
1	中国汽车汽配交易城	十堰林安商贸物流发展有限公司、东风商用车有限公司东风商用车物流公司	包括中国汽车汽配交易所、车辆汽配堆场、零配件加工厂房等，占地约12万平方米	8

续 表

序号	项目名称	建设主体	建设内容	总投资（亿元）
2	仓储物流中心	十堰林安商贸物流发展有限公司	包括立体仓储中心、城市配送中心、物流信息中心、大型停车场、物流基础设施等项目，占地约33.3万平方米	12
3	新能源汽车展销中心	十堰林安商贸物流发展有限公司、东风商用车有限公司东风商用车物流公司	包括展示展览中心、汽车博物馆、科研实训中心、质检中心等，占地约2.7万平方米	6
4	公路口岸	十堰林安商贸物流发展有限公司	监管仓库、保税仓、海关监管中心等，占地约6.7万平方米	5
5	物流信息交易中心	十堰林安商贸物流发展有限公司	设置市场监管、税务、海关、公安、银行、邮政等公共服务机构，实行"一站式"服务，确保多部门协调运转，简化企业和商户办理业务的手续，占地约5.3万平方米	4
6	会展中心	十堰经济开发区城市基础设施建设投资有限公司	主要由主展馆、副展馆、汽车展销广场、酒店、办公楼、会展综合服务楼组成，占地约6.7万平方米	5
合计	—	—	66.7万平方米	40

二、主要做法与特色经验

枢纽推动十堰市物流空间布局结构调整、物流资源优化整合、物流组织模式转型创新、物流信息服务水平整体提升，打造十堰市"通道＋枢纽＋网络"现代物流运行体系，实现物流领域降本增效，为十堰老工业基地振兴和建设"现代新车城、绿色示范市"提供强有力支撑。

（一）多方面拓展干支配运输体系

1. 联动多枢纽打造干线运输业务

打造服务于十堰市及其周边区域工业、农业生产和商业流通的"通道＋枢纽＋物流"现代物流运行体系，枢纽间协同是干线运输畅通的根本保障，也是枢纽与网络高效运行的基础。枢纽干支配网络示意如图3所示。

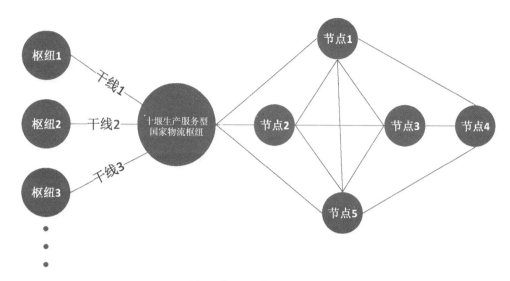

图3 枢纽干支配网络示意

当前，枢纽的干线运输以公路运输为主，总运输成本为64380.85万元，单位运输成本为0.224元/吨公里，存在运量小、单位运输成本高等问题。为了解决这一问题，2021年多式联运基地及其铁路物流工程完成建设后，枢纽开始大力实施"公转铁"业务，通过襄渝线与襄阳、武汉、重庆、西安等其他城市的国家物流枢纽联动，其主要协同模式有以下几种。

（1）长期运输协议模式。与相应区段铁路运输公司签订中长期运输协议，在枢纽与其他国家物流枢纽之间开行货运班列以及"点到点"货运列车，形成稳定的服务模式和物流产品。

（2）"钟摆式"运输组织模式。枢纽与武汉陆港型国家物流枢纽等签订战略合作协议，在十堰和武汉之间开行"钟摆式"铁路货运专线及快运班列，促进货物列车"客车化"开行，提高铁路运输的稳定性和准时性。

（3）"九州货物快运"模式。十堰—武汉"九州货物快运"是目前湖北省运营的唯一快运班列。枢纽进一步巩固十堰—武汉"九州货物快运"业务，深化与武汉陆港型国家物流枢纽的全面合作关系，开展"十汉欧"国际货运业务。

（4）网络化企业内部协调模式。作为枢纽建设主体的十堰经济开发区城市基础设施建设投资有限公司，充分利用资源优势，以及协调枢纽间业务的能力和经验，构建稳定的跨区域、跨枢纽、跨运输方式的生产经营模式。

东风汽车集团有限公司既是枢纽的客户，也是枢纽建设与运营的实际参与主体，具有协调国家物流枢纽业务的能力和经验。经过多年的建设发展，东风汽车集团有限公司已陆续建成了十堰（以中、重型商用车，零部件，汽车装备事业为主）、襄阳（以轻型商用车、乘用车为主）、武汉（以乘用车为主）、广州（以乘用车为主）四大基地，四大基地分别位于四个国家物流枢纽承载城市，东风汽车集团有限公司与这些枢纽及其承载城市建立了良好的战略合作关系，助力枢纽以汽车工业价值链、供应链和产业链为基础，构建以汽车行业供应链为核心的、辐射范围更加广泛的物流供应链生态系统。

2. 开展集装箱公铁多式联运业务

枢纽建设将推动十堰市集装箱运输发展。按照国家物流枢纽建设的功能布局要求，必须确保铁路干线集装箱运输的比重持续增长。考虑汽车工业是十堰市的主导产业，无论是商品车还是汽车零部件都是适箱货源这一现实情况，枢纽以林安物流园为基础，大力发展多式联运。林安物流园现已建成中国汽车汽配交易城及配套设施，包括中国汽车汽配交易所、车辆汽配堆场、零配件加工厂房等，实现枢纽内汽车物流配送、交易仓储、工业品流通加工、第三方物流等服务功能。

作为集装箱多式联运核心功能区，枢纽除开展集装箱装卸和堆存业务外，还大力发展集装箱货运站、集装箱拼箱与拆箱等业务功能，为加快发展集装箱货运业务创造基础条件。另外，为了推动铁路集装箱运输比重不断提高、规模不断扩大，枢纽在现有铁路货运基础上，开设十堰—武汉"钟摆式"铁路货运专线。

3. 构建循环甩挂支线运输网络

货物经干线运输后通过枢纽转支线运输或直接进入配送系统。在支线配送业务中，公路甩挂运输能有效促进道路货运行业转型升级和节能减排，是国家重点支持发展的道路货物运输组织方式。大力发展公路甩挂运输，符合十堰市城市发展特点和定位，也是枢纽建设和发展的需要。枢纽干支配运输业务的重要特点是公铁多式联运和工农业产品的区域配送，公路运输规模大、分布广，线路稳定，货源充足，十分契合公路甩挂运输的特点。

枢纽的甩挂运输模式是以多式联运基地为基础，结合林安物流园零担货运资源，以十堰市城区以及各县（市）物流节点为甩挂运输站点，构建循环甩挂运输网络，业务流程如图4、图5所示。

（二）全方位提升供应链集成服务能力

1. 不断完善供应链服务体系

枢纽建设与运营企业联盟开展的供应链金融业务包括保兑仓业务、厂仓银业务、厂厂银业务、国内买方信贷业务、融资租赁专项贷款等。

枢纽现阶段已具有开展供应链管理等业务的基础。如林安物流园建有中国汽车汽配交易城、新能源汽车展销中心、会展中心、公路口岸、物流信息交易中心、大型立体仓储中心、城市配送中心、物联网运用中心、车辆调度中心、公交换乘中心，以及工程机械、新能源、电子商务中心等进行物流供应链管理业务的场所，能够把公路物流的

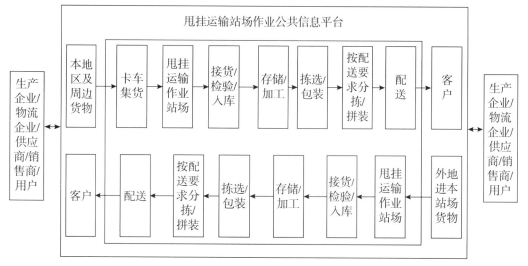

图 4 甩挂运输业务流程示意

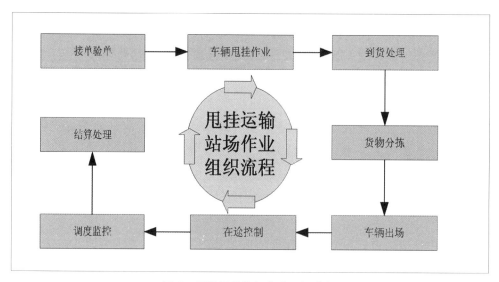

图 5 甩挂运输站场作业组织流程

上下游环节集成在林安物流园的业务体系中，构成比较完整的物流供应链管理体系。

在此基础上，十堰经济开发区城市基础设施建设投资有限公司将构建"网络＋基地＋物流＋运营＋金融"的一体化、综合性四方物流平台，进一步完善供应链服务体系。

2. 构建物流供应链服务平台

枢纽通过整合物流资源，构建一个共享物流基础设施与网络服务的物流生态体系，为枢纽运营企业开展物流供应链管理提供公共服务平台，从而实现物流资源共享，包括共享信息、共享配套、共享车场、共享车辆、共享设备、共享仓库、共享人力、共享信誉、共享技术等。枢纽物流供应链服务平台运作环节示意如图6所示。

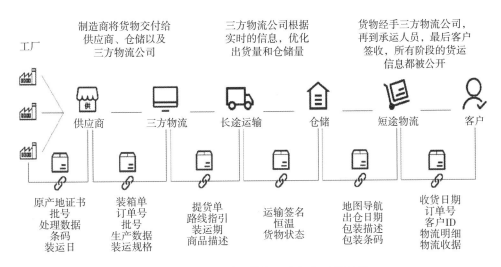

工厂

制造商将货物交付给
供应商、仓储以及
三方物流公司

三方物流公司根据
实时的信息，优化
出货量和仓储量

货物经手三方物流公司，
再到承运人员，最后客户
签收，所有阶段的货运
信息都被公开

供应商　　三方物流　　长途运输　　仓储　　短途物流　　客户

原产地证书	装箱单	提货单	运输签名	地图导航	收货日期
批号	订单号	路线指引	恒温	出仓日期	订单号
处理数据	批号	装运期	货物状态	包装描述	客户ID
条码	生产数据	商品描述		包装条码	物流明细
装运日	装运规格				物流收据

图 6　枢纽物流供应链服务平台运作环节示意

以枢纽汽车物流业务为例，2022 年，枢纽内林安物流园引入上海能到供应链管理有限公司，与园区及周边有代表性的平安物流、申楚物流、邦达物流等 8 家规模专线物流企业共同投资成立能到供应链（十堰）有限公司。能到供应链（十堰）有限公司联合十堰本地和全国 500 多家物流运输企业，以林安物流信息中心为总部，整合全市专线物流资源，以汽车零部件供应链服务为核心，提供十堰汽车行业供应链平台建设方案，主打"大货发能到，一键达全国"业务品牌，实现一单到底、时效稳定、安全可靠、客户满意的"一站式"物流发运平台，降低汽车行业物流供应链交易成本。该汽车行业供应链平台作为枢纽构建共享物流基础设施与网络服务物流生态体系的重要支持平台之一，是枢纽物流供应链服务平台的重要组成部分。

（三）多维度加强枢纽运营支撑体系建设

1. 提高枢纽与周边节点合作能力

（1）优化枢纽周边路网体系。根据枢纽建设要求，优化枢纽区域周边交通网络，完善"通道＋枢纽＋网络"现代物流运行体系。如现阶段建设完成的 G316 十堰城区南侧复线与枢纽项目道路有效衔接，完善了道路集疏功能。

（2）加强与城区和各县（市）物流节点联动。如联合丹江口市物流节点，辐射河南省毗邻地区；联合郧阳区物流节点，辐射鄂陕豫地区；联合房县物流节点，辐射保康、神农架地区；联合郧西县物流节点，辐射陕西省毗邻地区；联合竹山县物流节点，辐射陕西白河、旬阳，重庆巫溪和湖北神农架林区。

（3）促进枢纽与客货运站场、邮政网点、供销社、农村超市等多类物流节点的融合发展，形成物流园区、物流中心、配送中心、农村综合服务站四层物流节点，以及干线快运、城市配送、农村物流三级物流网络的多方位、多层次的交通物流服务网络体系。

2. 打造枢纽信息系统

枢纽信息系统是枢纽项目重要的平台支撑体系，是融合"通道＋枢纽＋网络"系统功能和资源的公共信息平台，是支撑枢纽运行的基础资源，也是枢纽建设与运营企业联盟实现信息交互和业务协同的基础平台，其主要功能模块如图 7 所示。

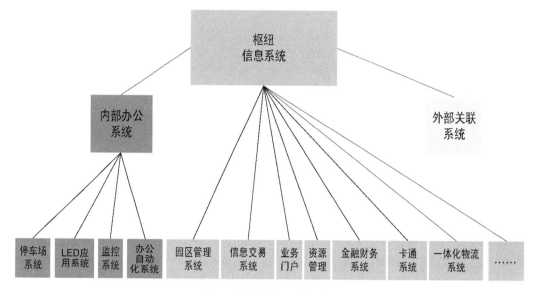

图 7　枢纽信息系统示意

枢纽综合信息服务系统的主要功能如下：

①枢纽运营企业、物流价值链、产业价值链与供应链上下游企业信息互联互通、共建共享；②车辆、货物位置及状态等信息实时查询；③交通、公安、海关、市场监管、气象、邮政等部门公共数据开放共享；④与东风商用车有限公司等工农业生产企业生产经营信息系统对接，为企业提供物流信用环境支撑；⑤物流服务安全监管和物流活动跟踪监测；⑥推行企业实名登记和信息留存等安全管理制度，实现货物来源可追溯、责任可倒查；⑦实现物流订单、储运业务、货物追踪、支付结算等信息集成共享、高效流动；⑧实现干线运输、支线运输、城市配送信息与业务流程的一体化衔接。

其中，较为典型的信息系统组成如下：

搭建物流枢纽公共信息平台。服务于物流枢纽广大客户企业和内部的各类物流企业，与城市、行业相关公共信息平台和运营企业信息平台对接，是一个具备较强融合能力与服务能力的综合性公共信息平台。

完善仓储和物流信息中心网络。创建网上和网下相结合的信息交易平台，搭建物流、信息流、资金流、商流"四流合一"的交易平台，致力于以电子商务和网络公共平台为依托，整合国内物流行业资源。打造厂家和商家面向物流供应商的网络物流集中采购渠道、物流供应商面向厂家和商家的网络营销渠道、物流供应商之间的同行网络共赢合作渠道；建设商用车及零部件电商交易平台，平台承载大量的商用车及零部件行业资讯和交易信息，每天提供数十万条实时的货源信息和车源信息，供配货站和物流公司进行本地配货和资源交流，并对返程运输车辆进行远程空车配货等。组建商用车物流交易所，设置商用车及零部件物流业价格指数、构建全国性的商用车"大物流"公共服务平台。

构建物流信息交易中心。占地面积约 5.3 万平方米，投资约 4 亿元，实现物流枢纽多式联运、第三方物流、物流金融以及配套服务功能。

三、枢纽建设发展成效

枢纽是十堰市及其周边地区物流体系的核心基础设施，可以解决十堰市物流基础设施系统规划不足、空间布局不完善、资源整合不充分、发展方式较粗放等问题，可以服务十堰市构建辐射区域更广、集聚效应更强、服务功能更优、运行效率更高的国家物流枢纽生态体系。

（一）枢纽物流服务能力不断增强

2022 年，枢纽服务范围辐射海外城市 10 个，国内地级市以上城市 200 个，已有配送服务网点大道 30 个，可提供国际采购、国际运输、国际配送、国际中转、海外仓储等服务。2022 年，十堰陆路口岸完成集装箱吞吐量 3118 万吨，完成商品车吞吐量 28671 台。凭借十堰位于鄂豫陕渝中心区域、通达东西南北的区位优势和枢纽强大的硬件能力，立足长江绿色发展总要求，2022 年在大宗资源类货物散改集方面，枢纽构建多样业务板块，丰富货源流入十堰口岸，作业量提升显著。在件杂散货板块，依托货运设备的优势及十堰海关的支持，十堰成为区域汽车零配件类货源集散中心，形成"大分流，小转运"的多式联运格局。枢纽开展"干支配"业务，由十堰林安物流园分别面向周边 400 千米左右半径开展以公路为主的分拨业务，以及面向周边 50 千米半径开展城乡配送业务。

（二）枢纽产业集聚效应逐步显现

枢纽内 2022 年海关监管场所经过升级改造，已打造成国家级（十堰）汽车零部件外贸转型升级基地，已吸引十堰汽配零部件跨境电商龙头企业——十堰松林工贸有限公司入驻基地，该企业将打造十堰的跨境电商直播平台。枢纽内现有标准化的物流仓储和汽配仓储中心，总建筑面积 12 万平方米，仓库间距 50 米，仓库层高 12 米，可满足各类型物流车辆的装卸及各类型货物的存储需求，目前顺丰、德邦、百世、安能、天地华宇等 40 余家快递物流企业已入驻园区，园区已形成覆盖全国的物流专线网络。

枢纽周边集聚 1000 多家汽车行业企业，会聚了全国各地汽车技术专家和数以万计的汽车产业工人，智能化、网联化、数字化水平处在全国中高端。规模以上企业 110 家，年纳税超百万元企业 100 家。截至 2022 年年底，枢纽项目累计纳税额达到 6145.97 万元，物流园区服务业营业收入突破 65 亿元，新增就业岗位 1282 个。

（三）枢纽社会民生贡献稳步提高

2022 年，枢纽建设新增投资 13.8 亿元，每年 GDP 贡献新增约 180 亿元，新增就业岗位约 8500 个，带动周边产业发展，每年增加税收 7.5 亿元。其中，新增技术研发服务项目 50 个/年，完成技术人员培训 2000 人/年，新增整车检测 3 万台/年，零部件检测 4 万件/年，带动交易额 10 亿元的商用车生产上下游产品采购、生产、销售、物流、出口等全产业链服务，完成车辆调度 4500 次/年。

另外，枢纽极大促进了区域经济提质增效。枢纽全面建成后，十堰市干线物流运输实施"公转铁"业务，按照 45% 长途干线运输由公路运输转为铁路运输进行测算，单位运输物流成本（元/吨公里）可以下降 22.80%，每年燃油消耗量下降 26.56%，二氧化碳排放量下降 25.09%。据此，可实现较强的盈利能力，枢纽正常年可实现营业收入 1.5 亿元，上缴税收 2500 万元。将促进十堰市商用车产业链全面升级，提高当地社会经济水平，改善民生保障能力，服务十堰市建成"国际商用车之都""现代新车城"。

（四）智慧物流产业新城雏形渐出

枢纽多式联运基地及其铁路物流工程的建设，大幅度增强了物流园区和铁路干线的运输服务能力，促进了十堰市物流生产和物流消费要素向国家物流枢纽集聚，形成大聚集、大流通、大交易的格局。枢纽公共信息平台的搭建，覆盖了十堰市物流行业全产业链的数据仓库和综合服务门户，提供公共、基础、开放、权威的物流公共信息服务，有效实现了枢纽间、区域间、行业间、运输方式间、政企间、企业间的物流信息安全、可控、顺畅交换共享，形成十堰市物流信息服务的良好生态基础，促进十堰市物流业向绿色高效全面升级。通过建设枢纽基础设施和公共信息平台，初步勾勒出十堰作为国家物流枢纽承载城市的宏伟蓝图。

四、发展方向与未来展望

（一）加快十堰市物流行业转型升级

通过建设枢纽多式联运基地及其铁路物流工程，打造十堰市"铁路干线 + 铁公多式联运枢纽 + 公路配送网络"的现代物流体系，使林安物流园与襄渝铁路线在武当山站接轨，打通国家物流枢纽铁路运输通道，补齐物流基础设施短板，显著提高铁路干线运输服务能力。

枢纽将建立以铁路运输为主导、公路运输为补充的干线运输方式，打造集装箱多式联运和公路甩挂运输示范基地，大力发展公铁多式联运、集装箱运输、公路甩挂运输等先进运输方式，集约化中转运输服务，以及面向工厂生产线、农产品基地的物流配送服务，扩大优质物流服务供给。

（二）推动十堰市"一主三大五新"产业高质量发展

国家物流枢纽的建设，也是国家物流枢纽承载城市的建设。发挥国家物流枢纽建设效能，发展枢纽经济，推动形成"一核带动、两翼驱动、多点联动"区域和产业布局，支撑"一主三大五新"产业体系建设。通过枢纽建设促进原材料采购、生产制造、产成品销售、国内外贸易与现代物流业深度融合，提高十堰市商用车等工农业供应链整体竞争力，加快推动商用车主导产业向全球价值链的中高端迈进和工农业高质量发展，支撑"一主三大五新"产业高质量发展。

（三）提高枢纽经济数字化程度

发展物流平台经济，打造基于5G、云计算和大数据等先进技术的枢纽公共信息平台、网络货运平台，以促进物流业数字化转型发展；促进物流业与汽车主导产业，物流业与大旅游业，物流业与大健康业，物流业与大生态业，物流业与数字经济、新型材料、智能装备、清洁能源、现代服务等融合发展。以此为十堰市打造"现代新车城"提供新动能，培育新经济增长点，发展"聚流"新模式。

（撰稿人：王志峰、王玮、张柯、程远）

重庆生产服务型国家物流枢纽

构筑三峡坝上循环航运系统　促进内需产业提质增效降本

重庆市是我国中西部直辖市、国家中心城市、超大城市，是国家"一带一路"倡议、长江经济带、西部陆海新通道、西部大开发、成渝地区双城经济圈建设等国家战略的交会点，也是国家重要的现代制造业基地和全国综合交通枢纽。建设重庆生产服务型国家物流枢纽（以下简称"枢纽"），是重庆市顺应临港经济发展规律，依托长江黄金水道公铁水多式联运条件和现代制造业发展基础，优化临港产业布局，创新供应链组织模式，打造内陆腹地内外并重的世界级先进制造基地，引领生产制造业加快迈向全球价值链中高端的重要基础设施。枢纽对提升重庆生产制造业全球供应链组织地位，密切成渝地区双城经济圈及西南腹地的产业链联系，构建坝上库区深水航道物流与制造业协同联动的世界级产业集群，打造大循环、双循环新发展格局样板产业带具有重要战略价值和支撑引领作用。

一、枢纽概况

（一）区位交通

枢纽包含新田港物流园区、长寿沿江现代物流园区两个片区。枢纽选址区域所在的重庆市万州区和长寿区是三峡大坝坝上重要的两大产业重镇，两区围绕三峡大坝形成的深水航道，形成了若干港口和临港产业集群，是枢纽建设的重要依托。万州区位于重庆市东北部，处于三峡库区腹心，是三峡库区首个市辖区，开埠历史较早，是西南地区通江达海的重要门户，是川陕鄂渝接合部的物资集散中心，是长江上游腹地生产制造业的重要物流运营中心。长寿区是重庆市主城区以东沿江下游首个市辖区，是主城区外的重化工业基地，港产城一体化发展良好。2022年重庆市生产总值29129亿元，货物运输总量突破13亿吨，其中万州区、长寿区地区生产总值超过2000亿元，工业增加值近850亿元。两区已经形成了石化、新材料、钢铁、食品加工等一批千亿级产业，是重庆市重工业主要布局区域，也是川东地区工业发展的重要原材料和产品物流集散地。枢纽两片区拥有良好的公铁水联运条件，均有铁路专用线且毗邻港口，同时在10千米内均具备接入高速公路的条件。

（二）空间布局

枢纽总占地面积 1.39 平方千米。其中，新田港物流园区位于万州区新田港后方，占地面积约 0.82 平方千米，主要布局铁路多式联运区、集装箱作业区、口岸国际物流区、仓储配送区四大功能区，如图 1 所示；长寿沿江现代物流园区位于长寿区川维物流码头后方，占地面积约 0.57 平方千米，主要布局铁路多式联运区、集装箱作业区、大宗商品物流区、化工品物流区、仓储配送区、港口物流区六大功能区，如图 2 所示。

图 1　新田港物流园区功能布局示意

（三）基础设施

枢纽以"存量设施整合提升，增量设施补短板"为建设原则，充分发挥长江航运、陆海多式联运、制造业、大宗及危化品专业物流运输功能，加快整合相关资源，补齐铁路专用线、中转联运设施等功能短板，形成建设项目 19 个，其中建成项目 8 个、新建在建项目 11 个，总投资 66.56 亿元，已完成投资 38.6 亿元，存量设施占比达到 58%。全部项目计划于 2025 年年底前完成。

（四）功能定位

枢纽的功能包括基本功能和延伸功能，基本功能是为重庆及周边地区的生产制造

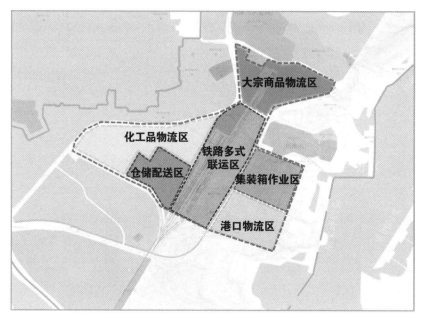

图 2　长寿沿江现代物流园区功能布局示意

业提供集成物流服务、供应链物流服务、分拨配送服务和干线物流组织服务，以提升重庆生产制造业综合竞争力。延伸功能是结合枢纽的综合运输条件，考虑枢纽所服务产业的物流供应链特点，提供内循环航运服务、交易结算服务、物流信息服务等特色功能。两大片区通过功能互补和一体化物流运作，共同践行生产服务型国家物流枢纽使命。

（五）建设模式与运营主体

枢纽采用"政府联合推进、企业主导实施"的建设模式，发挥政府能动作用与市场配置资源作用，加快推进枢纽建设。政府职能部门建立常态化协调机制，在推进组织、政策环境、土地资金等要素保障方面对枢纽建设提供全力支持。由重庆万州经济技术开发（集团）有限公司牵头，联合重庆川维物流有限公司等龙头物流企业组建枢纽建设运营联盟，共同加强仓库、铁路专用线、港口码头、口岸等设施衔接与功能互补。

（六）物流需求来源与服务对象

枢纽致力于构建服务西南、辐射全国、融入"一带一路"倡议的"干支仓配"业务网络。新田港物流园区以服务四川等西南地区和陕西、甘肃等西北地区的生产制造业为重点，开展铝土矿、铁矿石、煤炭、建材、钢材等大宗原材料的航运组织、多式联运、交易结算和分拨配送服务，兼顾为万州区和渝东北地区的生产制造业提供供应链服务。长寿沿江现代物流园区重点为化工、钢铁等优势产业提供供应链服务，支撑长寿区产业链延伸和价值链提升。

二、主要做法与特色经验

(一) 深度推进两地物流园区协同发展

枢纽两大片区在服务对象上各有侧重，兼顾两地城市功能和产业布局，在腹地范围、货物品类和服务功能上形成良性互补，在物流运作上有机协同，共同实现枢纽高效运行，为打造长江坝上库区世界级内需产业集群提供坚实支撑。

1. 搭建一个平台信息系统

两大片区共同搭建区域物流综合信息平台，对原有物流系统进行改造升级，充分利用网络技术优势，采集、输入、整理物流运作过程中产生的相关数据。在一定程度上实现区域间和区域内物流园区、交易中心、配送中心、物流中心、物流企业之间的横向整合，实现物流信息资源的最大共享，最大限度地优化配置三地物流资源，提升区域物流整体运作水平。

2. 培育双向穿梭对流通道

充分利用深水航道，依托两大片区毗邻港口优势，整合区域化工、矿石、粮食等航运物流资源，推动集装箱船多点停靠。利用坝上深水航道开行高频次、点对点穿梭班轮，比如长寿片区的钢铁水运至万州片区再集散，长寿片区的化工产品、万州片区的大宗商品通过铁水联运实现产业链上下游企业间的物流衔接等。同时，根据两大片区后方港口的货运分工，实现货物在港口间的相互喂给、按品类集港和规模化外运。2022 年，两地相互运送钢材、煤炭、纯碱等产品近 50 万吨，共同服务区域生产制造业发展。

3. 推进双方辐射区域互补

两大片区依托自身港口资源优势和后方产业发展腹地，在各自园区后方布局适宜发展的功能型产业，提供专项物流供应链服务，进行专项产业链条布局延伸和价值提升，进而满足区域庞大的内需市场，明确各自领域主要辐射范围，万州片区侧重辐射渝东北、川东地区，长寿片区侧重辐射重庆中心城区。

(二) 积极推动干支仓配网络衔接畅通

"干支仓配"业务是以枢纽为中心快速构建的服务西部、辐射全国、联通全球的核心业务，是实现重庆制造业物流规模化运作、提升重庆工业品辐射能级的核心业务。

1. 畅通东西南北四向国际物流干线通道

枢纽的干线业务主要服务于长江坝上库区内循环世界级制造业集群。枢纽将产自长三角及海外、北部湾及东南亚、我国西北地区及丝绸之路经济带沿线地区的矿石、煤炭、粮食、原油等大宗工业原材料和大型制造业中间件运往重庆，同时将重庆生产的汽车整车、电子产品、农产品等产品反向运往上述地区，枢纽干线运输业务现场如

图 3 所示。向东将重庆制造的产品经长江航运至长三角地区，或以江海联运方式经上海转海运分别运达日本、韩国及南太平洋、美洲等国家和地区。向西将重庆制造的产品经国内铁路运至我国西北地区，或以中欧班列（重庆）形式，经阿拉山口口岸出境，运至中亚、欧洲等地。向北将重庆制造的产品经国内铁路运至我国京津冀和东北地区，或以中欧班列（重庆）形式，分别经二连浩特、满洲里口岸出境，运至蒙古国、俄罗斯和东欧国家。向南将重庆制造的产品经国内铁路运至云南、贵州等地，或以西部陆海新通道铁海联运形式，经广西北部湾转海运运至东南亚国家及非洲、欧洲等地，或以西部陆海新通道铁路集装箱国际联运形式，经广西凭祥口岸出境，运至中南半岛国家。反向将产自上述四大方向辐射地区的大宗工业原材料及大型工业中间产品经相应通道运至重庆。枢纽干线运输业务情况如表 1 所示。

图 3　枢纽干线运输业务现场

表 1　　　　　　　　　　　　　枢纽干线运输业务情况

通道	通道线路节点	干线业务	预计物流量（万吨/年）
东向长江黄金水道	重庆—宜昌—武汉—南京—上海—日本、韩国、南太平洋、北美洲	去向主要为汽车、摩托车、电子信息重型装备、化工产品、农产品等，进口大宗工业原材料、中间产品、生活消费品等；回程主要为大宗工业原材料及大型工业半成品。重庆与长三角地区之间业务通过长江航运实现，与世界各地业务通过江海联运实现	700

续　表

通道	通道线路节点	干线业务	预计物流量（万吨/年）
西向中欧班列铁路	重庆—西安—兰州—乌鲁木齐—阿拉山口—中亚、欧洲	去向主要为汽车、摩托车、电子信息重型装备、化工产品、农产品等，进口大宗工业原材料、半成品、生活消费品等；回程主要为大宗工业原材料及半成品。重庆与我国西北地区之间业务通过国内铁路班列实现，与中亚、欧洲国家业务通过中欧班列实现	150
北向中欧班列铁路	重庆—太原—大同—二连浩特—蒙古国、俄罗斯、东欧；重庆—郑州—满洲里—蒙古国、俄罗斯、东欧	去向主要为汽车、摩托车、重型装备、化工产品、农产品等，进口大宗工业原材料、半成品、生活消费品等；回程主要为大宗工业原材料及半成品。重庆与我国京津冀、东北地区之间业务通过国内铁路班列实现，与蒙古国、俄罗斯、东欧国家业务通过中欧班列实现	50
南向西部陆海新通道	重庆—贵阳（怀化）—南宁—钦州—东南亚、欧洲、非洲；重庆—贵阳（怀化）—南宁—凭祥—中南半岛	去向主要为汽车、摩托车、重型装备、化工产品、农产品等，进口大宗工业原材料、半成品、生活消费品等；回程主要为大宗工业原材料及半成品，特色农产品等。重庆与广西、贵州等地之间业务通过国内铁路班列实现，与中南半岛国家之间业务通过铁路集装箱国际联运班列实现，与东南亚岛屿国家、南太平洋国家、欧洲国家、非洲国家之间业务通过铁海联运实现	100
合计	—	—	1000

2. 高效衔接、联动辐射周边区域支线网络

枢纽的支线运输业务重点辐射坝上长江沿岸城市和两岸 300 千米半径城市。一是通过长江内循环班轮形式串接坝上沿江的宜宾、泸州、重庆主城区、长寿、万州，以及坝首的宜昌，为生产制造业产业链上下游提供原材料、中间品、零部件的调配集运。二是以公路、铁路运输形式分别连接枢纽—广安—遂宁—成都、枢纽—南充—绵阳、枢纽—开州、枢纽—达州—巴中—广元、枢纽—汉中—安康、枢纽—恩施—张家界、枢纽—黔江—怀化、枢纽—遵义—贵阳，形成辐射成渝地区双城经济圈及坝上沿江经济带的支线网络，实现制造业产品的有效辐射和区域内外运产品的反向集货，与干线业务实现联动发展，枢纽支线运输业务如表2所示。

表2 枢纽支线运输业务

支线网络	线路节点	主要业务	预计物流量（万吨/年）
坝上内循环航运物流系统	宜宾—泸州—重庆城区—长寿—万州—宜昌	坝上内循环产业集群内的产业链上下游之间的原材料、零部件、中间产品、半成品的调配集运。物流组织方式为循环航运	400
枢纽集疏运网络	枢纽—广安—遂宁—成都；枢纽—南充—绵阳；枢纽—达州—巴中—广元；枢纽—开州；枢纽—恩施—张家界；枢纽—汉中—安康；枢纽—黔江—怀化；枢纽—遵义—贵阳	坝上内循环产业集群生产产品的区域分拨和区域内外运产品的反向集货。物流组织方式为公路运输或公铁联运	200
合计	—	—	600

3. 集聚发展仓配一体化物流业务

枢纽后方的临港产业及枢纽所在地的万州、长寿两区的汽车、化工新材料、绿色照明、食品医药、能源化工等产业集群原材料对外依存度较高，一般需要从非洲、大洋洲等地水运至枢纽，再进行配送。依托枢纽的新田港物流园区和长寿沿江现代物流园区内的一级配送中心和覆盖全区的配送网络，将干线、支线运输至枢纽的原材料、中间产品和零部件进行必要流通加工后，配送至各生产制造业企业厂区。同时，两个物流园区还兼顾区域城市生活物流服务，依托长江水运、铁路干线等批量运输优势，将大规模生活消费品集中运达枢纽后，面向万州、长寿乃至重庆主城区开展城市配送服务。

（三）建立重点产业供应链集成服务体系

为生产制造业企业提供供应链集成服务是枢纽的核心业务，对于降低重庆及川东生产制造业物流成本、提高物流运作效率，增强重庆生产制造业在全国乃至国际的综合竞争力意义重大。

1. 完善平台支撑运行体系

枢纽供应链云平台依托新田港物流园区和长寿沿江现代物流园区现有管理信息系统，通过功能完善、服务拓展、资源集成等方式进行搭建。供应链云平台主要服务重庆及周边地区的生产制造业，核心对接零部件与原材料供应商、重庆物流供应链企业、重庆制造业企业三类主体，通过供应链云平台实现三方的采购、物流等各类信息的及时匹配，以提供精准的供应链服务。枢纽供应链云平台架构如图4所示。

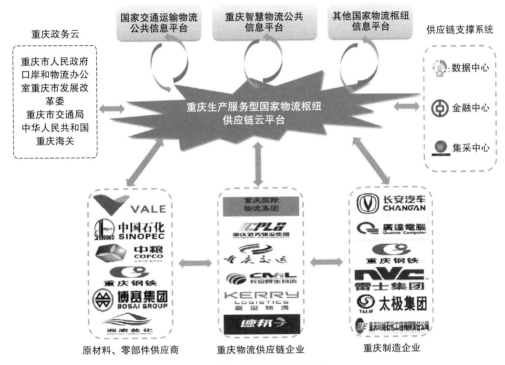

图4　枢纽供应链云平台架构

2. 提供金属原材料供应链服务

枢纽积极发挥干线水运优势，将全球的铁矿石、铝土矿、煤炭等原材料水运至枢纽，在重庆钢铁、达州钢铁、博赛集团冶炼后再发挥铁路、水运优势，将钢材、铝材等金属材料从外地通过长江水运、铁水联运、江海联运、铁海联运等方式运输至枢纽，并在园区内根据不同制造业企业的需求进行切割、裁剪等流通加工，之后根据生产制造业企业的生产进度配送至工位。为保障金属材料供应链全过程的高效、精准，供应链上的各企业均接入枢纽供应链云平台。考虑到钢材等金属原材料的标准化程度较高、价值量较大，在供应链服务过程中引入了金融企业，开展仓单质押等供应链金融服务，从而解决全链条上下游企业的资金占用大等问题。在金属原材料供应过程中，考虑到重庆及周边地区对建筑钢材需求较大，也将其供应链运作、流通加工和配送纳入了枢纽。2022 年，长江过坝钢材货运量超过 750 万吨。

3. 开展精细化工供应链服务

化工产业是枢纽所在地长寿区的传统优势产业，近年来，两区大力推进传统化工产业向精细化工转型升级，产业链不断拉长，价值链不断提升，规模不断扩大。2022 年，重庆市化工产业增加值同比增长 5.2%，根据重庆工业发展规划，预计到 2025 年精细化工产业产值将达到千亿元。

为满足重庆精细化工发展需求，枢纽依托供应链云平台和两大物流园区，打造了线上线下一体化精细化工供应链服务体系，集聚需求、统筹资源，提供更加高效、专业、简单、便捷的一体化供应链服务，精准对接全国精细化工原材料供应商，重庆当地川维化工、华峰化工、蓬威石化、建峰工业、湘渝盐化等化工生产企业，以及全国化工产品下游销售商，利用港口、铁路和公路等多种运输方式，提供从原材料采购到产成品销售的全供应链物流服务。

4. 提供汽车制造供应链服务

汽车制造业是重庆市的支柱产业，2022 年重庆市汽车产量突破 200 万辆，同比增长 4.1%，枢纽围绕长安、福特、力帆、依维柯、潍柴、川江等龙头整车企业，形成了全国产量最大的汽车制造供应链体系。基本模式是通过枢纽汽车供应链服务中心，引入汽车供应链物流企业，通过主机厂和物流服务企业对零部件的集采，各汽车零部件供应企业和经销商将零部件运输至枢纽内，然后根据主机厂的生产计划对零部件进行流通加工，并实时动态进行工位配送。生产的商品汽车整车再通过枢纽的水运、铁路干线物流通道运往全国各地或出口到其他国家和地区。在汽车制造产业全过程的供应链组织中，通过枢纽供应链云平台，整合上游的零部件和原材料供应商、枢纽运营商、物流供应链服务商和主机厂，实现汽车制造产业供应链全过程的信息化和可视化。

5. 提供农产品加工供应链服务

随着我国西南地区内需升级和养殖业、酿酒业的发展，坝上库区粮食运入需求规模不断扩大，2022 年重庆市粮食总播种面积约 2.05 万平方千米，同比增长 1.7%；蔬菜产量 2272.36 万吨，同比增长 4.0%；水果产量 593.28 万吨，同比增长 7.2%。过坝粮食等农产品运量持续多年超过 400 万吨，仅万州港年粮食吞吐量就已突破 100 万吨。枢纽依托供应链云平台和粮食物流设施网络，整合粮食供应链上游的国内中粮、中储粮以及美国 ADM、美国邦吉（Bunge）、美国嘉吉（Cargill）、法国路易达孚（Louis Dreyfus）等国外粮商，联合干线物流中转枢纽运营企业，包括辽宁港口集团、山东港口集团、宁波舟山集团、万州港集团等港口企业，以及重庆团结村站、成都城厢站等铁路运营单位，对接供应链下游的新希望集团、正大集团、双胞胎集团、江小白、剑南春、五粮液、红花郎等粮食需求企业，通过江海联运、铁海联运、公水联运等组织方式，开展涵盖采购、流通、销售、加工全产业链条的农产品加工供应链服务。

三、枢纽建设发展成效

（一）港区功能不断完善

新田港集装箱作业场地及有关配套设备已全面建成，新田港是重庆市三大战略性枢纽型港口之一，是建设成渝地区双城经济圈的东向出海门户。一期集装箱作业场地工程已修建多用途泊位 5 个，设计年货物吞吐能力 625 万吨，其中集装箱 45 万标箱/年、件杂货 175 万吨/年。长寿沿江现代物流园中，3 座危化品码头、2 座散货码头、1 座洗舱码头均全面建成，码头危化品吞吐能力可达 300 万吨/年，普货吞吐能力可达到 100 万吨/年，管廊可直达川维化工、扬子乙酰生产装置，直接输转能力可达到 300 万吨/年。

（二）仓储设施加快建设

长寿沿江现代物流园已完成普通库房、危化品库房、液体化工品存储罐、大宗商品堆场等项目设施建设。主要包括：危化品罐区三座共 14.65 立方米、库房 7.8 万平方米（其中危化品库房 7000 平方米）、散货堆场 3000 平方米。危化品装车场项目正积极推进项目规划、环评、安评、施工报建等相关前期手续办理及施工设计，已开工建设。重庆川维物流新区储运设施项目预计于 2024 年 3 月后正式开工建设。新田港物流园区中储粮粮食仓储物流项目一期工程已全面建成，具备装粮条件，仓库容量 24 万吨，二期项目正有序推进。

（三）集疏运体系积极构建

新田港铁路集疏运中心项目全面建成并正式开通货运业务，是重庆市三大战略性枢纽型港口中唯一具备引入港口前沿的铁公水多式联运项目，线路全长 16.2 千米，设计时速 80 千米，为单线铁路，近期年设计货运量为 882 万吨。港区疏港大道拓宽工程已完成投资 1.1 亿元，完成项目工程总量 20% 左右。长寿沿江现代物流园拥有长 5770 米的铁路专用线 1 条，铁路装卸线 8 条共 2223 米，铁路专用线最大到发能力可达 150 万吨/年，公路危化品装卸能力可达到 110 万吨/年。铁路专用线扩建项目于 2022 年启动了项目方案预可研工作，目前正在对方案进行优化。

（四）口岸建设持续推进

2022 年 6 月，重庆港水运口岸扩大开放新田港区经国务院同意纳入国家 2021/2022 年度口岸开放审理计划。新田港水运口岸开放岸线使用长 652 米，5 个 5000 吨级多用途泊位，集中查验区选址位于枢纽范围内，规划面积 3.33 万平方米，主要建设内容包括卡口、普通查验仓库、外贸箱堆场、检疫处理区、喷淋及核辐射检测系统，粮食查验仓库及查验平台 16 个、围网 1120 米等。目前，重庆市人民政府已向国务院上报对外开放请示，力争 2025 年获批对外开放。港区口岸查验基础设施建设正积极推进前期工作，力争 2023 年内开工建设。重庆港水运口岸扩大开放长寿港区已被纳入《重庆市口岸发展"十四五"规划（2021—2025）》，并上报国家口岸管理办公室。

（五）物流运量整体趋稳

2022 年，受新冠疫情反复、经济下行等不利因素影响，枢纽货物运输总量整体趋稳。枢纽完成货物吞吐量 828.17 万吨，占全市业务量的 4%，同比下降 5.74%；大宗散货吞吐量 588.02 万吨，同比下降 11.28%；危险化学品吞吐量 240.15 万吨，同比增长 11.28%；集装箱吞吐量 3068 标箱，同比下降 6.32%；枢纽多式联运货运量 81.59 万吨，与 2021 年同期持平。枢纽业务收入 3.12 亿元，其中物流业务收入 1.8 亿元。枢纽商品交易额 5.88 亿元，其中线上交易额 1.33 亿元。枢纽正式投用库房平均利用率为 71%，库房平均周转次数为 9.15 次。

（六）服务水平有效提升

枢纽联合重庆市人民政府口岸和物流办公室、重庆海关等单位开展跨境贸易便利化支持政策宣讲，提升企业政策知晓度。依托重庆海关、重庆电子口岸中心的"网上办""自助办""单一窗口"等业务平台，加快推行口岸通关审批事项全流程线上办、集中办，实现货物通关"零延时""零等待"，使制单成本降低 50% 以上，耗时降低 80% 以上。深入实施促进跨境贸易便利化专项行动，叠加落实"提前申报""两步申报"等通关便利化措施，使进出口整体通关时间同比分别缩减 30% 以上。压减普通货物核心通关单证至 3 类，实行货物到岸直接分流，每单节约作业时间约 12 小时，降低二次吊箱成本 200 元/标箱。长寿港海关监管场所已封关运行，川维化工、环松集团等多家企业出口普货可直接在园区办理清关，企业物流成本降低 1000 元/箱。

（七）枢纽经济提质发展

依托国家物流枢纽，两大片区聚焦产业特色，大力发展枢纽经济。新田港物流园区依托港区优势吸引了多家粮油企业投资入驻园区，如中储粮油脂有限公司投资 19 亿元建设 100 万吨粮食仓储物流及配套设施，四川德康农牧食品集团股份有限公司投资 2 亿元建设年生产加工 50 万吨畜禽料饲料生产线，防城港澳加粮油工业有限公司投资 3 亿元建设年加工 15 万吨菜籽油生产线。目前各项目均在稳步推进，项目投产后，将形成百亿级粮油加工贸易产业集群，有力促进粮油加工产业链供应链的形成，为万州区布局西部大宗粮油交易平台提供坚强保障。长寿沿江现代物流园引入中国航油集团物流有限公司投资 13.8 亿元建设中转油库、输油管道，吸引重庆千信集团有限公司投资 16 亿元建设金属数字化加工厂区和废钢加工区，引入重庆钢铁股份有限公司、重庆中钢投资（集团）有限公司、重庆瑞银再生资源有限公司投资 30 亿元建设长寿钢材市场（中国西部钢材城），有力助推长寿区打造辐射西南的危化品分拨中心和大宗散货集散地。

四、发展方向与未来展望

（一）推进区域生产制造业物流降本增效

枢纽的建设有利于在坝上库区快速构建高效、广辐射的多式联运服务体系，密切各类生产制造业企业依托枢纽的物流运作和多种运输方式的服务衔接，实现以干线航运、信息化衔接、公铁集疏运为主的规模化物流组织，从而提高运输装备的满载率和降低运输车辆等待时间。依托长江黄金水道各港区协调联动、西部陆海新通道和面向丝绸之路经济带腹地的国际多式联运，一体化衔接枢纽内各运输环节和多种运输方式，显著缩短货物全程运输时间，全面提高运输效率，降低物流成本。通过以枢纽为核心各种运输方式的一体化衔接和高效组织，全面融入国家物流枢纽网络，大力发展多式联运，可有效减少货物在运输途中的滞留、中转换装时间，显著提高运行效率，降低物流成本。基于国家物流枢纽一体化运作、网络化经营、专业化服务能力的提升，枢纽内装备制造、化工新材料等产业的支撑和促进作用明显增强，物流降本增效对实体经济的效益充分彰显。

（二）增强川渝制造业物流服务保障能力

枢纽的建设将快速补齐重庆市制造业急需的大运量、智能化物流设施及高效联运转运设施短板，通过"长江港口 + 后方物流园区 + 多式联运组织 + 物流服务"的软硬件配备，大幅增强制造业物流服务保障能力，有效提升综合物流服务能力，有力支撑重庆市传统生产制造业转型升级和新型制造业加快聚集。初步构建形成以服务重庆市为核心、覆盖成渝地区双城经济圈、联动国内各主要城市群、辐射全球的制造业物流服务网络。重点以万州片区既有业务为核心，构建形成面向四川腹地的多式联运系统，开展煤炭、粮食、矿石等大宗原材料和产品的多式联运组织，使之成为四川生产制造业通江达海的重要平台。同时，进一步提高物流干线货运、支线分拨集散、入厂配送服务品质，既能满足重庆市重点生产制造业企业精细化、定制化物流发展需求，又能满足高时效、高价值、及时达等新服务要求，建成具备国际竞争优势的生产服务型物流枢纽。

（三）完善全链条物流供应链服务体系

枢纽的建设将作为服务川渝地区制造业的核心物流基础设施与供应链一体化运作基地，通过整合制造业国际国内采购、多式联运、仓储、入厂配送、产成品物流服务等环节，密切物流与制造业联动融合发展关系。通过对制造业物流资源合理有效的优化与集成，加快面向制造业剥离从生产源头至配送环节的全程物流业务，为重庆市中高端制造业企业敏捷化生产提供服务，通过供应链一体化服务提升库存周转率，降低企业资金占压成本。依托枢纽营造的专业化、网络化物流企业聚集发展环境条件，推动生产企业干线运输、生产过程和产品销售端配送服务、仓储服务等物流服务外包。依托枢纽构建具有供应链规模运作特征的制造业物流服务体系，不断提升区域内生产制造业企业国际国内供应链服务能力和核心竞争力，促进生产制造业产业生产组织方式和运作模式的转型升级，实现制造业与物流协同降本增效，促进重庆市制造业产业链延伸和价值链提升。

（四）促进区域物流功能集约集中发展

重庆市多山地、少平原，特别是中心城区下游沿长江的万州、长寿等市辖区，沿长江两岸多为山地，建设用地较为紧缺，土地开发成本高，物流功能区域需更加科学合理地进行集中布局。依托枢纽的建设将加快万州、长寿物流服务一体化发展和资源整合，将改变沿江生产制造业企业各自为战建设码头的现状，解决码头和物流节点布局分散、港口码头与腹地产业物流功能联动性弱、物流作业集中度不够等问题，推动沿江物流用地向枢纽集中。同时，通过积极运作与完善江海联运、铁海联运班线，进一步拓展指定口岸功能，增强口岸通关便利化程度，实现区域口岸等资源的整合。沿江岸线利用、生产企业自用型码头关停并转和业务整合，也是贯彻长江经济带"共抓大保护、不搞大开发"发展理念的重要成果。

（五）扩大西部陆海新通道运量规模

《西部陆海新通道总体规划》将重庆定位为西部陆海新通道物流和运营组织中心。以枢纽为主要载体，将结合西部陆海新通道物流和运营组织要求，联合其他枢纽节点和港口码头，利用辐射腹地良好的生产制造业基础，整合区域外向型产业需求，充分发挥西部陆海新通道物流和运营组织中心服务效能，支撑并快速扩大通道货运规模，进一步提升服务品质与服务效率，打造通道物流和运营组织标杆。

（六）持续缓解三峡大坝过坝运输压力

依托枢纽公铁水一体化集疏运优势，围绕西部陆海新通道、长江经济带、丝绸之路经济带的铁海联运大通道，与其他国家枢纽高效对接，优化干线运输通道，加快坝上库区融入全国物流网络。枢纽的两个片区将依托坝上深水航道优势，通过定制化船型、开行定制化班轮等服务，提供坝上循环的个性化航运服务，从而使坝上库区依托枢纽联动的辐射腹地形成紧密的产业链合作关系；并通过枢纽干支配业务组织模式创新，以我国西南腹地和库区沿线南北纵深地区为辐射方向，形成以与库区航运服务关系密切的内循环为特征的强大产业链、产业集群和物流服务网络系统。如此一来，将在坝上库区形成以满足内需为主的世界级内需型产业集群，从需求端有效降低过闸货运量，打破过闸船舶积压的常态，有效解决货物在坝上坝下长时间等待的问题，缓解三峡大坝瓶颈制约压力，解决长江中游"梗阻"、上游"瓶颈"的问题，对打造长江黄金水道，促进长江上中下游要素合理流动、产业分工协作，全面推动长江经济带发展具有战略意义。

（七）助力川渝物流绿色发展与碳达峰、碳中和

枢纽的建设将利用坝上深水航道优势，加速整合坝上地区分散的港口物流资源，并通过完善的铁水多式联运系统，面向川渝、黔北等地区开展多式联运组织。枢纽的运营将引导川渝分散的物流运作通过多式联运实现规模化运作，并利用水运、铁路、铁水、江海联运等方式，加速区域货物运输公转水、公转铁，促进川渝地区物流绿色发展。运输是物流领域碳排放的主要环节，枢纽通过以水运和铁路运输为核心的多式联运系统构建，将大幅降低传统以公路运输为主的物流碳排放水平，有助于推动川渝地区的碳达峰、碳中和。

（八）集聚生产要素促进内需产业发展

枢纽的建设将加快重庆制造业剥离低效和分散的物流业务，专注于核心研发和制造环节，并利用良好的专业物流供应链服务环境和企业，加快制造业与物流服务的深度融合，创新制造业企业的运作模式，打造产业高质量发展新生态。在低成本、高效率的制造业物流服务环境形成后，将合理促进商流、物流、资金流自由流动，并沉淀、集聚生产要素，围绕钢铁、化工、装备制造、铝产业、农产品加工等优势生产制造业延伸产业链条，率先带动坝上库区产业迈向价值链中高端。产业扩张、延链的同时将为枢纽业务运作提供规模化物流需求，从而充分发挥物流网络规模经济效应，形成良性互促的动态循环，进一步降低枢纽周边及辐射腹地的生产制造业物流成本和要素集聚成本。

（撰稿人：吴彬、张满丽、贺志辉、李欣、李彬、杨林健）

西安生产服务型国家物流枢纽

央地携手促进应急保供　数智赋能助推两业融合

西安是全国首个硬科技产业基地。建设西安生产服务型国家物流枢纽（以下简称"枢纽"）是进一步落实习近平总书记历次来陕西考察提出的"抓好西安国家中心城市建设""打造内陆改革开放高地""更好服务和融入新发展格局，谱写陕西高质量发展新篇章"等重要讲话和重要指示精神，是西安更加深度融入新发展格局的重要举措。枢纽依托西安"通道＋枢纽＋网络"现代物流运行体系和电子信息、汽车产业、装备制造、航空航天等硬科技制造业优势，面向国内国际两个市场，围绕把西安打造成全球硬科技产业供应链组织运营中心的目标，打造以"两链融合、多式联运、数智赋能、应急保障"为特色的国家物流枢纽，促进西安深度融入"一带一路"建设和国内统一大市场建设。

一、枢纽概况

（一）区位交通

枢纽分为南北两大功能片区，分别位于西安先进制造业最为集中的两大区域。其中枢纽南片区位于西安高新技术产业开发区（以下简称"枢纽高新片区"），毗邻西户铁路专线、铁路南环线，规划建设高新草堂科技产业园铁路专线，与枢纽新能源汽车与装备制造物流功能区连接；枢纽北片区位于西安经济技术开发区（以下简称"枢纽经开片区"），毗邻咸铜铁路线，规划建设渭北工业园铁路专线，与汽车装备物流功能区连接。

枢纽两大片区所在的高新区和经开区工业产值占全市的80%以上，依托两区国际物流、生产物流等存量设施，内部七大功能区分工协作，中间通过绕城高速和国道连接，区内仓储配送、公铁（空）联运设施完备。周边三星、比亚迪、陕汽、隆基绿能和华为等知名生产企业物流需求旺盛且集中，如图1所示。

（二）空间布局

枢纽核心区域内生产物流仓储、加工和公铁、公空转运设施完备，占地面积3.27

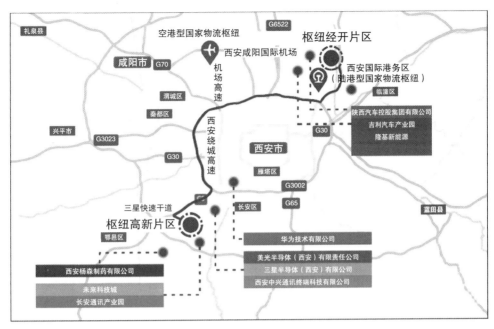

图1　枢纽两大片区选址空间方位及周边生产企业分布

平方千米，枢纽南北两大片区分为七大功能区。其中，枢纽高新片区占地面积1.95平方千米，包含国际物流、新能源汽车与装备制造、科技装备3个物流功能区；枢纽经开片区占地面积1.32平方千米，包含汽车装备、生产加工、城市配送等4个物流功能区。

（三）功能定位

依托枢纽周边硬科技先进制造业聚集和城市资源禀赋优势，枢纽定位为"一带一路"硬科技产业供应链组织运营中心、全国绿色物流与先进制造业融合发展示范区、西部应急物流基地和关中平原城市群数字供应链经济发展高地。

枢纽的基本功能包括：面向电子信息、生物医药等高端产业，开展以公空联运、保税仓储为主的生产物流服务；面向汽车装备、新能源新材料等制造业，开展以公铁联运、线边物流和仓储配送为主的物流服务。

枢纽的延伸服务功能包括：电子信息及装备制造等高端产业供应链服务、高效通关服务、跨境电商物流服务、应急物流保障和数字供应链平台服务功能。

（四）运营主体

枢纽以中国物流股份有限公司、中国诚通供应链服务有限公司、陕西省物流集团有限责任公司、陕西通汇汽车物流有限公司和中国兵工物资集团有限公司等9家单位为主，以枢纽相关物流协作企业和金融机构、行业协会等单位为辅，共同参与组建"1+8+N"枢纽运营联盟，开展枢纽建设与运营工作。

（五）建设模式

本着"市场主导、需求引导、广泛参与、政府推动"的原则，中国物流股份有限公司牵头统筹枢纽建设规划与投资运营。以"存量设施整合提升为主、增量设施补短板为辅"为原则，枢纽建设项目共 25 个，其中建成类项目 12 个、在建类项目 4 个、规划类项目 9 个。枢纽计划总投资 94.94 亿元，已完成投资 54.59 亿元，投资完成率 57.5%；建成区与在建区面积占比 59.0%。枢纽在建设过程中，陕西省、西安市各级政府从用地和政策支持两个方面加强枢纽建设保障。

（六）物流需求来源

枢纽主要的物流需求来源是枢纽周边布局的电子信息、汽车、航空航天、高端装备、新材料新能源，以及食品和生物医药共六大支柱现代产业集群，枢纽周边先进制造业园区如表 1 所示。

表 1　　　　　　　　　　　　枢纽周边先进制造业园区

序号	名称	产业功能	代表性企业
1	高新电子信息产业园	以三星存储芯片产业为核心，聚集了三星、美光等世界级半导体核心企业，成为带动我国新一代信息技术产业，促进外向型经济发展的重要基地，是航空偏好型产业聚集区	三星、美光、空气化工、住化电子等
2	长安通讯产业园	以省市重点大项目为龙头，新型工业园以光机所、西岳电子、威世半导体等为代表，打造集通信技术研发、高端装备、智能制造于一体的临空偏好型先进制造产业园区	华为、中兴通讯、奕斯伟硅、陕西烽火等
3	未来科技产业基地	着力打造新能源汽车、电力设备、生物医药、文旅大健康等支柱产业，为高附加值主导产业提供发展空间，起到配套服务、完善功能、整合产业链的作用，是铁路和航空运输兼具的先进制造业新城	比亚迪、西电集团、杨森医药、陕药集团等
4	渭北矿山机械装备制造工业园	建设集商用车研发试制、新能源汽车研发试验及整车制造、零部件生产、物流配套、主题体验等功能于一体的汽车制造业聚集区，同时发展风电装备、光伏装备、节能环保装备、分布式能源与储能装备、新能源汽车制造装备等制造业	陕汽、吉利、潍柴动力、汉德等整车及配套制造型企业和隆基绿能等

序号	名称	产业功能	代表性企业
5	高铁新城产业园区	重点发展航空发动机、燃气轮机动力装备、航空配件、航空部件维修、机载设备定制、高铁装备、智能装备、节能装备等高端制造产业，打造西安高端装备开放引领聚集区	西航莱特、西工大超晶、中车集团、中铁工程装备、西安重工等

二、主要做法与特色经验

（一）联盟构建方面：全国率先组建央地合作枢纽联盟，形成建设合力

枢纽在建设运营过程中充分遵循市场经济规律并顺应现代物流业、先进制造业发展趋势。在枢纽规划建设过程中，充分发挥政府规划引导、市场化运作的积极作用；在枢纽建设运营过程中，由全国物流行业龙头企业、国务院国资委直属的中国物流集团有限公司核心企业——中国物流股份有限公司作为枢纽建设运营牵头单位，组建以央企（3家，含牵头单位）、地方国企（3家）和民企（2家）三种类型的物流骨干企业为核心，同时包含其他生产配套服务企业和行业协会的枢纽运营联盟。该联盟的牵头单位为以中国物流股份有限公司为代表的央企；核心运营企业包括以陕西中兵物资有限公司（中国兵工物资集团有限公司在陕西全资子公司）和中国诚通供应链服务有限公司为代表的央企，以陕西省物流集团有限责任公司、陕西通汇汽车物流有限公司和西安经发供应链运营贸易有限公司为代表的地方国有物流龙头企业，以及以海得邦国际物流控股（集团）有限公司、西安货达网络科技有限公司（全国5A级网络货运平台企业）和西安德秦物流服务有限公司等为代表的优秀民营物流企业，再同枢纽相关物流协作企业和金融机构、省市物流与采购联合会等运营参与单位组建"1+8+N"枢纽运营联盟，共同开展枢纽建设与运营，具体架构如图2所示。

（二）两业融合方面：围绕汽车制造业生产需求，深度推进物流业嵌入发展

在运行过程中，枢纽根据比亚迪、陕汽等汽车生产制造业企业供应链特点，提出了"前端+中端+后端"的物流服务理念，即通过与制造业客户供应链的深度协同，在其前端供应采购，中端生产过程物流，后端配送规划、资源和库存配置等方面提供更多供应链增值服务，面向整个生产制造龙头企业，致力于为其提供全供应链的服务，实现业务的价值升级，推动产业链供应链协同发展，实现现代物流业与生产制造业融合发展。枢纽的实际做法和经验如下。

1. 做大做强生产采购服务

枢纽充分利用"产品+技术+服务"的营销模式，详细识别制造业客户特殊需求，

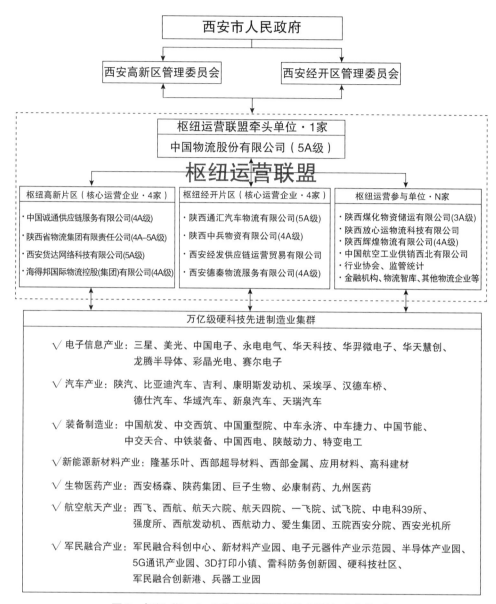

图 2 枢纽"1+8+N"运营联盟架构及服务产业集群

针对不同客户形成专项技术协议，积极协同终端制造业客户及上游材料供应商，做好中间服务，在采购渠道、材料选型、采购流程等方面进行优化，为生产制造业企业提供优质的综合服务，帮助其实现降低采购成本、提升物流效率、提升到货及时率等目的，最终实现双赢。2022年，枢纽内仅供应链服务公司一家服务的大中型制造业客户数量就已经增至52户，主要以汽车制造业为主，逐步延伸至风电设备、模具制造、机械制造等领域，客户数量持续增加，质量不断优化提升。

2. 做精做优生产仓配业务

枢纽在仓配业务中，突出"精、准"，积极推动枢纽内物流企业利用WMS（仓储管理系统）对出入库货物进行 PDA（条码扫描器）扫码精细管理，及时准确地向客户反映库存情况，减少生产制造业企业的库存积压，使其实现由以前的按月计划进行材料配送到按周计划进行材料配送，再到现在的按日计划精准配送，真正让生产制造业企业实现零库存。在实现精准库存管理的同时，为确保配送业务的准确性，利用 TMS（运输管理系统）对订单进行管理及追踪，动态掌握订单的配送情况，做到仓储和配送的准确对接。目前，枢纽正在和行业相关智能仓库方案定制企业积极探索智能仓库和数字化仓库，旨在提高仓库利用率和货物周转率，提升精准服务质量。近两年，枢纽积极进行市场调研，充分分析了比亚迪汽车的生产组织流程，结合枢纽的服务能力，制定出针对该企业生产经营特点的第三方生产物流服务方案。一是利用枢纽内完备的 WMS 对其仓库进行管理，包括仓库管理、入库管理、出库管理等，有效提高了仓库的运转效率和管理水平。二是利用枢纽的 TMS 对该企业的运输计划管理、运输执行管理、运输费用管理等进行了优化，有效提高了运输效率，降低了运输成本。三是枢纽通过投入物流设施设备和服务人员，为该企业提供生产物流服务，初步实现了物流业和制造业融合。枢纽生产物流业务现场如图 3 所示。

图 3　枢纽生产物流业务现场

3. 做严做深生产加工业务

为向生产制造业企业提供相关服务，枢纽内有诸多相关的生产加工设备，包括国内一流加工设备提供商生产的冷轧开平横切生产线 3 条、冷轧纵剪生产线 1 条、热轧剪板设备 1 台，基本涵盖冷轧钢板剪切加工全领域，主要是为汽车制造业企业提供钢材剪切加工服务。在为汽车制造业企业提供加工服务的同时，与公司的原材料采购物流、生产仓配业务等实现无缝对接，将生产前端的原材料采购物流与中端的汽车零配件仓储、加工、配送服务和末端的产成品仓储、成品运输物流服务统筹运作，同时在运营过程中积极推广6S（整理、整顿、清扫、清洁、素养、安全）管理，并通过 IATF 16949 认证（国际汽车行业质量管理体系认证），多措并举，降低了汽车制造业企业的生产成本，受到客户一致好评。枢纽内某公司加工车间现场如图4所示。

图4　枢纽内某公司加工车间现场

（三）数智赋能方面：加大数智设施设备投用，提升运行效能

枢纽高度重视智能化设备和信息化平台建设在枢纽运营各业务环节中的应用，不断探索智慧化、数字化现代物流企业建设，通过不断深化供应链服务，形成了涵盖仓储配送、集货运输、整车发运和后市场服务（配件销售＋共享包装）四个环节高效联动的数智化服务体系，正在着力构建枢纽数字化服务平台。

1. 大力推广智能化设备投运

（1）生产仓配物流环节。

枢纽深度参与汽车主机厂的供应链管理，形成了计划分解、实体运作能力，沿着线边仓、分装中心、存储仓、集散中心、网点等，建立了逐级拉动的仓配体系，通过WMS、SCM（供应链管理）、TMS 等系统，实现仓配全程信息化管理，库存准确率达到99.5%；实施基于产线的看板、排序、时段、SPS（按每车装配量配送货物的方式）等精准配送方式，生产保障率常年稳定在99％左右；在全国各地，依托配送网点，布局集散中心，根据生产计划进行中转集货、远途拉动。枢纽小件AGV（自动引导运输车）货到人拣选智能化设备应用如图5所示。

图5 枢纽小件AGV货到人拣选智能化设备应用

（2）集货运输环节。

枢纽以陕汽、比亚迪和隆基乐叶等大型生产制造业企业生产计划驱动取货、集货，库存前置，着力降低供应链成本，先后建立了湖北十堰、山东潍坊和重庆等8个集散中心，建立"中转仓＋班车制配送"模式，将需求计划向供应链前端延伸，高频次、小批量补货，提高周转率，轻重配载，提高装载率，实施窗口期取货，平衡仓配资源，使用标准工位器具，提高零件防护及装卸效率。同时，枢纽还推行"循环包装＋上门取货"的运仓配拉动模式，以客户生产计划为基础，实施循环包装和上门取货，如图6所示。为此，枢纽还自主开发了取货信息系统，将生产计划转化为拉动计划——JIS（准序化）供货，并推行循环包装替代一次性包装，包装有序流转于"运、仓、配"各个环节，降低成本。

目前，枢纽运输业务已覆盖苏、浙、赣、湘、鲁、渝、鄂、陕、蒙、晋、新等全国20多个省（自治区、直辖市），根据自身业务打造出陕—晋、陕—蒙、陕—新、浙—陕、苏—陕、津—陕、辽—陕等多个城市对流的精品运输线路130多条，为生产型企业、销售型公司提供丰富的线路资源，稳定服务客户达1000余家，主要合作客户有陕汽、比亚迪、隆基绿能、三一重工、同力重工、延农投、邮政等头部企业，对提升西安及关中平原城市群周边汽车生产、装备制造等先进生产制造业企业物流供应链服务水平有着重要的促进和保障作用。

图 6　隆基乐叶光伏产品循环取货场景

（3）整车发运环节。

枢纽在运营过程中根据主机厂需求，将成品整车快速高效发送至全国经销商指定接车点，同时负责对接车辆管理所、保险公司，保障整车发运前端发运车辆临牌、保险办理的及时性和稳定性，可以通过天行健车联网服务系统，实时掌握发运车辆在途状态，通过上海德银商业保理有限公司开展运单保理业务，减轻承运公司发运资金压力。枢纽目前已具备拥有年发运 20 万辆车次的发运组织能力，整车发运现场如图 7 所示，合作承运公司 16 家，能快速高效地完成整车发运任务，截至 2022 年，已安全承运110 多万辆次。

图 7　整车发运现场

（4）后市场服务环节。

该环节主要包括配件销售和共享包装两大业务板块。

配件销售方面。枢纽发掘自身优势，以作为枢纽核心企业之一的陕汽集团后市场保外业务的运营公司为抓手，发挥主机厂零部件仓配大数据优势，以产业视角整合行业资源，创建"陕汽·车轮滚滚"服务品牌，融合上游供方、下游终端区域资源，创新商用车保外配件运营模式，建立"区域加盟＋保险公司"营销模式，辅以线上 App＋O2O，结合完善的产品认证和追溯体系，为合作伙伴提供优质产品和便捷高效的服务。枢纽配件销售业务的主要优势表现在四个方面：一是通汇物流销售配件均为陕汽纯正配件；二是线上营销 App 和便捷系统（WMS/DMS）维护产业链韧性，可以加速产品流通；三是拥有上千家合作供应链与陕汽集团庞大的整车市场占有率；四是母公司提供专业金融、保险、保理、车联网等高效产业链服务。

共享包装方面。枢纽围绕装备制造业上下游，积极拓展包装市场化租赁业务，为客户提供设计、制作、保管、维修的全过程包装服务，如图 8 所示，自建包装信息化系统，掌握包装芯片、电子围栏技术，系列化拓展标准化的包装产品规格，建立包装资产管理体系。重点突破运输装载、零件防护、人因工程等重点环节，对产品切换后闲置包装进行重新设计、改制和再使用，降低客户包装成本。未来，枢纽将继续推进共享器具业务市场化，用绿色循环包装替代一次性包装，用巧妙的折叠技术设计替代笨重的设计，降低供应链包装成本。制作方面着重应用重量轻、耐磨、抗形变的新材料和定位跟踪技术，大大降低使用一次性纸包装、木包装所造成的资源浪费和环境污染。设计方面重点统一规格型号，推出标准折叠重架、标准托盘等产品。

图8 枢纽共享包装使用场景

2. 加速推进枢纽数字化平台建设

2022 年是枢纽信息化（数字化）建设的启动年。枢纽从两个方面开展了信息化建设。一方面，以枢纽联盟骨干企业为单位大力开展信息化建设，其中陕西通汇汽车物流有限公司基本建成商用车领域第一个 AGV 货到人拣选项目，先后完成了软件开发测试、智能 AGV 配送项目、TMS 升级招标和变速器数字化仓库建设；德邦物流股份有限公司完成智慧物流服务及智能数字分拣中心、智能物流科技研发、物流运力服务中心和智能数字分拣中心设备购置及安装；陕西省物流集团有限责任公司已上线智慧停车管理系统，正分阶段上线智慧物流云仓平台等。另一方面，开展枢纽数字供应链平台整体架构设计，主要是发挥中储南京智慧物流科技有限公司、西安货达网络科技有限公司等国内领先的大宗商品物流及数字供应链的高新技术企业优势，正参与但不限于枢纽平台搭建、仓储数智、业务上线、数据互联互通和改进供应链体系等架构设计。

（四）应急保供方面：发挥枢纽担当应急保供，助力复工复产

2022 年，在全国各地新冠疫情肆虐期间，枢纽所在的西安市及周边各地市陆续实施静默管理，在此期间，枢纽积极担当，采取一系列保障措施，发挥保供稳链作用，为地区产业链供应链稳定、生产物资保障、园区物资流通提供了强有力的应急保障支持，积极助力复工复产。

1. 枢纽向西安捐赠爱心物资

受新冠疫情形势所迫，2021 年 12 月 23 日西安全城封控。枢纽高度关注西安疫情发展态势，紧急部署系统内中物流河南有限公司，从郑州采购一批米面、蔬菜、日用品、酒精、消毒液、电暖器等保障物资，连夜从郑州出发，安全送达西安。2022 年 1 月 1 日上午，本批物资分别被送往西安外事学院和西安浐灞生态区商贸园区防疫一线，有效缓解了处在疫情封控中的西安外事学院 3 万余名师生的生活及防疫压力，为奋战在社区防疫一线的医护及值守人员送去温暖，为抗击疫情、保障校园稳定提供了强有力的支持。

2. 枢纽防疫保供两不误

2022 年以来，西安疫情形势日趋严重，枢纽员工居住地存在不同程度封控的情况。对此，枢纽帮助枢纽内物流供应链企业出台了一系列管理措施，力求在做好疫情常态化管控的同时，助力业务运营，积极落实保产保供。

枢纽针对中国诚通供应链服务有限公司的不同部门，帮助其拟定了不同的防疫生产措施。其中生产部应对疫情挑战采取两班制，对现场人员配置、机器设备维护、安全保障等进行同步调整，加工业务月加工量突破 5000 吨；物流部积极践行"深度挖掘老客户的新需求，积极开拓物流新业态"的工作要求，仓储业务连续三个月仓储吞吐量超 8 万吨；配送业务部供应链贸易业务连续两个月接单量和结算量均超 1 万吨。

枢纽助力陕西通汇汽车物流有限公司积极参与疫情防控。新冠疫情期间，该公司对所有自有物流车辆及驾驶员实行闭环管理，从高速路口接车、上班前的准备、上班行车途中、到达目的地进行货物交接及返程五个方面进行管控；此外，还通过建立物资中转"临时枢纽"，解决外围车辆正常到货后无法抵达西安北郊的问题。枢纽协同该公司统筹各地资源，建立宝鸡蔡家坡、铜川等异地临时枢纽中转站，承担起了物资接收、倒车装卸和转运任务，顺利保障陕西重型汽车有限公司物资供应的同时为园区康明斯、汉德等企业提供物流服务，有效缓解了企业防疫物资、生产物资短缺的问题。

三、枢纽建设发展成效

（一）枢纽业务规模

2022 年枢纽完成货运量超过 8306 万吨，其中枢纽高新片区完成货运总量 4000 万吨，包括汽车 99 万辆、晶圆片 600 万片、锂离子电池 25 吉瓦、变速器 60 万台；枢纽经开片区 2022 年完成交通运输、仓储和邮政业营业收入 86.08 亿元，货运总量达 4306.65 万吨，包括汽车 120.5 万辆（其中商用车 12 万辆）、汽车用发动机 526.37 万千瓦、电动机 286.63 万千瓦、各类专用设备 8 万台（套）、半导体分立器 5.86 亿只、太阳能电池 665.62 万千瓦、光伏组件 45 吉瓦、电力电容器 3710.90 万千瓦，电力电缆 3.4 万千米。

此外，枢纽已建成投运经开片区德邦物流股份有限公司西北总部、研发及物流中心一期项目，如图 9 所示。该项目包含智慧物流服务及智能数字分拣中心（42024.44 平方米），智能科技研发及企业综合办公楼（7968.69 平方米），其他配套基础设施（1760.29 平方米）；建设并购置智慧物流分拣生产线 2 条及配套物流设施设备。项目总投资 2.18 亿元。2022 年 12 月 31 日项目基础设施及场区内其他辅助设施均已完成全面建设，2023 年 3 月投入正式运营，预计 2023 年年底可实现销售收入 2 亿元，利润总额 3000 万元，上缴税金 300 万元，新增就业岗位 100 个。

项目运营后将推进领先的供应链数字技术应用于智能物流领域，真正实现数字重塑工业供应链物流，赋能企业降本增效；促进区域物流业与现代农业、先进制造业、商贸流通业等相关产业融合联动发展。

（二）枢纽运行质量

一是物流设施升级发展方面。2022 年入驻枢纽的规模以上交通运输、仓储和邮政业企业达到 51 家，从业人员超过 6 万人，实现营业收入 127.08 亿元。2022 年度枢纽

图 9　枢纽内德邦西北物流园项目建成投运

及周边陆续建成投用 5 个专业化物流园区，提升改造 2 个保税物流园区，枢纽仓储设施超过 270 万平方米，冷链仓库超过 5 万平方米。

二是物流企业总部聚集发展方面。截至 2022 年年底，枢纽内汇聚陕西省物流集团有限责任公司、中国诚通供应链服务有限公司、陕西通汇汽车物流有限公司、陕西铁路物流集团有限公司等大型物流企业总部 15 家；联邦快递（Fed Ex）、DHL（敦豪）、联合包裹（UPS）等国际知名快递企业分支机构；陕西苏宁、上海万纬、新加坡普洛斯等大型仓储物流企业；西安货达网络科技有限公司、陕西经营帮网络科技有限公司等网络货运企业超过 170 余家。其中，4A 级及以上物流企业 13 家，3A 级物流企业 15 家。

三是助力产业发展方面。2022 年，枢纽带动周边先进制造产业持续稳步增长，枢纽所在的两大制造业聚集区规模以上工业总产值 5829 亿元，占全市 78% 左右。特别是枢纽内核心骨干企业直接为比亚迪、吉利、陕汽等主流车企提供一体化供应链服务，2022 年西安新能源汽车产量达到 101.55 万辆，成为我国新能源汽车产量第一的城市，成为枢纽服务主导产业跨越发展的有力助推器。

四、发展方向与未来展望

（一）发展方向

下一阶段，枢纽将进一步发挥枢纽制造业聚集和"硬科技示范 + 保税物流 + 自贸

功能 + 自主创新 + 全创改试 + 军民融合 + 跨境电商"七大国家级功能叠加优势，通过补齐枢纽内实体物流园区和铁路专线建设等枢纽配套基础设施短板，聚焦产业链需求、提供定制化供应链服务，实现"双链"融合发展；构建数字化供应链服务平台，推广智能化物流设施设备，提高物流作业效率，赋能助推先进制造业产业集群高质量发展。

（二）具体建设举措

1. 加强枢纽内实体物流园区建设

拟在 2025 年前，在枢纽内配套建设两个实体物流园区项目：一是在枢纽高新片区新能源汽车与装备制造物流功能区，由枢纽联盟牵头单位——中国物流股份有限公司建设占地规模约为 0.31 平方千米的智慧物流与供应链科技产业园，打造中国物流制造业物流总部基地，项目总投资约 30 亿元；二是在枢纽经开片区汽车装备物流功能区，由联盟在该片区的牵头单位——西安经发供应链运营贸易有限公司建设占地约 0.37 平方千米的装备制造业供应链服务产业园，同步配套建设冷链物流产业园和物流总部聚集区，项目总投资约 22 亿元。

2. 建设枢纽数字供应链服务平台

在现有联盟骨干企业物流信息化服务平台的基础上，委托中储南京智慧物流科技有限公司等物流数字化行业知名服务商联合枢纽联盟骨干企业（陕西货达科技有限公司等），整合枢纽内外部物流大数据资源，同时与枢纽服务的上下游先进制造业企业、货运代理、金融机构和行业协会等实现信息资源互联共享，建设西安生产服务型国家物流枢纽数字供应链平台，构建枢纽服务产业生态圈。

3. 推广智能化物流设施设备

通过枢纽建设运营联盟，构建制造业企业和物流服务商之间的高效协作机制，顺应枢纽及周边大型先进制造业生产效能不断提升趋势，大力推进 JIT、线边物流、VMI 等先进物流服务模式，通过枢纽联盟骨干企业大力推广物流机器人、智能叉车、AGV 等智能化物流设施设备和标准托盘、新能源运载工具等，提升枢纽内物流服务效率，助力枢纽智能化发展。

（三）未来展望

1. 提升城市和区域物流发展水平

提升西安都市圈和关中平原城市（群）生产物流、通关保税、供应链金融和国际物流等业态的发展能级，建设数字供应链平台，降本增效打造内陆"生产服务 + 空港/陆港/商贸"四型枢纽高效联动样板，实现枢纽物流供应链数字化发展。

2. 补链稳链强链促进高质量发展

补齐与先进制造产业链配套物流供应链短板，通过枢纽建设提升配套服务能级，增强产业链供应链抵抗市场风险的能力，助推硬科技先进制造产业链融入全球价值链，助力经济社会高质量发展，如图 10 所示。

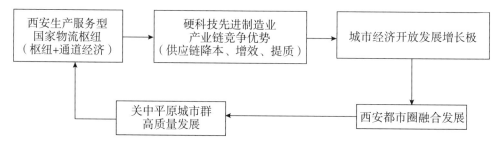

图 10 枢纽带动区域经济高质量发展

3. 满足人民群众对美好生活向往

进一步完善通达全球的服务网络，打造世界硬科技先进制造业基地、国际物流、跨境电商和国际商贸服务平台，提升人民群众对社会经济发展、便捷出行、消费需求的获得感和满意度。

（撰稿人：王凯、刘俊勇、陈剑锋、徐德洪）

宝鸡生产服务型国家物流枢纽

建设制造业物流供应链服务平台　打造新亚欧大陆桥国际物流枢纽

宝鸡市地处关中平原西部，是关中平原城市群副中心城市、关中—天水经济区副中心城市。宝鸡市作为我国西部工业重镇，经过多年的发展，现已形成以制造业为主体，涵盖 35 个门类、317 个行业较为完备的现代工业化体系，产业基础雄厚，是高端装备制造业基地、中国钛谷，也是中国重要的铁路交通枢纽之一。2022 年，宝鸡市完成地区生产总值 2743.1 亿元，规模以上工业增加值比 2021 年增长 2.2%，货物运输量1.15 亿吨，货物运输周转量 138.91 亿吨公里。

宝鸡生产服务型国家物流枢纽（以下简称"枢纽"），依托阳平铁路物流基地、泰华物流中心等核心物流基础设施，充分发挥宝鸡市产业基础和区位交通优势，全力打造生产制造业物流供应链服务平台。目前，枢纽已成为陕西西部地区集中欧班列组织与多式联运于一体的关中平原城市群制造业物流组织中心和新亚欧大陆桥上重要的国际物流节点。枢纽的建设对于支撑国家战略实施，促进西部地区工业现代化，带动关中平原城市群高质量发展具有十分重要的战略意义。

一、枢纽概况

（一）区位交通

宝鸡市位于陕、甘、宁、川四省（区）的接合部，是西安、成都、兰州、银川四个省会城市的交通中心。陇海、宝成、宝中铁路交会于此，宝鸡市是新欧亚大陆桥上东西贯通陇海，北连包兰，南接成昆诸线的全方位铁路交通枢纽。宝鸡市公路交通四通八达，以宝鸡市区为中心，以宝汉高速、西宝高速为十字的高速公路网络现已全面建成。

枢纽由多式联运条件较好、紧邻城市工业集聚区、物流业务运营良好的阳平铁路物流基地和泰华物流中心两个片区共同承载。阳平铁路物流基地片区依托陇海铁路阳平站而建，铁路运输条件极佳，直接接入陇海铁路干线，距离连霍高速最近出入口 9千米；泰华物流中心片区位于阳平铁路物流基地西南约 5000 米处，距离连霍高速公路出入口 5000 米，南侧毗邻 310 国道。

枢纽两片区通过跨渭河大桥直接连通，能够快速接入国家干线交通运输网络，全面开展干支配物流业务。枢纽对外物流大通道畅通，四方全辐射，向东通过新亚欧大陆桥与海上丝绸之路连通，向西通过丝绸之路经济带面向中西亚、欧洲进行辐射，向南通过宝成通道作为陆海贸易新通道上的节点，向北与中蒙俄通道连通。枢纽对外综合交通通道主要交通基础设施如表1所示。

表1　　　　　　　　　枢纽对外综合交通通道主要交通基础设施

物流通道名称	主要节点	主要交通设施
东部出海通道	宝鸡、西安、郑州、连云港	陇海铁路、连霍高速公路、徐兰高铁、310国道
丝绸之路经济带通道	宝鸡、兰州、乌鲁木齐、阿拉山口	陇海铁路、连霍高速公路、徐兰高铁、310国道
向北辐射通道	宝鸡、银川等	银昆高速公路、宝鸡—银川铁路
陆海贸易新通道	宝鸡、成都、贵阳、南宁、钦州等	宝成铁路等

（二）空间布局

枢纽占地总面积2.32平方千米，其中阳平铁路物流基地片区占地面积2平方千米、泰华物流中心片区占地面积0.32平方千米。两大片区在设施功能设置上相互补充，共同形成了枢纽完整的生产服务型物流功能体系。阳平铁路物流基地片区空间布局如图1所示，设有口岸国际物流区、进口商品展示物流区、车辆服务中心（司机之家）、商品汽车物流区、公铁联运物流区、铁路集装箱作业区、金属材料供应链物流区、仓储配送区、供应链物流总部、零部件集采集配区、智能公路港11大功能区，主要依托铁路运输为生产制造业企业提供大宗原材料、大型产成品的综合物流服务。泰华物流中心片区空间布局如图2所示，设有原材料流通加工区、汽车零部件仓储区、工业原材料集采集配区、工业原材料总部基地4大功能区，主要面向汽车、机械装备制造等制造业企业的生产内部，提供零部件、标准件、中间件的线边物流和供应链集成服务。

（三）功能定位

从助力宝鸡提升经济发展能级层面，枢纽定位为宝鸡制造业物流供应链服务平台；从支撑区域制造业与物流融合联动发展层面，定位为关中平原城市群制造业物流组织中心；从健全全国物流运行网络、服务构建新发展格局层面，定位为新亚欧大陆桥上重要的国际物流枢纽。

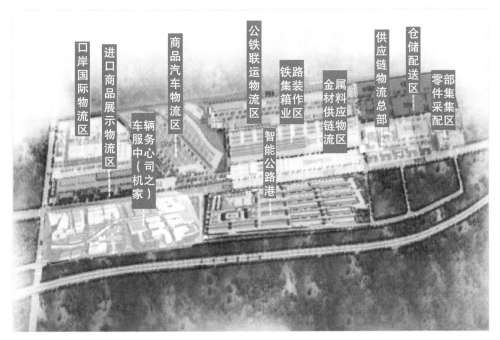

图1 阳平铁路物流基地片区空间布局

图2 泰华物流中心片区空间布局

枢纽功能包括两方面：一是通过铁路干线运输、多式联运组织、区域分拨仓储配送，为宝鸡生产制造业提供集成物流服务、供应链物流、分拨配送、干线物流组织功能，以提升宝鸡生产制造业综合竞争力；二是通过商品展示交易、原材料和标准件集采集配、原材料流通加工、物流信息服务、物流供应链金融，为宝鸡地区商品扩大辐射范围，在全国乃至全球进行生产要素配置，进一步构建关中平原城市群干支仓配物流服务网络。

（四）建设模式

为了提高枢纽的运行效率，枢纽的建设模式总体采取"企业主导、政府支持"的市场化模式。枢纽由陕西国铁物流有限责任公司、宝鸡华誉物流股份有限公司和陕西泰华物流产业有限公司投资建设，宝鸡市、陈仓区人民政府对两大项目均给予大量政策支持，有效保障项目顺利实施。枢纽建设模式示意如图3所示。

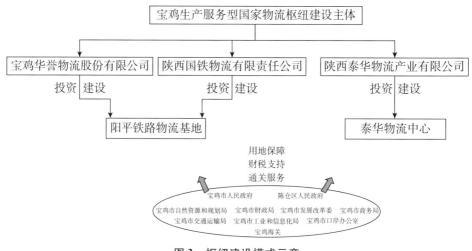

图3 枢纽建设模式示意

（五）基础设施

枢纽物流基础设施作为物流发展的核心载体，是进行物流组织，实现物流规模化、网络化运营的关键平台，宝鸡市十分重视物流基础设施建设，并引导物流基础设施加快整合和功能完善，以不断优化全市物流设施布局。目前，宝鸡市已建成十多家物流园区、物流中心或货运场站，其中市区具有一定规模的园区有阳平铁路物流基地、泰华物流中心、华誉物流园、银天物流、宝鸡综合保税区、京东宝鸡物流中心、长靖物流园、宝鸡传化公路港、宝鸡东站货场等。周边县区还建成了宝运集团眉县货运物流中心、岐山天利花物流中心、凤翔雍兴集团货运东站、凤翔久泰危化品物流中心、太白米禾农产品物流中心、蔡家坡站货场等，其中华誉物流园正在实施整体搬迁，业务整体迁移至阳平铁路物流基地。

二、主要做法与特色经验

（一）成立枢纽建设运营企业联盟，建立高效合作机制

为高效推进枢纽建设，实现宝鸡阳平铁路物流基地、泰华物流中心功能互补、业务协同和一体化运营，经多方友好协商，本着共谋发展、互利共赢的原则，由陕西国铁物流有限责任公司、陕西泰华物流产业有限公司、宝鸡华誉物流股份有限公司等枢纽建设运营企业共同发起成立枢纽建设运营企业联盟，并由陕西国铁物流有限责任公司为牵头单位，具体架构如图4所示。三家企业均具有明确的业务发展方向和业务领域，在联盟框架下明确分工、紧密合作，共同完成枢纽的建设和运营。陕西国铁物流有限责任公司作为枢纽建设运营的牵头企业，负责枢纽整体运营情况和监测数据报送工作、枢纽中功能片区间业务协调工作，同时负责阳平铁路物流基地除智能公路港和车辆服务中心（司机之家）之外的所有功能区的建设、招商和运营。宝鸡华誉物流股份有限公司负责阳平铁路物流基地内的智能公路港和车辆服务中心（司机之家）两个功能区的建设、招商和运营。陕西泰华物流产业有限公司负责整个泰华物流中心的建设、招商和运营。

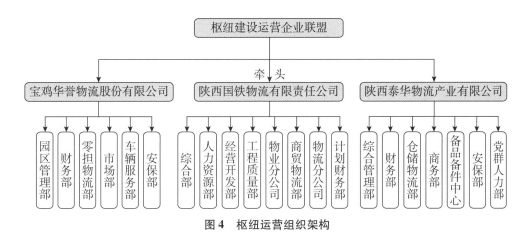

图4　枢纽运营组织架构

枢纽定期组织宝鸡港务区和三家联盟企业，召开国家枢纽建设推进会，主要学习国家、省市关于物流枢纽建设方面的方针政策及相关规划，通报国家物流枢纽建设的现状和进展情况，了解枢纽建设各运营企业的经营发展情况、项目建设情况，听取企业的意见和建议，协调解决枢纽建设中遇到的堵点难点问题，促进国家物流枢纽建设平稳有序开展。企业联盟各方在遵守国家法律法规的前提下开展工作，建立长期战略性的业务合作关系。各方同意在"设施联通、功能联合、平台对接、资源共享"的基础上，加强交流与合作，充分发挥各自优势，打造"优势互补、业务协同、利益一致"的合作共同体，深入推进枢纽建设，提高枢纽运营能力，创新业务合作模式。充分发

挥枢纽联盟企业组织作用，搭建高效的运营平台，并重点建立企业间的业务合作机制，对宝鸡物流产业和周边地区生产制造业高质量发展起到高效服务和支撑引领作用。

（二）配套物流发展政策，助力枢纽加快建设

枢纽的建设得到了宝鸡市委、市政府的高度重视和大力支持，一系列支持商贸物流类政策文件相继出台。

2022 年 9 月，宝鸡市委、市政府发布了推进宝鸡港务区改革发展的相关政策，培育壮大现代物流产业、临港制造产业和现代服务业三大产业体系，实现各种要素大聚集、大流通、大贸易，构建国内国际双循环的重要节点，"一带一路"上辐射区域更广、集聚效应更强、服务功能更优、运行效率更高的公铁联运生产服务型国家物流枢纽。2023 年，宝鸡港务区依托亚欧陆海贸易大通道、西部陆海新通道和陇海铁路重要通道优势，在中欧班列开行、现代物流发展、通关转关服务等领域全面开展战略合作，分别与西安国际港务区、重庆口岸与物流办、浙江宁波舟山港和霍尔果斯经开区陆续签订了战略合作协议，并制定了相关发展政策，降低国际货运班列运营成本。同时，为了完善物流枢纽功能，提升货物通关便利化水平，2022 年 6 月宝鸡港务区启动阳平铁路物流基地海关监管作业区建设，计划于 2023 年建成投用，进一步提升货物通关便利化水平。

围绕枢纽建设，宝鸡港务区制订了相关方案，共储备港口枢纽、临港产业、城市发展、国际货运班列等重大项目 44 个，总投资 152.42 亿元。计划通过 3 年的发展，力促枢纽多式联运服务、物流通关效率达到一流水平，"通道 + 枢纽 + 网络"的现代物流运行体系基本形成，区域货物吞吐量及进出口贸易实现新突破，有效提升枢纽辐射能力。

（三）搭建智慧数据平台，实现信息互联互通

围绕"互联网 + 物流"，枢纽高标准构建智慧信息平台，实现资源共享、要素集聚、信息互通，促进供应链、科技链、产业链、金融链和价值链"五链"深度融合，夯实生产服务型物流枢纽发展基础。

一是搭建智慧物流信息平台。以实现现代物流智慧化管理为目标，以覆盖物流全产业链关键环节为重点，努力在全市及周边范围内打破物流信息壁垒，搭建智慧物流信息平台，带动全市网络货运平台发展，构建人车互联、车货匹配、城市配送、数字物流的生态系统，从而达到物流系统各关键环节高效率、高质量、低成本协同运作，助力物流降本增效、创新发展。

二是搭建物流资源交易平台。落实党中央、国务院《关于加快建设全国统一大市场的意见》中提出的"打造统一的要素和资源市场""推动交易平台优化升级"的新

要求，在制度设计方面加强创新，努力聚集和利用市场资源，构建汇集大宗商品期货、碳排放交易、设施设备租售、供应链金融等资源的市场化配置系统，为企业提供物流聚集交易解决方案，提高全市物流资源市场化配置效率和循环共享水平。

三是搭建国际班列运营平台。以国际货运班列运营、报关、监管为目标，通过政府引导、市场参与，构建"一点接入、一次查验、一键跟踪、一键办理"的口岸物流与国际贸易管理"单一窗口"服务系统，整合班列计划、订舱受理、场站作业、重箱堆存、集装箱租赁、国际单证服务等重要物流节点，通过数据交换，联通海关监管、铁路车站及境外物流等多方数据，提高班列全程时效，降低合作伙伴经营成本，打造宝鸡港务区通关贸易便捷化通道，切实服务外贸高质量发展，为宝鸡申报铁路货运口岸临时开放奠定基础。

（四）推进物流业务有机协同，保障枢纽高效运行

枢纽两大片区在服务对象上各有侧重，在物流设施功能上差异互补，在供应链云平台和"干支仓配"等物流服务运作上有机协同，共同支撑枢纽高效运行。

1. 供应链云平台信息互利共享

枢纽的高效运作主要依靠枢纽供应链云平台将供应链上下游各企业进行信息对接和共享。通过搭建供应链云平台，对接供应商、物流服务商、制造业企业、政府部门和银行等配套服务企业，开展汽车、钛合金制品、轨道交通装备、石油装备、机床等制造业领域的供应链集成服务，实现宝鸡制造业供应链管理的平台化、可视化和高效化。通过云平台实现三方的采购、物流等各类信息的及时匹配，以提供精准的供应链服务。同时，枢纽供应链云平台将深度对接宝鸡政务服务网，主要与宝鸡市发展改革委、海关、出入境检验检疫局、交通运输局等有关职能部门实现互联互通，并与市统计局等部门实现信息共享，为枢纽物流大数据发展和物流行业管理提供基础数据支撑。枢纽供应链云平台还将与各业务支撑平台对接，包括金融平台、集采平台、大数据平台，主要实现零部件和原材料的集中采购、仓单质押等金融服务、基于物流大数据的决策管理等，从而进一步促进宝鸡智慧物流、"互联网＋物流"等物流新业态的发展。同时，枢纽供应链云平台顶层将与国家交通运输物流公共信息平台和其他国家物流枢纽物流公共信息平台实现信息互联互通。枢纽供应链云平台架构如图 5 所示。

2. "干支仓配"业务协同发展

干线运输业务方面，枢纽主要服务于宝鸡市及周边地区的生产制造业。利用阳平铁路物流基地的铁路运输条件，开展以铁路干线、铁海联运为主的物流组织方式。通过国内的铁路干线运输组织，将全国特别是东部地区的工业零部件和原材料通过铁路运入宝鸡，再将宝鸡生产的工业品通过铁路运往全国各地。在打造零部件、原材料和

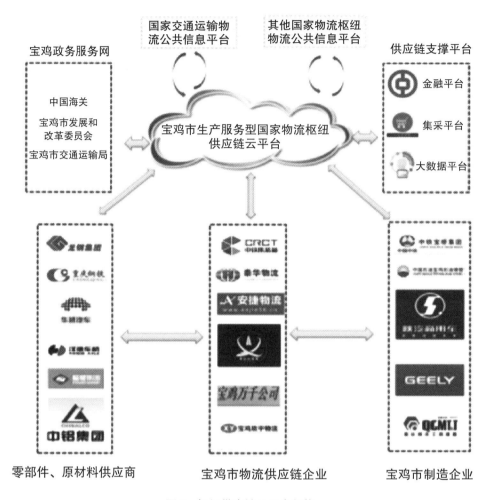

图5 枢纽供应链云平台架构

工业品的干线运输的同时，兼顾区域农产品、消费品等商品的进出口物流组织，实现工业物流与消费品、农产品干线物流网络的深度融合。

支线运输业务方面，枢纽的支线业务一方面依托干线运输业务构建的交通区位优势和物流市场环境，面向全区主要节点城市拓展区域分拨等物流服务；另一方面为干线运输业务提供配套服务，加强区域集散，支撑干线业务规模化运作，拓展辐射范围与通达深度，形成干线运输与支线运输业务相互支撑、一体联动的发展格局。枢纽的支线运输业务重点辐射关中平原城市群及周边地区，支线业务由阳平铁路物流基地和泰华物流中心共同承载，重点围绕铁路干线大运量业务开展零部件、原材料的区域分拨，反向开展工业品的集货，与干线运输业务实现联动发展。

仓配一体化业务方面，属于枢纽末端物流服务网络的核心业务。宝鸡及周边生产制造业物流服务具有小批量、多批次、时效性要求高等特点，同时还要求进行工位配送。依托阳平铁路物流基地和泰华物流中心各自优势，根据所服务的制造产业，依托泰华物流及入驻的各类第三方物流企业，在枢纽进行零部件和原材料的流通加工后再配送至制造业企业生产线。同时，阳平铁路物流基地还兼顾区域城市生活物流服务，依托铁路干线运输优势，将大量生活消费品集中运达枢纽后，借助城市绿色货运配送示范工程构建的配送网络，面向宝鸡市开展城市配送。

（五）大力发展供应链集成服务，提高枢纽产业凝聚力

在既有干线物流组织、支线区域分拨和生产制造业企业工位配送、国际物流等业务基础上为生产制造业企业提供供应链集成服务，是枢纽的核心业务，对于降低宝鸡生产制造业物流成本、提高物流运作效率，增强宝鸡市生产制造业区域乃至国际竞争力意义重大。

枢纽主要服务于宝鸡市主导产业，围绕全市汽车制造、石油装备、轨道装备、电力装备等制造产业建立的物流服务体系较为完善，其中汽车制造供应链服务、金属材料供应链服务规模较大，具有较强代表性，其经验正在被宝鸡市其他生产制造业供应链服务领域复制。

1. 发展汽车制造供应链集成服务

汽车制造是宝鸡市的支柱产业，2022年宝鸡汽车产量7.77万辆，产量约占全省的20%，产值占全省的30%以上。依托泰华物流中心，枢纽围绕宝鸡吉利汽车、陕汽等龙头整车企业，初步形成了以主机厂为核心的汽车制造供应链体系。其基本模式是依托泰华物流中心和阳平铁路物流基地的物流设施，引入汽车供应链物流企业，通过主机厂和物流服务企业对零部件的集采，各汽车零部件供应企业和经销商将零部件运输至枢纽内，然后根据主机厂的生产计划对零部件进行流通加工，并实时动态进行工位配送。生产的商品汽车再通过阳平铁路物流基地经铁路运往全国各地乃至出口。在汽车制造产业全过程的供应链组织中，通过枢纽供应链云平台，整合上游的零部件和原材料供应商、枢纽运营商、物流供应链服务商和主机厂，实现汽车制造产业供应链全过程的信息化、可视化。枢纽汽车制造业供应链服务体系如图6所示。

2. 发展金属原材料供应链集成服务

金属材料是装备制造业发展的基础原材料，宝鸡的汽车制造、轨道装备制造、石油和电力装备制造等主要制造业门类，均对大宗金属材料有较大需求，特别是对钢材、铝材、铜材的需求量较大，相关企业的共性需求较强，大部分金属材料均需要从外地运入。为此，枢纽主要发挥铁路干线运输优势，将钢材、铝材等金属材料从外地通过铁路运输至阳平铁路物流基地，并在枢纽内根据不同制造业企业的需求进行切割、裁剪等流通加工，根据生产制造业企业的生产进度配送至工位。为保障金属材料供应链全过程的高效、精准，将供应链上的各企业均接入枢纽供应链云平台。考虑到钢材等

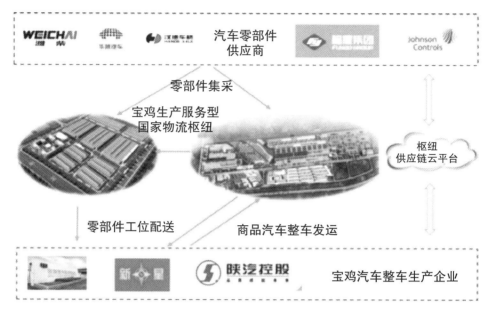

图6 枢纽汽车制造业供应链服务体系

金属原材料的标准化程度较高、价值量较大，在金属材料供应链运作过程中引入金融企业，开展仓单质押等供应链金融服务，从而解决全链条上下游企业资金占用大等问题。在金属原材料供应过程中，考虑到宝鸡及周边地区对建筑钢材需求较大，也将其供应链运作、流通加工和配送纳入了枢纽内。枢纽金属材料供应链服务体系如图7所示。

（六）加入物流枢纽联盟，推动枢纽间协同合作

通过主动加入国家物流枢纽联盟，与国内其他城市的国家物流枢纽开展业务协同，实现业务衔接、信息互联互通；通过功能分工和跨区域物流运作，提高枢纽物流集约化、规模化、网络化和信息化运作水平，加快枢纽融入并支撑国家物流枢纽网络。

一是与其他国家物流枢纽间业务协同。枢纽作为关中平原城市群重要的生产服务型国家物流枢纽，通过聚集区域物流资源，整合区域物流需求，实现物流的规模化运作，并通过干线物流通道与国内其他国家物流枢纽实现互联互通。以铁路干线为主，重点与成都、重庆、西安、郑州、武汉、贵阳等陆港型国家物流枢纽联动，将其他枢纽的金属材料等工业原材料、汽车及其他装备零部件通过铁路干线运输至枢纽，再将宝鸡生产的汽车、轨道装备等产品通过铁路干线运输至相关地区。在铁路干线物流组织中，枢纽间通过信息平台互联互通，开展零部件、原材料和宝鸡生产制造工业品的双向流动。以海铁联运多式联运组织方式为主，重点与连云港、天津、宁波、深圳、

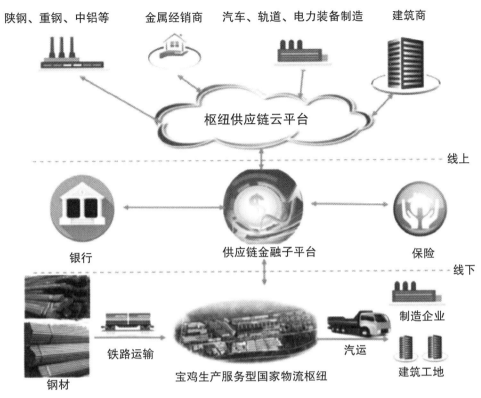

图7　枢纽金属材料供应链服务体系

北部湾等港口型国家物流枢纽联动，着力将关中平原城市群融入海上丝绸之路，通过海铁联运的方式，将长三角、珠三角地区的工业零部件运至宝鸡，再将宝鸡的工业品销往长三角地区和粤港澳大湾区，并通过连云港港、宁波港、深圳港、钦州港、北海港、防城港等港口海运至世界各地。在铁海联运物流组织过程中，枢纽与沿线国家物流枢纽信息平台进行互联，并整合海关、船公司等信息资源，实现海铁联运的无缝衔接。以国际铁路联运组织方式为主，重点与阿拉山口、二连浩特、满洲里陆上边境口岸型国家物流枢纽联动，将关中平原城市群融入丝绸之路经济带，向西辐射中西亚和欧洲，向北辐射中蒙俄经济走廊，主要将宝鸡及周边地区生产的石油装备、轨道装备销往中西亚和欧洲，返程主要进口矿产资源和农产品。在国际铁路联运物流组织过程中，枢纽与沿线国家物流枢纽信息平台进行互联，并整合海关、沿线国家铁路运输公司等信息资源，实现国际铁路联运的无缝衔接。

　　二是枢纽与其他物流节点设施之间的业务协同。完善枢纽与区域内其他物流节点设施之间的运行网络，重点加强与关中平原城市群其他城市的物流园区、物流中心、货运场站互联互通，加强与天水、平凉、庆阳、陇南、汉中等周边城市物流节点的业务联系，加强区域分拨、制造业企业工位配送等业务协同，实现"干支配"业务无缝衔接，为枢纽扩大干线物流组织规模提供支撑，拓展枢纽辐射范围与通达深度，为关中平原城市群制造业转型升级和高质量发展提供服务。

三、枢纽建设发展成效

（一）枢纽运营稳步向前，物流作业量显著提高

枢纽的建设加快了宝鸡港务新城、空港新城、综合保税区一体化发展和资源整合，多式联运系统高效运转，实现了以铁路干线为主的物流规模化组织，营造了各种运输方式有机衔接和高效服务组织的环境，全面提高了运输效率，降低了运输费用，有效缩短零部件、原材料和工业品运输中转作业时间 2 天左右，制造业物流成本、物流费用与制造业生产总值比率逐年下降。2021 年，阳平铁路物流基地铁路功能区完成物流作业量 13 万吨，公路功能区完成物流作业量 750 万吨，其中整车货运量为 500 万吨、零担配送货运量为 260 万吨；泰华物流中心完成物流作业量 45 万吨。两大片区合计完成物流作业量达到 808 万吨。2022 年，阳平铁路物流基地铁路功能区完成物流作业量 20 万吨，公路功能区完成物流作业量 965 万吨，其中整车货运量为 685 万吨、零担配送货运量为 280 万吨；泰华物流中心完成物流作业量 50 万吨。两大片区合计完成物流作业量达到 1035 万吨。

（二）生产制造业物流服务体系不断完善

枢纽已成为区域生产制造业物流基础设施核心载体，生产制造业物流服务资源得到有效整合，物流与生产制造业联动融合发展关系日益密切。重点加强以机床工具、汽车及零部件、军工电子信息、钛及钛合金、石油铁路电力装备、机器人关键零部件为代表的"宝鸡制造"供应链系统构建，发挥枢纽"干支配"服务网络功能，提供针对重点企业供应链全过程的精准物流解决方案。生产制造业企业得益于枢纽营造的专业化、网络化物流服务体系，剥离了过去从生产源头至配送环节的全程物流业务，干线运输、生产过程和产品销售端配送服务、仓储服务等物流服务全部实行外包。随着枢纽生产制造业物流服务体系不断完善，生产制造业企业产品国际国内供应能力提升，生产制造业生产组织方式和物流运作模式进一步转型升级，制造业与物流业实现协同降本增效，宝鸡制造业产业链延伸和价值链提升效果明显，既有产业产值大幅提升。

（三）生产制造业核心竞争力日益增强

枢纽的建设加快了生产制造业与物流服务业的深度融合，生产制造业直接享受良好的专业物流供应链服务，剥离了低效和分散的物流业务，专注于核心研发和制造环节，创新企业的运作模式，打造产业高质量发展新生态，产品核心竞争力日益增强，

产值逐年上升，主要工业产品科技含量达到国际先进水平，现代工业体系基本建成，融入全球产业链、价值链动能强劲。

（四）枢纽地位有效提升

"通道＋枢纽＋网络"现代物流运行体系逐步健全，各种物流供给和需求要素通过枢纽聚集，枢纽地位得到提升。宝鸡区域物流产业高度聚集与规模化发展，区域物流发展的组织力、影响力增强，枢纽物流作业量大幅提升。中欧、中亚、东南亚国际货运班列常态化运行，宝鸡国际贸易初步形成规模。

四、发展方向与未来展望

依托枢纽营造的良好物流供应链环境，加快聚集区域要素资源，促进宝鸡制造业聚集和转型发展，带动枢纽相关的金融业态加快聚集，将枢纽发展成为区域要素聚集平台、物流供应链服务平台、产业聚集发展平台，将枢纽打造成有区域影响力的枢纽经济区。

（一）总体思路

以阳平铁路物流基地和泰华物流中心为核心载体，利用枢纽的设施条件和业务基础，快速打造高效率、低成本的服务国内、畅联"一带一路"的国际物流服务网络，形成枢纽经济发展核心圈。同时，吸引各类生产要素在枢纽周边聚集，形成枢纽经济要素聚集圈，并通过要素整合和要素的优化配置，为相关产业的聚集发展提供支撑，形成与枢纽具有紧密关系的枢纽经济关联产业发展圈。枢纽经济物流核心圈、枢纽经济要素聚集圈和枢纽经济关联产业发展圈共同构成了依托枢纽的枢纽经济发展生态圈，如图8所示。

1. 枢纽经济物流核心圈

该圈层是宝鸡市依托生产服务型国家物流枢纽发展枢纽经济的核心圈层，主要依托阳平铁路物流基地和泰华物流中心，以服务周边汽车制造业、机器人制造、轨道装备、石油装备为核心，为其零部件、原材料和产成品提供从采购交易到仓储、流通加工、分拨和工位配送的全过程供应链物流服务，并在此基础上构建服务于关中平原城市群的制造业供应链物流服务系统，形成枢纽经济发展的物流核心圈。

2. 枢纽经济要素聚集圈

枢纽经济发展重点是加快宝鸡制造业有关的生产要素聚集，以支撑宝鸡市既有生产制造业的产业链延伸，加快增量制造业的聚集和规模扩张。主要包括钛及钛合金、钢材、铝、铜等各类金属材料，汽车及装备制造业的零部件、标准件等原材料要素规模在枢纽集聚，同时吸引包括市场、技术研发、资金等关联要素的聚集，共同构成枢

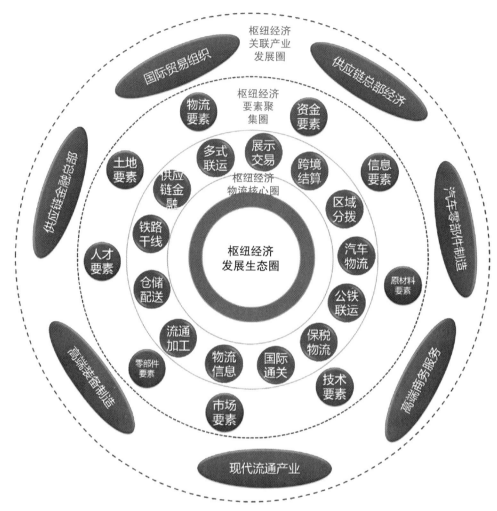

图 8　枢纽经济发展圈层示意

纽经济发展的要素聚集圈。

3. 枢纽经济关联产业发展圈

依托枢纽的物流产业和周边区域的制造业扩张，将产生大量增量关联需求，主要包括金融服务、商务服务、采购服务等，依托枢纽周边丰富的土地资源，将为金融企业，法律、咨询、信息服务等商务服务企业，以及贸易企业聚集发展创造良好的条件，并促进商务服务、总部经济等关联产业快速形成规模，实现物流、制造业等枢纽核心产业联动发展，共同形成枢纽经济区。

（二）实施路径

枢纽将重点加快物流供应链环境的营造，通过物流成本和效率优势吸引生产制造业要素的聚集，在要素聚集的基础上促进宝鸡市生产制造产业链延伸、培育聚集增量制造产业，并带动关联产业发展，实现枢纽经济扩张发展和枢纽经济区建设。枢纽经济发展路径如图9所示。

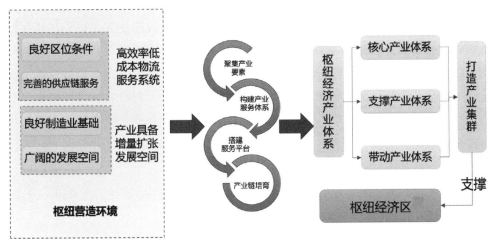

图9　枢纽经济的发展路径

1. 加快依托枢纽物流供应链环境营造

以枢纽既有基础设施和物流业务为依托，加快对宝鸡市中心城区小型仓储设施、物流中心、货场进行整合，推动铁路口岸、保税等短板基础设施建设，尽快搭建功能完善的枢纽供应链云平台，为枢纽经济发展营造良好的物流环境。进一步加快枢纽周边土地的收储，完善周边区域的市政基础配套设施建设，为制造业和关联配套服务产业在周边规模扩张提供土地保障。通过物流供应链服务生态的构建，为相关要素的聚集形成成本比较竞争优势，并带动宝鸡市铁路货运量和物流业增加值未来十年快速增长。

2. 依托枢纽聚集各类要素

依托枢纽营造的物流环境聚集产业发展要素是宝鸡发展枢纽经济的关键所在。首先，围绕枢纽重点服务的生产制造业，加快原材料和零部件等的集聚，为宝鸡制造业规模扩张和高质量发展提供原材料保障，如针对金属材料供应，整合宝鸡市中心城区依托铁路专用线的钢材市场等资源，打造宝鸡最大的金属材料物流、流通加工、交易和配送基地。其次，在土地要素方面，以阳平铁路物流基地为中心，通过整合原有位于中心城区的物流功能，在阳平铁路物流基地、泰华物流中心周边预留了数千亩的产业发展用地，可为枢纽产业集聚提供发展空间。最后，围绕供应链金融、供应链云平台的建设和运营，吸引区域乃至全国专业金融机构、信息技术服务企业在周边聚集，为枢纽配套产业发展提供保障。

3. 打造宝鸡枢纽经济区

枢纽供应链环境的打造和要素的聚集，将促进枢纽周边的产业加快聚集，有利于打造具有区域竞争力的产业集群。首先，利用枢纽为宝鸡市既有生产制造业提供供应链服务所具有的原材料、零部件要素，加快相关零部件和原材料生产制造业企业在枢纽周边聚集，促进宝鸡既有制造业的扩张和产业链的延伸。其次，利用枢纽所营造的高效率、低成本物流环境，选择具有成本比较优势、产业规模扩张价值的增量生产制造业，并在枢纽周边利用广阔的土地资源进行规模聚集，实现宝鸡制造业二次高质量扩张发展。最后，在枢纽物流供应链服务、既有制造业和增量制造业聚集基础上，加快金融、信息、商务、国际贸易等配套服务产业的集中布局和扩张，进而形成物流供应链牵引下，制造业和配套服务业同步扩张的发展局面，有利于打造具有宝鸡深厚制造业底蕴的枢纽经济区，成为宝鸡经济新一轮高质量发展的动力引擎。

（撰稿人：郝斌、唐军科、赵丽丽、谢建国、孙光远）

第五章

商贸服务型国家物流枢纽

天津商贸服务型国家物流枢纽

枢纽协同联动　产业融合创新　构建商贸服务
与现代物流深度融合生态圈

天津市是北方最大的沿海开放城市，也是北方的经济中心城市，2022 年 GDP 达到 1.63 万亿元，全国排名第十一，货运量达到 53963 万吨，有良好的物流需求基础，在环渤海经济圈中的地位十分重要。天津滨海新区具有海港、空港优势，是京津冀地区进出口贸易高地。"津城""滨城"双城联动发展，有助于天津市围绕国际消费中心城市、区域商贸中心城市"双中心"建设，统筹用好国内国际两个市场、两种资源，培育天津经验，打造天津商贸模式。天津商贸服务型国家物流枢纽（以下简称"枢纽"）位于滨海新区核心区，由天津滨海中储综合物流园、中储天津新港物流基地两个片区组成。主要围绕进口冻品、水果等物资的商贸流通，提供多式联运及大宗商品供应链集成服务，打造商贸产业链增值服务中心和智慧干支仓配集成中心，充分发挥仓储、集散、交易、铁路干线运输、区域分拨和配送、多式联运换装转运、国际物流服务等商贸服务型国家物流枢纽功能。

一、枢纽概况

（一）区位交通

1. 枢纽位置

枢纽地处天津港口型国家物流枢纽和空港型国家物流枢纽之间，高速公路网络四通八达，铁路网络联通便捷。公路、铁路可直接联通上述两个物流枢纽，具有与国家综合运输大通道及国家物流枢纽衔接的先天优势，枢纽具有全国性、区域性的集聚辐射能力。

天津滨海中储综合物流园位于天津滨海新区港城大道与西中环交口，南靠铁路北塘西站，占地面积约 1.05 平方千米，距离大津市中心城区 34 千米，距天津港码头约 15 千米，距滨海国际机场约 30 千米，距北京市中心 150 千米。天津滨海中储综合物流园到京津高速出入口 1 千米，到长深高速出入口 4 千米。枢纽周边有京津塘高速、唐津高速、杨北公路、京津塘高速二线和京山铁路等主要公路和铁路，对外交通快速便捷，适宜大运量交通通行，与北塘西站接轨的铁路专用线已完成接轨报告的编制，铁路专用线的连接将会为枢纽锦上添花，实现公铁海空无缝衔接。

中储天津新港物流基地位于天津港港区内，占地面积约 0.21 平方千米，拥有一条 1.6 千米的铁路专用线，同时毗邻津滨、京津、京津塘等高速公路，交通条件优越，区位优势明显。

2. 内部交通

枢纽片区之间由"四横四纵"主干路网衔接，如图 1 所示，横行道路为港城大道、京津高速、第九大道及四号路，纵向道路为西中环快速、河北路、南海路和滨海大道，内部交通便利。天津滨海中储综合物流园和中储天津新港物流基地两个片区通过公路、铁路均可连接，空间距离 15 千米。

图 1　物流枢纽内部交通

（二）空间布局

天津滨海中储综合物流园整体规划为六大功能区，分别是国际农产品展销中心、冷链仓配中心、保税物流中心、中央厨房仓配中心、智能仓配中心和智慧金融数据中心，如图 2 所示。天津滨海中储综合物流园主要由商贸服务型公共仓储设施、商贸物流互补功能设施和公路区域分拨配送设施构成，这是商贸物流服务的核心所在，通过农产品交易展示中心、物流仓库、物流配送设施等载体建设运用，实现商贸物资的快速交易和集散。

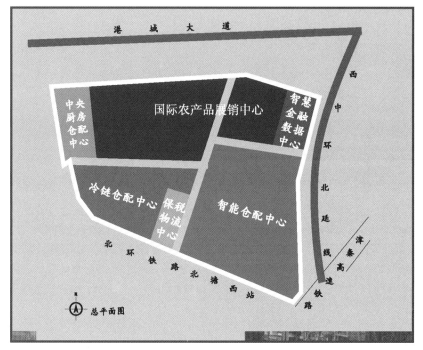

图 2　天津滨海中储综合物流园功能区布局

中储天津新港物流基地整体规划为五大功能区，分别是零担物流作业区、仓储配送中心、车辆服务中心、综合配套和多式联运中心，如图 3 所示。中储天津新港物流基地主要由铁路干线运输组织场站和联运转运设施构成，对接天津海港、空港集疏运网络，实现多式联运有机衔接，为天津港腹地及辐射区域提供集装箱换装和集散功能。

（三）运营主体

枢纽内两个片区的运营主体分别为天津滨海中储物流有限公司和中储发展股份有限公司天津新港分公司，二者形成紧密的联盟合作关系，并签署企业联盟合作框架协议，明确天津滨海中储物流有限公司作为牵头主体企业，负责枢纽运行的数据监测、提报等相关工作。

（四）建设模式

枢纽开发建设采用"政府引导、企业实施"的模式，政府提供相应的政策支持和

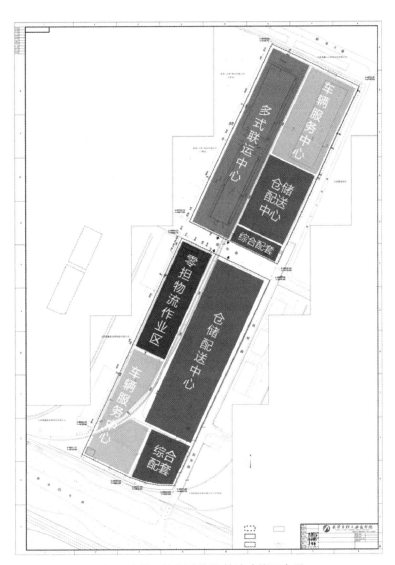

图3　中储天津新港物流基地功能区布局

公共服务保障，企业负责枢纽建设和项目运营。

1. 企业建设实施

天津滨海中储物流有限公司和中储发展股份有限公司天津新港分公司是枢纽的建设主体，分别负责天津滨海中储综合物流园和中储天津新港物流基地的建设实施。

2. 政府引导支持

天津滨海中储综合物流园已纳入《天津市物流业空间布局规划（2017—2035年）》，是天津市2021年重点建设项目。天津市人民政府在土地利用、空间规划等方面为枢纽建设提供支持，宏观把控和引导商贸物流发展，并且负责枢纽周边市政道路项目建设，提供枢纽对外集疏交通支撑，全力推动产业招商引资工作，促进枢纽经济发展。

滨海新区人民政府发挥政府"有形之手"的能动作用，在土地、财税、审批、通行、招商、配套等方面为枢纽建设提供支持。

（五）服务对象

枢纽服务对象主要包括具有仓储配送综合服务能力的物流企业和贸易分销商、大中型内外贸企业、大型商贸流通企业、工业企业、进出口企业与零售批发商、核心供应链企业、电商平台等，业务范围涵盖东北、西北、华北地区大型商贸企业和工业企业，相关贸易经销商和物流服务供应商、加工企业以及上下游产业链企业，以及提供商贸交易的郑州商品交易所、上海证券交易所等交易中心和平台。

（六）基础设施

天津滨海中储综合物流园目前一期已建设完毕，占地面积约 18.4 万平方米，建筑面积 10.1 万平方米，包括 6 个单层物流仓库、1 栋四层综合楼、2 个设备用房和门卫。

中储天津新港物流基地分为南北 2 个地块，围绕 1600 米长铁路线新建成了 2.8 万平方米的 3 栋高品质仓库和附属设施，匹配原有仓库后总仓储面积达到 5.3 万平方米，整个基地内总建筑面积达到 6 万平方米，设施包括铁路专用线、物流仓库、分拣车间、配套用房及多式联运专用集装箱正面吊、堆高机、监控系统等。

二、主要做法与特色经验

（一）业态与交易模式创新

1. 与天津港形成"港口＋临港大市场"模式

枢纽针对进口水果商贸与天津港合作形成"港口＋临港大市场"模式。在进口水果市场领域，国内目前辐射"三北"地区的批发市场中 80% 的进口水果选择在广州港或者上海港报关。进口水果要通过长距离、高成本的公路运输从广州和上海倒运，进口水果和冻品商贸物流存在明显自南向北空间梯度转移特征，向天津港转移的趋势已初步显现，天津港将是下一个进口水果承载大港。根据以往实践经验，一般港口后方 100 千米以内均能形成与港口相配套的果品批发市场，港口与市场产生有效协同效应，"港口＋大型批发市场"的流通格局成为进口果品贸易主流模式。同时，冻品南北差异更为明显，冻品的主要消费地在北方，因此天津港后方需要培育和形成强大的临港市场。

枢纽距天津港口码头前沿 5～15 千米，既具有极佳的市场空间区位，又具有与天津港形成"天津港＋临港大市场"的天然优势。枢纽集中转市场、产地市场和销地市场于一体，直接辐射天津市所有农贸市场，物流成本大大降低，其中京津冀地区陆运成本可降低90%左右；运往东北、西北地区的进口果品，无须经过二次中转，通过铁路即可整车直达，近距离的市场可以通过公路整车直达，将现在的"公转公"变成"公转铁"和"公路直达"模式，可以大大降低物流成本，提高物流效率。

2. 实行"传统市场+大仓市场"的人货分离交易新模式

枢纽结合主要货品特点，充分利用区位优势，探索具有创新性的"传统市场+大仓市场"交易新模式，打造"人货分离"商贸交易形式，并在滨海新区形成进口果品、冻品、农产品的价格形成中心与交易中心。

由于天津市目前缺乏大型农产品交易市场，枢纽在充分尊重传统市场交易现状的基础上，保留部分传统交易市场模式；同时在传统市场周围建设大仓交易市场（如图4所示），引入大型果品贸易商、冻品品牌商，以SKU（最小存货单位）高度集中的标准化产品为抓手，逐步实行统一结算、统一收银、统一提货、统一配送。

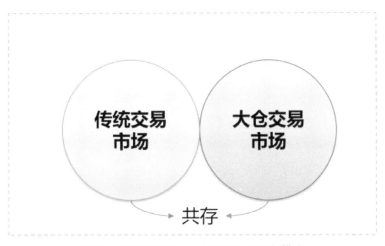

图4 "传统市场+大仓市场"交易新模式

产品高度标准化与精细化是引入大仓交易模式最重要的前提，枢纽抓住主要服务货类冻品具有的标品属性、进口果品分级精细化程度高、粮油实现品牌化的三大特征，充分展开代理、拍卖交易、标品金融"人货分离"交易形式。通过"传统市场+大仓市场""人货分离"交易模式创新，对货品提供分类、分级等精细化服务，完善服务内容，进一步为我国果品、冻品、农产品精细化分级研究提供支撑。

3. 开展期货交割延伸物流服务功能

中储天津新港物流基地片区充分发挥仓储和联运的优势，探索铁合金期货交割延伸物流服务模式。目前中储天津新港物流基地以2万余平方米的仓储资源和适合铁合金装卸加工的物流设施为依托，整合了天津港周边的陆运、水运等社会运力资源，打通了天津市、河北省配送和东南沿海水运通道，为合金厂和贸易商提供入库收货、检重、交割仓库、物流加工、租船订舱、海陆联运、拆箱到门等服务，形成了完整的供应链物流口岸服务平台。目前，中储天津新港物流基地已成为郑州商品交易所硅铁合金和锰硅合金的期货交割仓库。另外，引入金融服务商和大型商贸企业，为铁合金生产和贸易企业提供期货交割和现货融资等金融服务，形成具有期现结合、港口集散和区域分拨配送能力的铁合金供应链一体化服务平台。同时，基地正在探索将铁合金品种在中储"货兑宝"电子商务平台上线，依托"区块链＋物联网＋人工智能"技术为客户提供高效、安全的线上金融服务。

（二）进口贸易"一站式"服务

枢纽建立国际国内贸易物流服务通道，提高四大品类的国际通关效率，在枢纽内实现仓储、批发、加工、检疫、清关等从加工处理到报关进出口全流程"一站式"服务，成为快速向国内外提供新鲜产品的现代化高效集散地。深化与航运企业、航空企业、国际货代企业合作，形成进口"船边直提"、出口"抵港直装"的服务模式；推进进口果品、冻品"绿色通道"建设，在枢纽内完成报关、查验、仓储、展示、交易、融资、物流等内外贸一体化业务，大大提高通关效率。

（三）干支仓配服务

以枢纽为核心，打造"通道＋枢纽＋网络"的运输与物流组织模式，构建联通国际国内重要经济区的物流网络，通过天津港海铁联运、公铁换装等运输方式的技术经济优势，实现物流市场需求在空间、时效、成本等维度的精准匹配。不断强化与国内主要货运市场与枢纽间的干线运输业务合作并实现落地配送。

1. 构建国际立体干线网络

枢纽依托紧邻海港、空港以及自身铁路专用线优势，发展多式联运跨境交通走廊，构筑"海陆空"一体化双向对流国际运输通道和网络。干线运输可通达世界主要枢纽国家。

2. 实现国内"三层"干支配业务

枢纽干支配业务的国内覆盖区域以"三北"地区及山东省北部地区为主，服务人口约占全国总人口的30%。运输通道主要依托铁路运输、航空运输、公路运输实现通达全国主要物流枢纽的干线运输；依托公路路网实现支线运输及城市配送业务。

辐射全国的干线业务。枢纽铁路专用线可接轨至枢纽的集疏港货运环线及北塘西站，实现与全国铁路网的衔接，连通河北、山东、山西、哈尔滨、内蒙古、新疆等省（自治区、直辖市）的铁路枢纽。公路运输方面，可辐射华北、华东、华中等国内全部高速公路交通网络。依托空港，可实现与深圳、广州、杭州、南京、南通、无锡、临沂等城市通航。加强国内业务货源组织，提升枢纽货源集聚能力。

辐射环渤海经济圈的支线业务。枢纽充分发挥天津市在京津冀地区的门户优势，大力发展环渤海内支线运输业务，主要辐射地为北京全域、河北大部分地区、山东济南以北的环渤海经济圈，服务京津冀地区商贸物流一体化，形成高密度商贸物流资源聚集区。

以天津市为主的城市配送业务。城市配送方面，枢纽根据商品品类、周转周期等的不同，依托公路网络分类整合配送需求，构建以天津市为主的分拨配送网络，提高末端配送效率、降低"最后一公里"城市物流成本。冷链配送方面，股东方（天津食品集团有限公司、中储发展股份有限公司及普洛斯）可实现冷链与农产品在生产、加工、流通的基础设施、生产能力、设计研发等方面的资源共享，实现冷链流通组织优化，推动冷链物流服务由基础服务向增值服务延伸。同时，枢纽积极发展冷链甩挂运输、多温共配、"生鲜电商＋冷链宅配"、"中央厨房＋食材冷链配送"等冷链配送业务。

3. 智慧仓储服务保障货品安全

枢纽依托现有仓储设施，开展智慧基础仓储和智慧冷链业务。除常温存储外，枢纽内部仓库还分为多温区、变温区，以满足不同品类存储环境需求。枢纽提供智能设施体系及全封闭环境，可实现全网络温控及果品虫控，为客户提供 7×24 小时全天候服务。同时引入 5S 统一标准、FIFO/FEFO（先进先出/先到期先出标准）等，实现库存及效期管理等服务。此外，枢纽仓储服务同样提供仓内相关增值服务，包括贴标、喷码、越库作业换箱换托等。针对冻品特点及防疫要求，做好货品的消杀及核酸检测等服务，充分保障货品安全。

（四）多式联运提供特色产品服务

枢纽作为连接空港、海港的纽带，实现"空铁水公"多式联运综合交通枢纽功能。

枢纽具有良好的多式联运存量资源及位置优势。枢纽内中储天津新港物流基地拥有两条南北向布置的整列装卸线，全长约 1.6 千米，运营能力可达到 8 万标箱。铁路专用线可接轨至附近距离 2.5 千米的北京局集团有限公司南仓站新港编组车间，连通津山、京沪、京九、丰沙大、京哈、京承、京通、大秦等国家铁路干线，实现与全国铁路网的衔接，对接天津开行的各条中欧、中蒙班列线路，是天津港港区重要的大型铁路场站。同时距天津港各码头岸线和高速公路距离较近，拥有公铁、铁水联运的优势。

中储天津新港物流基地具有丰富的多式联运业务经验，可以发挥资源、设备、功能集中度高的比较优势，已成为联通西北和华东、华南快速通道的枢纽组织，做到客户全程服务，实现一单到底的模式创新，整合了公路、海运、铁路和相关节点的物流服务商，进一步完善了多式联运服务项目。多式联运一方面缩短了货物在港口停留的时间，提高了物流效率，减少了货物流通中的损耗；另一方面为生产企业和商贸企业节约了物流成本，提升了企业竞争力。

1. 塑化产品多式联运业务

中储天津新港物流基地逐渐演化成塑化品的天津口岸集散中心和中转枢纽。塑化产品主要生产地为西北地区，目前主要通过铁路方式运输到（京局）新港站中储天津新港物流基地铁路专用线，然后通过人工、机力等方式装入集装箱（如图5所示），再短途运输至码头，通过集装箱海运的方式运往华南及华东地区福建省等地，最后以集装箱短途配送的方式送货至终端客户。从组织铁路接卸开始，枢纽提供入库、仓储、包装管理、出库、陆运区域配送、装箱、沿海集装箱水运及目的地到门等服务，可满足上下游客户的综合物流服务需求。

图5　塑化品到站后入库

2. 蒙煤空重集装箱班列多式联运

枢纽提供蒙煤空重集装箱班列多式联运服务。蒙煤通过"铁路＋短途汽运空箱"至煤场装箱后，经铁路运输至中储天津新港物流基地。蒙煤下线集港现场如图6所示。蒙煤下线集港后运至浙江、福建、广东等地区。海运集装箱到达目的港后，汽运短倒至指定煤场进行拆箱，最后以散货的方式送货至终端客户。

3. 尝试多式联运"散改集"

考虑到西北地区的煤化工产品向南方消费地区调运的特点，中储天津新港物流基

图 6　蒙煤下线集港现场

地发挥资源、设备、功能集中度高的比较优势，按客户销售和物流计划，依托自身 CY（集装箱堆场）功能优势，提前备箱（如图 7 所示），以箱等货，在铁路专用线装卸区采取车皮、集装箱直接对接的转换方式，装载重箱直接集港，优化进出库环节，以提高效率、降低成本。同时协调船公司共同推进使用"散改集"和整箱铁海联运模式，将船公司空箱资源整合至西北生产企业地区，在货源地完成装箱并以全流程集装箱形态完成铁路运输、港口接卸、集港水运的多式联运服务，提高物流响应速度，降低中途装卸的物资损耗和仓储成本。目前，中储天津新港物流基地成为联通西北和华东华南快速通道的枢纽组织，组织方式为铁水联运，而且整箱联运的份额逐年升高。2022年 PVC（聚氯乙烯）海铁联运业务量 30.5 万吨，其中"散改集"业务量约 15.7 万吨、集装箱整箱联运量约 14.8 万吨。

（五）强化枢纽间协同发展

1. 加强与国际物流枢纽的联系

枢纽充分利用天津市作为中蒙俄经济走廊东部起点、新亚欧大陆桥经济走廊重要节点等区位优势，以及毗邻天津海港作为中国北方最大、功能最完善的对外贸易口岸及世界级枢纽港的地理优势，积极对外连接东北亚、太平洋国家和地区，对内辐射"三北"腹地。完善枢纽分拨网络建设，提升中转集散能力。加强与"一带一路"沿线国家物流枢纽联系，快速布局中蒙俄国际班列运营，提高枢纽国际货运规模化组织水平。加强货源组织，提高铁路运输的稳定性和准时性。加强与日本、韩国等国家的物流枢纽的合作，积极与北美洲、欧洲等地的重要枢纽建立双边友好合作关系。

图7 提前备箱

2. 开展与腹地国家物流枢纽的业务联动

枢纽主动加入国家物流枢纽联盟，依托天津空港型、海港型国家物流枢纽与国内其他城市的国家物流枢纽开展业务联动，实现业务协同、信息互联对接、设施共建。通过枢纽内部功能分工和跨区域物流运作，提高枢纽物流集约化、规模化、网络化、信息化运作水平，加快枢纽融入并支撑国家物流枢纽网络。

依托铁路和高速公路网络，增加枢纽与腹地国家物流枢纽在物流、信息和服务方面的协同，提升对内陆地区的辐射带动作用，将商贸服务功能向华北、西北等腹地延伸；加快内陆物流网络转型升级，完善枢纽物流信息化服务功能，为腹地物流各参与方提供"一站式"的物流服务；加强与腹地国家物流枢纽"点到点"的联通，建设绿色冻品、果品、农产品供应链。

3. 加强与京津冀地区国家物流枢纽合作

在枢纽两大片区陆路2小时城市群内选取物流集散地和高新技术产业集聚区，加大对京津冀区域级流通节点城市的集货。探索构建京津冀内部国家物流枢纽间多式联运转运、装卸场站等物流设施标准，加强物流票证单据、服务标准协调对接，实现京津冀区域国家物流枢纽间的协同。在京津冀地区布局营销网络，积极配合推动货运信息资源和联运网络共享，依托枢纽功能优势服务雄安新区建设。推动环渤海内干线与节点端支线运输的统筹衔接，开通天津至北京、张家口、秦皇岛、唐山、山东、上海等地的定期环渤海内支线。

空港进口合作方面，北京大兴国际机场主要进行以医药产品为代表的货物进口，枢纽则依托天津滨海国际机场主要开展果品、冻品进口业务。两者之间形成错位发展、合作共生的关系，有利于京津冀地区整体物流业和谐共生、全面发展。

4. 与市内国家物流枢纽形成竞合共赢局面

枢纽充分利用空间优势，与天津空港型、港口型国家物流枢纽展开合作，统筹运行。天津空港型国家物流枢纽主要进口高端果品、冻品，天津港口型国家物流枢纽主要进口中低端果品、冻品及农产品，而国家物流枢纽主要为二者提供中转服务及展销市场。天津空港型、港口型枢纽主要提供货物进出口通道，而枢纽则主要围绕交易和市场提供加工型、供应链型等面向下游的增值服务。三大枢纽错位分工，合作发展。

枢纽间形成反哺关系。枢纽通过与天津港口型国家物流枢纽联动，将报关、保税等功能后移，枢纽内可"一站式"完成通关、检疫、批发、加工、清关全流程。该模式同样可应用于与天津空港型国家物流枢纽的联动，为其进一步扩大规模、提升效益提供有力支持。最终通过协同联动实现货量拓展、互促发展，提升天津口岸整体的通关速度，降低整体通关成本，打造天津市港口型、空港型、商贸服务型国家物流枢纽竞合共赢的发展局面。

5. 枢纽内部分工协同运行

枢纽包含两个片区。业务方面，天津滨海中储综合物流园主要侧重于冷链仓储、增值服务、商贸流通、供应链金融等功能，中储天津新港物流基地则主要侧重于提供基础仓储、多式联运服务。天津滨海中储综合物流园主要进行大宗物流组织，整列货物的发运则可通过铁路专用线运至中储天津新港物流基地进行统一发车，从而形成两大片区业务分工、整体协同的运行模式。

三、枢纽建设发展成效

枢纽以打造"天津最大最先进，辐射华北、东北、西北地区，基于冷链的大宗农产品供应链服务平台"及建设智慧化"多式联运＋通用集散型多功能物流枢纽"为总体战略目标，建设运作高效、产品安全、业态先进、交通便捷、信息流畅的现代化国家物流枢纽和冷链物流基地，进一步完善京津冀地区物流体系，有效促进区域经济社会高质量协同发展，更好地满足人民群众对美好生活的需要。

（一）枢纽基础设施逐步完善

枢纽计划总投资 28 亿元，目前已完成投资 14.6 亿元。其中天津滨海中储综合物流园占地约 105.3 万平方米，规划总建筑面积约 70.6 万平方米，目前一期约 10.1 万平方米的物流设施已经建设完毕，并投入运营。中储天津新港物流基地已完成整体建设，全部投入运营。

（二）枢纽业务规模稳定

2022 年，枢纽完成货物吞吐量 407 万吨、运输量 278 万吨、货运代理量 55 万吨。

其中集装箱吞吐量完成 25 万标箱，库房吞吐量完成 174 万吨，园区铁路装卸车完成 24858 车次，堆场散货的吞吐量完成 27 万吨，堆场拆装箱量完成 6 万标箱。

（三）枢纽服务能力提升

枢纽业务上已经开行了具有探索和示范意义的多式联运线路，进一步提升了"公铁空"一体化运输组织和服务能力。打造了"公铁空"多式联运示范线路，提升了铁路"门到门"、一体化运输组织和服务能力，初步建成了具有代表性的公铁空联运示范工程，对国家多式联运发展起到了助推作用。

（四）枢纽集聚效应显著

枢纽将建设以布局集中、用地节约、产业集聚、功能集成、经营集约为特征的现代物流产业组织中心，提高物流运作的规模效益。截至 2022 年年底，枢纽服务客户数量超过 356 家，其中业务规模在 50 万元以上的有 82 家；枢纽 2022 年从业人员达到 475 人；上缴税金 620 万元。塑料化工产品线通过引入石油、中石油等大型化工生产企业，聚集了 30 多家塑料化工销售企业，通过"货兑宝"平台完成物流交易。通过与郑州商品交易所的深度合作，铁合金产品线的期现货仓储业务保持稳步增长态势，月均吞吐量近 3 万吨，峰值达 8.5 万吨，2022 年全年吞吐量超过 80 万吨。

（五）初步形成立体高效物流网络，优化区域物流布局结构

枢纽借助公路网、铁路网条件，依托临空、临港区位优势，打通与天津市区、天津空港型国家物流枢纽、天津港口型国家物流枢纽、京津冀地区的综合物流枢纽间的链接。全面搭建陆上商贸物流合作平台，构筑"海空"商贸物流合作通道，初步形成多点支持的"海陆空"一体化现代商贸物流服务网络框架，促使以天津滨海新区为核心的商贸物流产业组织功能大幅提升。

（六）更好地满足人民群众对美好生活的需要

推动枢纽建设，本质上是为了满足人民对美好生活的需要。枢纽建设牢牢把握物流未来的发展趋势，通过物流信息平台建设和国家物流枢纽间的协同，结合天津国际消费中心城市建设需求，强化开展干支仓配业务、发展冷链物流等举措，让物流"跑得快、跑得省、跑得好"，主动服务于消费升级、民生改善、生态保护等需求，不断提升人民群众获得感、幸福感。

四、发展方向与未来展望

《天津市促进内外贸一体化发展若干措施》《天津市建设区域商贸中心城市行动方

案（2022—2025）》中明确提出："十四五"期间，天津市要建设成为国际消费中心城市和区域商贸中心城市，到"十四五"期末，天津商贸能级跃迁上新台阶，商贸集聚、集散配置、辐射服务和创新引领功能全面增强，打造成具有较强影响力和辐射力的全球贸易枢纽、商品流通集散地、商贸创新策源地和区域商贸服务中心。

枢纽是国内大循环和国内国际双循环的重要基础和纽带，能够同时承载大规模进出口贸易，有效衔接国内国际两个市场，以构建高效跨境物流体系，对天津国际消费中心城市建设提供平台支撑。

（一）发展方向

1. 加快推进枢纽核心项目的建设

枢纽内天津滨海中储综合物流园一期已建设完成，后期将加大二至四期的建设力度，建设多式联运区、冷链仓配中心、国际农产品展销中心、中央厨房仓配中心、智慧仓配中心及综合服务中心，完善枢纽基本功能和设施。

2. 借助各股东方优势，推进"四网"协同运行

枢纽借助各股东方优势，在国内国际形成分布广泛的四张基础商贸物流网络和较为完善的业务体系，具备良好的商贸物流服务基础，其中"四网"（普通仓网、冷链网、商贸网、全球网）协同运行能够为枢纽运营主体培育提供有力支撑。

3. 横纵一体化业务开拓

枢纽围绕"以货带商""以商带商"的核心思路，依托临港临空优势，从需求端出发，以市场需求度最高的冷链仓储为抓手，在硬件和服务两个方面突出竞争优势，形成具有市场基础的货流、商流。起步期以冻品为切入点，通过疏通货物进口全流程和市场化运营手段，分步推动进口水果、粮油等业态落地，打造可复制的横向一体化商业模式；发展期促进冻品、果品、农产品流通端向生产端和销售端不断延伸，打造纵向一体化供应链服务。随着服务的不断升级，枢纽将逐步实现从场地服务到供应链服务，再到供应链金融等各项业务的不断延展。

4. 三大枢纽协同联动，形成轴向产业经济带，创造国家物流枢纽集群经济发展新模式

枢纽与天津空港型、港口型国家物流枢纽逐步建立空间与业务联系，逐步形成三大国家物流枢纽空间集约化布局与强大的协同联动关系，创造国家物流枢纽集群经济发展新模式。根据经济发展规律，结合枢纽布局的独特优势，沿着"要素集聚—枢纽产业生态—枢纽网络经济集群"的递进模式发展培育枢纽经济。枢纽与天津空港型、港口型国家物流枢纽间将形成轴向产业经济带，枢纽经济连片发展，多元化产业链、供应链、价值链在该区域密集交织，区域经济将呈现强劲动力，并成为带动区域经济发展的新龙头。

5. 打造商贸服务业与物流业深度融合、互促共进的良好生态圈

深入优化北方冻品国际交易平台、北方进口水果中转集散平台、大宗粮油进出口加工集散平台功能体系，与商贸服务产业链上各类企业形成利益一致的合作共同体。天津市最大的临港进口农产品商贸集散地初步成形，有利于枢纽打造商贸服务业与物流业深度融合、互促共进的良好生态圈。

（二）未来展望

到"十四五"期末，枢纽将打造成商贸集聚、创新引领功能全面，且具有较强影响力和辐射力的全球贸易枢纽、商品流通集散地、商贸创新策源地和区域商贸服务中心，助力天津市基本建成立足天津、服务京津冀、辐射"三北"、联通国内外的区域商贸物流中心。

（撰稿人：刘文勇、王炜阳、马治、郑雪梅、吕强）

泉州商贸服务型国家物流枢纽

千亿级产业集群支撑物流枢纽发展
新时代"晋江经验"推动贸易强国建设

　　泉州市地处中国华东地区，北承福州市、莆田市，南接厦门市，东望台湾岛，是古代海上丝绸之路的起点城市和宋代、元代时期世界的海洋商贸中心，是海峡两岸交流合作先行区，是国家级服务型制造示范城市、电子商务示范城市、跨境电子商务综合试验区、市场采购贸易方式试点城市和快递示范城市。泉州商贸服务型国家物流枢纽（以下简称"枢纽"）由泉州市经济发展条件优越的晋江市和产业特色鲜明的石狮市两市共同承载。枢纽依托世界级工贸一体化产业集群建设，通过搭建商贸供应链集成服务平台，联动境内外商贸物流节点，形成高效率、低成本、网络化的国内国际商贸物流体系，以提升泉州商品全球辐射能级，促进泉州产业链价值链升级，对提升我国全球商贸物流资源优化配置能力，促进产业迈向全球价值链中高端，推动贸易强国建设，支撑和引领泉州市融入构建以国内大循环为主体、国内国际双循环相互促进的新发展格局具有重要意义。习近平总书记高度重视泉州市发展，在福建工作期间曾七赴晋江并总结提出"晋江经验"，枢纽正是沿着总书记指引的方向，推动新时代"晋江经验"光荣绽放的典型实践。

一、枢纽概况

（一）区位交通

　　枢纽选址的两大片区是泉州市产业基础较好、区位条件较优的片区，是泉州市面向国际国内进行商贸物流辐射，高效串接厦门、福州等城市的核心物流设施。两大片区直线距离约25千米，业务联系紧密、功能互补性强，其中位于晋江市的片区选址于晋江陆地港及其周边区域（以下简称"晋江陆地港片区"），位于石狮市的片区选址于泉州港石湖作业区后方保税物流中心及其周边区域（以下简称"石狮石湖港片区"）。

　　枢纽拥有公铁水空一体的综合交通运输条件。公路方面，两大片区距离最近的高速公路出入口仅3千米左右，通过高速公路全程仅需20分钟左右；铁路方面，晋江陆地港片区位于福厦铁路晋江站西侧，综合交通条件优越；航空方面，两大片区距离泉州晋江国际机场直线距离均在 13 千米左右。

总体上，枢纽良好的综合交通运输条件能够满足各类货物的快速集散需求。两大片区与泉州千亿级产业集群高度联动，具备陆海、陆空、铁路联运干线业务基础，干支仓配一体化物流运作效果良好。

（二）空间布局

晋江陆地港片区占地面积约 0.91 平方千米，石狮石湖港片区占地面积约 0.75 平方千米，两大片区占地总面积约 1.66 平方千米。晋江陆地港片区设有国际陆港区、国际快件监管中心、冷链物流区、多式联运区、高铁快运区、仓储配送区、快递物流区、智能公共云仓 8 大功能区，如图 1 所示。

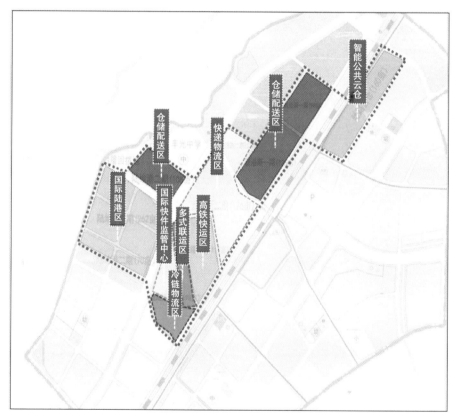

图 1　枢纽晋江陆地港片区功能布局示意

石狮石湖港片区设有保税物流中心、航运交易中心、集装箱联运区、冷链物流区、石材商贸物流区、闽台物流合作区、仓储配送区、智能公路港 8 大功能区，如图 2 所示。两大片区功能布局互补协作。

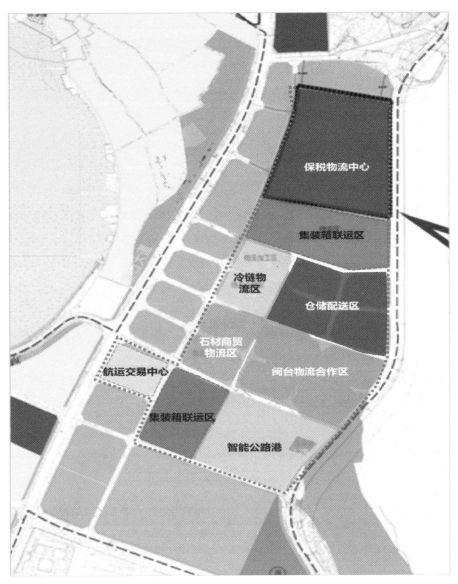

图2　枢纽石狮石湖港片区功能布局示意

（三）功能定位

泉州市围绕纺织服装、鞋业、建材家居、食品饮料等形成了9大千亿级产业集群，为商贸物流业发展带来了规模巨大的内生物流需求。枢纽充分发挥物流资源集聚、物流企业汇集的优势和泉州作为海上丝绸之路起点城市的区位优势，创新商贸物流服务、物流交易与物流增值服务功能，将自身打造成辐射海西地区和海峡两岸的重要区域商贸物流中心，为纺织鞋服等千亿级轻工业主导产业提供产销精准连接、高效协同服务的区域供应链物流服务平台，将枢纽打造成信息与数字化新型21世纪海上丝绸之路门户枢纽。

枢纽基本功能包括贸工一体物流集成服务、供应链物流服务、区域分拨及配送组织、干线与干支物流组织、多式联运转运组织、国际物流服务、闽台两岸物流合作等，延伸功能包括跨境电商零售通关服务、展示交易服务、供应链金融与物流信息服务等，以延伸服务提升枢纽口岸功能，满足区域国际产业合作对物流增值业务的需求，构建国际国内双向辐射的物流服务网络。

（四）运营主体及建设模式

枢纽采用"企业主导、政府支持"的建设运营模式。枢纽的建设运营由福建陆地港集团有限责任公司（以下简称"陆地港公司"）牵头，并与各功能片区的承建及入驻企业形成战略联盟，作为枢纽建设运营的主体。战略联盟的五家成员企业分别是陆地港公司、福建石狮港口开发建设有限责任公司（以下简称"港口开发公司"）、泉州普发仓储有限公司（以下简称"普发仓储公司"）、石狮市阜康集装箱储运有限公司（以下简称"阜康储运公司"）和福建丝路云仓信息科技有限公司（以下简称"丝路云仓公司"）。泉州市人民政府以及两个片区所在的晋江市人民政府、石狮市人民政府均对两大片区给予大量的政策支持。枢纽建设模式示意如图3所示。

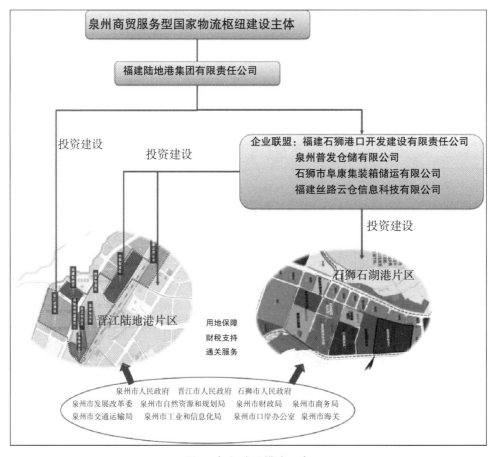

图3 枢纽建设模式示意

二、主要做法与特色经验

（一）全方位打造商贸品"干支仓配"业务体系

1. 国际国内海运干线运输

以石材荒料、食品饮料、鞋服等商品为主，借助毗邻泉州港石湖作业区丰富的国内国际航线优势，实现枢纽与 RCEP 地区国家，以及国内环渤海、长三角等地港口间的海运干线运输。货主企业将货物按时送至枢纽（石狮石湖港片区），在枢纽内完成集拼、报关、查验、签发提单、结算等手续后，直接运至泉州港石湖作业区，国际海运承运人或其代理人根据订舱情况组织货物装船，并由国际海运承运人签发提单并交付发货人。货物运抵目的港后，由发货人目的港分支机构或其代理人凭海运提单从国际海运承运人处提取货物。

2. 国际公水联运干线运输

以鞋服、食品饮料等商品为主，通过战略合作，推进枢纽与厦门港协同发展。借助厦门港遍布全球的远洋航线，枢纽以公水联运方式经厦门港实现辐射全球的干线运输。

以集装箱出口为例，订立多式联运合同后，货主企业组织并安排将货物按时送至枢纽（晋江陆地港片区），在陆地港完成拼箱、订舱、付款、签发提运单、报关、查验等手续，由陆地港公司战略合作的海关监管货车运送至厦门港，海关监管车抵达厦门港后，海运承运人或其代理人根据订舱情况组织集装箱装船，并由海运承运人签发海运提单并交付发货人。货物运抵目的港后，由发货人目的港分支机构或其代理人凭海运提单从海运承运人处提取货物，并通知收货人提取货物。

3. 国际陆空联运干线运输

以跨境电商商品、国际邮政包裹、冷链商品为主，通过战略合作，推进枢纽与泉州晋江国际机场、厦门高崎国际机场协同发展。借助晋江、厦门国际机场遍布全球的国际货运航班，枢纽以陆空联运方式经两大机场实现辐射全球的航空干线运输。

订立多式联运合同后，货主企业或电商卖家组织并安排将货物或邮政快递包裹按时送至枢纽（晋江陆地港片区），枢纽陆空联运业务城市货站如图 4 所示。在陆地港完成集拼、报关、查验、签发提单、结算等手续，由陆地港公司战略合作的海关监管货车运送至泉州晋江国际机场或厦门高崎国际机场，海关监管货车抵达机场后，国际空运承运人或其代理人根据订舱情况组织货物装机，并由国际空运承运人签发提单并交付发货人。货物运抵目的机场后，由发货人目的机场分支机构或其代理人凭航空提单从国际空运承运人处提取货物，并通过当地快递企业运送至收货人交货。

图4　枢纽陆空联运业务城市货站

4. 国内高铁快运干线运输

以鞋服、食品饮料等商品为主，服务于国内贸易，依托福厦铁路内坑站，探索发展高铁快运干线运输，通达国内京津冀地区、长三角地区、粤港澳大湾区等快递需求密集地一级区域分拨节点城市。

快递货物到达枢纽（晋江陆地港片区）后，经过集拼、签单、结算后，运至晋江内坑高铁站装车。对于货物规模较大地区，开行高铁快运列车，一周一班；对于货物规模较少地区，采取依托现有高铁客运列车带货模式，随到随发。

5. 国内公路干线运输

服务于国内商贸批发业，形成辐射全国的公路干线运输网络。依托枢纽国内商贸物流片区，将产自泉州的纺织服装、鞋、食品饮料、石材、海洋水产等商品在枢纽内进行集货装车、交易、结算，再将货物通过干线公路运输网络运送至全国各地。

省内惠安、安溪、永春、德化、石狮、晋江、南安生产的商品送至枢纽集结，经过拼装、签单、结算后，以公路运输专线形式运至全国各地国家物流枢纽，其后利用国家物流枢纽的干支仓配网络向下分拨运送。

6. 区域仓储分拨配送一体化服务

枢纽常年开展面向福建全省的区域分拨业务。以枢纽为中心，以150千米为分拨半径，借助枢纽内的区域分拨中心和遍布全省的数十条公路货运专线，对通过干线运输运至枢纽的鞋服、箱包、母婴产品、陶瓷、健身器材、小商品，实现向厦门、漳州、莆田、福州、宁德、南平、三明、龙岩等地的快速分拨。

为满足枢纽所在城市晋江、石狮两地城乡居民的网上购物需要，枢纽内入驻的京东、顺丰、圆通、申通、中通、韵达、百世、菜鸟等快递企业开展快速、高效的城乡配送服务。

（二）多平台支撑枢纽供应链集成服务

枢纽围绕国际国内贸易，通过构建国际贸易采购平台、交易结算金融平台、全球物流组织平台、线下商贸公共服务平台等，为生产企业、商贸企业提供覆盖采购贸易、后台交易结算、产品设计、线上线下展示、金融、境内外物流组织等全链条、"一站式"的供应链集成服务。

1. 国际贸易采购平台

该平台属于面向外部的贸易采购平台，针对国内电商提供集成采购、线上商品展示、企业及商品备案、线上交易、信用担保、"一站式"通关、多语言翻译、国际推广等服务，促进市场采购贸易、一般贸易转型升级，线上电商贸易平台对接线下商贸市场，形成线上线下融合发展的新商贸平台。

2. 交易结算金融平台

该平台属于面向内部的金融服务平台，针对泉州商贸企业、物流企业、生产企业的发展特点，创新发展国际贸易新范式，提供跨境支付、结售汇、退税、商品定价、供应链金融、现货质押、仓单质押等金融服务，延伸泉州商贸价值链，提升泉州企业对于商贸产业链的控制能力。

3. 全球物流组织平台

全球物流组织平台对接港口航运信息系统、中国国际贸易单一窗口平台、泉州航空口岸监管平台、福建省交通物流公共服务平台，提供国际班列班轮、国际公水联运、国际陆空联运、国内高铁快运、国内公路专线、区域分拨、仓配一体化等多元化运输产品，提供商品的公共仓储服务，实现商贸物流规模化、网络化发展。

4. 线下商贸公共服务平台

线下商贸公共服务平台服务于商品贸易的全产业链，通过商品设计平台、商品知识产权快速维权中心、国家标准技术审评中心、新品发布中心、国际会展中心，促进泉州积极参与世界产业分工合作，并通过建立消费者大数据库，培养灵敏的市场捕捉力，为生产企业提供生产计划，促进我国制造业向研发、设计、标准设计等高价值产业环节发展。

（三）立体化构建信息互联互通支撑平台

枢纽依托物流行业领先软件技术公司，构建基于5G技术的"生产基地＋互联网＋物流"生态圈，建立枢纽智慧物流信息服务平台，加快完善"泉州跨境通"公共服务平台，整合提升恒安、安踏供应链管理及仓配一体化系统，推动陆地港通关、保税公共服务平台有效衔接，打通各系统间壁垒，对接政府相关公共服务，打造信息同步、一键到位的综合信息公共服务平台，促进枢纽与其他国家物流枢纽网络信息快速高效互联互通。

1. 建立泉州智慧物流信息平台

加强物流企业间横向信息共享。通过陆地港公司、安通物流、天地汇公路港、佳迅通、海之讯、龙易配等枢纽入驻企业，构建第四方物流平台，拓展公共服务能力，鼓励和引导商贸、制造业企业通过第四方物流平台购买物流分拨、配送服务，提高第四方物流企业整合社会物流信息资源的能力。建立统一的物流行业大数据中心，利用大数据分析，对跨境商贸的物流动态趋势进行监测，实现企业物流信息与公共服务信息的互联互通、数据的交换共享。

2. 完善"泉州跨境通"公共服务平台

在现有"泉州跨境通"公共服务平台基础上，不断归整应用系统，形成货物申报、运输工具申报、"三互"合作、贸易许可、金融服务、政务服务、对台贸易（"一带一路"）、港口物流、公共查询九大功能板块。以口岸商贸服务为起点，延伸扩展至政府相关服务，提供从贸易审批、口岸通关、物流运转到支付手段选择等功能完整的全程化服务，构建完整的信息化服务体系。以"一站式"服务为目标，整合贸易供应链各环节信息资源，将原口岸多部门申报受理模式改变为一点接入、一次申报、一次办结的"单一窗口"模式，实现跨部门的信息互换、监管互认、执法互助，实现枢纽与海关部门信息的互联互通。

3. 实现多平台共同建设

以现有信息平台为依托，拓展其功能，对商流、物流、资金流、信息流等进行集聚，完成仓储物流信息平台、物流快递信息平台、智慧供应链公共信息平台、多式联运信息平台、保税物流监管平台、数据交换平台、物流作业平台和物流电子商务平台建设，打造跨境电商、家居建材、服装鞋帽、石材贸易、电子口岸等交易平台，建立基于"交易平台物联网＋移动边缘技术"的高效物流服务体系，打造供应链物流大数据中心、工业制造采购与物流中心。

（四）多层次加强节点协同运作能力

1. 枢纽内部双片区协同运作

枢纽晋江陆地港片区与石狮石湖港片区在功能设置上各有侧重。晋江陆地港片区重点围绕纺织鞋服、食品纸业等千亿级轻工产业集群提供跨境电商国际口岸服务、国际快件监管仓储与配送等核心物流功能集成服务，发展国际物流业务、国际海运集装箱和国际航空运输组织业务；石狮石湖港片区重点围绕石材建材、水产等特色产业，以及海洋生物医药、光电信息等新兴产业发展提供大宗货物海洋运输、冷链运输和保税仓储等物流功能。

在运输协同上，两大片区利用陆海、陆空开展干线多式联运。晋江陆地港片区主要通过公路进行国内运输，利用厦门港和厦门高崎国际机场完成国际运输；石狮石湖港片区主要以泉州港石湖作业区和泉州晋江国际机场为依托，利用海运与空运完成国内近海运输和面向东南亚的国际海运，以及国内航空快运。两片区通过运输功能分工实现国际与国内运输互补、集装箱与散杂货运输互补。

在仓储协同上，晋江陆地港片区重点发展纺织鞋服、食品纸业等轻工业产品与原料仓储，石狮石湖港片区重点配置石材建材等长大笨重货物堆场存储，并协同晋江陆地港片区进行保税仓储和冷链仓储，形成仓库与堆场不同形式的仓储功能互补优势。

在区域分拨与配送组织上，两片区利用公路短驳与甩挂运输完成区域分拨与配送等功能。两片区以统一的交易平台与业务系统实现线上交易功能和线下物流服务组织功能，并通过信息共享、与海关信息联动构建完整的进出口通关信息系统。

2. 与泉州市其他物流节点设施协同

在枢纽辐射区域内，枢纽兼顾多区域产业布局结构，分区布局，并按照对接干线、辐射区域的原则，聚集区域内顶层的功能性物流设施与资源，对区域内物流要素进行整合。其他物流园区（中心）则主要为产业聚集区、人口聚集区就近提供专业化的生产和生活性物流服务，整合二级、三级仓配物流资源，这些物流园区（中心）与枢纽形成分拨和配送关系，实现枢纽辐射区域内物流要素和产业要素的空间合理化及层级差异化整合，为运作层面的组织化整合提供基础。

3. 与国内其他城市群地区国家物流枢纽协同

枢纽作为粤闽浙沿海地区重要的商贸服务型国家物流枢纽，通过聚集区域物流资源，整合区域物流需求，实现物流的规模化运作，并通过干线物流通道与国内其他城市群地区国家物流枢纽实现互联互通，具体协同方式如下。

（1）以铁路干线为主，重点与成都、西安、兰州、乌鲁木齐、贵阳、南宁、太原、大同、乌兰察布、郑州、石家庄、沈阳、长春、哈尔滨等陆港型国家物流枢纽联通，开展零部件、原材料和泉州生产制造工业品的双向流动。

（2）以集装箱铁海联运组织方式为主，重点与大连、天津、青岛、连云港、上海、钦州—北海—防城港等港口型国家物流枢纽联通，开展大宗原材料和泉州生产制造工业品的铁海联运，并通过海运出口到东南亚、南太平洋、非洲和欧洲地区。

（3）以铁路集装箱国际联运组织方式，与阿拉山口、二连浩特、满洲里、绥芬河等陆上边境口岸型国家物流枢纽联通，通过中欧班列开展泉州电子信息产业和纺织服装、鞋业、石油化工、机械装备、建材家居、食品饮料、工艺制品、纸业印刷等工业品出口物流组织。

三、枢纽建设发展成效

（一）业务规模逐步扩大

枢纽成熟运营多年，2022 年枢纽货物吞吐量 335 万吨，集装箱吞吐量 32 万标箱，快递业务量 430 万件。陆地港公司 2021 年完成货物作业量 111.24 万吨、国际集装箱作业量 32.5 万标箱、跨境电商报关单量 917.10 万件、国际邮件出口量 159.43 万件，货物作业量已连续多年位列全国内陆港第二；普发仓储公司依托遍布全国的仓储物流设施网络，提供以"仓储分拨＋公路专线"为主的仓储区域分拨服务，2021 年完成货物作业量 215 万吨；港口开发公司 2021 年完成石材货物作业量 203.52 万吨、集装箱作业量 124.88 万标箱；阜康储运公司 2021 年完成石材货物作业量 10.9 万吨、集装箱作业量 44.68 万吨。

（二）服务水平不断提升

枢纽建设运营主体陆地港公司以创新的"超港口"模式，汇集海陆空铁邮多式联运资源，形成了国际陆港口岸与跨境服务口岸"双口岸"并行的服务体系，快速发展成全国口岸服务功能较齐全的外贸公共服务平台，并于 2019 年升级为国际港口。国际陆港口岸是泉州地区最大的通关业务现场，2022 年实现集装箱吞吐量超 32 万标箱，平台贸易额超 62 亿美元。跨境服务口岸以多式联运口岸物流服务体系为依托，形成完善的跨境服务体系，2022 年跨境服务口岸累计报关单量 435.93 万件。

普发仓储公司通过对物流、商流、信息流和资金流的有效管理，提高商品周转速度，降低企业运营成本，推动商品高效流通，建立多层次、全方位、快捷高效的综合物流服务体系，近三年的年均吞吐量达到 218 万吨左右，年均收入约 2875 万元，年均纳税约 3300 万元，业务辐射 72 个地级市、168 个配送网点。

丝路云仓公司项目为在建项目，将以专业市场物流服务为重点，配以供销、配送、运输、加工、仓储等综合服务，鼓励生产型企业将原材料采购、运输、仓储和产品包装、整理、配送等物流业务从生产经营中有效剥离出来，发展壮大物流配送行业，有效发挥支撑发展服务实体经济效能。

（三）供应链体系更加完善

枢纽晋江陆地港片区重点服务于晋江市鞋业、服装等辐射全球的商贸市场群和产业集群，石狮石湖港片区重点服务于全球最大的石材集散地和国内最大的国家中心渔港海洋水产集散地，两片区服务对象各有侧重，兼顾两地城市功能和产业布局，在物流服务功能上围绕特色资源的交叉整合，形成差异化和互补性发展，在物流运作上有机协同，共同支撑国家物流枢纽高效运行，为"泉州制造"商品的国内国际贸易的综合供应链物流提供保障。

四、发展方向与未来展望

依托福厦铁路晋江站、泉州港石湖作业区、泉州晋江国际机场等交通枢纽场站和晋江国际鞋纺城、石狮国际商贸城等专业市场和商贸集聚区，以推动晋江陆地港、石狮石湖港两大片区功能升级和综合开发为切入点，以高标准建设城市枢纽经济区和协同建设区域通道经济走廊为着力点，加快构建高效优质的枢纽经济服务平台，营造良好的物流运行和供应链环境；充分发挥枢纽的成本效率优势，提升枢纽的产业要素集聚能力；促进传统产业链优化升级和特色枢纽产业体系的培育壮大，推动枢纽经济和通道经济规模扩张，从而推动枢纽与区域经济融合、互促发展，主动服务和深度融入新发展格局。

（一）构筑高质量发展平台，营造良好物流供应链环境

营造良好的物流供应链环境是发展枢纽经济的基础。未来泉州市将以枢纽为载体，加大对泉州市、闽三角地区乃至海上丝绸之路沿线物流资源的整合力度，着力搭建服务闽三角、东南沿海、海峡两岸和"一带一路"沿线国家，集铁海、公铁、公空等多式联运和通关保税、跨境电商、仓储配送、区域分拨、交易结算、冷链物流等物流服务功能于一体的综合物流服务平台。

同时，推动建立区域协同联动机制，强化与周边地区、国内其他国家物流枢纽的物流业务合作关系，着力构建高效率、低成本、服务品质优的物流服务生态。强化基础设施网络支撑，完善枢纽与网络，整合铁路晋江站、泉州港、泉州晋江国际机场等优势交通资源，打造高铁、城际轨道、高速公路连通的特大型、网络型综合交通枢纽，提供快速高效的旅客货物联程联运、快件集散、物流配送、交通信息等服务。

（二）增强枢纽要素集聚能力，提升城市商贸辐射能级

促进产业要素集聚是发展枢纽经济的关键所在。泉州市大力发展枢纽经济，一方面，将依托枢纽聚集纺织服装、鞋业、建材家居、食品饮料等产业发展所需的原材料等生产性资源；另一方面，通过制度创新和政策创新，优化枢纽两片区的土地、资金、人才等资源要素供给结构，统筹枢纽经济不同业态与发展模式之间的关系，合理有序、高效精准地配置产业发展支撑性要素资源。在保障枢纽经济发展方面，石狮石湖港片区位于泉州港石湖作业区后方，通过对原有港口物流功能整合和城市用地的调整，可集约超过1000亩物流用地用于枢纽发展。同时，在石湖港片区周边还预留了数千亩的产业发展用地，可为枢纽产业进一步集聚提供发展空间，为枢纽运营组织提供更为广

阔的市场。在促进城市商贸产业发展方面，枢纽两大片区位于泉州工业、商贸产业集聚区，依托枢纽加快吸引金融机构、信息技术服务企业入驻，为产业的扩张发展提供金融、信息、技术等相关要素支撑。

（三）推动产业链优化升级，培育壮大泉州特色枢纽产业体系

围绕打造"全国一流先进制造中心和辐射区域、影响全国的商贸中心"目标，依托枢纽建设，推动全市产业链供应链优化升级，加快构建贸工一体、产销运配联动、产业链供应链深度融合的枢纽产业体系。

具体而言，一是针对泉州市纺织鞋服、石油化工、建材家居、食品饮料、纸业印刷等传统优势产业，构建产业供应链服务系统，实现物流与既有产业互促联动，推动相关产业延伸产业链、提升价值链，预计未来 5 年内使既有产业产值翻一番。二是立足民生制造和原产地优势，大力发展商贸物流，突出大市场、大贸易、大物流，重点发展传统商贸、专业市场、智慧物流、快递物流、港航物流、都市配送等业态。三是依托枢纽建设进出口商品展销中心、物资集散分拨中心及售后服务网络，推动贸易企业加快海外网点布局，鼓励跨境电商企业建设海外仓，加快拓展海上丝绸之路国际市场，推动进出口跨境物流从以生产企业自组织为主向以枢纽为载体的集约模式转型。

（四）推进枢纽经济示范区建设，打造区域枢纽经济新增长极

以枢纽晋江陆地港片区、石狮石湖港片区为核心，充分发挥枢纽辐射广、成本低、效率高和有效对接国家物流网络的优势，引领区域产业空间优化布局，强化与周边工业园区、产业集群的有机衔接和联动发展，规划建设晋江、石狮两个枢纽经济示范区。

晋江枢纽经济示范区覆盖内坑镇和安海镇、磁灶镇、灵源街道、罗山镇道等部分地区，规划面积约 100 平方千米，涵盖品牌工业城、贵人鸟工业园等既有产业集聚区，重点引领泉州市鞋服纺织、建材陶瓷、食品饮料等商贸物流枢纽偏好型产业集群发展。

石狮枢纽经济示范区覆盖石狮市全域，规划面积约 160 平方千米，涵盖石狮高新技术产业开发区、祥芝镇、锦尚镇、鸿山镇等既有产业集聚区，重点引领泉州市纺织服装、石材家居、五金机械等商贸物流枢纽偏好型产业集群发展。

（五）推动枢纽区域协同发展，打造区域通道经济走廊

强化枢纽的区域协同联动能力，完善厦漳泉都市圈物流通道网络和供应链协同分工体系，推动泉州与厦门、福州、平潭、赣州、南昌等国家物流枢纽承载城市协同发展。依托福厦铁路、兴泉铁路、沈海高速、泉三高速和泉州港、泉州晋江国际机场等交通网络，畅通泉州至东部沿海、泉州至长江中游城市群、泉州至西部沿边口岸，以及泉州至日本、韩国、美国及东盟、欧洲等国家和地区物流大通道，推动形成规模化、

通道化物流运作组织。充分发挥物流大通道高效串接农产品、工业品产地、集散地和主要消费地优势，优化通道沿线产业布局与分工合作体系，提高产业组织和要素配置能力，以枢纽为战略支点，打造海上丝绸之路、海峡两岸、长三角—珠三角沿海通道、闽赣陆海通道四大区域通道经济走廊。

（撰稿人：李圆圆、洪银玲）

南阳商贸服务型国家物流枢纽

依托豫鄂陕交界区域优势　服务国内国际双循环格局

南阳市古称宛，位于河南省西南部，与湖北省、陕西省接壤，是河南省第三大城市、河南省副中心城市、豫鄂陕交界处区域性中心城市，也是豫西南政治、经济、文化、教育、科技、物流和交通中心。2018 年为顺应豫西南物流产业蓬勃发展的趋势，南阳市发展改革委下发《关于南阳市卧龙区现代物流产业园发展规划的批复》（宛发改服务业〔2018〕640 号），南阳市卧龙区现代物流产业园因此逐步发展形成大型商贸服务型物流枢纽。2022 年南阳商贸服务型国家物流枢纽（以下简称"枢纽"）被纳入 2022 年国家物流枢纽年度建设名单。枢纽采用"一内一外"总体布局，由主打内循环的卧龙现代物流产业园片区和主打外循环的南阳卧龙综合保税区两大片区构成。枢纽建设将引领南阳特色产业发展壮大，对支撑豫鄂陕交界地区协同发展、助力中部地区加速崛起、完善内畅外联经济循环、建设现代流通体系物流网络等具有重大意义。

一、枢纽概况

（一）区位交通

枢纽选址于南阳市经济发展条件和商贸物流发展基础较好的卧龙区，由功能互补的两个片区共同承载，两大片区直线距离仅 3 千米，设施条件优、存量业务好，具有较大的拓展发展空间。枢纽依托焦柳和宁西两条铁路大动脉，构建了"十"字形铁路通道网络，铁路多式联运条件优越。截至 2022 年年底，南阳市高速公路通车里程 898 千米，干线公路 3835.1 千米，与高速公路形成良好互补关系，公路网四通八达，公路运输条件极为便捷。南阳姜营机场距枢纽仅 15 千米，唐白河复航工程已于 2021 年启动，项目建成后南阳航运可以直接通江达海，对枢纽实现"公铁空航"联运提供有力支撑。

（二）功能区布局

枢纽主要分为两大片区，其中卧龙现代物流产业园片区（以下简称"物流园片区"）占地面积约 1.69 平方千米，南阳卧龙综合保税区片区（以下简称"综保区片区"）占地面积 0.75 平方千米，两大片区占地总面积约 2.44 平方千米。

物流园片区整合国储粮库、电商快递中心、国药物流、钢材交易物流等设施，实现空间集中连片和业务一体化运营，以服务区域钢材、建材、小商品、农产品、电商等商贸流通业为重点，设置钢材商贸物流区、建材商贸物流区等 9 大功能区，如图 1 所示。

图 1　物流园片区功能区分布情况

综保区片区是以南阳卧龙综合保税区内保税物流业务为主的核心区，在空间上集中连片，以服务南阳及周边地区的国际贸易、跨境电商为主，兼顾为电子信息等保税加工产业提供配套物流服务，设置国际查检区、保税仓储区、保税流通加工区 3 大功能区，如图 2 所示。

两大片区资源共享、优势互补，有效利用枢纽辐射广、成本低、效率高和融入国家物流枢纽网络的优势，优化区域产业空间布局。推动枢纽物流园片区与郑州国际陆港、郑州航空港等区域间重点物流枢纽进行业务对接，形成区域间枢纽合理分工和协同联动的发展格局，协同组织进出口商贸货物集散。

（三）功能定位

枢纽依托新时代推动中部地区高质量发展国家战略，以支撑南阳市高质量建设现代化省域副中心城市为引领，立足当前、着眼长远，努力将枢纽建设成内陆复合型国际物流港、豫鄂陕商贸物流集散基地、区域商贸流通供应链组织中心、城市枢纽经济发展示范区和现代化新兴大型物流园区。按照枢纽发展定位，连接外循环提供国际物

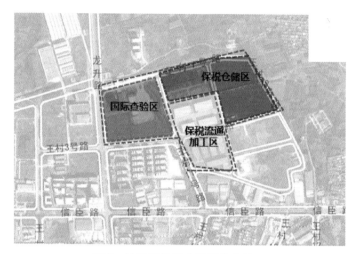

图 2 综保区片区功能区分布情况

流服务功能、通关及保税展示交易功能、流通加工功能等；辐射带动内循环提供商贸物流一体化集成服务功能、多式联运转运功能、区域分拨配送组织功能、农产品冷链物流服务功能、供应链金融服务功能、物流信息服务功能等。

（四）建设运营模式

枢纽采取"政府引导、企业主导"的市场化建设模式。政府在区域国土空间规划、用地、政策等方面给予支持，枢纽建设项目由企业投资完成。南阳卧龙产业投资集团有限公司（以下简称"卧龙产投公司"）牵头统筹枢纽建设运营，与河南省南阳卧龙综合保税区建设投资有限公司、海元物流有限公司、南阳海派物流有限公司、国药控股南阳有限公司等成立企业战略联盟，发挥各自优势，共同推进枢纽相关基础设施建设。卧龙产投公司作为枢纽建设运营的主体，负责枢纽整体运营情况和监测数据报送，两片区间业务协调，物流园片区的整体建设、招商和运营；河南省南阳卧龙综合保税区建设投资有限公司负责枢纽综保区片区的设施建设、招商和运营。枢纽运营网状结构如图 3 所示。

（五）主要设施情况

枢纽存量设施条件良好，截至 2022 年 6 月，已建成投运占地面积约 0.17 平方千米的达到国内先进标准的保税流通加工区、占地面积 0.27 平方千米的年销售额 100 亿元的钢材商贸物流区、占地面积近 0.07 平方千米的年销售额 16.4 亿元的医药物流区、货物存储 25 万吨粮油的粮食仓储区、占地面积约 0.06 平方千米的日处理百万件快递的电商快递分拨配送区等，具备对豫西南地区国际国内物流资源进行有效聚集和整合的能力。

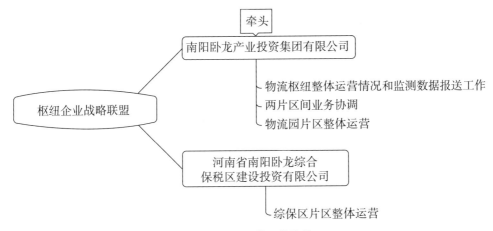

图3　枢纽运营网状结构

枢纽增量项目预期带动效应明显，如总投资165亿元的豫资海元·南阳城市产业综合体项目、投资12亿元的南阳卧龙综保区保税加工厂房及保税物流仓储仓库建设项目、投资10.38亿元的南阳卧龙综保区国际陆港铁路专用线项目等一批定位精准、效益明显的大型项目正陆续投资建设。

二、主要做法与特色经验

枢纽依托南阳市开拓西部市场"桥头堡"和承接东部产业转移承接区的独特区位优势，大力实施"工业立市、兴工强市"战略，以高端制造、智能制造为主攻方向，加快新旧产业和发展动能转换，实现了传统制造业向现代制造业的转型，已形成装备制造、绿色食品、电子信息、纺织服装、现代化工、新型建材、生物产业、新能源、新材料九大优势产业集群，对周边区域产业要素集聚能力不断增强。

（一）结合地区产业优势，发展特色专业物流

1. 加快发展农产品冷链物流

南阳市农业发展资源禀赋良好，是我国重要的农产品产区。2022年，南阳市粮食产量763.39万吨，蔬菜产量1278万吨，已建成19个省级产业化联合体，全年共完成销售收入1378亿元。月季花、玉兰花、茶花"三花"产业，猕猴桃、软籽石榴、薄壳核桃"三果"产业，以及山茱萸、辛夷、艾草"三药"产业等特色优势产业正向百亿级规模迈进。全市绿色有机农产品基地面积、认证产品数量位居全国地级市之首，南阳市正在由传统农业大市向现代农业强市转变。

枢纽农产品冷链物流结合南阳市特色农副产业资源和加工基础，提供专业化、高品质冷链物流服务。通过建设冷库等冷链物流设施，重点开展农特产品和中医药的冷藏、恒温运输等物流服务，以及进口冰鲜产品仓储与交易服务。枢纽内综保区片区目

前已建成冷库 1 栋，建筑面积 6100 平方米，总容量 3.8 万立方米。利用综保区片区保税物流优势，招引多家贸易企业在园区仓库开展分拣包装业务，将电子元器件类产品从中国香港运至综保区片区，再分拣包装后出口到其他国家。招引西峡多家企业将香菇、罐头、辣椒、黄粉虫等农副产品运至综保区片区，分拣包装后再出口欧洲、东南亚等地区。同时引进河南省深远科技有限公司、河南蓝联智能电子科技有限公司、南阳市鑫宇新材料科技有限公司等加工企业，根据国外客户需求将产品封装后出口。

2. 加快发展流通加工物流

枢纽发挥南阳工业门类齐全、中药材资源丰富、人口规模和对钢材建材需求量大等优势，依托市域内牧原集团、想念集团、银海钢材、兴达钢材等规模以上企业的物流内需，利用综合保税功能和中欧班列货物集散功能，在综保区片区内发展承接境内（区外）企业委托加工业务、流通加工等传统加工贸易，以及研发设计、检测维修中心等中高端加工贸易，依托综保区片区培育区域加工贸易产业集群。

枢纽还帮助卧龙电气南阳防爆集团股份有限公司、南阳二机石油装备（集团）有限公司开展检测维修、研发设计等新兴业态；推进光电、纺织、玉石等领域龙头企业在综保区片区开展保税仓储、加工、分装业务，在综保区片区集群集聚；联合海关指导南阳食用菌、艾草、茶叶等特色出口农产品进行产业升级，深度开拓 RCEP 市场，不断提升国际竞争力。2023 年 3 月 19 日，南阳杜尔气体装备有限公司自营价值 994 万元的首批货物顺利通过综保区片区报关出口，产品出口模式在整体费用、周期上较之前分别降低 20% 和 15% 以上。同时，物流园片区针对电商货物、药品、钢材、建材等商品集散，根据客户需求开展包装等流通加工服务。如河南蓝联智能电子科技有限公司年产 5000 万芯片，租用综保区片区现有 2 号厂房 4 楼 1200 平方米，主要用于芯片封装、电子产品生产和销售，将国外的芯片运至综保区片区，检测封装后再运到国外。

（二）立足国内国际双循环，着力打造"干支仓配"一体化物流体系

1. 干线运输业务

枢纽在干线运输方面主要依靠国际陆空联运、国际陆海联运、中欧班列国际联运、国内公铁联运、国内陆空联运 5 大干线，如图 4 所示。干线业务通达全球主要机场、港口、中欧班列站点和国内 19 个城市群地区。为做好中欧班列扩量提质工作，综保区片区成立中欧班列专班，与省市各单位、铁路、航空、港口、货运机构等部门联系，大力发展中欧班列经济。与宁波港、连云港港等沿海港口签订协议，共谋发展，实现综保区片区"内陆港"功能，不断拓展公铁联运、海铁联动业务模式，将"港口内移、就地办单、公铁海联运、无缝对接"的构想变为现实，打通综保区片区"海上丝绸之路"；依托中国（南阳）跨境电子商务综合试验区和跨境电商零售进口试点城市，完成跨境电商监管运营场所改造和综合服务平台建设，顺利开展跨境电商业务，打通综保区片区"网上丝绸之路"，2022 年实现业务额超 10 亿元；依托综保区片区无轨车站，成功与西安国际港务区、重庆国际陆港合作，顺利开行"宛西欧""宛渝欧"中欧班列，打通综保区片区"陆上丝绸之路"；与南航南阳基地合作，打通综保区片区"空中丝绸之路"。对外进出口线路不断优化，物流通达性进一步提升，为香菇制品、羊绒被、藤编工艺品等本土产品出口和国外的粮食、蔗糖、大米、肉类等产品进入南阳开辟了多元化物流通道，对进一步提升南阳对外开放水平，融入国际国内两个市场大循环，建设新兴区域经济中心和全国性综合交通枢纽具有重要意义。

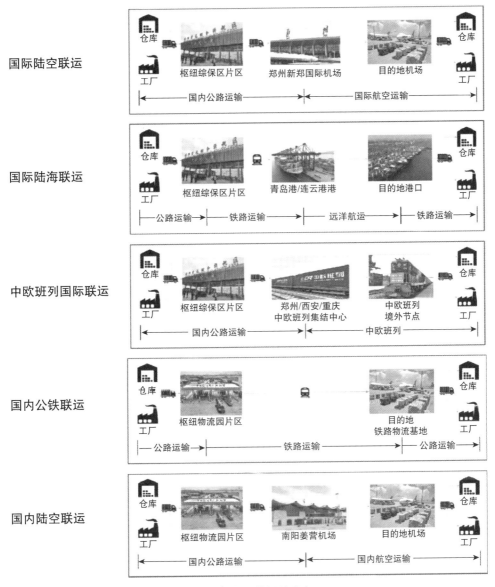

图 4　枢纽干线运输业务

2. 支线运输业务

枢纽通过遍布豫鄂陕交界地区的公路货运专线网络，实现对周边150千米范围地域的快速分拨。枢纽内物流园片区内入驻海派物流的安能物流，做专线直线运输，以重货为主，枢纽作为安能在南阳布局的支线分拨网点，承担从南阳网点发至周边地区乃至全国的支线配送业务，每天货运量近千吨。枢纽内海派物流的顶通物流，作为康师傅和可口可乐的前置分拨仓，承担周边县域150千米左右范围的仓储和配送职能。每天配送货约500万吨。枢纽内南阳银海钢材市场，有效商业运营面积20多万平方米，已入驻商户300余家，以钢材批发销售为主，辐射南阳13个县（市、区）及豫鄂陕周边200千米以上范围区域，年交易量近300万吨，约占整个南阳钢材70%的市场份额，交易额逾120亿元，实现利税1.2亿元。

3. 仓配一体化业务

依托现代化的中转、分拨和配送库功能，枢纽借助三级配送体系，服务南阳市区城乡居民。枢纽内物流园片区的国药控股南阳有限公司是河南省国药系统内硬件配备最好的市级公司，并且建设了南阳市第一家现代化物流仓库。其仓储总面积12063平方米，自有运输车辆14台，其中冷藏车2台，租运152台运输车辆，可以满足14万件药品存储量。仓库拥有960平方米的发货区，可以根据需要按配送线路、客户或订单特征在系统内分拣。国药控股南阳有限公司作为南阳区域的医药仓配一体化公司，承担周边150千米左右范围的医药配送任务。

4. 供应链集成服务

枢纽以"物流园区实体平台+物流组织虚拟社区"为物流生态支撑，聚集基础设施、物流企业、商贸交易、信息金融、生活配套五大要素，集成国际供应链、干线物流、区域分拨与多式联运、城乡配送、场站仓储五大功能，打造资源整合、物流活动组织、业务运作、服务需求、基础支撑、产业拓展六大业务板块，枢纽现代商贸供应链服务生态系统示意如图5所示。

枢纽充分发挥产业链供应链集成优势，结合数字化金融科技服务经验，加速抢占数字经济风口，将"上云、用数、赋智"服务延伸至公司能信金融服务、智慧仓库、电子商城、新能源供应链等实际业务场景中，实现从"供"到"销"的全链路一体化管理，打造"数字经济+智慧能源"新型商业模式，共建数字化供应链"新生态"，助推产业链实现降本增效。利用"大云物移智链"等新一代信息技术，推动产业链重塑，加速物流与商流、信息流和资金流深度融合，驱动产业链优化升级，实现物流行业高效协同。

（三）开展业务协同作业，积极融入国家物流枢纽网络

枢纽与国内其他城市的国家物流枢纽开展业务协同，实现业务衔接、信息互联互

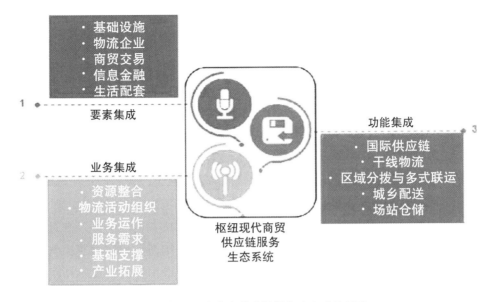

图 5　枢纽现代商贸供应链服务生态系统示意

通，通过功能分工和跨区域物流运作，提高枢纽物流集约化、规模化、网络化、信息化运作水平，加快枢纽融入国家物流枢纽网络。

1. 整合调度南阳市其他物流节点设施

在枢纽辐射范围的豫鄂陕交界地区，枢纽按照对接干线、辐射区域的原则，聚集顶层的功能性物流设施与资源，对区域物流要素进行整合。南阳市其他物流园区（中心）则主要为产业聚集区、人口聚集区就近提供专业化的生产和生活性物流服务。这些物流园区（中心）与枢纽形成分拨和配送关系，从而实现枢纽辐射区域内物流要素和产业要素的空间合理化、层级差异化整合，为组织化运作提供基础。

2. 与豫鄂陕区域内国家物流枢纽协同

豫鄂陕地区在我国"两横三纵"城镇化发展格局中地位十分重要，是中原、关中平原和长江中游三大城市群的核心腹地。枢纽通过与区域内其他国家物流枢纽的深度协同，成为引领豫鄂陕地区率先实现设施联通、商贸融合和产业协作，进而推动区域一体化深入发展的坚强支撑。

一是与豫鄂陕地区的郑州、西安、武汉陆港型国家物流枢纽协同，借助陆港型国家物流枢纽的铁路网络实现国内国际物流联通。二是与豫鄂陕地区的郑州、西安、武汉空港型国家物流枢纽协同，借助空港型国家物流枢纽的航线网络实现国内国际物流联通。三是与豫鄂陕地区的武汉港口型国家物流枢纽协同，借助长江黄金水道实现物流沿江出海，联通世界。四是与豫鄂陕地区的西安、郑州、武汉、洛阳、商丘、信阳商贸服务型国家物流枢纽协同，实现各地特色商品的互通有无。五是与豫鄂陕地区的西安、郑州、武汉、洛阳、十堰、襄阳生产服务型国家物流枢纽协同，实现各地制造业商品在枢纽集散分拨。

3. 融入国家物流枢纽网络

枢纽作为豫鄂陕地区重要的商贸服务型国家物流枢纽，通过聚集区域物流资源，满足区域物流需求，实现物流的规模化运作，并通过干线物流通道实现与国内其他城市群地区国家物流枢纽的互联互通。

一是以公铁联运方式，重点与郑州、西安、重庆陆港型国家物流枢纽联通，将豫鄂陕地区的外贸商品运往中欧班列集结中心，在枢纽所在地区销售，或通过中欧班列运往海外市场；将南阳所需要的中欧班列进口商品运回枢纽，满足居民消费需要。

二是以陆海联运方式，重点与青岛、日照、连云港、武汉等港口型国家物流枢纽联通，将豫鄂陕地区的外贸商品运往沿海港口，在枢纽所在地区销售，或通过港口运往海外市场；将南阳所需要的海运进口工业原材料、进口商品运回枢纽，满足工业生产、居民消费需要。2020年，综保区片区与山东港口陆海国际物流集团有限公司签订战略合作协议，在山东港口口岸与综保区片区之间搭建广泛合作平台，围绕外贸进出口、多式物流联运和商贸加工开展全方位深入合作。此次合作将整合本地企业出口业务，通过硬件建设和服务升级帮助企业"扬帆出海"，对外和山东港口形成双向互动，把资金、技术和服务引进来，让优质产品便捷通畅地占据海内外广阔市场。

三是以陆空联运方式，与郑州空港型国家物流枢纽联通，将豫鄂陕地区的外贸商品运往郑州空港型国家物流枢纽，在枢纽所在城市销售，或通过郑州新郑国际机场运达世界各地；将南阳所需要的航空进口商品运回枢纽，满足居民消费需要。

三、枢纽建设发展成效

（一）建设项目持续推进，枢纽规模不断扩大

截至2022年3月底，枢纽已累计完成投资约33.3亿元，拟补短板和新建项目总投资估算约21.6亿元，存量设施投资规模占总投资规模达到60.6%。

当前枢纽已建成项目10个，其中物流园片区建成项目6个，分别为位于医药物流区的国药南阳医药物流中心，位于智能公路港的南阳卧龙高端共享仓储物流中心，位于粮食仓储区的南阳盈泰粮油物流中心，位于钢材商贸物流区的南阳银海市场物流中心和南阳兴达钢铁物流中心，位于电商快递分拨配送区的鼎泰物流园；综保区片区建成项目4个，分别为位于国际查验区的南阳卧龙综保区监管仓库，位于保税仓储区的卧龙综合保税区冷链总仓分拨中心、南阳九州通医药公司智慧物流自动化分拣系统，位于保税流通加工区的南阳卧龙综合保税区保税仓库。

（二）运行水平逐步提升，经济效益初步体现

在枢纽的辐射带动下，南阳市经济复苏不断提速，产业转型持续发力，物流基础

设施和网络布局日臻完善，为现代物流业发展打下了良好的基础。目前，枢纽已入驻各类型企业 200 多家，物流服务涵盖建筑建材、服装生产、冷链食品、机械加工、光电设备、农副产品、生化制药等 20 余个行业。截至 2022 年年底，枢纽已开通铁路货运班列 11 列，其中铁海联运班列 6 列，中欧班列 5 列。枢纽辐射范围涉及 57 个海外城市、170 余个国内地级以上城市。2022 年，枢纽实现货物吞吐量 3680 万吨，实现物流业务收入 2.3 亿元，服务助力商贸企业实现贸易额达到 22.3 亿元。受枢纽综保区片区保税加工仓储功能区域带动，跨境电商进出口持续增长，2022 年枢纽实现跨境电商进口单量 18.9 万单，是 2021 年的 6 倍；货值 1.64 亿元，是 2021 年的 8 倍。

四、发展方向与未来展望

（一）枢纽发展思路

紧抓新时代中部地区崛起战略机遇，围绕南阳建设河南省副中心城市和豫鄂陕区域中心城市战略目标，充分发挥南阳交通区位优越、农产品供给能力突出和商贸物流业基础雄厚的优势，将枢纽打造为豫鄂陕商贸物流集聚中心、现代供应链服务平台和区域产业集聚发展高地。

1. 扩大物流辐射范围，提升商贸发展能级

发挥枢纽对要素集聚和产业扩张的引领带动作用，通过枢纽建设，提升交通物流基础设施能级，衔接串联周边枢纽、形成发展合力，大幅提升南阳与豫鄂陕三省区域商贸物流通达能力。基于国家物流枢纽赋能商贸物流供应链服务体系，加快推动传统商贸物流转型升级。深度融入中部地区乃至全国商贸产业链供应链，推进产业数字化升级和智能化改造，提升优势产业辐射能级，完善产业链上下游配套，推动产业链再造和价值链提升。

2. 培育枢纽产业集群，构建区域通道经济走廊

利用枢纽辐射广、成本低、效率高和融入国家物流枢纽网络的优势，引领区域产业空间布局优化，形成区域间枢纽合理分工和协同联动，协同组织进出口商贸货物集散。与周边区域配套关联产业联动，全面提升经济运行质量效率，培育区域经济新增长极，支撑南阳市经济社会高质量发展。强化枢纽的区域协同联动能力，完善豫鄂陕外向辐射的区域物流通道网络和供应链分工体系，推动南阳市周边国家物流枢纽协同发展。打造"中原—南阳—长江中游"中部地区通道经济走廊，统筹国内国际物流大通道，形成国内和国际化区域通道经济走廊。

（二）枢纽发展目标

通过枢纽建设，完善区域综合交通物流网络，增强商贸服务的干线运输及分拨配送功能，构建"枢纽＋通道＋网络"的现代物流运行体系，融入区域国家物流枢纽建设大局。强化产业集聚和放大规模效应，推动区域供应链集成、产业链融合，引领豫鄂陕省际区域深度融入内需消费拉动经济发展的国内大循环，提升跨境电商服务质效，融入并服务国内国际双循环的新发展格局。

1. 完善区域物流运行体系，服务双循环新发展格局

国内大循环中，将依托枢纽供应链上下游资源优化整合和高效组织协同，形成以枢纽为核心的区域物流运行体系，支撑服务区域内大型商贸流通市场。通过发挥枢纽组织集聚功能，整合运输资源，打通豫鄂陕交界区域商贸物流通道，提升运输组织效率，降低商贸综合物流成本，辐射带动中部城市群商贸物流和现代流通体系建设。强化现代物流业与现代农业、商贸流通、交通运输、金融科技、文化旅游等产业融合发展，推动传统产业转型升级，塑造经济增长新优势新动能。在国际领域，以枢纽为核心，打造豫鄂陕三省交界区域国际铁路货物组织基地，带动中部地区参与"一带一路"国际合作。

2. 招引枢纽核心承载项目，促进园区产业融合

枢纽招引总投资165亿元、占地面积约3.33平方千米的豫资海元·南阳城市产业综合体项目，将建设供应链中心区、电商物流园、冷链物流区、南阳特色中药材产品展贸区、分拣包装和加工园区、快递快运区、多式联运区、城市配送中心、第三方物流仓储区、数据中心、物流仓储区、全国各地特产展示区、"一带一路"沿线国家产品展贸区等21个功能区，集互联网、物联网、云计算于一体。项目建成后将成为郑州、武汉、西安之间多功能综合型、现代化智慧型的综合物流产业平台。枢纽也将承担南阳市多个专业市场外迁的任务，是南阳市产业融合、产业转型升级的重要承载地。

3. 建设铁路物流中心项目，提升枢纽联运能力

枢纽铁路设施条件良好，焦枝、宁西铁路在此呈"十"字形交会，已与西安国际港务区、重庆国际陆港合作。枢纽两大片区依托南阳西站良好的铁路货运条件，通过宁西铁路和焦柳铁路两条铁路大动脉可快速接入全国铁路网，与西安、郑州、武汉等铁路枢纽进行业务联动。目前，枢纽正在推进铁路多式联运基地建设，项目建成后，枢纽完备的"公铁陆港"联运模式将再次升级，南阳的绿色食品、陶瓷制品等商品将通过枢纽物流通道，服务于豫鄂陕交界地区对外贸易，通过中欧班列通达俄罗斯及中东欧、中亚等丝绸之路经济带沿线国家和地区。

（撰稿人：陈安民、刘耀锋、李冬凯、张士飞）

怀化商贸服务型国家物流枢纽

共建西部陆海新通道　打造内陆开放新高地

　　怀化市是湖南省的西大门，自古以来就有"黔滇门户""全楚咽喉"之称，位于湘、鄂、渝、黔、桂五省（自治区、直辖市）边区中心位置，南接广西（桂林、柳州），西连贵州（铜仁、黔东南），与湖南的邵阳、娄底、益阳、常德、张家界及湘西土家族苗族自治州等地级市接壤。今天的怀化，五省通衢，是中国中东部地区通往大西南的"桥头堡"，也是国家实施"一带一路"倡议，北通欧亚、南连东盟的重要节点城市。2022 年，怀化市地区生产总值 1877.6 亿元，同比增长 3.8%；实现外贸进出口总额 46.76 亿元，同比增长 135.6%；铁路、公路、水运货运发送量分别达到 232.9 万吨、7599.9 万吨、500.2 万吨，对物流需求形成有力支撑。2021 年以来，为进一步拓展外向型经济发展，怀化市委、市政府开始着力打造怀化商贸服务型国家物流枢纽（以下简称"枢纽"），并列为怀化市"首要工程"。2022 年 1 月 1 日，伴随着 RCEP 正式生效，枢纽所在的怀化市被湖南省定位为西部陆海新通道战略门户城市。枢纽作为面向东盟和 RCEP 国家的货运集结中心，成为湖南省践行"内陆地区改革开放新高地"这一使命任务的重要载体。

一、枢纽概况

（一）区位交通

　　枢纽位于湖南怀化经济开发区（于 2022 年 11 月更名为怀化国际陆港经济开发区）和鹤城区，通过高堰西路舞水大桥形成连片区域，由舞阳大道、包茂高速、环城南路、环城西路、河西大道、高堰路、舞水河和多条规划道路合围而成，距怀化站 4 千米、怀化南站 1 千米，紧邻怀化西编组站，沪昆高速、包茂高速在枢纽周边交会，周边交通条件非常便捷。枢纽内部已建成铁路口岸、铁路装卸线和到发线共 11 条，距怀化芷江机场仅 40 千米，区域交通网络发达。

（二）空间布局

　　枢纽总面积 4.32 平方千米，是陆港总体规划的核心——商贸物流核。2023 年以来，为部署与发展临港产业，以枢纽为核心，规划范围分别向南向北扩张，概念规划总面积已达到 33 平方千米，形成了"一核引领·两带驱动·七大组团"的空间功能布局。"一核"是商贸物流核，即枢纽；"两带"是物流发展带和产业发展带；"七大组团"由北往南分别是城市生活组团、国际商贸组团、国际商务金融组团、物流组团、临港服务组团、临港产业组团、功能拓展组团，如图 1 所示。

图 1　枢纽功能区布局

（三）功能定位

战略意义方面。在国家层面，怀化市处于西部陆海新通道的重要节点，是承载国家"一带一路"倡议和"西部陆海新通道"战略的重要城市,基于西南地区的区位及交通优势,怀化市正重点打造成西部陆海新通道的关键节点城市。在湖南省层面,枢纽是湖南省确定的唯一面向东盟的货运集结中心,契合湖南省"三高四新"发展战略中"对外开放新高地"这一战略任务。

经济意义方面,枢纽是怀化市实现高质量发展、高水平开放的重要载体,是承载"物流促商贸、以商贸聚产业"发展目标,促进怀化市本地经济发展的主要着力点。随着枢纽建设的各项目标逐步实现,将会促进怀化市本地的外贸经济、税收、就业等多个方面的发展,为当地带来极大的经济效能。

枢纽基本功能包括多式联运组织及干线服务、区域分拨、配送组织、国际物流服务、仓储服务等,延伸功能包括应急物流、冷链加工集散、金融商贸服务、综合信息服务等。

(四)运营主体

枢纽以湖南怀化国际陆港发展有限公司为牵头单位,成立怀化市商贸服务型国家物流枢纽企业联盟,共同开展枢纽运营。牵头单位对内负责组织枢纽内运营企业形成企业联盟,合理分工、统一服务标准、加强行业自律,并负责枢纽运营情况和监测数据报送;对外加强枢纽与其他物流枢纽联动发展,提升服务能级。湖南怀化国际陆港发展有限公司成立于2021年9月6日,系湖南怀化国际陆港经济开发区管理委员会的全资子公司,注册资本19693万元,是为落实怀化市"对接西部陆海新通道战略门户城市"这一战略而成立的国有企业,是打造国家中西部地区面向东盟的货运集结中心、湖南省对外改革开放的重要平台、怀化市实现"商通天下"格局的重要载体。目前,湖南怀化国际陆港发展有限公司主要负责枢纽的班列开行、工程建设和产业项目等工作。在班列开行方面,湖南怀化国际陆港发展有限公司与陆海新通道运营有限公司,于2022年3月30日联合组建陆海新通道运营(湖南)有限公司,注册资金5000万元,其中湖南怀化国际陆港发展有限公司占股66%、陆海新通道运营有限公司占股34%,根据"统一品牌、统一规则、统一运作"的原则,统筹开展湖南区域内陆海新通道班列的经营活动。

(五)物流需求来源

怀化市工业基础薄弱,第二产业发展与沿海发达地区比较相对缓慢,但其西部大门的地理和区位优势得天独厚。因此,枢纽的物流运输产品除了本地农产品、竹木家具等之外,主要来自沿海以及省内长沙、邵阳、娄底等地。从工业品来看,经怀化市主要发送的货物有非金属矿、集装箱、矿建、纸浆等,主要到达的货物有木材、钢铁、石油、矿建、水泥等。交易集散的钢铁、石油、集装箱、木材、水泥、非金属矿、矿建七大货类年货运量保守估计约 5000 万吨。当前怀化市粮食和饲料年吞吐量超 500 万吨，粮食总产量稳定在 180 万吨以上，消费量达 220 万~230 万吨。

枢纽的产业布局以商贸、物流为主，并以班列开行作为"排头兵"，因此，目前枢纽的服务对象以物流货代企业及外贸型生产企业为主，也加快了国内商品在怀化市集聚，促进国内国际双循环。

二、主要做法与特色经验

（一）破解集结货物难题

枢纽成立之初，由于怀化工业基础薄弱，属于非货源地集结中心，尽管具有铁路交通优势和区位优势，但是未能摆脱缺乏货源的尴尬处境。为此，怀化市委、市政府，怀化国际陆港经济开发区和湖南怀化国际陆港发展有限公司高度重视，通过多种方式组织货源，从而摆脱了"有港无货"的困境。

1. 加强宣传，扩大影响力

枢纽于 2022 年 1 月正式运营，成立时间较短，知名度不高，很多物流货代企业和进出口贸易企业对枢纽并不熟悉。因此，怀化国际陆港经济开发区和湖南怀化国际陆港发展有限公司通过线上线下多种媒体方式进行宣传。

一方面，枢纽作为湖南省的重点项目，省委、省政府高度重视，通过政府部门联系了湖南卫视、湖南经视、《湖南日报》、怀化市广播电视台等省、市媒体定期对枢纽进行报道，并争取到了中央电视台的几次特别采访和报道，极大地提高了枢纽的知名度和可信度。

另一方面，选择性进行重点广告投放。湖南怀化国际陆港发展有限公司综合考虑了东盟国家外贸企业人员聚集度较多的地方，对长沙、广州、怀化等多个高铁站点和地铁站点进行了广告投放，从而重点吸引有外贸和物流运输需求的企业与枢纽联系。

2. 成立专班，重点对接企业

为了有针对性地争取货源，枢纽专门成立了集货专班。专班由怀化国际陆港经济开发区的主要领导牵头，以湖南怀化国际陆港发展有限公司的员工作为主要成员，省商务厅、发展改革委等多个部门参与，成立了四个工作专班，分别对省内市州、周边省份，以及沿海等地区进行走访和推介，与多个外贸企业、加工企业及物流企业建立联系，为这些企业选择枢纽打下沟通基础。

3. 搭建沟通平台，形成常态化联络机制

为了能够及时与客户进行对接，回答客户的疑问，坚定客户选择枢纽的决心，枢纽安排专业人员负责业务沟通与对接。无论是电话沟通，还是客户来怀化市考察，均安排专人对接，并及时解答客户的相关业务问题，从而搭建起了良好的沟通平台和联络机制，最终让越来越多的企业选择了枢纽，目前实际达成合作的企业已从最初的几家拓展到上百家。

（二）打造东盟货运集结中心

1. 强化与周边地区合作

2022 年 12 月，湘南、湖北、江西三省人民政府签署《发挥西部陆海新通道及中老铁路作用融入共建"一带一路"新格局的协议》，提出三省将推进铁公水空等多种交通方式无缝衔接和合作共享，利用枢纽范围的怀化国际陆港对外通道和对接东盟品牌优势，协同三省焦柳线、沪昆线上的城市货源在怀化集并，统一国际贸易"单一窗口"用户管理和身份认证，实现用户"一次注册、三省通用"。为落实湘鄂赣三省合作协议，怀化深入武汉、宜昌、荆州、荆门、南昌、鹰潭等地开展实地货源调研，深入分析当地货物集结、运输线路等情况，并对自身进行优化改进，加强通关便利化协作。枢纽从老挝进口的木薯淀粉，目前已辐射分拨到江西萍乡等地，湘鄂赣三省的合作前景十分广阔。

2. 构建国际物流通道

枢纽充分发挥怀化作为湖南唯一西部陆海新通道节点城市和东盟货运集结中心的优势，在中部地区率先双向开行中老、中越国际铁路货运班列，目前已打通"怀化—北部湾/湛江港/广州港"铁海联运出海通道、"怀化—云南磨憨—老挝万象"中老铁路、"怀化—广西凭祥—越南河内"中越铁路三条国际物流大通道，成为区域经济参与国际分工的重要依托，有力促进了外向型经济发展。

一是构建怀化—北部湾/湛江港/广州港铁海联运通道。为响应国家西部陆海新通道战略规划，并发挥怀化处于西部陆海新通道东线上重要节点的区位优势，枢纽着力打造怀化—北部湾铁海联运大通道，并开通以湛江港、广州港作为出海口的铁海联运通道。2022 年 5 月，满载着珠三角、成渝地区，以及湖南长沙、益阳、醴陵、娄底等地的化工品、日用品、通用机械的集装箱从枢纽内的怀化西站发出，历时 4 天到达越南海防港，比传统江海联运缩短运输时间 10 天左右，开启了枢纽"一箱到底"的国际铁海多式联运全程物流新模式。经测算，此次铁路箱下水直发，相比于从港口提海船空箱到怀化西站装货后再发运，时效缩短了 3 天，成本节约了 3 成。卸货后的铁路空箱可以直接还到海防中铁集装箱堆场，解决了境外客户必须还箱到港口的困扰，破解了枢纽返还集装箱的难点，让"用海船难、用海箱贵"成为过去。

二是构建中老班列通道。随着中老铁路的开通，枢纽于 2022 年 1 月 6 日开行了首趟怀化—老挝万象的中老班列（如图 2 所示），并实现中老跨境班列常态化开行。目前，枢纽中老跨境班列基本保持每月开行 2～3 趟，2022 年开行数量位居全国第五、中部地区第一。2023 年 6 月，首趟湘鄂赣中老国际货运班列从枢纽发车，该批货物从湖北武汉运抵怀化国际陆港，在怀化海关监管下，沿中老铁路南下奔向老挝琅勃拉邦，是湖南、湖北、江西三省合力推动东盟班列发行的开端。在三省合力推动下，枢纽将成为湖北、江西等地货物运输到东盟国家的重要选择。

图2 中老铁路班列开行现场

三是构建中越班列通道。中越两国的铁路轨道标准不同，因此铁路运输的货物需要在边境口岸进行换装，同时由于铁路运输班列开行数量有限等，凭祥口岸非常拥堵。为打通怀化到越南的跨境班列通道，枢纽积极对接货源企业，克服了报关、清关、疫情防控、报送班列计划等困难，成功实现中越班列双向对开。在去程班列方面，2022年7月2日，枢纽发出首趟中越班列（怀化—河内）。为保障班列如期发出，怀化海关设置通关绿色通道，安排专人提前对接出口企业和报关行，指导其准确高效地办理出口报关手续，采取"出口直装"模式，实现"通关与沿海同等效率"。在回程班列方面，枢纽与铁路、海关、行业协会、冷链物流企业共同参与，在检验检疫、防疫消杀、便捷通关、铁路优化运行等方面进行探索，组织开行"胡志明市—凭祥—怀化"中越全程铁路冷链水果测试专列，包括：怀化海关在长沙海关动植物检疫处和口岸监管处的大力支持下，在水果检疫、品质包装等方面对进口企业进行指导；与凭祥海关建立联系协调机制，对水果专列实施专人负责、优先查验、即查即放等绿色通道模式；广铁集团优化调整铁路运输流程，本次冷链水果专列整体减少了2天的物流时间。

此外，枢纽正在谋划中缅通道和中泰通道，随着中国与东盟的铁路不断打通，枢纽将会根据国家战略和经济发展需要，不断丰富自身的物流通道。

（三）打造产业发展体系

根据各地物流枢纽经济发展的经验，当物流枢纽发展到一定程度时，将推动整体向复合型的枢纽经济转变，推动产业经济向产业链价值链高端环节发展，最终形成物流业、服务业、制造业等相互交叉、渗透融合的复合型经济体系。枢纽建设运营单位经过多次调研和考察，根据枢纽的现实情况和发展规划，谋划了枢纽"一体两翼"的产业布局，"一体"为临港加工制造业，"两翼"分别是现代物流业和商贸服务业。

1. 发挥东盟进出口优势，支撑临港加工制造业发展

枢纽谋划了木薯、稻米、水果、木材、冻品、特色轻工六大产业链，目前木薯和稻米产业已经基本成形。2022 年全年进口木薯淀粉约 4000 吨，货物主要来自老挝，通过中老班列运抵怀化。2023 年以来，木薯淀粉进口量不断攀升，不仅实现了量的增长，还拓宽了进口渠道，打通从"泰国—钦州港—怀化"的铁海联运通道。截至 2023 年 1—5 月，进口木薯淀粉约 9000 吨。进口的木薯淀粉一部分在怀化企业就地加工，另一部分转售分拨到全国各地。稻米产业主要依托怀化市本地米粉加工企业，通过从国外采购碎米等原材料，加工成符合东南亚风味的米粉，然后再转售至东盟，形成了原材料进口、成品出口的良性贸易机制。

2. 集聚多方物流资源，促进现代物流产业发展

一是联合外部力量，高效组织班列开行。陆海新通道运营（湖南）有限公司负责枢纽的班列发行，成功搭建陆海新通道湖南省级运营平台，使枢纽正式加入西部陆海新通道"13＋2"体系。二是对接物流企业，集聚物流资源。为了推进枢纽的物流业发展，湖南怀化国际陆港发展有限公司积极对接大型专业市场及货代物流企业，已与 50 余家企业签订了合作协议，其中货运代理企业 10 余家、工厂和外贸公司等直客 30 余家、铁路部门等平台公司近 10 家。枢纽还引进了一大批货代物流企业入驻怀化国际陆港经济开发区，进而为物流运输提供源源不断的货源。

3. 多方式激发市场活力，推动商贸服务产业发展

一是枢纽深入探索本地企业进出口外贸情况，形成定制型本地外贸产业机制；二是开展产业系列招商，枢纽布局谋划了一批东盟农产品加工贸易产业，引进了一大批商贸服务企业，进而推动枢纽商贸服务产业的发展；三是枢纽与多家专业化企业合作成立多家子公司，主要涉及商贸服务领域，如与湖南省现代冷链物流控股集团有限公司、湘通公司成立怀化冷链物流公司，与一些贸易企业成立跨境商品供应链集采和销售公司。

（四）积极争取多方支持

1. 政府支持

一是省级支持。怀化市委、市政府多次向湖南省委、省政府汇报，并争取省级相关部门的支持，将枢纽建设提升到省级战略层面。为了出台契合枢纽发展的相关文件，由省政府办公厅、发展改革委、财政厅、交通运输厅等多个省级部门牵头，怀化市委、市政府、市发展改革委、怀化国际陆港经济开发区、湖南怀化国际陆港发展有限公司共同参与，对政策文件进行了深入讨论和调研。结合国内先进陆港的建设经验，经过月余的研究，提交了近10万字的建议稿和相关说明，并最终被省政府采纳。2022年5月12日，省政府办公厅出台《关于深度融入"一带一路"支持怀化国际陆港建设实施方案》，确立了从省级层面给予枢纽资金支持、项目支持、平台支持、价费支持和金融支持。该文件的出台，成为枢纽建设历史上里程碑式的事件，大大提升了枢纽的地位和战略意义。

二是市级支持。2022年7月26日，中共怀化市委六届三次全体会议通过《中共怀化市委关于加快建设怀化国际陆港全力推动高水平开放高质量发展的决定》，从市级层面给予了枢纽一系列支持政策。并颁布了《怀化市加快现代物流业发展二十条措施》《怀化市促进外贸外经高质量发展的若干措施》《怀化东盟货运班列资金支持及管理办法》《关于建设怀化东盟货运集结中心的十条措施》等一系列支持政策，怀化市在省级支持的基础上进一步加大支持力度，促进枢纽发展。

2. 运费支持

除了政府政策支持外，枢纽还争取了多项运费支持：一是广州局管辖湖南省、贵州省内各铁路集装箱站点到发怀化西站铁路运价下浮52%；二是怀化西站发往钦州港、防城港、铁山港和湛江港等站集装箱铁路运价下浮30%；三是钦州港（东）发往怀化西站6.096米通用集装箱铁路运价下浮30%和12.192米通用箱下浮15%；四是广州局管辖湖南省内各集装箱办理站铁路12.192米集装箱发往济南局运价下浮50%，发往上海局运价下浮45%。高速公路费用方面，进出枢纽的合法装载并安装使用ETC（电子收费）预约通行及结算车辆通行费的国际标准集装箱（6.096米、12.192米、13.716米）运输车辆，按其在湖南省境内通行路段车辆通行费收费标准的50%（含ETC的5%优惠）收取车辆通行费。多重政策叠加，使得越来越多的企业选择与枢纽合作，让企业获得真正的实惠。

3. 资金支持

为了加快项目建设，枢纽通过多种渠道筹措项目资金，主要包括银行贷款、政府专项债和中央预算内资金等。

一是银行贷款。枢纽融资团队广泛对接金融机构，综合考虑贷款利率和贷款期限等因素，最终确定了以政策性银行为主、商业银行为辅的融资体系。为了符合银行的贷款要求，枢纽首期打包了三批项目，为了包装这三个大项目，做好资金平衡方案，融资团队与国家开发银行、中国农业发展银行针对可研报告、融资平衡方案进行了一次又一次论证，最终获得银行评审机构的认可，并获得国家开发银行和中国农业发展银行合计超60亿元的授信。除此之外，还谋划了部分项目前期贷款，为陆港的建设打下了坚实的资金基础。

二是政府专项债。在省发展改革委和财政部门的指导下，融资团队谋划了一批政府专项债项目。2023 年上半年，怀化国际陆港集装箱拼箱中心项目、怀化国际陆港商贸服务综合物流枢纽及配套工程建设项目等多个项目已通过国家发展改革委和财政部的审批，预计可获得政府专项债资金超过 14 亿元。另外，枢纽正在积极申报其他项目的政府专项债。

三是中央预算内资金。枢纽还积极申报中央预算内资金项目，怀化国际陆港智慧冷链数字化物流中心等项目符合"物流补短板"和"冷链物流"的支持方向，已获湖南省发展改革委审批通过，正上报国家发展改革委审批中。

三、枢纽建设发展成效

（一）班列开行数量大幅增加

自枢纽成立以来，以枢纽作为承运主体的班列数量逐月攀升，带动以怀化市作为到发站点的班列数量大幅增加。2019—2021 年，虽然怀化市已开通中欧（亚）班列，但年发运数量最多 20 余列。2021 年年底，枢纽正式运营，并于 2022 年 1 月 6 日发运首趟中老班列。2022 年全年，枢纽共计开行班列 151 列，合计 3798 车皮、7596 标箱，货重约 19.94 万吨，货值约 97291.87 万元，班列开行数量较 2021 年增加了 6 倍多。2023 年 1 月 1 日—4 月 30 日，怀化—万象（老挝）、怀化—安员（越南）、怀化—北部湾铁海联运班列共计开行 149 列，合计 3735 车皮、7470 标箱，货重约 24.92 万吨，货值约 52398.81 万元，1—4 月班列开行数量同比增加了 3 倍多。随着枢纽班列线路的不断增加，以及运输方式的不断丰富，枢纽的班列开行数量正实现倍数增长。

（二）外贸进出口额显著提升

自枢纽投入运营以来，怀化市的进出口额大幅度增长，增速稳居湖南省第一。2022 年 1—12 月，怀化市外贸进出口额达到 46.76 亿元，比 2021 年增长了 135.57%。2023 年 1—3 月，怀化市外贸进出口额达到 21.27 亿元，相较于 2022 年同比增长了 374.51%，相较于 2021 年同比增长了 390%。由此可见，枢纽的建设大大激发了怀化市外贸活力，提高了外贸进出口额。

（三）枢纽设施建设不断完善

2021 年年底，枢纽建设完成了海关监管场所，使得枢纽具备货物查验、防疫检疫、单证办理、货物装卸以及转运等功能。为了完善枢纽各项配套功能，并实现"筑巢引凤"的目的，在怀化国际陆港经济开发区管理委员会的指导下，湖南怀化国际陆港发展有限公司谋划了一大批建设项目，总投资达到 500 亿元，主要涉及仓储、冷链物流、保税中心、商贸服务、加工制造、展示展销等相关设施。其中，政府投资项目约 200 亿元，社会资本投资约 300 亿元，预计 2026 年全部完工。目前，枢纽在建项目投资约 100 亿元，涉及陆港功能配套、加工制造、现代商贸物流等多个领域，综合提质项目、集装箱拼箱中心、多式联运中心、数字化冷链物流中心、RCEP 商贸综合服务大楼等多个项目正在如火如荼建设中；另有铁路专用线、包茂高速互通、高标准仓等项目前期工作正在加紧推进。这些项目的开工与推进为实现枢纽"两年成型、三年成势、五年成标杆"目标打下坚实基础。

四、发展方向与未来展望

枢纽将借助国际贸易通道优势，以贸易带物流、物流促贸易、贸易带产业为发展路径，形成"通道＋物流＋产业＋贸易＋城市"五位一体发展格局。

（一）构建中东部地区通往西部及东盟的物流枢纽

一是做好承东启西的桥梁，加强与西部出境沿线城市贵阳、昆明、南宁、柳州、湛江及北部湾区域，以及东部上游城市长沙、宜昌、武汉、南昌等建立通道物流运营企业联盟，共同探讨通道发展，互享政策红利，加快区域优品在通道上的流通，将中东部的工业品输入西部地区，将西部农产品及原料输出到中东部工业城市。二是积极构建湘鄂赣省际协商合作通道，与江西和东盟的主要进出口商品（水果、木材木浆、钢材、金属产品、电极）以及湖北与东盟的主要进出口商品（光缆、加工食品、水果、机电产品零部件、加工钢材）开展"冠名＋接续"的班列合作，谋划开行怀化—南昌、怀化—荆州、怀化—宜昌的集货"天天班"，打造湘鄂赣三省面向东盟的货运集结中心。三是实现省内五大集结中心的互联互通。继续开行怀化—长沙的"天天班"，并根据市场情况适度增加开行密度，探索开行怀化—岳阳、怀化—株洲的固定班列，形成怀化市联通其他四大集结中心的物流格局。

（二）打造中部地区农副产品集散分拨中心

枢纽目前已具备东盟大宗产品在怀化市形成集结中心的通道能力，针对东盟农产品打造中部地区集结中心，有助于推动下游加工产业在怀化市落地。因此枢纽一方面打造中部地区木薯淀粉集散中心，打通中老班列全程从老挝进口木薯淀粉的通道，以及从泰国通过海铁联运模式进口通道，确保了木薯淀粉的货源渠道稳定；另一方面打造五省边区冷链物流区域中心，加强以怀化市为起点的全省冷链通道构建，依托枢纽完善怀化市至全省的冷链网络，将东盟国家的新鲜农产品及水果，新疆的哈密瓜、葡萄，陕西的苹果、猕猴桃，甘肃的洋葱，宁夏的枸杞，湛江的水产预制菜以及重庆、四川、云南的柑橘、柚子等西部特色生鲜农产品通过冷链运输方式辐射至全省乃至湖北、江西等其他地区。

（三）打造多元化智慧化商贸体系

依托西部陆海新通道战略，推动大商贸、大物流联动发展，以木薯、稻米、水果、木材、冻品海鲜、辛香料、药材等产品为重点，积极开展国际商贸博览、智慧物流、交易结算、金融服务、信息服务、电子商务等服务。通过新销售模式与文化交流融合、交易与科技融合、内贸与外贸融合、线下与线上融合、商品交易与城市游购融合，促进商流、人流、物流、信息流融合发展，从而实现传统商贸向多元化智慧化的商贸体系升级，共同形成线上线下相结合的"国际商贸＋智慧物流＋特色消费＋延伸服务"功能格局。

（四）打造内陆地区对外开放重要基地

枢纽对接融入"一带一路"倡议的作用进一步凸显，与强省会战略协同更加有力有效。未来枢纽将更加紧密地与长沙市的产业、贸易协同联动，与中国（湖南）自由贸易试验区协同联动发展，不断带动周边区域贸易发展。面向东盟国家的海外仓加快完成布局，枢纽建立完善分销渠道，促进跨境电商等外贸新业态新模式形成规模。

（五）建成中西部地区一流国际陆港

枢纽内的怀化西站铁路枢纽编组更好地发挥其作用，港区基础设施支撑能力不断增强，口岸服务、货物集散、多式联运、智慧物流、冷链物流、保税物流等功能日趋完善，对接 RCEP 成员国的公共信息平台服务能力全面升级，枢纽运行顺畅高效。到 2026 年，枢纽将基本形成以怀化国际陆港为中心，辐射中西部地区和东盟国家的物流服务圈。

（六）迈入全国东盟班列第一方阵

枢纽还将促进怀化市至北部湾港/湛江港/广州港铁海联运、怀化市至老挝（万象）等国际跨境班列、怀化市至东盟卡班提质增量；加快构建干线"枢纽—枢纽"、支线"多式联运区域分拨"、末端"共同配送"顺畅高效的集疏运体系。

（七）推动临港产业跃上千亿台阶

着力畅通道、强枢纽、建平台、兴贸易、聚产业，促进商流、物流、资金流、信息流融合集聚，提升服务长株潭地区经济配套能力，日益深化与"一带一路"沿线国家和地区以及东盟国家经贸合作关系，不断巩固共商共建共享、互联互通互助发展态势。预计到 2026 年，枢纽将带动怀化市形成超千亿的临港产业集群。

（撰稿人：刘杰、郭燕）

银川商贸服务型国家物流枢纽

构建商贸物流多式联运大网络　打造内陆枢纽经济战略新高地

银川市是宁夏回族自治区首府，是42个全国性综合交通枢纽城市之一。在《国家综合立体交通网规划纲要》中，银川市被定位为西部陆海走廊、京藏走廊、福银通道的节点城市，是中蒙俄、新亚欧大陆桥经济走廊核心城市；地处全国陆地腹心部位，是国家西部开发重点轴线——西陇海兰新经济带的组成部分。银川市也是区域商贸物流中心城市、国家商贸流通领域现代物流示范城市、国家电子商务示范基地和全国跨境贸易电子商务服务试点城市，拥有全国最大的葡萄酒国家地理标志产品保护区，被国家确定为"加工贸易梯度转移重点承接地"。依托区位、通道、商贸产业等优势，银川商贸服务型国家物流枢纽（以下简称"枢纽"）逐步建立，进一步发挥"一带一路"重要节点城市和国家物流枢纽关键节点作用，完善"通道＋枢纽＋网络"现代物流运行体系，保障国际物流战略通道安全畅通，探索黄河流域枢纽经济通道经济发展新范式，力争打造内陆开放新高地，支撑建设国内统一大市场，加快融入国际国内双循环新发展格局。

一、枢纽概况

（一）区位交通

枢纽位于银川市西夏区，地处银川经济技术开发区，南绕城高速以南，紧邻银川铁路南站，周边有包兰铁路、乌玛高速、京藏高速等交通干道。四至范围为：东至包兰铁路、文昌南街，南至南线物流快速通道，西至八号路，北至南绕城高速，占地面积约7.39平方千米，枢纽四至范围如图1所示。枢纽范围内拥有银川公铁物流园、银川铁路南站货场。

（二）空间布局

根据用地条件，枢纽规划布局"两港五区"七大功能区，其中，"两港"即铁路枢纽港、智慧公路港，"五区"指保税物流区、智能仓配区、大宗物流区、物流贸易区、综合商务区。枢纽功能区布局如图2所示。各功能区基本情况介绍如下。

图 1　枢纽四至范围

1. 铁路枢纽港

占地面积 2.66 平方千米，已建设银川铁路南站货场，接轨 13 条专用线和 1 条专用铁路，配备货物装卸线 7 条，设计吞吐能力达到 1500 万吨。银川国际公铁物流港铁路专用线、飞翔国际空港物流园、国际班列集结中心、国际班列配套服务设施、应急物资中转场等项目建设稳步推进。

2. 智慧公路港

占地面积 0.41 平方千米，重点建设公路零担货运中心、甩挂运输中心、智能集配中心，整合银川市及周边分散的公路物流资源，开展智能配载、联运转运、分拨集散、区域分拨配送等服务。目前已建设李旺零担中转分拨区、新兴现代物流中心等项目。

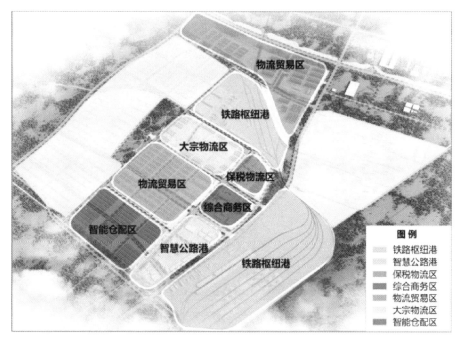

图 2　枢纽功能区布局

3. 保税物流区

占地面积 0.27 平方千米，开展保税物流、保税仓储、国际快递、跨境电商、展示交易等服务。目前已建设海关监管区，建成联检大楼、查验区、保税仓库等设施。

4. 智能仓配区

占地面积 0.67 平方千米，目前已建设国药物流中心一期项目，包括常温、冷库、待验、器械、耗材、特殊药品等符合 GSP（《药品经营管理规范》）和国药控股股份有限公司物流标准的现代化仓储设施，并配备先进的仓储管理系统、运输配送系统和监控系统，形成覆盖宁夏全区的医药物流网络。

5. 物流贸易区

占地面积 2.39 平方千米，建设区域分拨配送中心、品牌商品分销物流中心、电商物流中心，开展区域分拨分销、城乡共同配送、电商快递物流、知名品牌交易结算、冷链物流等服务。已建成银川日日顺物流园、丰树（银川）物流园、鸿河·西夏二手车交易中心等设施。

6. 大宗物流区

占地面积 0.69 平方千米，重点建设大宗商品物流中心、加工贸易中心、中转集散中心，开展进口木材、亚麻籽、高品质石英砂、饲草饲料等的加工贸易与中转集散服务。

7. 综合商务区

占地面积 0.3 平方千米，提供商务服务与生活配套服务，并为其他功能区提供金融管理支持、平台维护技术支持。目前已建设银川公铁物流商务服务中心，建成企业办公基地、政务服务大厅、信息服务中心等设施。

（三）功能定位

枢纽以《国家物流枢纽布局和建设规划》中商贸服务型物流枢纽的功能定位为导向，即"主要为国际国内和区域性商贸活动、城市大规模消费需求提供商品仓储、干支联运、分拨配送等物流服务，以及金融、结算、供应链管理等增值服务"。重点考虑枢纽承载城市——银川市，以及枢纽腹地——宁夏全区及宁蒙陕甘毗邻地区商贸流通特征和国内国际物流需求，枢纽设置商贸物流集成服务、供应链运作组织、区域分拨及配送组织、铁路干线物流组织、多式联运转运、国际物流服务、冷链物流分销分拨、应急物流与物资储备八大服务功能。

围绕主要功能，枢纽形成"三枢纽一增长极"的发展定位。第一，宁蒙陕甘毗邻地区核心商贸物流枢纽：围绕宁蒙陕甘毗邻地区工业品、日用消费品、农产品区域中转集散以及宁夏牛羊肉、葡萄酒、枸杞等特色产品分销分拨需求，构建集商品交易集散、分销贸易、区域分拨分销、智慧仓配、冷链物流、牛羊肉冷冻储备、供应链于一体的商贸物流体系；第二，连接"一带一路"的国际多式联运枢纽：以服务大宗物资、农产品和进口商品贸易以及宁夏工业品、特色农产品出口贸易为核心，构建联通重点贸易国家和地区的国际商贸物流多式联运网络；第三，大宗物资及跨境商品供应链组织枢纽：构建覆盖大宗商品线上交易、线下交割、跨境商品保税备货、特色商品展示交易、供应链物流、贸易融资、平台监管等功能的供应链服务体系；第四，宁夏开放型枢纽经济新增长极：依托宁夏国家葡萄及葡萄酒产业开放发展综合试验区、中国—阿拉伯国家博览会等国家级平台优势，着力增强物流枢纽的国际要素资源配置能力，助力银川乃至宁夏成为辐射蒙陕甘、融入"新丝路"、联通国内国际贸易的内陆枢纽经济的战略新高地。

（四）运营主体与建设模式

枢纽采用"基础设施政府主导、项目建设市场主导、枢纽运营企业联盟"的综合建设模式，如图3所示。银川市人民政府负责枢纽的规划和协调，银川公路铁路运输物流服务中心负责枢纽的建设管理。由银川公路铁路运输物流服务中心下设的银川世捷通国际陆港物流发展有限公司作为牵头主体，成立银川商贸服务型国家物流枢纽企业联盟，具体架构如图4所示。枢纽建设采用项目制，在符合整体规划的前提下，枢纽各功能区内的具体项目由入驻企业开发建设。

（五）基础设施

枢纽物流设施资源已初具规模。其中，银川铁路南货场占地面积约1.47平方千

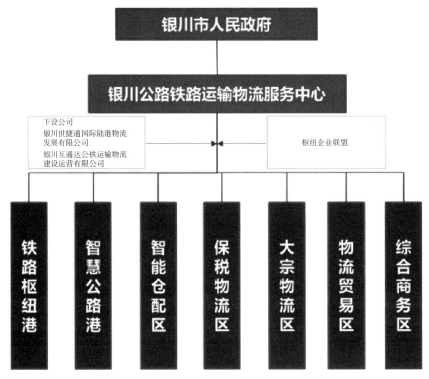

图3　枢纽综合建设模式

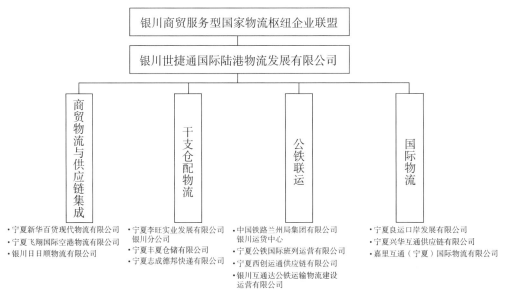

图4　枢纽企业联盟组织架构示意

米，2022年货运量达到456万吨，远期规划设计能力将达到1500万吨。银川公铁物流园作为宁夏大型综合物流园，集聚了银川市大部分大型区域分拨配送中心，入驻企业58家，已建仓储面积约18万平方米，规划及在建仓储面积约20万平方米。海关监管区一期已封关运行,与天津港、青岛港合作建设内陆"无水港"。在内陆地区设立了首个海运箱箱管中心,引进马士基、中远海等知名船公司并设立了还箱点。

二、主要做法与特色经验

(一) 业务拓展,"干支仓配"树立枢纽核心地位

围绕服务宁夏全区及宁蒙陕甘毗邻地区的国内国际贸易需求,枢纽已形成"铁路干线物流通道＋公铁联运＋宁蒙陕甘区域分拨＋城际与同城仓配"干支仓配业务体系,有效满足了宁蒙陕甘毗邻地区居民对生活消费品的及时配送和消费升级需求,同时也将宁夏的优质产品向全国乃至全世界快速流通,促进国内国际双循环畅通。

一是干线业务方面。依托枢纽内银川铁路南货场及银川国际公铁物流港的公铁联运集疏运体系,已形成以枢纽为支撑的"东向出海、西向出境、北向通往俄罗斯、南向对接西部陆海新通道"的干线业务。

"东向出海":"银川—天津港"铁海联运业务,实现每周周二、周五两列专列常态化运行;"银川—天津港—欧洲"海运箱直达班列抵达天津港后发往德国汉堡港、荷兰鹿特丹港、波兰格但斯克港等多个欧洲国家港口,已对接美国、加拿大等欧美国家,回程为伊利、蒙牛等乳制品企业奶场进口的苜蓿草等货物,国内联通京津冀、长三角等城市群,国际联通日韩、东南亚和欧洲,畅通与沿海地区和国际商贸物流通道。"西向、北向出境":依托"银川—中亚/西亚"国际货运班列,从枢纽铁路南站出发,经新疆霍尔果斯或阿拉山口口岸开往哈萨克斯坦、乌兹别克斯坦等中亚国家,终到站为伊朗的德黑兰,共计发运300余列,出口货物主要包括高碳铬铁、轮胎、木材、橡胶、钢材、煤化工产品、生物医药、机械设备、汽车配件、日用百货等120余种;进口货物主要为欧洲、中亚地区的亚麻籽、亚麻籽油、葵花籽油等,打通"一带一路"贸易物流通道。"南向对接西部陆海新通道":依托陆海新通道运营有限公司合作连接"南向通道"线路,打造公路—铁路(集装箱班列)—水路的公铁海多式联运物流新模式,形成联通内部、连接国际的商贸物流通道。西部陆海新通道宁夏石材专列首列发车现场如图5所示。

二是支线与仓配业务方面。银川市作为宁蒙陕甘毗邻地区的商贸物流中心城市,已形成强有力的贸易流通网络。枢纽依托便捷的高等级公路运输网络,发挥核心组织作用,形成了与铁路、公路干线业务密切联动、一体化运行的区域分拨集散和配送业务。枢纽企业联盟成员单位之一的银川日日顺物流有限公司(以下简称"银川日日顺"),实景如图6所示,现已发展35家落地配网点、165辆"最后一公里"配送车辆、300多名服务人员、40多辆区配车辆,具有完善的仓配送装一体化网络,有8大

图 5　西部陆海新通道宁夏石材专列首列发车现场

图 6　枢纽内银川日日顺物流园

智慧物流信息系统（订单管理系统、仓储管理系统、配送管理系统、预约管理系统、资源协同平台、车辆轨迹平台、移动应用平台、服务质量平台），同时具有数字化天枢系统（全流程订单作业实时监控，全面掌握各节点作业动态，提高决策效率）、天时系统（订单各节点运作时长监控，助力时效提升）、天健系统（仓配健康度智能分析、实时预警），涵盖了"仓→干线→配送→最后一公里"服务，覆盖宁陕甘蒙毗邻地区 500

千米范围的综合性服务网络，辐射宁夏全境，内蒙古乌海、阿拉善，陕西靖边、定边等区域。同时，枢纽内还设有拼多多、顶通、德邦物流的区域配送中心和京东物流大件货物区域配送中心，面向宁蒙陕甘毗邻地区的居民生活、贸易企业、制造业企业提供区域中转集散、联运转运、仓储分拨、共同配送等服务，与银川日日顺辐射网络重叠，形成集聚效应，实现资源共享互补、降本提效。

枢纽依托银川日日顺TC（转运中心）库及服务商的仓库资源，按照标准化、规范化要求，建设7万平方米的高标准仓储物流设施，承接银川市及周边的城乡区域电商转运业务，满足枢纽内企业第三方物流仓储需求，为银川市及周边家电、家居、3C电子、快消品等行业提供零担干线配送/同城配送、仓储管理、VMI物流、冷链物流、日日顺快线等服务。

枢纽内的丰树（银川）物流园是由新加坡丰树集团独资建设，主要从事仓储设施的开发、建设经营、货物配载服务、物流信息咨询服务等，已于2020年12月完成建设并投入使用，内有6栋单层自动化立体仓库，实景如图7、图8所示，按照沿海城市一等仓库水平建设，物流设施、消防系统均是自动化。园区的投入运营有效提升了枢纽的专业化、现代化水平，充分发挥了枢纽服务功能潜力，提高了枢纽仓储、物流、贸易、金融等市场主体聚集度。各方资源的汇聚，助力宁夏九大重点产业发展，目前已有康师傅饮品、荣庆物流、顶津食品、聚石物流等9家企业在园区内建立区域分拨中心和第三方物流商区域运营中心。

图7　丰树（银川）物流园货物搬运现场

图8　丰树（银川）物流园仓库

（二）资源规划，"增存协同"带动枢纽全面发展

枢纽按照"存量设施整合提升为主、增量设施补短板为辅"的基本原则，优先整合存量设施资源，并建设增量设施补齐短板。

1. 存量整合提升项目

当前，枢纽拥有存量项目14个，总投资58.76亿元，其中建成项目12个、在建项目2个，已完成投资49.26亿元。枢纽已建成的银川铁路南站货场是铁路系统的"五星级"货场，接轨13条专用线和1条专用铁路，配备7条货物装卸线，可提供宁夏全区及周边地区的运输服务，办理整车、集装箱、零散快运货物到发业务，具备货物装卸搬运与接送到达等服务功能；枢纽内海关监管区一期已封关运营，建成口岸查验区、海关监管仓库、保税仓库等；枢纽内已引进多个大型仓储项目，集聚多家企业的区域分拨配送中心，合计建成高标准仓库总面积约18万平方米；建成"互联网 + 西部快线"多式联运智慧物流平台等信息平台，年整合社会货运车辆超过45万台次。

存量设施以功能提升、设施协同为主，推动枢纽内各类基础设施协同联动，实现干支仓配一体化，更好地承载枢纽功能，增强物流组织和运作能力。枢纽一方面加强对银川铁路南站货场、智慧公路港、铁路专用线、国际班列、海关监管区、公共仓储等设施的整合提升，完善银川国际公铁物流港铁路专用线设施建设，提升公铁联运、铁海联运、国际班列、铁路集装箱干线运输等的组织能力；另一方面加强对银川市及周边地区商贸物流、公路物流资源的集聚整合，提升枢纽区域分拨配送服务能力。

2. 增量设施补短板项目

结合枢纽的功能定位、战略定位和功能区建设，重点围绕多式联运建设工程、国际物流提升工程、商贸物流与供应链提升工程、应急物流与战略物资储备工程、绿色低碳物流工程等重点工程，引入符合枢纽发展定位、集聚效应高、示范带动作用强的物流项目，补齐枢纽短板。目前枢纽内增量补短板建设项目共6个，总投资7.26亿元。其中，银川国际公铁物流港供应链基础设施建设项目和海尔（银川）虚实网服务园建设工程（二期）项目，可满足银川市及周边地区商贸流通领域仓储分拨配送需求，以及工业园区企业"一站式"供应链物流服务需求；建设国药物流中心二期项目，有利于形成覆盖宁夏全区的医药物流网络，构建应对突发情况能力强、保障效率和机动性可靠性高的应急物流服务网络；建设银川国际公铁物流港铁路专用线项目，以强化银川铁路南站货场与天津港、北部湾港口群等沿海港口联动，进一步提升铁海联运、公铁联运、国际班列服务能力。

（三）创新探索，"一单制"促进通道贸易完善提升

近年来，随着我国对外贸易的不断扩大，港口与航运业迅猛发展，带动了多式联运的快速增量。然而，我国多式联运的整体发展水平不高，在联运组织形式上，"一单到底"的全程服务比例不高，这已经成为制约铁海联运向规模化发展、高质量发展的关键因素。特别是受到新冠疫情持续影响，口岸、港口拥堵严重，"一箱难求""一舱难求"以及海运费大幅波动等问题突出，在这一背景下，枢纽发挥宁夏兴华互通供应链有限公司平台作用，积极响应国家发展战略，深入贯彻落实《"十四五"对外贸易高质量发展规划》的"保障外贸产业链供应链畅通运转"要求，会同天津港（集团）有限公司、大型船公司等相关企业部门，联合推出国际铁海联运"一单制"全程物流服务新模式，将全程物流理念推介给内陆客户。该模式将传统的生产地到起运站点的短途公路运单、铁路运单、集港委托单、空箱提箱单、海运提单等多个环节进行整合，由单一承运人承担全程责任，签发以宁夏为起运地且具有物权凭证的联运提单，保证全程"一箱到底""一单到底"。多式联运"一单制"联程提单模式如图9所示。

在"一单制"模式推广应用的带动下，枢纽铁海联运通道建设进一步完善，实现了对越南、韩国、日本、泰国、印度、荷兰、德国、孟加拉国、巴基斯坦、菲律宾、俄罗斯、阿联酋12个国家50多个港口城市的覆盖。2022年3月，银川—天津港"一单制"铁海联运集装箱班列开通现场如图10所示。目前枢纽已累计发运进出口货物3593标箱，涵盖氨基酸、味精、电极糊、有机肥、聚乙烯、聚丙烯、枸杞、增碳剂、硅锰合

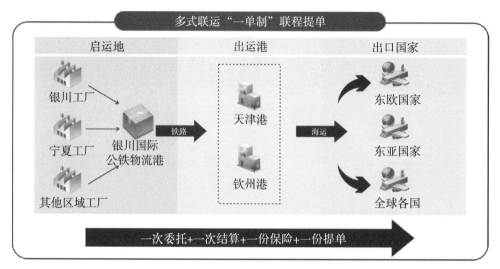

图9 多式联运"一单制"联程提单模式

金、石材、双氰胺等多种货类，地中海、马士基、达飞、中远海、赫伯罗特等7家船公司将银川市作为启运港纳入其全球海运系统，形成了银川市经天津港直达越南胡志明、泰国曼谷、印度那瓦希瓦、日本横滨、韩国釜山、迪拜杰贝阿里港等10余条常态化铁海联运航线。

图10 银川—天津港"一单制"铁海联运集装箱班列开通现场

在"一单制"模式下，货物的启运和交付环节向内陆转移，托运人只需办理一次托运，订立一份运输合同，支付一次费用，办理一次保险，即可实现对货物物流全过程的监管，享受"一单到底"服务。这样既满足了客户对一体化物流、全程联运服务的要求，又较好地解决了创新单证和规则难度大、时间长的问题，并取得了较好的市场效果。主要表现在：一是降低了客户成本。经测算"一单制"模式相比传统模式，最高可为客户节省近30%的综合物流成本，在运输时效性上也有大幅提升，有效地吸引了公路货源向铁海联运模式转移，扩大了铁路班列规模，为优化港口集疏运结构贡献了力量。二是节省了物流时间。铁路运输可以避免突发疫情、公路拥堵、恶劣天气等因素造成的运输延误，客户从订舱到完成集港时间由7～9天压缩至2～3天，从根本上确保了货物安全、精确、及时地运抵目的地。三是减少了信息、单证流转时间。客户只需要完成"一次委托"，即在指定的内陆堆场交货，且视为船公司收货，后续运输由枢纽和船公司共同负责；内陆装箱极大地减少了客户往返产地和港口之间的监装、差旅等成本支出，单据流转时间可节约70%。

（四）智能升级，"信息化"推动多式联运高效运行

为提升枢纽多式联运示范工程信息化、智能化管理水平，枢纽实施企业开发部署了多式联运综合服务平台、"一站式"供应链服务平台、海关监管系统信息化平台等平台，共计投资2785.2万元，有效形成一体化运输组织，以信息化手段提高了多式联运效率。

多式联运综合服务平台。该平台整合枢纽多式联运资源，布局多式联运设施、设备，通过与中国铁路兰州局集团有限公司开展深度合作，发展物流新业态，创新基于多式联运和无车承运人的物流服务模式，大力发展多式联运，将银川市打造为区域性国际化的物流枢纽和开放型商贸服务区，带动和提升宁夏物流总体服务水平，加速构建设施完备、信息畅通、多种运输方式无缝衔接、低成本、高效率的多式联运服务体系。同时，枢纽还组织有关企业进行技术研发、运营模式创新，开发了"西部快线"交易平台。该平台是落实国家对运输供给侧结构性改革的标志性产物，是服务社会的公铁海一体化公共平台，是把企业运输产品市场化、标准化运作的"互联网＋"交易平台。平台主要包括铁路集装箱班列产品、海运集装箱班轮产品、公路卡班产品、公路运力产品、个性化运力定制、多式联运等多个功能模块，能够面向社会广大用户群体提供运力购买、物流方案定制、空闲公铁海运力买卖等业务功能。平台提供了"互联网＋西部快线"的源头和终端全程服务，优化运力经营调度，进行合理配置，完成运力整合，实现信息共享。

"一站式"供应链服务平台。该平台以跨境多式联运为基础，提供"一站式"供应链服务功能，与多式联运综合服务平台协作，实现海关对多种运输方式货物转换、

仓储、中转、集拼、配送等作业的一体化监督，继而可满足海、陆、空、铁等不同运输方式自由转换和多程运输、检验检疫等需求。通过供应链服务配套的方式，枢纽吸引相关产业上下游企业合作共赢，延伸区域产业链条，在做好宁夏班列服务工作、保证班列常态化运营的同时，也利用同境外铁路合作关系，积极建设中欧班列境外集装箱集结中心，从根本上解决班列重去空回的问题，降低班列运营成本。

三、枢纽建设发展成效

（一）服务规模持续扩大

2022 年，枢纽货运总量约为 859 万吨，其中铁路货运量 456 万吨，约占枢纽总货运量的 53%。2022 年，枢纽物流业务总收入约为 68 亿元，纳税 1.1 亿元，货物进出口货值超 8000 万美元。截至 2022 年 12 月，西向班列共计发运 4 列 324 车；北向国际货运班列累计发运 2 列 88 车，南向陆海新通道班列发运 3 列 332 车；东向铁海联运"一单制"班列发运 2376 标箱，有效助力宁夏聚氯乙烯、双氰胺、蛋氨酸、硅锰合金、增碳剂、腐殖酸钠、轮胎、枸杞等产品出口，实现木材、亚麻籽等大宗产品进口。

（二）集聚效应充分显现

枢纽已入驻企业 62 家，已建仓储面积约 18 万平方米，规划及在建仓储面积约 20 万平方米。枢纽内集聚了银川市大型区域分拨配送中心，包括拼多多区域中心仓、日日顺物流区域中心仓、国药物流区域配送中心、德邦物流区域配送中心、京东物流大件货物区域配送中心。随着新百物流这一区域内商贸物流龙头企业、申通快递等在区域有影响力的物流企业的加入，枢纽内优质企业集聚，带来规模经济效应，将形成技术、知识、经济等多方面的外溢效应，由此触发和推动枢纽形成更大规模的集聚、更多的创新乃至更大范围的多元化产业发展。

（三）辐射范围不断延伸

枢纽内企业业务不仅覆盖宁夏全区，而且延伸至内蒙古乌海和阿拉善、陕西榆林、甘肃金昌、新疆库尔勒等周边地区。物流网络覆盖周边 500 千米范围、服务 2000 万以上人口，带来大量的区域分拨配送需求。拼多多区域中心仓，为宁夏及周边地区的近20 个网格仓供货，末端服务网点基本覆盖宁夏 5 个地级市 2000 多个行政村。2022 年日日顺物流区域中心仓货运量 74 万立方米，国药物流区域配送中心国药货运量 58 万件，德邦物流区域配送中心货运量 15 万吨，京东物流大件货物区域配送中心货单量 34 万单。

（四）通道建设取得突破

枢纽已形成了四个方向的多式联运线路，西向开通了银川—德黑兰国际货运班列、"一带一路"跨境电商国际卡班；东向开通了银川—天津港铁海联运线路；北向开通了银川—二连浩特—蒙古国、俄罗斯国际货运班列；南向开通了银川—重庆—东南亚国家的石材、粮食等货物通道。

枢纽加强与兰铁集团、中铁集、天津港、新华物流等企业合作，推行"一站式、一票制、一箱到底"的多式联运模式，为企业降低物流成本发挥了积极作用。2022 年 3 月 28 日开行的银川公铁物流园经天津港到国内的长三角、珠三角地区和日韩、东南亚、北美洲、欧洲的"一单制"铁海联运项目，降低综合物流成本 30% 左右，目前月均集装箱发运量已达到近 300 标箱，已成为宁夏外贸运输的主要通道。在加强物流大通道建设的基础上，枢纽运营主体积极引进、培育外贸综合服务企业，支持外贸综合服务平台为园区企业提供报关、检验检疫、物流、信保、融资、出口退税等服务，国际物流服务质量越来越高，成本越来越低。

（五）开放合作逐步深化

枢纽深化与天津港的合作，在获得天津港和中铁集"银川无水港"授牌基础上，建立了天津港海运集装箱箱务管理中心，马士基、MSC（地中海航运公司）等全球排名前三的船公司在枢纽设立了还箱点，将船公司海运服务延伸到了枢纽区域，使内陆港叠加更多海港功能，进一步提升口岸服务能力。海关监管作业场所软硬件设施已通过验收，跨境电商公共监管中心已通过海关验收，具备使用条件。铁路专用线已完成前期规划设计，并取得自治区发展改革委项目核准批复，具备实施条件，已与宁夏国有资本运营集团有限责任公司达成项目合作建设意向，投资建设铁路专用线事宜正在稳步推进。

四、发展方向与未来展望

（一）促进产业融合发展，提升物流基础支撑能力

一是推动物流业与制造业深度融合发展。加强枢纽与银川经济技术开发区、宁东能源化工基地等重点园区协作，支持物流企业为制造业企业量身定制线边物流、供应链管理一体化服务等物流解决方案，通过市场化方式探索供应链协同共建，创新联合采购、共享仓储模式，建设集采购、分销、仓储、配送、金融等于一体的智能供应链协同服务平台，提高生产制造和物流一体化运作水平，为制造业企业提供高效快捷经济的物流服务，增强物流业在制造业产销两端保障能力，推动工业园与枢纽融合互促。

二是提升枢纽商贸物流业服务效率和水平。构建高效便捷、覆盖全域、辐射西北的城乡商贸物流网络体系。统筹整合提升城市商业设施、物流设施、冷链设施、交通基础设施布局建设和升级改造水平，推广应用移动冷库、多温层冷藏车、冷藏箱、电动货车等新型设备，优化城市配送线路规划和网点布局，支持骨干物流配送企业建立"城乡共同配送联盟"，引导企业采用统仓共配、集采集配、统一配送、集中配送、即时配送等集约高效配送模式。

（二）加强枢纽主体培育，促进物流产业集聚发展

一是加大招商引资力度。积极对接国内国际头部物流企业，通过以商招商、产业链招商等方式，引进快递物流、货运代理、供应链服务、智慧仓储、多式联运龙头企业，招引一批具有引领示范作用的物流项目落地枢纽。

二是支持本地企业发展壮大。鼓励企业通过兼并重组、股权合作、协作联盟等方式做大做强，培育一批供应链服务、国际物流、快递物流、智能仓储、多式联运等领域技术水平先进、主营业务突出、核心竞争力强的现代物流企业，形成具有示范效用的产业聚集区。

三是吸引区域总部基地落地集聚。规划建设集枢纽运营、企业孵化、技术创新、交易展示、现代金融等功能于一体的现代物流总部基地，引导国内外知名物流企业设立涵盖采购配送中心、供应链管理中心、物流业务管理中心、结算中心等功能区的区域总部基地，不断丰富枢纽业态，促进物流业形成集聚发展格局。

（三）深化枢纽协同合作，提升跨区域联动发展水平

加强枢纽与银川空港、陆港、区内重要物流节点、重点物流园区、工业园区、大型商贸流通和制造业企业的无缝衔接，推进与银川经济技术开发区、银川综合保税区、银川河东国际机场间的物流协作，推动与宁东能源化工基地货运系统融合发展；深化跨区域物流协作，积极参与国家物流枢纽联盟建设，推进重要物流枢纽间的联动，支持物流枢纽、节点间加强战略联盟、资本合作、设施联通、平台对接，构建设施紧密互联、信息互通共享、业务协同发展的现代物流网络体系。持续提升银川国际公铁物流港"内陆无水港"功能，加强与"一带一路"、西部陆海新通道等国内国际重要物流通道沿线枢纽节点合作，依托铁海联运班列、国际货运班列，持续拓宽与欧洲、中亚、东南亚等地的贸易通道。

（四）推进枢纽智能升级，助力供应链创新发展

一是建设枢纽公共信息服务平台。整合资源，建设集发展改革委、商务、交通运输、市场监管、海关、邮政、金融、铁路货运中心等部门及企业主体于一体的综合信

息服务平台，通过信息化手段有效降低企业交易成本和管理成本，提升信息查询、在线交易、资信认证、金融服务、贸易综合服务、安全追溯等服务能力。推动地方政府、监管部门、金融机构、物流仓储企业间信息互联互通，提升枢纽运行监测水平。

二是支持企业进行数字化转型。支持企业加强大数据、云计算、人工智能等信息技术的应用，提升物流数智化发展水平；鼓励仓储企业引进智能标签、自动导引车（AGV）、自动码垛机、智能分拣、感应货架等智能系统和装备，建设高端标准仓库、智能立体仓库，探索在有条件的区域使用机器人、无人机、无人仓、无人车等智能配送投递设备，将枢纽打造成市域内物流数智化示范区域。

三是创新供应链管理服务模式。聚焦宁夏回族自治区"六新六特六优"（具有一定基础和比较优势的新型材料、清洁能源、装备制造、数字信息、现代化工、轻工纺织"六新"产业；具备资源禀赋的葡萄酒、枸杞、牛奶、肉牛、滩羊、冷凉蔬菜"六特"产业；以需求侧牵引的文化旅游、现代物流、现代金融、健康养老、电子商务、会展博览"六优"产业）、银川市"三新"（新材料、新能源、新食品）经济发展需要，支持物流企业拓展上下游产业链，发展横向配套、纵向延伸的供应链体系，探索涵盖原材料供应、采购执行、仓储管理、库存管理、订单开发、产品代销、出口代理等专项或集成等供应链管理服务。

（撰稿人：谭小丽、马英倩、徐晶）

第六章

陆上边境口岸型国家物流枢纽

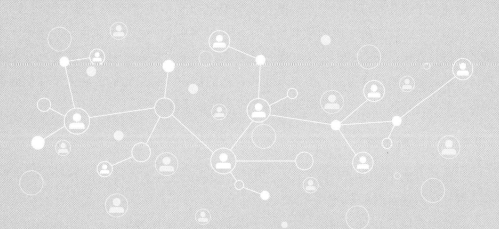

绥芬河—东宁陆上边境口岸型国家物流枢纽

发挥百年口岸优势　着力打造向北开放新高地

绥芬河市和东宁市均隶属于黑龙江省牡丹江市，是我国重要的对俄边境口岸城市，地处黑龙江省东南部，与俄罗斯远东最发达的滨海边疆区接壤，边境线合计 165.24 千米。绥芬河市有公路、铁路两个国家级一类口岸，综合过客能力 700 万人次、过货能力 3850 万吨。东宁市有一个公路国家级一类口岸。绥芬河—东宁陆上边境口岸型国家物流枢纽（以下简称"枢纽"）处于东北亚经济圈的中心地带，是中蒙俄经济走廊和俄罗斯"滨海 1 号"通道的战略节点，是服务中欧班列的重要通道，是东北陆海贸易通道的主要枢纽，是开展对俄及欧洲贸易、参与东北亚合作的重要门户。枢纽是黑龙江省中俄陆上边境唯一做陆上边境口岸型国家物流枢纽，拥有黑龙江省最大陆路口岸和全国沿边第三大铁路口岸，相继建设中国（黑龙江）自由贸易试验区绥芬河片区、综合保税区、国家级边境经济合作区等多个国家级口岸开放平台，对服务和融入新发展格局、打造我国向北开放新高地具有重要战略意义。

一、枢纽概况

（一）区位交通

枢纽位于绥芬河市和东宁市，是东北贸易通道和中蒙俄经济走廊上的重要节点，背靠我国东北辽阔腹地，面向俄罗斯远东地区经济中心，西距哈尔滨 460 千米，东距俄罗斯符拉迪沃斯托克 190 千米，通过俄罗斯远东港口群联通日韩、北美洲及东南亚地区，是我国开展对俄贸易、参与东北亚合作的门户，是东北地区融入全球化的重要前沿，被誉为连接东北亚和走向亚太地区的"黄金通道"。

（二）空间布局

枢纽总占地面积 24.57 平方千米。其中，绥芬河主片区占地面积 15.40 平方千米，东宁辅片区占地面积 9.17 平方千米。

枢纽内布局了 16 个功能区（中心），具体功能定位如表 1 所示，土地利用率达到 63.4%，枢纽成熟度较高。其中，绥芬河主片区由绥芬河国际口岸枢纽区构成，重点布局了冷链物流区、集装箱共享区等 14 个功能区，如图 1 所示；东宁辅片区由东宁国际口岸枢纽区和绥阳国际物流枢纽区构成。

表1　　　　　绥芬河—东宁陆上边境口岸型国家物流枢纽功能布局

片区	功能区名称	功能定位
绥芬河片区	公路口岸货检区	货物查验、通关、快递和航空出口货物转关等
	国际物流区	报关、报检、海关检验检疫、仓储、商品展示交易、停车、冷链物流等
	冷链物流区	冷藏、冷鲜、冷冻仓储，保税加工，停车，车辆维修，展示交易等
	集装箱共享区	集装箱堆存、修箱、中欧班列集装箱返箱点
	专业物流中心	依托公路指定口岸功能建设相关产业的专业物流中心，提供集展示交易、仓储、配送、流通加工等于一体的功能
	铁路物流区	铁路进出口货物通关、报关、换装、查验、转场；中欧班列、哈绥俄亚班列到发、整车进口口岸功能；煤炭、木材、粮食等大宗货物装卸、堆存、配送
	保税物流区	以绥芬河综合保税区为核心，开展保税、保税加工、保税仓储、保税展示等功能
	铁路互贸区	铁路互市贸易展示交易、商品存储
	清洁能源储运区	建设液化石油气（LPG）、液化天然气（LNG）储运中转设施
	"中俄欧"国际贸易物流分拨集散中心	公铁联运、仓储、配送、展示交易
	公铁联运区	进出口铁路换装线、公铁联运、仓储、堆存、配送等
	航空物流联动发展区	冷链、医药、海产品等高端产品以及时效较高的货物集散中心
	智慧物流区	数据存储和应用、城市配送、分拨、展示交易、应急储备等
	边合区物流加工区	物流加工、仓储、金融、配送、中央储备等
东宁片区	东宁国际口岸枢纽区	建成俄粮、中草药、宝玉石、黑木耳全产业链、有机食品深加工、有色金属深加工、对俄商贸物流等特色化产业集群，实现特色商品展示、冷链、跨境电商、保税、物流、加工和跨境电商等功能
	绥阳国际物流枢纽区	重点围绕黑木耳、中药材、果蔬、进口海产品等特色产品，建设集生产加工、商贸流通、冷链物流、保税及保税加工、存储、运输、配送于一体的物流枢纽

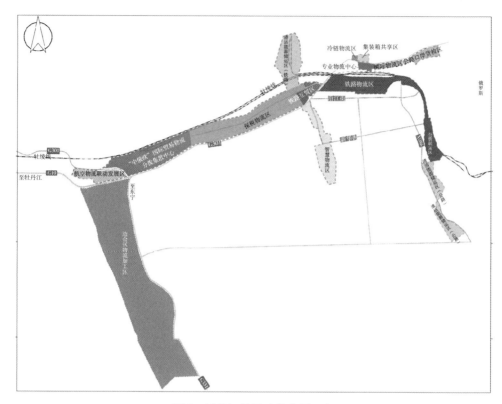

图 1　绥芬河片区功能布局示意

（三）发展与功能定位

1. 发展定位

枢纽的发展定位是服务国家"一带一路"倡议、中蒙俄经济走廊和黑龙江省"构筑我国向北开放新高地"发展战略，突出口岸型国家物流枢纽特征，打造中蒙俄经济走廊建设的前沿枢纽、东北亚经济圈的多式联运中心、新发展格局的物流产业示范区、东北陆海贸易通道的重要枢纽和口岸枢纽经济发展的新引擎。

2. 功能定位

基本功能：枢纽依托沿边陆路口岸，开展国内国际一体化公路、铁路联运运输组织、国际换装组织、国际多式联运、跨区域通关一体化、区域分拨与仓储配送、海关特殊监管服务等服务。

延伸功能：包括境外粮食和水产保税加工、清洁能源储备、应急和危险品仓储、供应链管理、智慧物流服务、金融服务、冷链物流服务、跨境物流服务等功能。

（四）建设模式

枢纽建设模式按照"政府引导、企业为主、铁路跟进"的原则，由政府负责枢纽规划、协调与引导，在用地保障、财政等方面给予政策支持；由铁路部门建设铁路作业场地、多式联运转换设施；由运营企业建设物流运作基础设施等。枢纽开发建设按照"存量设施整合提升为主、增量设施补齐短板为辅"的基本原则，建设总投资约83.45亿元。

（五）运营主体

枢纽运营主体由黑龙江省交通投资集团有限公司牵头，与黑龙江绥东试验区发展运营（集团）有限公司、黑龙江龙运陆海联国际物流有限公司、东宁龙运外运物流有限公司等企业组成绥东物流枢纽联盟，如图2所示。其中黑龙江省交通投资集团有限公司承担运营情况和监测数据报送工作。枢纽主要管理单位由黑龙江绥芬河—东宁重点开发开放试验区管理委员会负责，主要从改善营商环境、建立协同机制、拓展营销市场、创新管理模式、加大人才培育、完善保障措施6个方面支持培育枢纽运营主体。

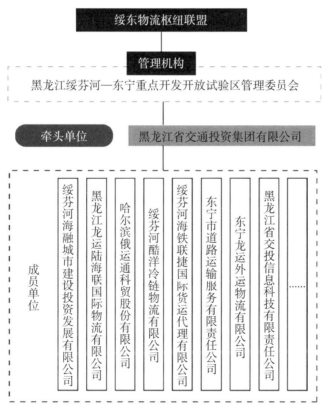

图2　枢纽运营主体组织架构

二、主要做法与特色经验

（一）畅通通道，打造国际物流节点

绥芬河是中欧班列东通道出入境重要口岸，为更好服务"一带一路"倡议，满足日益增长的班列通关需求，枢纽提高物流运作效率，开发公铁、公海、铁海等多种运输模式，打造辐射俄罗斯远东、联通欧美和日韩的"铁、公、空、海、邮、网"的国际物流通道。依托国际物流大通道和国内跨区域重要通道，枢纽充分发展"干支仓配"业务，支撑服务区域发展、连接国内国外两个市场、畅通双向贸易大通道，将枢纽打造成集聚效应大、规模化高、辐射区域广、产业带动力强的国际物流枢纽。

1. 铁路物流通道

铁路装卸效率提升。枢纽内绥芬河铁路货场改造完成，装车作业出一次 5 车提升到一次整列，完成一列的装卸时间由 7 天缩短为 5 小时。通关效率提升，货物运行时间缩短。绥芬河海关推进实施通关便利化系列改革，出境通关时间由 2 天缩短为 6 小时。同时，俄罗斯远东格罗捷科沃海关对绥芬河的过境货物实行见单放行，不开箱、不查验，使得绥芬河至俄罗斯远东港口群的铁路区间运行时间由 3 天缩短至 13 小时左右。中欧班列常态化开行。目前，成都、重庆、沈阳、哈尔滨等城市已经在绥芬河铁路口岸开行常态化中欧班列，国内机电产品、电缆、纺织制品、塑料编织袋、汽车等产品搭乘中欧班列，通过绥芬河铁路口岸通关后，经西伯利亚大铁路辐射到欧洲；欧洲和俄罗斯的粮食、大豆、纸浆、木材、煤炭等进口货物在绥芬河口岸通关后，通过滨绥铁路向西直达哈尔滨、长春、沈阳、成都和重庆等城市。中欧班列作业量由 2021 年的 549 列、发送 5.03 万标箱，提升到 2022 年的 881 列、发送 8.13 万标箱，分别同比增长 60.47% 和 61.63%。

2. 公路物流通道

公路口岸通关效率提升。为深化对俄合作大局，枢纽统筹推进提高公路口岸运作效率和能力，确保公路口岸顺畅运行。公路口岸进口货物通关时间由"乙类乙管"前 20 小时降低至 2 小时，同时考虑货物需求，开辟农产品绿色通道，提供预约通关、优先查验、随到随放、零等待作业、零延时验放及"零打烊"查验模式，24 小时接收企业备案申报，实施即到即换、随到随检制度，极大提高了通关效率。公路口岸辐射范围广。目前，公路口岸以出口为主，将出口到俄罗斯的果蔬、日用品通过枢纽集结后，从公路口岸出关，通过俄罗斯 05A-215 公路直接辐射到俄罗斯远东的霍洛里斯克区、兴凯区等地。进口方面，依托京哈走廊和绥满通道，G10、G301、G331 等对外公路将俄罗斯远东农产品、食用植物油、宝石、中草药、冰鲜产品以及绥芬河和东宁当地货物通过汽运方式直接运到牡丹江、哈尔滨、长春、沈阳等地物流枢纽，并辐射至国内市场。

如俄罗斯的帝王蟹、扇贝等海产品通过公路口岸冷链物流进入枢纽，以公路干线方式直接运到沈阳于洪农副产品批发市场，返程时把国内优质农产品运回黑龙江省内。

3. 航空物流通道

枢纽依托后期绥芬河东宁机场建设，构建区域航空辐射网络，建设以装卸、仓储、加工、物流服务等功能为主体的临空经济区，开通北京、大连等国内大中城市经停绥东机场至俄罗斯符拉迪沃斯托克、阿尔乔姆、哈巴罗夫斯克等国际机场航线，打造形成以航空口岸为窗口，辐射我国东北和俄罗斯远东各州区空港的空中快速集疏运网络。

4. 海运物流通道

枢纽通过俄罗斯远东铁路和公路连接符拉迪沃斯托克、纳霍德卡和东方港，提升绥芬河和东宁到俄罗斯远东港口群通道能力，通过打造铁海、公海联运辐射到东北亚、北美洲等海运通道，实现"借港出海"。

5. 邮路通道

枢纽借助俄罗斯快递车（俄罗斯海关监管车），开通了俄跨境电商"非邮"新通道，推动中俄邮路恢复开通，将跨境电商货物出口至俄罗斯。枢纽最具竞争力的优势是其包机可以空运电子产品，解决了航空禁止运输锂电池产品的问题，极大地拓宽了我国电商企业对俄出口3C类电子产品的品类范围。

6. 网络通道

枢纽中俄跨境电商发展走在全国前列。枢纽坚持创新引领电商发展，继续深化"跨境电商+"创新模式，不断促进外贸新业态高质量发展。在全省首创"跨境电商+微商零售"融合模式，搭建"绥芬河四叶草"跨境电商网购保税进口平台，开通微信视频号与跨境电商平台小程序，推广"1210"保税备货进口商品微信销售渠道，从而有力地促进境外商品与境内生产生活要素流动。同时启动运营全国首个中俄跨境电商监管中心，形成黑龙江跨境电子商务综合服务平台、俄运通物流信息平台、中俄信息港平台和俄优选购物平台等近10家拥有自主知识产权的电商平台，涵盖交易、通关服务和综合信息三大类，有效畅通了网络通道。

（二）开辟路线，创新跨境运输方式

1. 多式联运线路创新，开行"哈绥俄亚"班列

绥芬河自2016年6月开行"哈绥俄亚"多式跨境联运班列，通过俄罗斯远东符拉迪沃斯托克港和东方港实现中国东北内陆货物"借港出海"，覆盖我国长三角地区及粤港澳大湾区（"中外中"模式），并辐射韩国釜山、东海及日本名古屋、大阪等地港口（"中外外"模式）。班列自开通以来，累计开行296列，折合3.12万标箱以上，实现运量46.88万吨，货物总值28.13亿元。除了常态化开行"中外中"和"中外外"班列外，随着近几年日韩货物的国际转运能力大幅增强，枢纽具备了极强的东北亚国际

多式联运能力，尝试开通"外中外"国际通道。货物从我国香港特别行政区、台湾地区，以及日本、韩国及东南亚等地经海运发往符拉迪沃斯托克港或东方港，到达后以转关模式报进；货物通过俄罗斯远东铁路运抵绥芬河铁路口岸以一体化清关模式报进；国内通过绥满铁路运抵满洲里口岸，以一体化清关模式报出；通过俄罗斯远东铁路运抵俄罗斯或欧洲。

2. 跨境输运方式创新，宽轨重出方式

枢纽根据中俄双方口岸运力失衡和俄罗斯铁路运力闲置的实际情况，研究开辟了"宽轨重出"跨境运输方式。探索利用境外运输货物进境卸货空返的盖车和敞车，直接装载国内的出口货物宽轨出境，或使用境外平车直接装载集装箱宽轨出境，初期已尝试运至俄罗斯乌苏里斯克市清关，待运作成熟后可将线路延伸至莫斯科等中心城市清关。在中国铁路哈尔滨局集团有限公司的积极推动下，已成功采用"宽轨重出"跨境运输方式开展了两批次货物试运行，一次 4 个 6.096 米敞顶箱耐火砖，运至乌苏里斯克市报关；另一次 50 个 12.192 米集装箱轮胎，运至莫斯科报关。

（三）数字赋能，提升口岸通关效率

为深入贯彻落实"推进高水平对外开放，建设互联互通开放大通道，打造我国向北开放新高地"的新时代高质量发展要求，枢纽立足口岸特色区位优势，加强口岸联检设施和数字口岸建设，着力提升口岸现代化、数字化、便利化水平。

1. 推进"数字口岸"建设

枢纽内"单一窗口"首创"内贸跨境运输办理"模块。全国范围内，首次在国际贸易"单一窗口"平台设计"内贸跨境运输办理"模块，即将内贸跨境运输所覆盖的运单生成、海关报关、税务清算、运费结算等业务全流程纳入线上办理。同时枢纽建设 95306"数字口岸"系统。铁路国际联运各方依托 95306"数字口岸"系统，实现数据网上共享、快速申报查询、中外文信息自动翻译等功能，使铁路国际联运更加高效便捷。"数字口岸"创新探索减少接触的高效运输模式，借助信息化技术赋能，铁路舱单信息确认升级为电子审核，铁路舱单归并、数据传输实现无纸化，企业不到场即可完成舱单归并、放行等操作，通关无纸化水平（无纸化通关比例接近100%，口岸通关各项指标全省排名第一）和全链条运作效率大幅提升（申报到列车放行的时间由原来的半天左右缩短至 30 分钟以内，最快只需几分钟），真正实现了"让数据多跑路、让企业少跑腿"。开通"一站式"通关通道。建立"自助自驾"验放通关模式，由海关和边检备案、查人、查车的"多次停车受检"方式改为"一次停车受检"。驾驶员在口岸客车查验通道，通过拍证、按指纹、刷脸三步，即可完成车辆的联检部门查验，免去了人工验放的等候时间（客车通关时间从原来的 15 分钟缩短至现在的 20 秒）。

2. 推进"电子口岸"建设

枢纽强化大通关协作机制，完成"三互大通关"改革，以共享共用为原则，推动口岸管理相关部门各作业系统的横向互联。目前，绥芬河口岸已经使用 H2018 通关管理系统、H986 集装箱检查系统、铁路列车影像抓拍系统、公路物流监控系统和公路电子地磅测量系统，以及完善的铁路口岸电子监控系统，全方位电子眼可对整个铁路口岸沿线全域范围内的场面实施视频全程监管。2022 年，绥芬河铁路口岸入境货运车辆 3846 列，100% 实施电子抓拍、H986 机检、电子地磅称重；公路口岸入境车辆 22639 辆，全部实施 H986 机检、电子地磅称重。

（四）科学规划，促进产业融合发展

黑龙江绥芬河—东宁重点开发开放试验区规划的"两核三区两带"空间布局为枢纽内产业的良好发展提供了保障。枢纽中综合保税区、国际物流园区、冷链物流企业、货运代理企业、邮政快递企业、铁路口岸、公路口岸等核心资源联动，建立了统一协调机制，积极培育和引进龙头企业，有效促进了枢纽产业发展。以黑龙江跨境电子商务综合服务平台、俄运通物流信息平台和中俄信息港平台为基础共同打造的电子信息平台，为跨境电商、国际贸易企业提供国际物流服务，显著增强了枢纽供应链集成能力，有效促进了物流业与木材加工、中药材加工、粮油加工、宝石加工等产业融合发展。枢纽进出口商品达到 171 个大类、1400 多个品种，对俄贸易额连续多年占全省的 1/4 以上，口岸过货量占黑龙江省边境口岸的 85% 以上。目前，枢纽已经逐步发展形成了木材、食药、能源装备等生产型加工业与物流、贸易、文旅等商贸型服务业协同联动的产业体系，其中木材加工规模以上企业注册 66 家、粮食加工企业注册 40 余家、中药材企业注册 70 余家。

（五）制度创新，提供新经验新模式

边民互市贸易在稳定边境治安，促进边疆经济发展，尤其是助力边境贫困县脱贫致富等方面发挥着巨大的作用。

绥芬河边民互市贸易点自 2012 年 2 月正式启动运营，从 2013 年 6 月起，互贸区 8000 元免税点实行了境外客货分离，2019 年 1 月，富民铁路互贸点通关运营。互贸区参贸商品涵盖大宗农副产品、预包装食品、水产品和日化产品四大类，包括亚麻籽、面粉、巧克力、糖果、冰冻虾类、冰冻贝类、鲜活贝类、洗发水、沐浴露等 297 种商品，进口来源国包括俄罗斯、朝鲜、韩国、蒙古国、白俄罗斯等 15 个国家，互贸进口份额保持在全省的 80% 以上。2019 年国务院办公厅出台了《关于促进边境贸易创新发展的指导意见》，互贸产业发展迎来了历史性机遇。

枢纽提出一系列互贸制度创新，依托互贸政策利好的叠加带来的优势，实现产业提质增效。首先是推出"一区两国"互贸园区设计方案，解决了从一般贸易向互市贸易的转变，既实现了中俄边民之间的对等互贸，也实现了互市贸易海关进出口统计数据的匹配一致。其次是推出俄籍自然人办理授权委托司法公证书，由中方代理人在国内操作业务，解决俄籍自然人长期在俄罗斯经营面临的现实困难，满足俄籍自然人在中国的执业需要。最后是推出中方代理人付汇业务，解决了互市贸易资金流匹配问题，成功破解了非居民个人跨境人民币支付业务的难题，是全省跨境人民币业务的一次新突破；也体现了"本币优先"的原则，是加强与周边国家办理人民币业务的具体举措，提升了对非居民个人客户提供金融服务的能力，对促进人民币国际化起到了推动作用。

三、枢纽建设发展成效

（一）物流业高速发展

近年来，枢纽加快物流基础设施建设和物流企业培育引进，绥芬河铁路货场、绥芬河公路货检区、绥芬河综合保税区、中俄绥芬河—波格拉尼奇内互市贸易区、中俄东宁—波尔塔夫卡互市贸易区等一批专业性和综合性园区相继启动运营。经过多年的培育和发展，绥芬河市和东宁市物流业获得了较快发展，围绕互市贸易、一般贸易、进出口加工、跨境电商等具有口岸特色的产业物流服务体系已基本建立，物流基础设施加快建设，立体化现代物流产业加速形成，提供运输、仓储、配送、流通加工、多式联运、保税物流、跨境物流、干支仓配一体化、供应链集成、信息服务等物流功能。枢纽换装现场如图3所示。2022年，绥芬河和东宁口岸过货量933万吨（绥芬河896万吨、东宁37万吨），物流企业400余家，从业人员4000余人。

图3　枢纽换装现场

（二）政策体系逐步完善

物流企业依托枢纽经济，为国际贸易及进出口相关业务提供服务，集聚发展效应初步显现，形成了企业多元化、服务网络化和管理现代化的物流群体。为促进现代物流业发展，国务院、黑龙江省人民政府和绥芬河、东宁两地市人民政府先后出台了《国务院关于支持沿边重点地区开发开放若干政策措施的意见》《支持黑龙江绥芬河—东宁重点开发开放试验区建设若干政策》《绥芬河市国民经济和社会发展第十四个五年规划和二〇三五年远景目标纲要》《东宁市国民经济和社会发展第十四个五年规划和二〇三五年远景目标纲要》《绥芬河市"十四五"优化营商环境规划》等一系列扶持政策，结合中国（黑龙江）自由贸易试验区绥芬河片区相关政策，初步形成以省级政策为总领、以市级权限为主干、以扶持政策为支撑的"1 + 1 + N"政策体系，提高了物流效率，促进物流业降本增效，强化了枢纽物流通道建设，为支撑绥芬河和东宁的经济和产业转型升级奠定了坚实基础。

（三）枢纽功能逐渐丰富

随着枢纽国际物流体系逐渐发展完善，口岸年过货能力3970万吨（绥芬河铁路口岸3300万吨、绥芬河公路口岸550万吨、东宁公路口岸120万吨）。截至2022年年底，枢纽已获批汽车整车进口口岸、冰鲜水产品进口指定口岸、进境食用水生动物指定口岸、猪肉出口指定口岸、粮食进口指定口岸、俄罗斯液化石油气国际道路试运输口岸、钾肥一般贸易进口资质、中药材进口口岸、金伯利进程国际证书制度指定口岸等10个类别12个特色口岸。2023年年初，绥芬河肉类进口指定口岸也顺利通过海关验收，绥芬河口岸进口首批牛肉现场如图4所示。

图4　绥芬河口岸进口首批牛肉现场

（四）经济效益逐步体现

枢纽带动地区经济发展效益显著。2022 年，绥芬河市和东宁市地区生产总值比 2020 年增长了 15.7%。木材加工、边境贸易、跨境旅游等优势产业不断壮大，国际金融、现代物流、跨境电商等新兴产业蓬勃发展。同年，枢纽进出口贸易总值 352.35 亿元，比 2020 年增长了 107.1%，其中，对俄贸易额 194.24 亿元，比 2020 年增长了 82.68%。电商发展方面，在黑龙江省率先封闭运营中俄互市贸易区商品交易中心，启动运营全国首个中俄跨境电商监管中心，形成 10 个电子商务平台，各类电商主体发展到 7800 余家、从业人员 3 万余人，年快递发寄量 5000 万单以上，居全省县域首位，其中中俄跨境电商走在全国前列。随着 RCEP 的签署，枢纽成为黑龙江与日本、韩国贸易的重要节点。

四、发展方向与未来展望

未来枢纽的建设发展，将以习近平新时代中国特色社会主义思想为指导，全面贯彻党的二十大精神，深入贯彻落实习近平总书记重要讲话重要指示批示精神，完整、准确、全面贯彻新发展理念，服务和融入构建新发展格局，更好统筹发展和安全，围绕打造我国向北开放新高地，依托国内国际两个市场、两种资源，培育一批支撑带动产业转型升级的枢纽经济增长极，为推进"六个龙江"（质量龙江、创新龙江、开放龙江、绿色龙江、幸福龙江和勤廉龙江）、加快现代化建设提供有力支撑。

一是优化整合资源，完善城市物流体系。整合物流园区、物流中心、综合保税区、货运场站、物流加工园区等存量物流资源，提高物流设施综合利用效率。优化"中欧班列""哈绥俄亚""中俄直列""互贸专列"等跨境班列运输组织流程，满足班列常态化运行和增加排布计划需要。延伸通关、交易结算、物流金融、保税仓储加工、供应链等物流服务功能，加快物流供应链一体化运作，形成强大的资源集聚能力和极强的辐射能级。

二是提升组织效能，提高物流综合效率。枢纽着力降低物流成本，扩大低成本、高效率"干支仓配"一体化物流服务供给，促进以压缩物流各环节绝对成本为导向的"数量型降成本"向以完善物流运行体系、提高物流质量效率为重点的"系统型降成本"转变。增强枢纽间协同互联能力，利用对俄开放优势，加强与满洲里、珲春以及省内沿边对俄口岸业务协作，形成聚合辐射效应；扩大与重庆、成都、郑州、长沙、沈阳、长春、哈尔滨、牡丹江等地重要物流枢纽的业务对接，深度参与跨区域产业链分工，承接发达地区产业转移，促进区域经济协调发展。

三是提升服务能级，拓展物流枢纽功能。通过枢纽建设，构建应急服务物流系统，实现应急物资供需实时对接、干支衔接，推动物流枢纽向供应链组织中心转变，有效化解重大风险能力。利用5G、云计算、大数据等信息技术，依托京东云仓和云箱、绥发国际智能云仓等口岸枢纽信息基础设施，实现枢纽实时监控、共同配送、多式联运"一单制"。鼓励枢纽绿色基础设施建设及模式创新，整合集聚物流设施资源、企业资源、组织资源和信息资源，减少返空、迂回、无效、过远等不合理运输。

四是聚焦贸工一体，推进跨境产业合作。枢纽充分发挥黑龙江绥芬河—东宁重点开发开放试验区和俄罗斯符拉迪沃斯托克自由港双枢纽地理优势，加强与俄罗斯远东地区和日韩等东亚地区合作，建设跨境产业园区、境外产业园、境外农业示范园、境外物流基地等设施，加快构建上下游衔接、境内外互动的跨境生产链，引导矿产资源等加工制造业企业向下游产业链条延伸、增加服务环节，向产业集聚、集群、集约方向发展，形成产业链价值链供应链一体化运作。

（撰稿人：王熙源）

凭祥陆上边境口岸型国家物流枢纽

聚焦陆路边境口岸公铁优势　打造南向跨境合作战略支点

凭祥市隶属广西壮族自治区崇左市，地处我国南疆，西南地区与越南交界，素有"祖国南大门"之称，是中国通往越南乃至东盟非常便捷的陆路大通道节点。辖区内有友谊关口岸和凭祥（铁路）口岸2个国家一类口岸、4个边贸互市贸易点，集聚了凭祥重点开发开放试验区、中国（广西）自由贸易试验区崇左片区等多个国家级开放平台，是广西口岸数量最多、种类最全和国家开放平台最多的县域城市。

近年来，凭祥市积极响应国家赋予凭祥陆上边境口岸型国家物流枢纽（以下简称"枢纽"）承载城市的新使命，持续加快推进枢纽建设。2022年，枢纽成功纳入2022年国家物流枢纽建设名单。当前，按照国家、自治区、崇左市关于做好国家物流枢纽建设的各项工作部署，凭祥市正加快推进枢纽建设，着力将枢纽打造成"一带一路"重要国际物流节点、中国—东盟国际多式联运示范基地、中国—东盟国际供应链创新平台，以及服务国内国际双循环发展、衔接"一带一路"和西部陆海新通道、推动口岸经济发展的战略支点。

一、枢纽概况

（一）区位交通

凭祥以湘桂铁路、南友高速公路和322国道为主干，以南友高速凭祥辅道、沿边公路等为辅助，以平而河（直通越南的水运航道）等为配套，构建了完善的国际物流服务通道，实现了丝绸之路经济带与中南半岛经济走廊的无缝对接。区域重点产业与口岸物流设施之间的交通衔接十分顺畅，形成了融合发展的格局，如图1所示。

（二）功能区布局

枢纽呈南北两片的布局态势，占地规模约236万平方米。其中，南部片区由广西凭祥综合保税区一期、凭祥边境贸易货物监管中心和凭祥市弄尧货物监管中心三个物流园区组成，位于凭祥市主城区南部的友谊镇，围绕友谊关口岸集中连片布局，形成组团发展的格局；北部片区包括国铁凭祥口岸物流中心和凭祥公铁联运物流国际港，

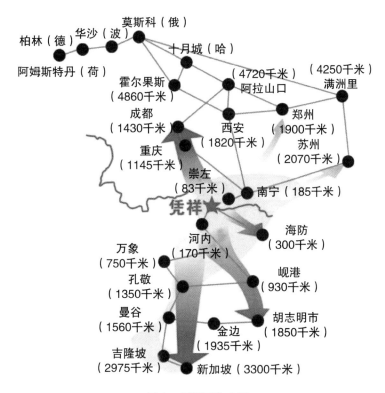

图1　枢纽区位交通

位于凭祥市主城区的凭祥镇，地处凭祥站东侧，围绕凭祥（铁路）口岸集中布局，两个项目用地毗邻，连为一体，距离凭祥市区约 3.7 千米，与中越铁路接轨点相距 13.2 千米。南北两个片区之间相距约 10 千米，依托南友高速实现顺畅连接。

枢纽南部片区的广西凭祥综合保税区一期、凭祥边境贸易货物监管中心、凭祥市弄尧货物监管中心属于公路口岸设施，北部片区的国铁凭祥口岸物流中心和凭祥公铁联运物流国际港属于铁路口岸和国际公铁联运转运设施，南北两个片区功能互补。

（三）发展定位

随着《区域全面经济伙伴关系协定》（RCEP）的签署，中国、东盟之间的产业链供应链更加畅通，贸易和投资往来进一步扩大。作为中国—东盟合作的重要物流枢纽，枢纽将打造成为"一带一路"重要国际物流节点、中国—东盟国际多式联运示范基地、中国—东盟国际供应链创新平台、崇左（凭祥）及周边区域枢纽经济发展新引擎。

枢纽重点打造五大基本功能和五大延伸功能。五大基本功能：国内国际一体化公铁联运组织、跨区域通关一体化服务、海关特殊监管服务、国际换装组织、区域产业服务。五大延伸功能：跨境干支线物流组织、国际供应链物流服务、跨境电商物流服务、军民融合服务、综合服务。

枢纽已建成口岸通关区、公铁联运区、海关特殊监管区等功能区，正在扩建口岸货物监管中心、国际多式联运转运场站等基础设施，同时加快建设完善互联兼容的公共物流信息平台。枢纽能够提供口岸物流、干线物流、多式联运物流、保税物流、生产制造业物流、消费物流、跨境电商物流、应急物流等多种服务功能。

（四）建设运营模式

枢纽按照"企业主导、政府支持"的建设运营模式，由广西凭祥综合保税区开发投资有限公司、广西宁铁国际物流有限公司凭祥分公司、凭祥市祥盛资产经营投资有限责任公司、凭祥市国际贸易开发有限责任公司组建联盟体，按照"一体化"的原则开展联合运营。四个公司已签署战略合作协议，打造优势互补、业务协同、利益一致的合作共同体，统筹推进枢纽的运营和发展。其中，凭祥市国际贸易开发有限责任公司作为枢纽联合运营体的牵头单位，承担枢纽运营情况和监测数据的报送工作。枢纽运营企业积极配合地方政府加快推进基础设施建设，崇左市、凭祥市人民政府给予相应的政策支持，努力构建物流枢纽综合信息服务平台，形成枢纽共建、信息共享的良好格局。

（五）主要业务

"干支仓配"业务体系。干线业务：以公铁联运、国际班列等物流组织方式为主，大力开展面向国内与东盟的多式联运国际干线业务。支线业务：以公路为依托，形成对内、对外辐射半径200千米范围的支线物流网络。仓储业务：开展标准化常温仓储业务、冷链仓储业务、电商仓储业务。配送业务：主要为崇左（凭祥）及周边县市落地加工企业及产业发展、居民消费需求提供配送服务。供应链集成业务：依托进口木材、水果以及电子类产品等，拓展国际供应链集成业务。

（六）物流需求来源

枢纽直接经济腹地为凭祥市。2016年以来，凭祥市外贸进出口总额、边境小额贸易进出口总值、口岸水果进出口货量连续多年名列全国陆路边境口岸第一。目前凭祥市已成为全国最大的水果进出口和沿边最大的贸易进出口口岸城市，2022年进出口货值达2092.73亿元，进出口货运量等多项指标排在广西首位，并率先开行广西首趟RCEP东盟水果专列及全国首趟中药材进口专列。

凭祥市坚持新发展理念，全面参与西部陆海新通道建设，全力打造沿边产业发展新高地，重点发展口岸物流、边境对外贸易、口岸加工、电商和文化旅游等产业，全方位推动经济社会高质量发展。

二、主要做法与特色经验

（一）推广运用铁路"快通模式"，助力口岸外贸向好发展

近年来，为提高中越跨境货物班列运输效率，枢纽协同凭祥海关、铁路等部门持续优化通关流程和运输服务，充分发挥铁路运输单次运量大的优势，采取优化集装箱班列编组、推广运用铁路"快通模式"等创新举措，于 2021 年 9 月正式启用"铁路快通"模式。2022 年 6 月，在"铁路快通"模式下，枢纽实现了跨区域双向贯通，南宁至越南河内的中越跨境货物班列运输时间不断压缩，基本实现"一日达"。

"铁路快通"模式即铁路进出境快速通关模式，在该模式下，符合条件的企业无须另行办理转关手续，海关通过铁路舱单系统进行线上审核、放行、核销，大幅提升了口岸通行速度、节约了成本。以前跨区域转运的进出口班列一般采取转关模式，即在始发地报关放行后，还要在出境口岸核销验锁，不仅要多产生转关申报、调箱、场地等费用，还要增加口岸滞留时间 1 ~ 2 天。采用"铁路快通"模式后，班列在口岸不再需要任何通关手续，可直接放行，能节约通关时间 24 小时，缩短整体运行时间 1 ~ 2 天，单箱还可节省费用 200 元以上。"铁路快通"模式为企业带来了更大的便利，西部陆海新通道中越铁路跨境物流能力得到进一步提升。

在"铁路快通"模式的助力下，凭祥铁路口岸外贸持续向好发展。据统计，2022 年凭祥铁路口岸共监管进出口货物 79.36 万吨，同比增长 42.48%；其中出口 51.07 万吨，同比增长 24.99%；进口 28.29 万吨，同比增长 90.63%。经凭祥铁路口岸进出口货物总值 176.1 亿元，同比增长 129.9%；其中，出口总值 100.5 亿元，同比增长 105.7%；进口总值 75.6 亿元，同比增长 172.5%。

（二）创新推进跨境班列提速增效，跨境班列加密运行

枢纽内的凭祥铁路口岸为国家一类口岸，是中国通往越南等东南亚各国最便捷的陆运铁路大通道重要端口，也是广西唯一的铁路门岸。该门岸从 1952 年开始设置外运机构，1978 年 12 月 22 日因战争停运，1996 年 2 月 12 日恢复运行至今。口岸距离中越铁路接轨点 13.2 千米，距离越南同登站 17.8 千米。

2017 年 11 月底，中越跨境班列正式开行，穿梭在中国与越南间，架起联通东盟的"快车道"。凭祥作为全国少数几个拥有进境水果资质的铁路口岸，基础设施不断完善，跨国联程运输、海铁联运等多元化的运输方式也在不断提升口岸运输能力。随着口岸通关能力提升、物流成本降低，中越跨境班列货运量持续增长，中越跨境班列受到中国与东盟国家越来越多客商的青睐，成为经贸往来的"直通车"，通过凭祥铁路口岸开行的中越跨境班列逐年增多。继南宁—同登、凭祥—同登两条线路常态化开行后，

2022 年 5 月 1 日又增开了"柳州—同登"中越跨境班列新路线，该趟班列也成了 RCEP 生效后的首趟国际班列。2022 年 5 月 5 日，首趟越南进口中药材专列首发仪式在凭祥铁路口岸举办。专列的成功开行，标志着中越跨境班列再添新路线，进一步促进区域产业链供应链稳定。

截至 2023 年 6 月底，凭祥铁路口岸累计开通跨境公路物流线路 22 条，通达东盟国家 20 多个主要枢纽城市；开通跨境铁路班列 13 条，衔接河内，可经凭祥通达南宁、长沙、郑州、重庆、义乌等主要物流枢纽承载城市。目前，广州、青岛、兰州、郑州等地均已开通经凭祥至越南河内的跨境铁路班列；河内经凭祥到成都、重庆的国际班列已实现常态化运行，并且可衔接"蓉新欧""渝新欧"班列通达欧洲。此外，广西凭祥综合保税区还与重庆、西安、青岛、苏州、广州、平潭等其他内陆及沿海综合保税区合作，开辟更多的东盟国家经由广西凭祥综合保税区通过"苏满欧""渝新欧""郑新欧"等中欧班列到达欧洲的物流线路，贯通起从东盟国家延伸至欧洲的陆铁物流大通道，开通韩国仁川—中国青岛—中国凭祥—越南河内线路，开辟中国台湾—中国平潭—中国凭祥—越南河内等海陆、陆铁联运物流线路。2022 年 12 月 31 日，越南—中国—哈萨克斯坦联程班列从凭祥火车站发出，标志着中越、中欧联程班列再添新线路，进一步完善了东盟国际货物运输网络，大幅缩短了货物运输时间，提高了运输效率，扩大了广西国际班列在亚欧、东南亚区域的辐射面与国际影响力，为畅通国内国际双循环提供了有力支撑。

（三）多措并举，持续提高公路口岸通关便利化水平

广西凭祥综合保税区有力保障口岸高效运转，积极推行全信息化智能通关及进出口"提前审结、卡口验放"等新模式，上线友谊关口岸出口车辆待放行系统。目前友谊关公路口岸已成为沿边首个全信息化智能通关及进出口提前审结模式并行的口岸，整体通关时间全国领先，如图 2 所示。"提前审结"模式实施以来，友谊关口岸进出口重车一次性通过率由此前的 20% 提升至 95%，整体通关时间由原来的平均 2 小时缩短至平均 10 分钟，车辆进出卡口时间由原来的 2～3 分钟缩短至 30 秒左右。2021 年 2 月，友谊关新上线待放行车辆智能调度系统，使得企业通关时间从原来的 3～5 天缩短为不超过 3 天，通关时效得到了显著提升。2022 年 8 月，广西凭祥综合保税区卡口三货运通道正式投入使用，保税货物、电商货物入区、出区线路与其他贸易方式货物进出口岸线路分开独立，保税加工、保税物流、跨境电商货物可 24 小时进出综合保税区，有效解决了车辆排队时间长、卡口拥堵问题，有力保障了口岸高效运转。此外，枢纽复制推广中国—马来西亚钦州产业园跨境人民币双向流动便利化金融创新经验，推动凭祥 4 家银行成为实施试点，认定 23 家"白名单"企业，累计办理业务涉及金额 1.57 亿元，保障重点产业进口货物通行顺畅。

图 2　大型设备从友谊关口岸出口东盟国家

（四）线上线下相结合，培育跨境电商新优势

枢纽抓住中国（崇左）跨境电子商务综合试验区获批机遇，积极整合广西凭祥综合保税区的跨境电商公共服务平台和跨境电商监管中心等线上线下资源，搭建跨境电商业务辅助管理系统，规划新建跨境电商公共清关中心，设置绿色通道，确保跨境电商货物快速提离通关。同时创新开展跨境电商三单比对、全程无纸化监管、一点对接、简化申报等新举措，将通关时间压缩为 3 分钟。跨境电商业务初见规模，枢纽建成崇左跨境电商公共清关中心并投入试运营，帮助百世物流、广西嗨购等品牌客户将货物通过跨境物流出口至企业在东南亚的数个海外仓。枢纽先后有 27 家跨境电商企业入驻，有 17 家跨境电商企业成功开展业务，实现 9610、9710、9810、1210 各种业态模式落地，成为广西跨境电商业务种类最齐全的区域，其中 9710、9810、1210 保税出口业务均为广西首单通关离境。2022 年跨境电商货值 25.32 亿元，同比增长 6.47%；重量 2.386 万吨，同比增长 98.65%；主要品类为日杂用品、家居用品等。

（五）推政策、强招商，积蓄枢纽发展后劲

广西凭祥综合保税区通过及时兑现企业落户、进资、优先通关等奖励政策，激励企业扩大投资。2022 年，广西凭祥综合保税区完成新设外资企业 6 家，较 2021 年同期增长了 300%，共指导 6 家外资企业进资，完成实际利用外资 524.6 万美元；持续实施常态化驻点招商行动，有效对接了 61 家企业，接待 35 家企业到片区考察投

资环境，新签约项目5个：东莞日达供应链管理有限公司跨境电商保税仓项目、深圳泛海大宗商品交易中心项目、深圳市友通达供应链管理有限公司智慧物流项目、深圳市车夫网物流科技有限公司跨境物流项目、广西南宁雄源国际供应链有限公司东南亚农产品深加工项目，总投资额4.4亿元。中柬（凭祥）飞地数字经济农业总部基地暨"一带一路"科技物流产业园项目（总投资100亿元）签订了合作框架协议书。

（六）创新谋划公铁联运项目，补齐国际物流基础设施短板

充分发挥枢纽公路和铁路口岸兼备的区位优势，抢抓RCEP机遇，借力铁路中欧班列的开通以及凭祥铁路口岸获批进境水果指定监管场地等独特资源优势，创新谋划西部陆海新通道凭祥公铁联运物流国际港项目，通过整合公路、铁路、水运等多种运输方式，完善枢纽设施，解决口岸车辆拥堵、货物滞留问题。该项目的建设，能够实现公铁互联互通、物流换装联运，形成大口岸、大物流、集"铁公多式联运、区域分拨配送、公共仓储、物流信息服务"于一体的国际现代标杆性综合物流枢纽，形成与国内多节点串联往返东盟的重要物流网链。

西部陆海新通道凭祥公铁联运物流国际港项目建设地位于凭祥市夏石镇东面及铁路口岸东面，总占地面积约1.48平方千米，总投资约48.7亿元，总建筑面积约50万平方米，建设主体为枢纽的牵头运营单位，即凭祥市国际贸易开发有限责任公司。建设内容主要包括铁路换装作业区（A区）、基础物流园区（B区）、凭祥铁路口岸作业区（C区）三大功能区。其中，A、B区位于凭祥市夏石镇东面，总占地面积约0.90平方千米，主要为公铁联运换装物流交通枢纽；C区为铁路口岸作业区及配套专业市场，夏石园区与口岸（铁路和友谊关）实现现代化物流与口岸（口岸＋物流＋仓储＋落地加工）无缝连接，保障进出口货物高效快捷便利通关和有效仓储落地加工等。

该项目铁路换装作业区规划建设三条铁路装卸专线，已建设两条装卸专线，实现公铁换装年吞吐量超过300万吨，同时配套约2万平方米的铁路线边库、约3.5万平方米的仓储用地及堆柜场、停车场等。基础物流园区主要建设有标准仓库约23万平方米、高低温冷库约3万平方米，以及保税仓、清关中心、物流信息服务中心、展示展销中心、劳务服务中心、商业配套服务中心、大型堆柜场、大型停车场等基础配套设施。项目规划设置大车停车位约1700个，日均可满足动态停运大货车超过3000辆次，冷库年仓储量超过350万吨，仓库年仓储量超过600万吨。凭祥铁路口岸作业区主要对铁路口岸基础设施进行扩建升级，增加铁路查验线约560米，增加查验位约22个，规划远期铁路口岸年吞吐量超过420万吨。项目建成后预计能够容纳超过8000人生活、生产、经营办公，为社会提供庞大的人员就业市场，为中国通往东盟发挥强大的物流交通枢纽作用。

三、枢纽建设发展成效

（一）运行水平不断提高

广西凭祥综合保税区一期、国铁凭祥口岸物流中心（一期）、凭祥边境贸易货物监管中心、凭祥市弄尧货物监管中心均已投入运行。

1. 广西凭祥综合保税区一期运行情况

2022 年，友谊关口岸进出境货车 19.93 万辆次，进出口货运量 311.12 万吨，进出口货值 2092.73 亿元。保税区规模以上工业总产值累计完成 9.47 亿元，同比增长 69.7%；固定资产投资累计完成 8.02 亿元，同比增长 53.1%。

2. 凭祥边境贸易货物监管中心运行情况

凭祥边境贸易货物监管中心进出口货运量逆势上扬，常年入驻凭祥边境贸易货物监管中心开展业务的企业高达 80 多家，其中以边民合作社、物流冷链公司等为主。2022 年全年累计完成交易约 8.8 万辆车次，累计完成交易货物量约 262.66 万吨（其中进口 147 万吨、出口 115.66 吨），完成税费征（代）收约 12226.65 万元。主要进口交易品种为西瓜、火龙果、荔枝、木菠萝、杧果、香蕉、木薯淀粉，主要出口交易品种为大蒜、蘑菇、洋葱、绿豆、百杂等。

3. 国铁凭祥口岸物流中心（一期）运行情况

凭祥铁路口岸货运量保持高位增长。2022 年国铁凭祥口岸物流中心出口总车数 17222 车，总吨数 47.43 万吨；进口总车数 14195 车，总吨数 24.55 万吨。国内货物发送总吨位 5269 吨、到卸总吨位 12.21 万吨。运送出境货物总吨数 5.57 万吨，入境货物总吨数 11.22 万吨，进口水果火车列数 176 列，发运集装箱 3654 标箱，总吨位 3.9 万吨。

4. 凭祥市弄尧货物监管中心运行情况

2022 年 9 月 2 日起，经友谊关海关同意，弄尧互市点恢复开展互市进出口业务试运行工作。2022 年 9 月—2023 年 3 月，凭祥市弄尧货物监管中心共完成进出口重车 3615 车，进出口货运量 67.55 万吨（其中完成出口重车 7 车，出口货运量 40.99 吨）。主要进口货物以波罗蜜、红毛丹、杧果、饼干、编织篮和淀粉为主，货值 3.98 亿元；主要出口货物为百杂，货值 84.51 万元。

（二）枢纽效能系统提升

国际物流枢纽地位日渐凸显。目前，凭祥已成为全国最大的水果进出口和沿边最大的贸易进出口口岸城市。友谊关口岸成为全国保持不间断通关的陆路口岸，进出口货运量等多项指标排在广西首位。枢纽内的凭祥铁路口岸率先开行广西 RCEP 生效后首趟东盟输华水果班列（如图3所示）、全国首列采用"铁路快通"模式跨区域出口的中越国际班列、首列"西安—河内"中越国际货运班列；友谊关口岸率先开行全国首趟越南出口中国的鲜榴梿班列。随着崇左至凭祥高铁和东兴至凭祥、巴马至凭祥高速公路的加快推进以及口岸物流基础设施的进一步完善，作为中国—东盟合作的重要物流节点，枢纽的区位优势和陆上边境口岸的作用更加凸显。

图3　RCEP生效后首趟东盟输华水果班列发车仪式现场

边境特色加工产业集聚效应开始显现。枢纽充分发挥边境口岸优势特色，推进边境特色加工产业与区域协调发展。目前凭祥市口岸加工业以农副产品、红木、电子产品、纺织服装加工为主，主要集中在凭祥边境经济合作区、上石林产工业园和广西凭祥综合保税区等园区。2022年，凭祥市规模以上口岸加工企业达到45家，其中，红木加工企业10家、农副产品和食品加工企业18家、木材加工企业5家、电子产品加工企业7家、服装生产加工企业2家、塑料制品生产企业2家、球类体育用品加工企业1家。2022年规模以上企业工业总产值实际完成105.1亿元，同比增长29.21%。

电子产品出口加工以中国（广西）自由贸易试验区崇左片区为基地，主要发展电子产品出口加工产业，加快培育跨境电子产业集群。目前，凭祥边境出口加工产业园一期项目已建成，凭祥边境出口加工产业园二期项目以及凭祥市电子信息产业园正在加快建设，已成功引进凭祥市三诺数字科技有限公司、凭祥市三诺智能科技有限公司、广西自由贸易试验区良维电子有限公司等电子产品加工企业入驻。

农副产品进口加工以中国凭祥东盟水果小镇为基地，催生行业龙头企业，加快形成产业集聚发展格局。自从水果小镇建设以来，共引进42个产业项目，目前已有38个产业项目竣工投产，广西华方药业有限公司龙血竭药品生产项目等4个项目正在建设。

四、发展方向与未来展望

（一）提升枢纽内外集疏运能力

加快枢纽对内对外互联互通网络建设，全面发挥面向东盟最便捷陆路大通道的优势。加快推进南宁至友谊关高速公路、大塘至凭祥高速公路，以及巴马至凭祥高速公路、东兴至凭祥高速公路建设，提升枢纽对外连接水平；加快推进 G322、G219、G243 升级改造、友谊关—浦寨—弄怀一体化，以及平而口岸和叫隘、油隘边贸点路网建设，迁建、新建南友高速互通、改（扩）建南友高速互通，推进内部交通网络升级改造工作，构建联通凭祥市重点口岸、边贸点、乡镇的交通网络；加快推进崇左至凭祥城际铁路项目、湘桂铁路南宁至凭祥段扩能改造项目建设，通过完善枢纽内外交通体系，提升互联互通水平。

（二）提升以东盟为重点的国际物流服务水平

抓住 RCEP 生效实施机遇，加强枢纽与东盟国家、国内枢纽城市在港口、航线、国际贸易、通关便利化、临港产业等领域合作。推行国际多式联运"一单制"模式，加快构建中国—东盟多式联运联盟，建设中国—东盟多式联运联盟服务中心，提升枢纽国际联运组织水平。优化中越跨境班列开行组织模式，推动中越跨境班列实现"天天班"开行。推动由南宁、凭祥始发的直达中欧班列纳入图定线路，助力凭祥铁路口岸外贸持续向好发展。探索建立境外物流节点，积极发展海外仓、沿边仓，拓展境外仓储物流服务网络，提升枢纽跨境物流配送能力。

（三）推动枢纽与区域经济融合发展，进一步参与国际经济合作

推动枢纽与中国（广西）自由贸易试验区崇左片区、中国（东盟）凭祥电子信息产业园、凭祥边境经济合作区友谊关工业园等产业园区的协同发展，实现枢纽与区域经济融合、互促发展。充分利用凭祥重点开发开放试验区、边境经济合作区、综合保税区等平台，加快推动政策落地。主动对接粤港澳大湾区建设等重大战略，加强与国内其他城市的国家物流枢纽、"一带一路"沿线国家和东盟地区的国际物流枢纽等节点以及国际干线通道和区域物流网络的有效对接，进一步参与国际经济合作。

（四）创新培育新兴产业体系，突出特色优势产业

以创新发展为引领，以特色产业为依托，以物流基础设施、大通道、大平台建设为切入点，突出特色优势产业，做强优势领域，加快要素集聚。力争到 2035 年，经枢纽进出口的货物吞吐规模、保税监管货值、通关效率均位居南宁关区首位，达到全国

一流水平；经枢纽进出口货物的国际物流成本显著下降，物流运行效率和效益达到国际先进水平；推动枢纽基本建成与区域现代化经济体系相适应的国家物流枢纽，在国家物流枢纽队伍建设中走在前列。

依托枢纽，创新培育具备区域特色的新兴产业体系，支撑产业链供应链稳定运行，成为推动区域产业转型增长极、区域经济协调发展和国民经济竞争力提升的重要力量；打造枢纽经济先行区、中国－东盟自由贸易区与"一带一路"经济发展的示范区，以及国内国际双循环的重要节点，成为国内"通道经济"全面转型为"口岸经济"的示范样板。

（撰稿人：黄细娟、黄沁颖）